STRATEGIC MANAGEMENT

제5판

경영전략

정동섭

송경수

이희옥

전외술

pnc publishing and culture
피앤씨 미디어

제5판 머리말

오늘날 디지털 혁신이 모든 생활패턴을 바꾸고 있다. 인공지능(AI), 가상현실(VR), 사물인터넷(IoT), 빅데이터, 자율 주행차, 드론, 로봇 등이 상호 융합되면서 지금까지와는 근본적으로 다른 기하급수적 성장을 이끌어가는 4차 산업혁명이 이미 현실화되고 있다.

따라서 이러한 급변한 경영환경에 적응하지 못한 많은 경영자들이 과거의 경험에 의존하여 실패를 맛보거나, 현재에 안주하여 성장의 기회를 놓치고 만다. 하지만 현재 산업시장은 4차 산업혁명 시대를 맞이하며 그동안의 업종 간의 경계가 무너지고 경쟁의 구도 또한 요동치고 있다. 즉, 과거의 내가 소유하고 있던 자산이나 경험, 지식이 앞으로도 그대로 통용될 가능성이 희박하다는 뜻이다. 지혜로운 경영자라면 이러한 시점에서 자신의 고집과 철학을 그대로 관철하기보다 버릴 것은 과감하게 버릴 줄 아는 용기를 발휘할 것이다.

이렇게 본다면 경영자의 가장 중요한 과제는 변화하는 환경에 적응하는 것이라고 할 수 있다. 환경의 변화를 예측하고 그에 따라 적절한 계획과 전략을 설정하며, 설정된 전략에 따라 조직의 변화를 지속적으로 추구하는 경영자만이 기업의 성공을 유도할 수 있으며, 이러한 변화의 실행과정이 전략의 과제이며, 경영전략의 핵심인 것이다.

이 책은 경영전략에 대한 내용을 5부로 나누어 설명하고 있다. 제1부는 경영전략의 기초로 경영전략의 개념과 기업의 사명과 목표, 그리고 전략적 사고를 설명하며, 경영전략을 위한 사고의 기본 틀과 토대를 만들고자 한다.

제2부는 사업부 수준의 경영전략에 대한 내용으로 전략을 형성하는 과정을 설명하고 있으며, 여기에는 외부환경의 분석과 내부환경의 분석 그리고 경쟁우위를 유지하기 위한 경쟁전략과 자원준거관점에서의 핵심역량에 대한 내용이

서술되어 있다. 제2부를 통하여 기업의 전략의 핵심이 되는 사업부 수준의 전략이 독특하고 가치 있는 본원적 경쟁전략이 될 수 있는 방안을 연구한다.

제3부에서는 기업수준의 전략으로서 각 개별 사업부들의 구성, 통제 그리고 다각화된 기업의 관리기법과 경영혁신을 다루고 있다.

그리고 제4부는 전략의 실천영역으로서, 구조와 전략의 관계, 문화와 경영전략 그리고 리더십과 전략의 관계를 다루어 전략의 실천과정에서 이들의 역학관계를 설명하고자 하였다.

마지막 제5부에서는 전략의 평가부분으로서 전략의 평가시스템을 다루고자 하였다. 이는 경영의 사이클에서 plan-do-see의 과정이 있듯이 전략의 사이클도 마지막에 평가와 피드백의 필요할 것이다.

따라서 본서는 전략적 대응이 필요한 기업경영에 대한 지침과 시사점을 줄 수 있을 것이며, 이번에 5판에서는 새롭게 수록된 경영사례를 통하여 보다 실천적인 대안을 마련하는 데도 도움을 줄 수 있을 것이다.

그동안 본서를 출간하기까지 도움과 격려를 주신 동료 교수님들과 가족들에게 감사드리며, 피앤씨미디어의 박노일 대표님과 최준규 이사님께도 고마움을 표하고자 합니다.

2021년 2월

공동저자 씀

차례

PART 1

경영전략의 기초

Chapter 7 자원준거관점과 핵심역량

PART 3

기업수준의 경영전략

Chapter 8 기업의 다각화 전략

PART 4
전략의 실천

PART 5

전략평가

01

경영전략이란 기업에게 경쟁우위를 제공하며 유지시켜 줄 수 있도록 경쟁에서 이기는 방법을 연구하는 학문이다. 그러므로 경영전략은 경쟁상황을 가정하여 자신에게 경쟁우위를 가져다 줄 수 있는가를 체계적으로 분석하게 해주는 도구가 된다. 특히, 오늘날 치열해지는 글로벌 경쟁시대에서의 경영전략은 보다 체계적인 환경분석과 환경에 대한 대응전략이 기업생존을 위한 핵심요소이다.

경쟁우위는 기업의 내부적인 핵심역량과 외부적인 환경대응능력을 잘 조화시켜서 경쟁상황에 잘 대처할 때 존재 가능한 것이며, 지속적인 생존을 위해서도 필요한 것이다. 그러므로 지속적인 경쟁우위를 확보하기 위해, 주어진 경쟁상황에서 경영전략이 어떠한 기능을 하여 경쟁우위를 향상시킬 것인가를 알아보는 것은 중요한 과제이다. 따라서 제1부에서는 경영전략의 수립을 위한 기초로서 경영전략이란 무엇인가에 대한 물음에서 시작한다. 그리고 경영자의 당면한 문제를 해결하는 과정에서 기업의 사명과 비전 그리고 전략적 사고 문제를 살펴보기로 하자.

PART 1

경영전략의 기초

Chapter 1

경영전략의 개념

"전략이란 생존에 중요한 역할을 하는 것으로써 삶과 죽음의 문제이기도 하며 안전과 존망에 영향을 미치는 것이다. 어떠한 경우라도 전략을 소홀히 여겨서는 안 된다."

– 손자

"A business without strategy is a business without direction."

– Michael Porter

전략 Focus

야후는 왜 실패했을까?

야후는 1990년대 말 미국 초기 인터넷 시대를 대표하는 회사였다. 구글이 본격적으로 득세하기 전 실리콘밸리를 대표하던 회사였다. 이런 회사가 불과 20년도 채 안 된 사이에 왜 이렇게 망가졌을까?

이유는 간단하다. "인터넷은 달라졌는데 야후는 그러질 못했다"라는 것이 대부분의 분석가들이 하는 공통된 의견이다.

야후는 미국 최초의 인터넷 서비스 기업이며 포털사이트 운영, 메일서비스 등 각종 인터넷 서비스를 제공하는 회사이다. 야후의 출발은 1994년 4월 미국 스탠퍼드대학교의 박사과정에 재학중이었던 대만계 미국인 제리 양(Jerry Yang)과 데이비드 파일로(David Filo)가 개발한 디렉토리 검색 서비스에서 시작한다. 그들은 스텐포드대학교에 재학하면서 사용하던 모자이크(Mosaic: NCSA National Center for Supercomputing Applications에서 개발된 세계최초의 웹 브라우즈)라는 웹 브라우즈의 불편함을 개선하기 위해 보다 많은 수의 웹 사이트를 주제별로 분류할 수 있는 소프트웨어를 개발하였다

야후는 초기에 온라인 콘텐츠 묶음을 만든 뒤 이용자들이 한 곳에서 편리하게 볼 수 있도록 해 준 게 야후의 경쟁 포인트였다는 것이다. 하지만 인터넷 사용 방식이 바뀌면서 이런 장점들이 전혀 통하지 않게 되었기 때문이다.

사람들은 이메일이나 소셜 네트워크 서비스(SNS), 혹은 스마트폰 앱으로 디지털 콘텐츠를 소비하고 있는데, 이런 변화된 상황 자체에 제대로 대응하지 못한 게 야후의 실패 원인이라고 볼 수 있다.

야후는 웹 초창기인 1995년 명실상부한 포털 사이트로 첫 발을 내디뎠다. 당시 볼 만한 사이트를 추천해주면서 인터넷에 갓 입문한 많은 사람들의 길잡이 역할을 해줬다. 공중전화가 인기를 끌던 시절 필수품이었던 전화번호부와 비슷한 역할이었다.

하지만 기술 발전과 함께 이런 상황이 달라지기 시작했다. 야후 같은 포털에 닥친 첫 번째 도전은 검색이었다. 그 주인공은 바로 구글이다.

그 다음에 새로운 흐름을 만든 것이 바로 SNS이다. 특히 스마트폰이 생활 필수품이 되면서부터는

사람들의 온라인 소비활동 자체가 완전히 달라져버렸다. 그렇다고 해서 야후와 같은 정보검색 포털이 완전히 사라진 건 아니었다. 컴퓨터 스코어에 따르면 지난 2015년 야후의 월간 이용자는 2억1천만 명에 달했다. 야후의 월간이용자 위치는 구글과 페이스북에 3위에 랭크되었다.

문제는 이용자 수가 아니라 관련성이었다. 웹 초창기 많은 사람들을 만족시켰던 '관련성 높은 정보'란 장점이 사라져버린 것이다. 즉, 소셜 미디어가 거대해지면서 최근 10년 사이에 모바일이 핵심으로 떠올랐는데 야후는 그런 시대 변화에 제대로 대응하지 못했다.

최근 10년 사이에 야후의 이용자 수는 증가했다. 하지만 사람들은 해답을 구할 땐 구글을 찾았고, 친구들과 소통할 땐 페이스북에 접속했다. 야후의 설 자리는 갈수록 좁아진 것이다.

그렇다고 해서 야후가 이런 거대한 변화를 인지하지 못한 것은 아니었다. 야후는 한때 검색 분야에선 구글을 앞질렀던 적도 있었다. 야후의 플리커와 텀블러 기능은 SNS적인 요소가 적지 않았다.

야후는 또 모바일 앱 현대화 작업에도 많은 공을 들였다. 특히 구글 출신인 마리사 메이어는 3년 전 야후의 CEO로 취임한 뒤 이런 시대 변화에 제대로 대응하기 위해 많은 노력을 했다. 하지만 마리사 메이어가 방향 전환을 하려고 할 때 이미 너무 늦었다. 인터넷 주도권은 이미 구글과 페이스북 손에 넘어간 뒤였기 때문이다.

야후가 오래 지속해 왔던 핵심 사업에 집중하는 동안 페이스북 같은 신흥 주자들은 새로운 온라인 비즈니스를 개척했다. 오랜 경쟁자인 구글과 아마존 역시 새로운 실험들을 계속해 왔다. 구글은 주력이던 검색을 넘어 스마트폰 플랫폼과 이메일 서비스, 웹 브라우저까지 사업을 확장하는 데 성공했다. 모바일 서비스를 효율적으로 활용하도록 하기 위한 머신 러닝 사업에도 공을 들이고 있다.

반면 야후는 20년 전 첫 등장하던 때에서 크게 달라지지 않았다. 과거 20년 전엔 야후는 인터넷을 이용할 수 있는 최신 도구였다. 하지만 지금은 사물인터넷 등 새로운 도구들이 등장하면서 구시대의 유물이 되어가고 있다.

구글, 페이스북, 아마존은 인터넷의 변화 자체를 이끌어내면서 자체 변신에도 성공했다. 하지만 한때 인터넷의 역사를 만들었던 야후는 이런 변화에 수동적으로 대응한 끝에 결국 뒷방 신세로 밀려나게 되었다.

자료 : ZDNet Korea 2015.12.10.일자 뉴스

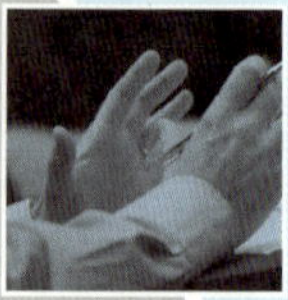

제 1 절

경영전략의 의의

1. 경영전략의 개념

1.1 경영전략의 의의

전략은 기업을 둘러싼 경영환경의 변화에 적응하기 위한 경영전략을 의미하는데, 기업에게 경쟁우위를 제공, 유지시켜 줄 수 있는 주요한 의사결정으로 정의할 수 있다. 원래 전략이란 용어는 병법 또는 군사학에 그 근원을 두고 있다. 전략(strategy)의 어원을 살펴보면 다음과 같다. 그리스 아테네 시대 장군들은 군사위원회 위원(10개 부족에서 1명 선출)으로 구성되며, 그 10개 부족에서 차출된 군사를 지휘하는 장군을 "Strategos"라고 하였고, 그 장군이 사용하는 용병술 또는 지휘통솔력을 "Strategia"라고 하였는데, 이들로부터 "strategy"라는 단어가 유래되었다. 따라서 장군이 발휘하는 통솔지휘능력에서 비롯되었으며, 전략이란 단어는 원래 전쟁에서 이기기 위한 실전적 목적에서 비롯되었음을 알 수 있다. 이를 오늘날 경영학의 언어로 바꿔본다면 "전략이란 치열한 목표시장에서 경쟁자와 싸워서 이기기 위한 것"이라고 할 수 있다. 또한 게임이론에서는 "경쟁자의 실제행동 또는 예측된 행동에 대해 자기의 행동을 결정하는 것"으로 알려져 있다.

전략과 전술의 차이를 살펴보면, 전략은 환경변화에 대한 주체의 장기적이고 전체적인 대응방식으로 환경적응의 과정에서 하나의 일치된 독창성을 가지는 반면, 전술은 단기적이며 부분적인 대응을 통하여 패턴화되어 다양한 환경하에서 적용이 가능한 부분적인 대응방식을 의미한다.

한편, 웹스터 사전에 의하면 전략이란 크게 세 가지로 해석된다.

첫째, 전쟁 내지 평화 시에 채택된 목표를 달성하기 위하여 정치적, 경제적, 심리적, 군사적 힘을 사용하는 과학 내지 기술이다.

둘째, 목표를 달성하기 위한 계획이다.

셋째, 궁극적으로 성공하기 위해 중요한 기능을 적용시키는 것이다.

이와 같은 의미를 종합해 보면 묵시적으로 상대방을 이기기 위해 자신의 가용한 모든 영역을 계획하는 일련의 행동을 의미한다.

인간은 숱한 갈등과 경쟁을 겪으면서 힘이 비슷한 경우는 전략을 잘 구사하면 이긴다는 사실을 인식하게 되었으며 실제 인류의 투쟁사는 힘이 훨씬 부족한 상황에서도 전략을 효율적으로 사용하여 이길 수 있다는 사실을 보여주었다.

전략은 경쟁자에 대하여 가장 효율적으로 경쟁우위를 확보하기 위해 경쟁자의 강점을 고려하여 자사의 강점을 변화시키려는 시도를 하게 된다. 경영전략의 주된 목적은 환경적응을 통하여 경쟁적 우위를 확보하는 데 있다. 따라서 경쟁자가 없다면 전략은 필요 없는 것이다.

즉, 전략은 경쟁자와의 상대적인 관점에서 역동적으로 움식이는 것이므로 수익성 제고, 조직의 능률화 등과 같은 운영상의 개선과는 달리 적용되어야 하며 경쟁자의 움직임에 따라 일반적인 경영상의 승리와 패배라는 개념이 무의미해질 수도 있으므로 일방통행식의 전략은 성립되지 않는다.

오늘날 '경영전략'은 위에서 말한 전략, 즉 전략의 계획활동뿐만 아니라 실행활동까지도 비중 있게 고려한 좀 더 발전적인 개념이라 할 수 있다.

앤드류(Kenneth Andrews)는 〈*The Concept of Strategy*〉라는 책에서 "전략이란 기업의 목표와 그 목표를 달성하기 위한 여러 가지 계획이나 정책"이라고 정의한다. 즉, 전략은 그 회사가 어떤 사업 분야에 참여하고 있어야만 하고 그 회사가 이떠한 성격의 회사이어야 하는가를 결정하는 중요한 이론이다.

한편, 오마에(Kenichi Ohmae)는 전략가의 마음(The Mind of the Strategist)을 통해 경영전략이란 한 마디로 어떻게 하면 경쟁자에 비해서 경쟁우위를 가질 것인가 하는 문제이다. 경영전략은 효율적인 방법으로 경쟁자에 비해서 그 기업의 경쟁우위를 상승시키는 노력이라고 정의한다.

마이클 포터(M. E. Porter)는 〈*What is strategy?*〉(1996)라는 책을 통해 "전략은 무엇을 할 것인가(what to do)에 대한 선택인 동시에 무엇을 하지 않을 것인가(what not to do)에 대한 선택이다"라고 주장하면서 전략을 정의하고 있다.

그림 1-1 경영전략의 역할

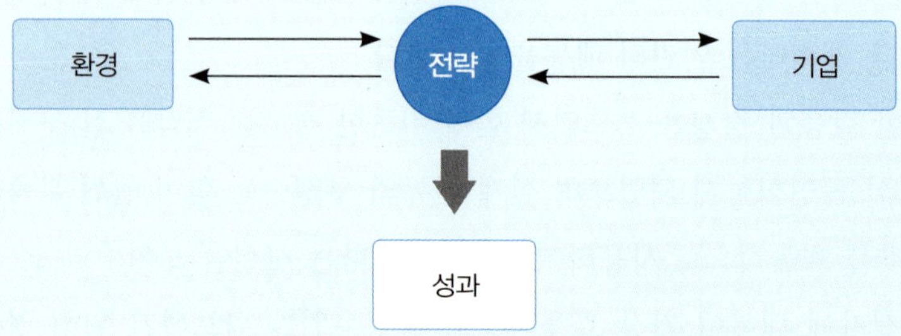

짐 콜린스(Jim Collins)는 〈*Good To Great*〉(2001)라는 책을 통해 좋은 기업을 위대한 기업으로 성장시킨 최고경영자들의 특징 중의 하나로 그들이 '해야 할 일의 목록(to do lists)'뿐만 아니라 '하지 말아야 할 일의 목록(stop doing lists)'을 모두 활용한 사례를 통해 마이클 포터의 이론을 뒷받침한다.

전략이란 경쟁에 직면한 조직이 우월적 성과(superior performance) 또는 우월적 가치(superior value)를 어떻게 달성할 것인가를 설명하는 것이다.

이처럼 경영전략이란 경쟁에서 승리하기 위한 또는 기업의 목표를 달성하기 위한 수단으로, 다른 기업보다 유리한 상황에서 경쟁할 수 있도록 계획하고 실행하는 것으로 정의할 수 있다. 여기서 유리한 상황이란 첫째, 매력적 산업영역을 확보하고, 둘째, 지속적 경쟁우위를 보유하는 것을 의미한다. 이렇게 본다면 경영전략이란, 외부환경으로부터는 매력적인 사업영역을 확보하고 기업의 내부 환경으로부터는 핵심역량을 발굴하여 지속적 경쟁우위를 보유하여 성과를 증진시키는 역할을 수행한다.

1.2 전략의 다양한 정의

전략이 외부환경으로의 기회와 위협을 조직의 내부자원과 조화시키는 메커니즘으로서의 역할을 한다는 데에 대해서는 학자들의 의견의 일치를 보이고 있다. 그러나 구체적인 전략의 정의에 대해서는 실제 의견의 차이가 존재한다. 전략의 다양한 견해들을 종합해보면 다섯 가지 정도로 요약된다.

첫째, 전략이란 개개의 의사결정이 긴밀하게 결합, 통일되어 있는 것이라고 보는 견해

둘째, 전략을 조직의 장기적 목표들, 행동 프로그램 그리고 자원할당의 순위를 매김으로써 조직 목적으로 설정된 장기적 목표를 달성하는 수단으로 보는 견해

셋째, 전략을 기업의 경쟁 영역에 대한 선택으로 보는 견해

넷째, 전략을 경쟁우위를 성취하기 위한 외부 기회와 위협 그리고 내부 강점과 약점들에 대한 대응으로 보는 견해

다섯째, 전략을 기업이 이해관계자에게 주는 경제적, 비경제적 공헌에 대한 정의로 보는 견해

그러나 경영전략의 개념을 이해하기 위해서는 위의 것들 중 하나만을 가지고는 불충분하며, 다양한 관점에 대한 통합적 이해가 필요하다. 이러한 통합적 관점에서 보면 전략은 조직이 생명력 있는 영속성을 유지하도록 하며 동시에 변화하는 환경에의 적응을 촉진시키는 기본적인 틀이라고 할 수 있다. 또한 전략의 본질은 기업이 참여하고 있는 모든 사업에서 경쟁우위를 확보하고자 하는 목적을 가지고 있으며 기업 행동의 수혜자들이 광범위한 이해관계자를 가지고 있다는 것을 공식적인 인식이 필요하다.

미국의 하버드경영대학원의 신시아 몽고메리(Cynthia Montgomery)는 〈*The Strategist*〉라는 책을 통해 전략가의 특성을 다음과 같이 주장한다.

첫째, 분명하고 강력한 목적에 단단히 기반을 두어야 한다(anchored by a clear and compelling purpose). 이는 어디로 가고 있는지를 모른다면, 당신을 그곳으로 데려다 줄 수 있는 길은 없다. 조직은 어떤 이유를 위해 존재하는 것임을 명심하고 당신 조직의 존재이유는 무엇인가?에 대한 명확한 답을 가지고 있어야 한다는 것을 의미한다.

둘째, 진정한 가치 부가가치(add real value)이다. 이는 중요한 차별성을 갖

고 있는 조직은 가치를 부가할 수 있어야 하는데, 만일 그런 조직이 사라진다면 조직의 미래는 암울할 것이라는 것을 의미한다.

셋째, 명확한 선택(clear choices)이다. 이는 탁월성은 잘 정의된 노력에서 비롯되며 너무 많은 일을 하려는 시도는 다른 어떤 것을 잘 하는 것도 어렵게 만들어 버릴 수 있기 때문에 사업의 선택에서 하기로 결정한 것과 하지 않기로 결정한 것은 무엇인가를 명확히 하는 것이다.

넷째, 맞춤형 가치창출시스템(tailored system of value creation)이다. 이는 위대한 실행에서 첫 번째 단계는 아이디어를 행동시스템으로 전환하는 것이라는 것을 의미한다. 그리고 그 노력들은 정렬되고 상호 강화시키는 작용을 하며 이 가치창출시스템이 당신의 전략을 설명할 수 있다는 것이다.

다섯째, 의미있는 측정기준(meaningful metrics)이다. 이는 기업의 투자수익률(ROI)와 같은 범용적인 결과 측정기준은 전략이 잘 되어가고 있는지 여부를 나타내지만, 전략에 맞춰진 핵심성과 측정지표가 더 나은 지표일 수 있다는 것이다. 예를 들어 균형성과기록표(BSC)들은 전략에 관련된 행동들을 구체적이고 측정가능한 목표들로 나누고, 행동이 중요한 것을 향하도록 측정할 수 있는 것이다.

여섯째, 열정(passion)이다. 이유는 열정은 모든 위대한 전략의 핵심일 수 있으며 가장 범용적인 산업에서도, 기업들은 자신들이 하는 것에 대해 깊은 관심을 가지는 것이다.

여기에 존 마그레트(Joan Magretta) 교수는 〈*Understanding Michael Porter*〉(HBR, Press, 2012) 글을 통해 훌륭한 전략은 다음의 5가지 테스트를 통과하여야 한다고 주장한다.

1) 독특한 가치제안(A unique value proposition)

자사의 제품을 선택한 고객들에게 올바른 상대적 가격으로 독특한 가치를 제공하고 있는가? 그리고 경쟁자가 따라올 수 없는 그리하여 모방이 어려운 독특한 가치제공을 하고 있는가?에 대한 조건이다.

2) 맞춤형 가치사슬(A tailored value chain)

자사의 제품가치사슬이 경쟁자들에 의하여 수행된 활동들과는 다른 가치제안을 전달하기 위한 일련의 최선의 활동들이 존재하는가? 그리하여 차별화된 고객 맞춤형 가치사슬을 제공하고 있는가?에 대한 조건이다.

3) 상충관계(Trade-offs different from rivals)

자사의 전략 선택에서 해야 할 것과 하지 않아야 할 것을 명확히 하고 있으며, 그렇게 함으로써 가장 효율적이고 효과적으로 조직의 가치를 전달할 수 있는가? 이는 특히 경쟁자와는 다른 상충관계에서 하지 않아야 할 것을 명확히 할 것을 강조한다.

4) 적합성(Fit across the value chain)

자사의 전략실행에서 조직활동들의 가치가 조직이 수행하는 다른 활동들에 의해 증진되고 있는가? 그리하여 가치사슬 전체에 걸친 상호 유기적 연결이 가능한가?에 대한 조건이다.

5) 연속성(Continuity over time)

자사의 전략수립에서 조직으로 하여금 조직의 업무를 잘 하게 하며, 맞춤화와 상충관계 그리고 적합성의 발전을 가능하게 하는 충분한 안정성이 전략의 핵심에 존재하는가? 그리하여 적어도 5년 이상의 지속적인 전략개선과 전략의 연속성 유지가 가능한가?에 대한 조건이다.

1.3 전략의 중요성 배경

오늘날 전략의 중요성이 점점 더 부각되게 된 배경은 크게 두 가지 차원에서 찾아볼 수 있다.

첫째, 기업이 제공하는 제품의 수급의 불일치를 극복하는 과정에서 전략의 중요성을 언급할 수 있다. 제2차 세계대전이 끝나면서 기업의 외부환경은 큰 변화가 발생하게 되는데, 기업이 제공하는 제품의 공급은 많은 데 비해 실제 수요

그림 1-2 전략 중요성의 배경

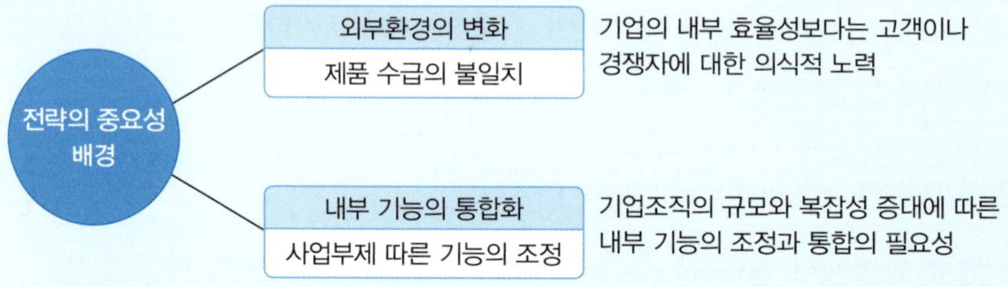

가 늘지 못했다는 것이다. 이유는 제2차 세계대전 이후 전쟁에 대한 관심에서 벋어나 모든 국가나 기업들이 경제에 대한 관심을 가지면서 기업환경의 변화속도가 급변하게 되었고 기업은 과거 기업 내부 중심의 시각에서 벗어나 외부 환경주체에 관심을 가지고 이들의 상호작용 속에서 전략의 필요성을 느끼게 되었기 때문이다.

따라서 기업들은 미래의 기업행동에 대한 계획을 세우면서 수급의 불일치를 극복하기 위한 방안으로 경쟁자에 대한 행동을 예의주시하게 되었다. 과거 테일러식의 과학적 관리법에서 경주하던 내부 능률의 극대화보다는 경쟁자나 고객과 같은 외부환경요인의 중요성이 전략을 고려하지 않을 수 없게 된 것이다.

둘째, 기업 조직구조의 기능에서 측면에서 내부 기능통합이 나타남에 따라 전략에 대한 필요성이 강하게 요구되었다. 역시 제2차 세계대전 이후 기업들은 전 세계를 대상으로 다국적경영을 경험하게 되고 사업부제 등 외부환경의 변화와 함께 조직의 규모의 증대나 복잡성으로 인해 기업 내부의 변화를 경험하게 된다. 따라서 기업들은 사업영역이 다각화됨에 따라 다양한 시장과 제품군으로 확장되면서 예전의 단순한 경영방식으로는 기업운영이 어렵다는 것을 인지하게 되었으며, 기업의 내부와 외부를 동시에 바라볼 수 있는 전략경영의 패러다임으로 전환하게 되었다.

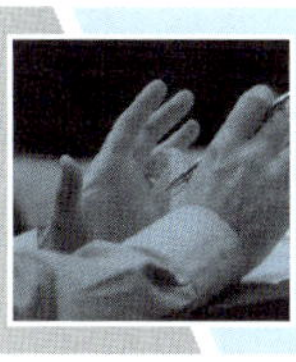

제 2 절

경영전략의 발전과정

1. 경영전략의 발전

전략이 군사학의 영역에서 기업을 위한 경영전략으로 확대되어 경영학의 중요한 일부분이 된 것은 1950년대와 1960년대를 통해서 미국의 다각화 기업들이 거대해진 기업을 어떻게 효율적으로 운영할 것인가 하는 현실적인 문제에 직면하면서부터라 할 수 있겠다. 이 시기 미국 거대기업들의 실질적인 문제는 대기업 내의 사업부를 어떻게 효과적으로 통제할 수 있느냐의 문제이며, 이러한 작업은 기업의 장기적인 목표와 전략계획을 필요로 하였다.

미국의 전략경영을 중심으로 시대별 변천과정을 요약하여 보자.

1.1 1세대 전략이론(1950년대~1980년대): planning의 시대

① 1950년대~1960년대: 장기계획(long-range planning)

1960년대 이전에는 경영전략이라는 용어보다는 경영정책이라는 용어가 더 널리 사용되어졌다. 1960년대 이전에 경영학의 주요 관심사는 기업의 기능간 통합으로 생산, 마케팅, 인사, 재무와 같은 기능별 활동을 총괄하며 기업 전체적인 수준의 통제, 조정활동에 연구의 초점이 맞추어져 왔다. 따라서 1960년대 이전까지는 기업 전체적 전략계획이기보다는 기능별 중심의 예산계획 중심이었다.

1960년대에 와서야 전략이라는 개념이 경영학의 중심영역으로 자리 잡기 시작하였으며 기업이 경쟁하는 제품시장을 선택하는 기업전체전략에서 선택된 제품시장에서 어떤 방법으로 경쟁할 것인가를 다루는 사업전략으로 구체화되었다.

Chandler(1962)는 거대기업의 역사적 사례분석을 통하여 "구조는 전략을 뒤따른다(Structure follows Strategy)"는 명제를 제시하였으며 지금까지의 구조적 상황이론에서 주장하였던 상황변수인 환경, 기술, 규모의 존재보다는 매개변수로서 전략의 중요성을 언급하였다. 이 논의는 기본적으로 외부환경의 변화에 따른 기회나 위협에 대해 능동적으로 대처하는 과정에서 전략이 변화하고 변화된 전략을 효과적으로 실행에 옮기는 조직구조의 변화가 이루어진다는 주장을 함으로써 전략의 중요성을 부각시키게 되었다.

한편, 이 시기는 산업의 전성기를 맞이하여 확장위주의 장기적인 성장전략을 통한 장기 전략경영이 적극적으로 수립되었던 시기였으며, 기업의 성장은 다각화로 이어져 전략의 연구대상은 기업전체전략에서의 사업구조전략이 주류를 형성하게 되는 시기였다. 특히 Ansoff(1965)의 "기업전략", Andrew(1971)의 "기업전략의 개념" 등은 1960년대 이전의 경영정책론에서 경영정책에 기초한 전략적 경영으로 한 단계 발전되는 연구였으나, 이때까지는 경영정책에 기초한 전략적 경영으로 분류되어지는 "전통적 전략경영이론"의 형태이다.

② 1970년대 연구: 사업다각화 전략

1960년대의 전략분야에 대한 기본개념을 바탕으로 1970년대에는 이들 기업 개념들을 보다 세련화시켰으며 특히 실증적인 차원에서 접근되었다. Rumelt(1974)는 기업의 다각화 전략의 유형과 기업성과의 관계를 통해 특정산업에서의 적합한 다각화 전략을 규명하였다. 즉, '기업이 어떠한 사업에 투자해야 하는가?'가 전략의 본질이었다.

Child(1972)는 전략적 선택(strategic choice)이라는 개념을 통해 구조적 상황이론이 주장하는 결정론적 시각(deterministic view)에서 환경 및 조직 내부 상황에 우선해서 의사결정자인 경영자의 중요성을 강조함으로써 경영자의 자율선택권을 강조하는 임의론(voluntarism)적인 전략의 시각을 제시하였다.

한편 1970년대에는 석유위기와 같은 환경의 변화가 심화됨에 따라 기업들은 장기 전략계획이 쇠퇴하게 되었으며, 이와 같은 상황은 기업들이 환경분석적이고 실천적인 연구로 옮겨가게 되었다. 즉 단순히 미래의 비전과 성장전략의

그림 1-3 1세대 전략의 개념

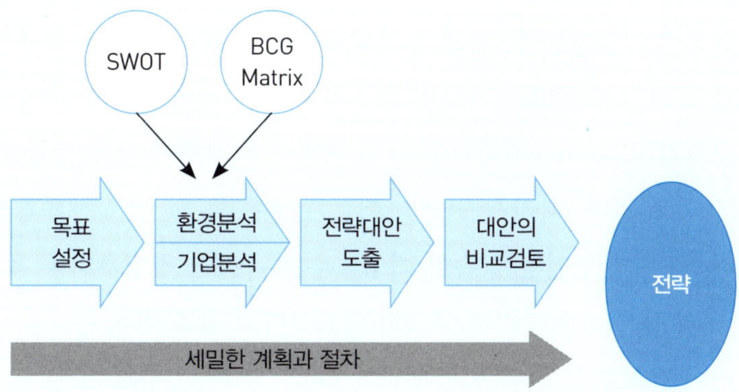

차원에서 구체적인 산업구조와 경쟁전략에 대한 분석방법으로 연구의 축이 변환되었다. 이 당시에 개발된 BCG매트릭스, SWOT분석 등이 사업다각화 계획수립의 중요한 도구로 사용되었다.

이상에서 살펴본 바와 같이 1세대 전략개념을 요약하면 [그림 1-3]과 같다.

1.2 2세대 전략이론(1980년대~1990년대 말): 산업환경의 강조

1980년에 전략분야에서 그 획을 긋는 〈경쟁전략(*Competitive Strategy*)〉(M. Porter, 1980)이라는 책이 출간되면서 전략경영은 새로운 국면을 맞이하게 되었다.

마이클 포터는 산업 내에서의 기업의 행동을 분석하는 산업조직론을 전략경영분야로 도입하는 데 큰 공헌을 하였는데, 그는 전략의 수준을 기업전체전략에서 구체적인 경쟁전략인 사업수준 전략으로 끌어내려 전략을 특정산업 내에서 개별기업들이 선택하는 전략적 행동으로 규정하였으며 경쟁기업들이 경쟁우위를 갖기 위해서는 원가우위나 차별화우위를 가져야 한다고 주장하였다. 이와 같이 1980년대의 전략개념은 산업조직론에 바탕을 둔 "전략계획"(strategic planning)과 "경쟁전략"(competitive strategy)이 주류를 이루었다.

① 1980년대의 연구

1980년대의 전략경영은 마이클 포터의 산업구조 분석론의 연장선에서 연구되었으며 그가 제시한 본원적 전략에 대한 실증적 연구의 접근이 이루어졌다. 마이클 포터가 주장하는 기업의 궁극적 목표는 성과의 향상이며, 기업이 성과를 증가시키기 위해서는 매력적인 산업 환경에 위치해야 좋은 성과를 얻을 수 있음을 강조하고 있다. 따라서 전략의 핵심은 좋은 환경(예: 독점적 환경)에 위치하는 것이며, 좋은 기업환경에 속한 기업들은 지속적인 경쟁우위를 유지하기 위해서 산업 내의 높은 진입장벽의 구축이 필요하다고 강조한다.

마이클 포터의 산업구조 분석의 틀은 "5-Forces model"로 설명하고 있는데 산업의 경쟁과 수익성을 나타내 주는 기업의 환경분석의 틀이 되었다. 또한 지속적인 경쟁우위의 구축을 위한 본원적인 전략(generic strategy)으로서 원가우위 전략, 차별화 전략, 집중화 전략을 제시하여 경쟁전략의 전형적인 특성을 구분하는 노력을 경주하였다.

그러나 그의 분석기법이 외부환경에 어떻게 적응해야 하는가에 초점을 맞추었지만 실제로 구체적인 실천방안을 제시하지 못함으로써 전략수립에는 도움을 주지 못하였다. 따라서 마이클 포터의 산업구조모델에 대한 한계를 인식하기

그림 1-4 2세대 전략의 기념

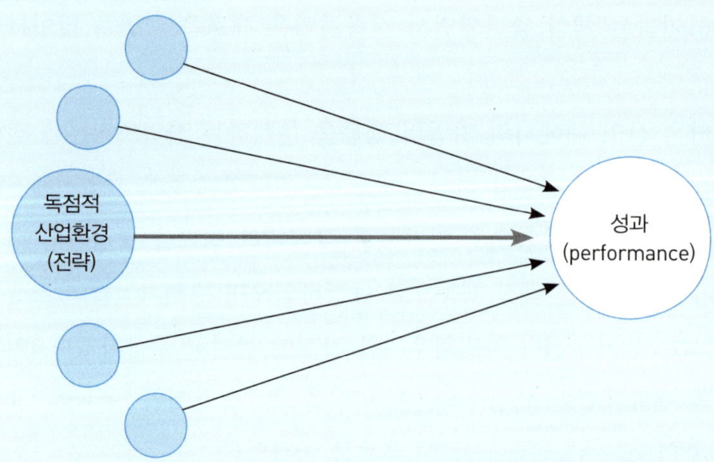

시작하였다.

이상에서 살펴본 바와 같이 2세대 전략개념을 요약하면 [그림 1-4]와 같다. 그림에서 보여주는 2세대 전략의 특징은 일종의 포지셔닝(positioning)이 가장 중요하며 가장 매력적인 환경에 기업들이 포지셔닝되어 있다면 그래서 독점적인 지위를 확보할 수 있으면 이것이 최고의 전략이 될 수 있으며 성과를 낼 수 있음을 강조하고 있다.

1.3 3세대 전략이론(1990년대~): 내부자원(역량)의 강조

전략형성에 있어서 기업의 외부적 환경요인과 더불어 내부적인 능력에 대한 관심이 고조되기 시작하였으며 이는 자원기준관점(resource-based view)으로 발전하였다. 자원준거관점은 1980년대 후반에 접어들면서, 마이클 포터의 산업조직론적 접근과 포지셔닝 학자들에 대한 한계를 인식하면서 연구의 관심이 점차 기업외부의 환경적인 요인으로부터 기업의 내부능력으로 바뀌게 되는 계기가 되었다.

마이클 포터의 산업조직론적 접근은 외부환경 분석을 강조하였던 것에 비해 기업의 내부분석에 대한 관심은 부족하였으며 인과관계의 모호성(causal ambiguity)으로 인해 기업 내부자원의 분석하는 것도 쉽지 않았다. 따라서 자원준거 관점은 외부환경만으로는 기업의 지속적인 경쟁력을 설명하기 어려우며, 내부역량에 대한 조직적인 분석의 필요성과 중요성이 인식되는 계기가 되었다.

자원기준관점의 논리는 산업 내의 위치선정뿐만 아니라 기업이 보유하고 있는 기업의 내부역량을 기업에게 경쟁우위를 가져다주는 중요한 원천으로 파악하였으며, 전략을 형성하는 근원으로서의 자원의 실체를 밝히기 위한 개념적, 가설적 연구는 1980년대 이후 전개된 새로운 조류로 발전하였다. 한편 Hamel & Prahalad(1990)는 자원의 개념을 발전시켜 핵심역량(core competence)이라는 개념을 사용하여 기업의 전략을 설명하면서 1990년대로 이어지고 있다. 예를 들어, 월마트(Wal-Mart)는 비록 산업 환경은 열악하였지만 높은 성과를 내었는데, 이는 월마트의 기업 내부의 독특한 핵심역량에 기인한 것으로 봐야 한다. 즉, 월마트는 희소성 있는 내부역량을 보유하였으며 이를 통해 경쟁우위의 획득이 가

그림 1-5 3세대 전략의 기념

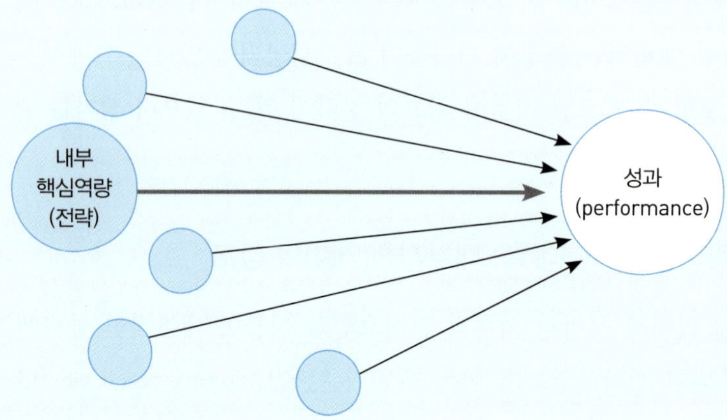

능했다는 것이다.

이처럼 1990년대의 핵심역량을 포함한 전략경영의 연구는 기업의 전략결정에 있어 내부능력의 중요성을 강조하는 것으로 단순히, 규모, 기술에 의해 조직구조가 결정된다는 구조적 상황이론과도 구별되며, 환경의 중요성을 강조한 전통적인 전략론과도 구분되는 개념으로서 환경과 내부능력이라는 두 가지 요소의 결합을 통하여 전략을 설명하고 있다.

이상에서 살펴본 바와 같이 3 세대 전략개념을 요약하면 [그림 1-5]와 같다. 그림에서 보여주는 3세대 전략의 특징은 내부의 핵심역량이 중요하며 내부의 자원에서 핵심역량을 도출하면, 성과를 증대시킬 수 있다는 논리이다.

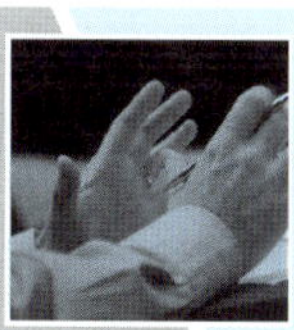

제 3 절

경영전략의 과정

1. 경영전략의 과정

경영목표는 개인 또는 조직이 일정 기간 내에 달성해야 할 목표(goal)이고 표적이며 기대되는 성과이다. 또한 목표는 '일정 기간 동안 각 개인에게 기대하는 일정한 성과를 나타낸 것'이며 개인에게는 개인목표가 조직에는 조직목표가 세워져 있다. 목표란 첫째, 언제까지(기한), 둘째, 어떠한 상태로(도달 수준), 셋째, 자기의 결심(의사결정) 등 3가지를 결합시킬 때 목표는 성립되며, 이 중 어느 하나라도 빠지면 목표라고 말할 수 없다. 훌륭한 목표의 조건들은 구체적인 결과가 표시되어야 하고, 측정 가능해야 하며, 마감일이 명시되어 있어야 하고, 현실성이 있어야 하며, 도전적이어야 하고, 나의 목표가 되어야 하고, 평가기준이 올바로 표시되어야 하고, 목표의 수가 적당해야 한다. 경영전략은 이러한 경영목표의 달성 수단으로서 매우 중요한 역할을 수행한다.

경영전략이란 일반적으로 기업의 미래방향을 결정하고 기업의 중장기 목표를 달성하기 위해 내려진 의사결정들을 실천하는 것이라고 할 수 있다. 전략경영은 기업 전체적 관점에서 파악하며 주된 관심이 환경과의 관계설정과 관련된 전략적 의사결정에 있다. 전략경영의 과정은 여러 대체전략의 개발로부터 그중 하나를 선택하는 과정까지를 포함하는 전략의 수립활동과 선택된 전략을 실시, 통제하는 전략의 실천활동으로 크게 나누어진다.

경영전략의 과정은 경영자가 조직의 방향을 결정하는 기업가적 임무(entrepreneurial work), 조직의 성장과 쇄신(organizational renewal and growth), 그리고 조직의 운영(organizational operations)을 이끌 수 있는 전략을 개발하고 유용화시키는 과정을 다루는 것이다. 이러한 요구에 따라 센델과 호퍼(D. E. Schendal & C. W. Hofer, 1979)는 전략경영의 과정을 조직의 재창조나 성장을 목표로 조직

활동의 기본방향을 제시하여 주는 과정을 전략의 수립과 실행을 다루는 두 과정으로 정의하였으며 좀 더 구체적으로는 전략적 의사결정의 전 과정은 목표수립, 환경분석, 전략수립, 전략평가, 전략실천, 전략적 통제 등의 6개의 주요 과정으로 구성되어 있다고 주장하였다.

먼저 목표수립(goal formulation)은 기업이 가야 할 방향 및 목표를 결정하는 과정이며 수립된 목표는 목표의 우선순위에 따라 목표구조(goal structure)의 형태로 나타난다.

둘째, 외부환경과 기업의 자원능력 분석을 통해 환경으로부터 오는 위협이나 기회요인을 포착하고 전략적 능력 정도를 파악한다.

셋째, 외부환경과 자원능력분석을 통해 얻어진 정보를 바탕으로 설정된 목표를 달성하기 위한 합리적 전략대안들을 도출하게 된다.

넷째, 대안평가(alternative evaluation)로 현재의 전략과 새로이 제안된 전략대안들을 구체적으로 비교 검토함으로써 가장 적절한 전략을 선택하게 된다.

그림 1-6 전략적 의사결정의 과정

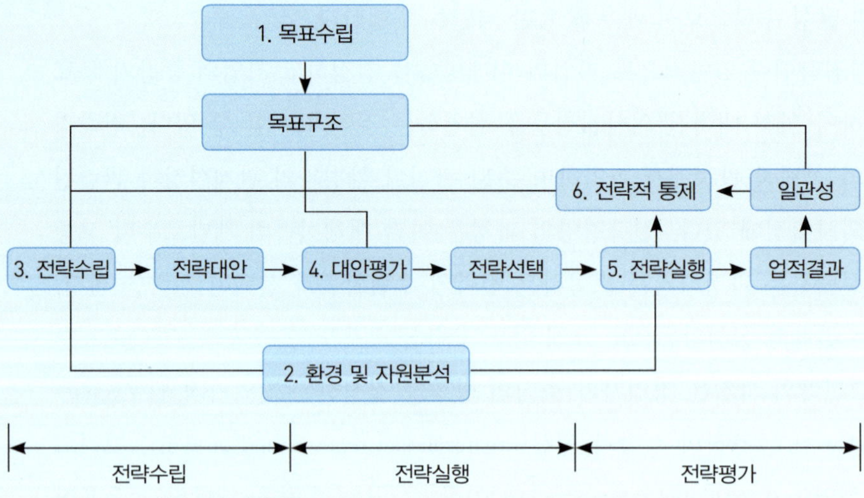

자료: D.E. Schendal & C.W. Hofer, *Strategic Management: A New View of Business Policy and Planning*(Boston: Little, Brown & Company, 1979), p.15.

다섯째, 전략실행(strategy implementation)은 평가과정을 거쳐 선택된 기업 전략을 자원배분 및 할당을 통해 실제로 전략을 수행하는 과업이다.

여섯째, 전략적 통제(strategic control)는 수행된 전략의 결과와 설정된 전략과의 일관성 검증을 통해 나타난 약점들을 보완하고 새로운 목표 및 전략수행을 위한 피드백(feedback)과정을 거치게 된다.

〈그림 1-6〉는 전략적 의사결정에 있어 전략의 수립에서 실행에 이르기까지 전 과정을 요약하고 있다.

한편 전략적 의사결정을 의사결정의 실행과정에서 나타난 유형으로 구분지어 보면, 먼저 최고경영자가 자신의 비전이나 목표를 달성하고자 의도된 전략(intended strategy)과 실제로 실행되어 나타난 실현된 전략(realized strategy)으로 나누어지며 실현된 전략은 다시 의도된 전략 중에서 미실현된 전략(unrealized strategy)을 제외한 계획했던 전략(deliberate strategy)과 전략실행과정에서 우연히 나타난 비의도된 전략(emergent strategy)으로 나눈다. 따라서 전략적 의사결정의 실행과정은 의도된 전략이 실행된 전략으로 나타나기까지의 과정으로 계획했던 전략과 의도하지 않았던 전략이 나타나는 과정을 의미한다. 〈그림 1-7〉은 전략적 의사결정의 실행과정의 유형을 요약하고 있다.

그림 1-7 전략적 의사결정의 실행과정의 유형

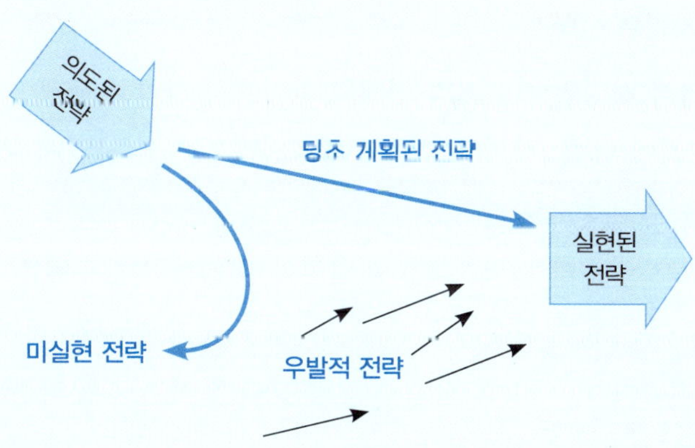

자료: H. Mintzberg, "Patterns in strategy formation," *Management Science*, Vol.24(1978), p.945.

2. 경영전략의 수준

조직은 경영자가 당면하는 의사결정 수준과 범위에 따라 전략의 수준이 나눠진다. 경영전략의 수준은 전사적 전략(corporate strategy), 사업부 전략(business strategy), 기능별 전략(functional strategy)으로 나누어진다.

① 전사적 전략

전사적 수준에서의 경영전략은 전략본부의 책임을 맡고 있는 최고경영층에 의해 이루어진다. 이것은 주로 기업의 전체 목표를 정의하고, 무슨 사업에 참여하며 어떻게 사업부들 간에 자원을 배분할 것인가를 결정한다. 즉, "전사적 수준의 경영전략은 어떤 사업을 해야 할 것인가?" 하는 문제와 "여러 사업 분야를 기업 전체적인 관점에서 어떻게 효과적으로 관리할 것인가?" 하는 두 가지 문제를 다룬다. 따라서 전사적 전략은 기업의 사업영역을 선택하고 여러 사업부들을 효과적으로 관리하기 위한 전략이다. 첫 번째 문제는 사업영역의 선택에 대한 것으로서 주로 신규 사업에의 진입(entry)이나 기존 사업으로부터의 철수(exit)에 대한 의사결정 및 진입이나 철수 방법을 결정하는 것이다.

두 번째 문제는 선택된 사업영역의 효과적 관리에 대한 것으로서 주로 여러 사업부 간의 시너지 창출 및 상호보완성을 추구하고 사업부들을 지원하거나 통제하는 방법을 결정하는 것이다

② 사업부 전략

전사적 경영전략이 기업 전체의 관점에서 사업의 균형을 이루는 데 주안점을 두는 것에 반해, 사업부 수준의 경영전략은 특정 사업에 국한된 전략적 의사결정들을 주 내용으로 한다.

사업부 수준의 전략 "특정 사업영역 내에서 경쟁우위를 획득하고 이를 지속적으로 유지하기 위해 어떻게 효과적으로 경쟁해 나갈 것인가?" 하는 문제에 관련된 전략이다. 이처럼 사업부 전략은 특정 사업 부문의 구체적인 경쟁 방법을 결정하는 것으로 경쟁전략(competitive strategy)이라고도 한다. 사업영역이 여러 산업에 걸쳐 있거나 기업 내 여러 가지 사업 부문이 존재하는 경우 전사적 전

략과 사업부 전략은 뚜렷이 구별된다. 그러나 사업영역이 하나의 사업 부문에만 국한된 기업의 경우에는 사실상 전사적 전략과 사업부 전략은 동일한 의미를 가지며 전략적 의사결정의 계층도 동일하다.

사업 수준에서는 각 사업 내에서 해당사업의 경쟁적 위치를 증진하는 데 필요한 모든 활동들을 다루게 된다. 즉 외부의 기회와 위협을 제대로 인식하고 기업전략에 의해 기업 전체적으로 자원이 분배되면, 사업전략에서는 기업 내부의 자원을 활용하여 경쟁기업과 경쟁할 구체적인 방향과 방법을 강구하게 된다.

③ 기능별 전략

기능수준에서는 경쟁우위를 유지하는 데 필요한 생산, 마케팅, 재무, 인사 등과 같은 기업의 각 기능 부문 내에서 자원 활용의 효율성을 제고하기 위한 것이다. 기능전략은 일반적으로 사업부 전략으로부터 노출되며 상위의 전략을 효과적으로 실행하기 위한 수단으로서의 역할을 한다는 점에서 전략의 실행과 밀접한 관계가 있다.

따라서 전략에서는 주로 전사적 전략과 사업부 전략을 다루며 기능전략은 각 기능 부문의 영역에 속한다. 즉 마케팅 전략이나 생산전략 등은 전략론의 주된 탐구 분야가 아니라 마케팅이나 생산관리의 영역에 속하는 것이다.

그림 1-8 전략의 수준

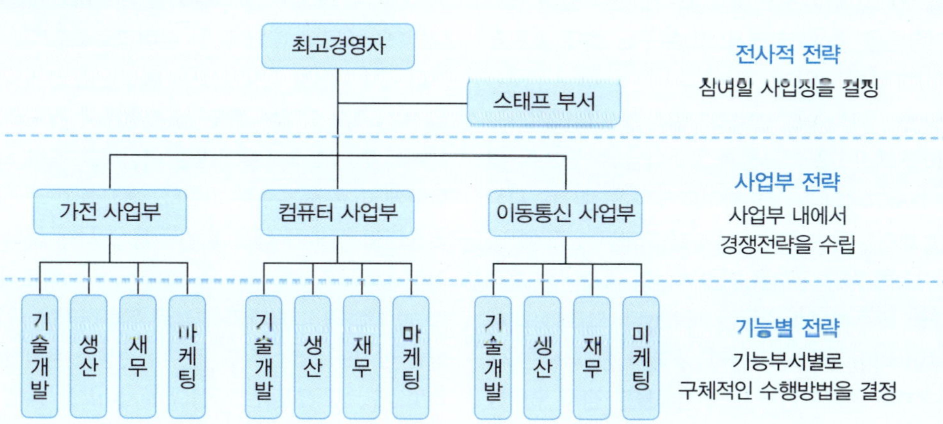

• 사례 •

브라우저 전쟁: 누가 살아남는가?

현대 사회에서 인터넷이 더 큰 역할을 가지게 됨에 따라 인터넷에서 주도권을 차지하기 위한 경쟁이 IT 업계에서 있어왔다. 일부 업체들은 인터넷을 개별 집에 연결하는 망을 두고 경쟁하고, 일부는 사용자의 “시작 페이지”를 점유하기 위한 방법들을 동원한다. 이 중 사람들이 컴퓨터에서 웹에 연결하기 위해 사용하는 프로그램 — 웹 브라우저 — 를 점유하기 위한 경쟁이 치열했는데, 이를 두고 뒤돌아보며 브라우저 전쟁이라고 부른다.

브라우저 전쟁(Browser Wars)은 웹 브라우저 시장에서 웹 브라우저들이 점유율 경쟁을 하는 것을 말한다. 브라우저 전쟁은 1990년대 후반에 마이크로소프트의 인터넷 익스플로러와 넷스케이프 두 브라우저간 1차 경쟁을 지칭하였고, 넷스케이프가 거의 몰락하고 인터넷 익스플로러가 웹 브라우저 시장을 독점한 2003년 이후, 모질라 파이어폭스, 구글 크롬, 사파리, 오페라와 같은 신흥 브라우저와 인터넷 익스플로러간 경쟁을 2차 브라우저 전쟁이라 말한다.

이처럼 브라우저 전쟁은 인터넷의 역사와 함께 언제나 치열하게 진행되어 왔습니다. 하지만 언제나 새로운 경쟁자들이 뛰어들고, 오래된 멤버들이 새로운 기술들을 향상시키면서, 그 누구도 절대 우위를 차지하지 못하고 있다.

웹 브라우저는 모든 정보가 망라된 인터넷이라는 사이버스페이스를 자유롭게 돌아다닐 수 있도록 해주는 프로그램이다. ‘월드와이드웹’의 탄생으로 시작된 웹 브라우저는 인터넷 익스플로러(이하 IE)와 넷스케이프의 양강 구도를 거친 뒤, 이 대결에서 승리한 IE의 독주체제가 한동안 지속됐다. 그러나 21세기 들어 파이어폭스, 사파리, 오페라 등 다양한 웹 브라우저가 출시되면서 IE의 점유율은 점차 줄어들었고, 클라우드 기술을 비롯한 소프트웨어 플랫폼 다양화 등 모바일 생태계가 발달함에 따라 현재는 구글이 야심차게 내놓은 크롬(Chrome)과 전통의 강자인 마이크로소프트 IE가 1위 다툼을 벌이고 있다.

1차 브라우저 전쟁: 넷스케이프와 익스플로러의 대결

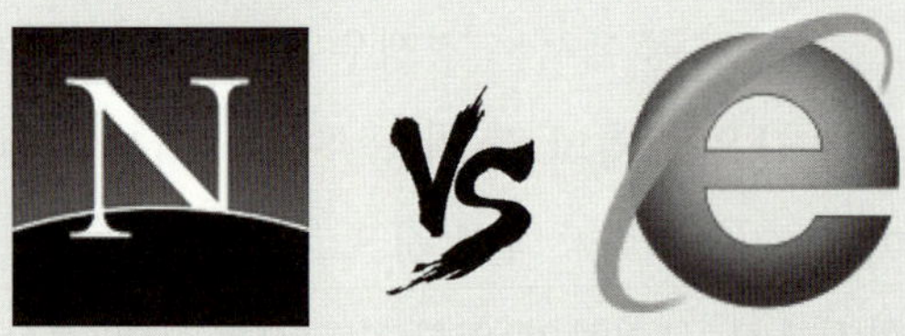

초창기에는 정말 많은 프로그램들이 웹에 접속하기 위해 개발되었다. 이 중 가장 널리 쓰인것은 NCSA 모자익이었다. 90년대 중반에 모자익을 라이선스해서 경쟁 제품을 만든 회사 중 넷스케이프 네비게이터가 가장 크게 성공하고 브라우저 시장을 독점했다. 자체적인 브라우저를 가지고 브라우저 시장에 진입해서 사용자들의 인터넷 경험을 통제하고 싶어했던 마이크로소프트는 모자익을 라이선스해서 인터넷 익스플로러 브라우저를 개발하고 도전장을 내민다. 90년대 후반 동안 마이크로소프트는 점점 브라우저 시장을 잠식해갔다. 마소는 운영체제 시장을 독점하고 있다는 점을 십분 활용해 윈도우 운영체제에 인터넷 익스플로러를 내장하고 적극 사용자들에게 미는 승부수를 띄웠다. 여기에 미국 정부와 유럽연합 정부가 대응해 반독점 조사에 들어가고, 마이크로소프트를 윈도우·오피스·익스플로러의 3개 팀으로 각각 별개의 회사로 분할하라는 극약 처방을 받기도 했다. IT 업계는 이 전쟁을 주의깊게 살펴보았고, 사용자들은 자신의 웹사이트를 통해 브라우저를 밀어주려는 활동을 하기도 했다. 자신의 웹 사이트에 "이 웹사이트는 넷스케이프에서 제일 잘 보입니다" 등의 버튼을 다는 행위가 그것이다.

1차 브라우저 전쟁은 익스플로러 3.0 버전 때 가장 치열했고, 이후 90년대 말 익스플로러 4.0을 고비로 익스플로러가 상승세를 보이기 시작했다. 2000년대 초 네비게이터는 사장세에 접어들고 넷스케이프 진영 일부 개발진과 오픈소스 사람들이 파이어폭스 브라우저를 통해 도전장을 내밀었지만 역부족이었다. 사람들은 익스플로러로 운영하는 것에 익숙해져 갔고 점점 더 많은 사이트들이 익스플로러에서만 돌아가는 기능을 활용해 사이트를 구성하기 시작했다. 한국의 익스플로러 편향도 이 때 자리잡았다.

2차 브라우저 전쟁: 익스플로러와 크롬의 대결

영원할 것 같던 익스플로러의 독점 판도는 2005년에 등장한 구글 크롬에 의해 산산조각 나고 만다. 구글은 크롬 브라우저를 내세우며 여러 가지 장점을 앞세웠다.

1) 속도 중점: 제일 빠른 웹페이지 로딩 및 화면 출력 속도, 그리고 스크롤 속도

2) 최대한의 화면 사용: 상단의 프로그램 제목 창과 하단의 상태창을 아예 없애버리고 익스플로러의 상징이던 덕지덕지 붙은 플러그인용 창을 주소창과 동일선상에 놓는 등 화면의 수직 공간 사용률 극대화를 시도함

3) 구글이 자바스크립트로 구현한 각종 웹 애플리케이션(구글 닥스, 구글 스프레드시트, 구글 슬라이드, 유튜브 등) 최적화. 이는 화면 사용 최대화와 시너지 효과를 극대화

4) 브라우징 환경의 클라우드화: 크롬 브라우저 세션을 G 메일 계정과 동기화하면, 세계 어디든, 어느 컴퓨터에서라도 크롬 브라우저 세션을 동기화하면 거기서 열어두었던 창, 저장해두었던 패스워드, 플러그인 등 모든 요소가 끊김 없이 제공되는 경험을 할 수 있다.

이러한 장점들은 구글이 추진하던 개인 클라우드 환경 추구 전략과 맞물려 돌아가면서 대박이 났다. 익스플로러 4.0만 해도 "버벅거리는 전용 프로그램에 들어가서 그 프로그램 내에서 천천히 살펴보는 것"의 개념이던 웹이 구글 크롬을 통해 그냥 "내 컴퓨터의 모든 것 — 마우스와 키보드를 통해 운영체제와 상호작용하는 것이 아니라, 웹과 직접 상호작용하고, 웹에서 모든 일을 처리한다"라는 개념으로 바뀐 것이다.

이 시기에 아이폰이 개인 스마트폰 시장을 개척하고, 그를 뒤이어 안드로이드가 진출해 스마트폰 시장의 양대 제품으로 자리 잡은 것도 크롬에게 힘을 잔뜩 실어주었다. 모바일 인터넷 환경이 파이를 엄청나게 키우고, 모바일용 크롬이 안드로이드의 내장 브라우저로 제공되는 동시에 데스크 탑용 크롬과 엄청난 seamless 전환 경험을 가져오면서 모바일 환경의 주요 브라우저로 자리 잡았기 때문이다.

마이크로소프트는 오랜 만에 인터넷 익스플로러 브라우저 주요 기능 업그레이드, 엣지 브라우저 출시 등 여러 가지 방법을 동원해보았지만 속수무책으로 무너졌다. 아이러니하게도 윈도 XP 운영체제에서 윈도 7으로, 그 후 다시 윈도 10으로 운영체제 세대 교체를 추진한 것이 운영체제 시장에서는 이득이 되었을지 몰라도, 브라우저 시장에서는 마이크로소프

트의 점유율 하락을 부추겼다. 윈도 7/10에서 더 이상 기존의 인터넷 익스플로러 6 전용 솔루션(말많은 한국의 액티브X 기반 온라인 금융 솔루션 등)들이 작동하지 않게 되자, 더더욱 익스플로러를 유지해야 할 이유가 없어졌기 때문이다.

따라서 현재 비대해진 크롬 브라우저가 램을 잡아먹는 괴물로 전문가들에게는 멸시를 받고 있지만, 램을 8GB~16GB으로 업그레이드 하는 것만으로 해결이 가능한 것이 현재 상태라서 크롬 브라우저의 독주는 당분간 계속될 것으로 전망된다.

토의과제

1. 1차 브라우저 전쟁의 이유는 무엇인가?
2. 2차 브라우저 전쟁의 이유는 무엇인가?
3. 1차 브라우저 전쟁인 넷스케이프와 익스플로러의 대결에서 MS가 시도한 전략은 무엇인가?
4. 2차 브라우저 전쟁인 익스플로러와 크롬의 대결에서 구글이 시도한 전략은 무엇인가?

Chapter 2

기업의 사명과 목표

"문제는 목적지에 얼마나 빨리 가느냐가 아니라, 그 목적지가 어디냐는 것이다."

– Maybell Newcomber

"인생을 발전시키는 것은 그가 하고 있는 일이 아니라 그가 하고자 하는 일이다."

– Robert Browning

● 전략 Focus ●

전략적 직관

직관이라고 하면 우리는 흔히 직감, 혹은 육감을 떠올린다. 그러나 뇌 과학 연구에 따르면, 직관에는 세 가지 유형이 있다고 한다. 바로 평범한 직관, 전문가 직관, 전략적 직관이다. 평범한 직관은 우리가 흔히 말하는 '육감'과 같다. 육감이란 좋은 느낌이든 나쁜 느낌이든, 그 결과가 창조적이든 그렇지 않든 상관없이 특별한 노력을 들이지 않고도 본능적이고 즉흥적으로 느끼는 감정이다. 전문가 직관은 뭔가 익숙한 것을 인식할 때 깨닫는 순간적인 판단을 말하는데, 말콤 글래드웰이 말한 '블링크'가 바로 이것이다.

우리는 자신이 하는 일에 능숙해질수록 비슷한 문제들을 더 빨리 해결할 수 있는 패턴을 인식하게 되는데, 전문가 직관은 바로 그런 식으로 작동한다. 마지막으로 전략적 직관이란 우리가 오랫동안 고민하고 있던 문제를 한 순간에 해결해주는 섬광 같은 통찰력을 말한다. 이는 평범한 직관 같은 모호한 감정이 아니다. 전략적 직관은 선명한 생각이다. 그것은 전문가 직관처럼 빠르지 않고 서서히 일어난다. 어젯밤 갑자기 찾아온 섬광 같은 깨달음이 한 달 동안 머릿속에 맴돌던 문제를 해결할 수도 있다. 게다가 그것은 익숙한 상황에서 일어나는 것도 아니다. 전략적 직관은 새롭고 낯선 상황, 즉 이러한 종류의 직관이 가장 많이 필요할 때 작동한다. 혁신가들이 혁신을 발견하는 것, 예술가들이 창조적인 아이디어를 얻는 것, 선구자들이 비전을 얻는 것, 과학자들이 과학적인 발견을 하는 것 등등 좋은 아이디어가 인간의 머릿속에 떠오를 때는 언제나 전략적 직관이 작용했다. 이것은 평범한 직관인 육감을 뛰어넘는 특수한 형태의 감각으로서, 우리는 이를 '제7의 감각'

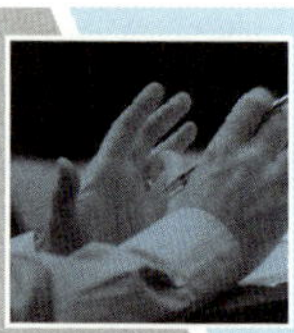

제 1 절

기업의 사명과 비전

1. 사명의 개념

전략이란 경쟁우위를 확보하기 위해 어떻게 경쟁하겠다는 것을 나타낸다. 우리 회사는 어떤 회사인가, 무엇을 할 것인가 하는 비전이 전략수립에 앞서 설정되어야 한다. 예를 들어, 혼다의 비전은 "완벽한 엔진을 만든다"라고 하는 것이고 페더럴 익스프레스의 비전은 "진정으로 신뢰할 만한 우편배달 서비스를 제공한다"는 것이다. 여기에서 이 두 회사는 어떻게 경쟁하겠다는 전략을 이미 나이라 부를 수 있을 것이다.

모든 중요한 발전의 이면에는 해당 분야를 변화시키거나 새로운 것을 시작하게 한 유익한 아이디어가 탄생했던 전환점이 있다. 그렇다면 이렇듯 유익한 아이디어는 어떻게 나왔을까?

이는 머리를 싸매고 그 생각만 한다고 나오는 것도 아니고 월요일 오후 2시 30분에 예정된 브레인스토밍 회의에서 나오는 것도 아니다. 대개 이런 아이디어는 "한밤중에, 샤워할 때, 교통체증에 갇혀 있을 때, 혹은 길을 걷다가 문득" 떠오른다. 머릿속에서 점들이 연결된다. 뭔가 합쳐진다. 섬광처럼 퍼뜩 깨달음이 찾아온다. 그리고 자기도 모르게 중얼거린다. "아하! 이제 어떻게 해야 할지 알겠어!" 이러한 깨달음은 특수한 형태의 직관으로, 우리는 그것을 '전략적 직관'이라고 부른다. 왜냐하면 그것은 실천할 수 있는 아이디어, 즉 전략을 주기 때문이다.

예를 들어 1974년, 3M 연구소 직원이었던 스펜서 실버는 강력한 접착제를 개발하려다 실수로 접착력이 약하고 끈적거리지 않는 이상한 접착제를 만들게 되었다. 한편 같은 회사 연구원이었던 아서 프라이는 교회 성가대에서 활동하면서 예배 날에 부를 찬송가 페이지에 서표를 끼워놓곤 했는데, 이것이 잘 떨어져서 늘 불만이었다. 좋은 방법이 없을까 고민하던 아서 프라이는 때마침 스펜서 실버의 접착제를 보게 되었고, 즉시 기발한 아이디어를 떠올렸다. 즉 스펜서 실버의 접착제를 사용하여 붙였다 뗐다 할 수 있는 서표를 만들면 어떨까 하는 생각을 하게 된 것이다. 학생, 직장인을 포함해 문서를 다루는 사람이라면 누구나 사용하는 포스트잇은 그렇게 발명되었다.

자료: 윌리엄 더건, 「제7의 감각: 전략적 직관」
William Duggan, *Strategic intuition: the creative spark in human achievement*

타내고 있다고 볼 수 있다.

예컨대, 최고경영자(CEO)는 임직원들을 향해 숱하게 '좀 더 열심히 일하자' '최고가 되기 위해 최선을 다하자'고 말한다. 그러나 그 전에 '어떤 목표를 향해 서인가'라는 질문에 대한 대답을 먼저 내놓아야 한다. 실제로 1997년 우리나라가 IMF 관리체제에 들어가기 전에 상당수 기업의 임원들은 부채 줄이기나 구조조정보다 자금 확보를 위해 열심히 뛰었다. 당시 방한 기업의 한 임원은 은행 대출이 어렵게 되자 고율의 사채를 확보하기 위해 최선을 다했으나 그것이 화근이었다고 한탄했다. 잘못된 목적을 향해 뛴 결과였다. 모든 문제를 해결하는 데 있어 가장 먼저 행해야 할 것은 사명을 명확히 하는 것이다. 사명(mission)이란 조직의 목적이자 존재 이유이다. '우리 회사는 왜 존재하는가'에 대한 대답이 곧 사명이다.

이처럼 새로운 사업에 참여하든지 혹은 기존 사업을 강화하든지 간에 기업은 우선 그 기업의 전략적 지향점을 나타내는 기본적인 목표와 철학을 결정하여야 한다. 사명(mission)은 다른 기업과 해당기업을 차별화시켜 주고 그 활동영역을 규정해 주는 것으로 기업의 근본적인 존재의의와 목적을 나타내는 것이다.

즉 사명은 기업이 추구하는 바와 같이 바람직한 기업의 비전을 의미한다. 따라서 사명은 전략 수립의 첫 번째 단계인 목표 설정 중에서도 가장 우선적으로 결정되어야 할 요소이다.

한편 기업의 사명을 문장형식으로 구체화한 것을 사명선언문(mission statement)이라 한다. 사명선언문은 '우리는 누구이고, 우리는 무엇을 하며, 우리는 어디로 가는가(who we are, what we do, and what we are headed?)' 하는 내용을 담게 된다. 사명선언문은 회사 사명의 표현으로 "조직을 다른 조직과 구별하고, 제품, 서비스, 시장에서 운영의 범위를 확인해주는 폭넓은 정의를 하면서도, 영속성이 있는 목적 진술서이다."

사명은 최고경영자의 사업철학이 반영된 것으로서 기업의 지향점을 구체화한 것이라기보다는 기업의 근본 목적과 전략을 개괄적으로 혹은 암묵적으로 나타내는 것이다. 따라서 사명은 하나의 선언으로서 측정 가능한 목표를 제시하는 것은 아니며 기업의 기본적인 지향점을 나타내는 것이다.

사명은 기업에 정체성을 부여해주고 성장과 발전의 방향을 나타내준다. 그리고 모든 전략적 의사결정은 사명으로부터 출발하며 사명은 전략의 수립과 실행에 근본적인 지침이 된다. 따라서 사명은 최고경영자의 경영철학이 반영된 것으로서 기업의 지향점을 추상적으로 표현하며, 기업의 존재이유에 대한 내용을 담고 있다.

그러면 경영전략에서 사명이 가지는 기능적 효과는 무엇인가?

첫째, 조직의 정체성을 제공하여 준다. 즉, 조직의 존재이유와 그 목적을 대내외적으로 공표하여 주는 기능이다.

둘째, 조직가치의 중심점을 제공하여 준다. 이는 조직이 가장 우선시하는 가치가 무엇이며, 어떤 부분에 가장 중점을 두어야 하는가를 제시하여 준다.

셋째, 조직목표의 일관성을 평가하는 기준이 된다. 즉, 기업의 사명이 조직의 장·단기적 목적과 목표들이 일관성을 가지고 있는가를 평가하는 준거기준을 제공하여 준다.

넷째, 전략수립과정의 기준을 제공하여 준다. 실제 기업의 경영전략수립과정에서는 SWOT분석을 통하여 최적의 경영전략을 수립하고자 하는데, 이때 전략수립을 위한 근본적인 기준은 기업의 사명과의 일관성을 살펴보아야 한다.

다섯째, 전략평가의 기준을 제공한다. 전략의 실행이 이루어진 후 마지막 과정에서 전략평가가 이루어지는데, 이때 전략의 평가는 기업의 사명과의 달성 정도를 통해 평가된다.

여섯째, 자원의 배분과 활용의 기준이 된다. 경영전략의 수립과 실행과정에서 자원의 효율적인 전개는 경영성과의 달성에 매우 중요한 영향을 미치고 있는데, 사명은 자원의 배분과 활용을 하는 데 준거기준을 제공하고 있다.

2. 비전의 개념

2.1 비전의 정의

전략의 효과적인 수립과 실행에 있어서 가장 중요한 것이 바로 조직 전체의 몰입(commitment)을 얻어내는 것이다. 자신을 희생해 가면서 조직을 위해 맡은 일에 최선을 다해 열성적으로 하는 몰입이 생기는 데는 비전이 결정적인 역할을 한다.

비전(vision)이란 '조직 내의 모든 구성원들의 꿈과 의지가 내재된 미래의 모습을 이미지화'한 것으로 계량적인 측정은 할 수 없는 개념적인 모습이다. 비전의 표현방법은 기업에 따라 다르며 특별히 정해진 것은 없다. 그러나 많은 기업들이 비전을 지나치게 추상적인 것으로만 간주하려는 경향이 있다.

이 때 비전이란 한 조직의 미래에 대한 이미지로 총체적인 조직의 미래상을 말한다. 비전은 한 조직이 여러 활동을 통해 도달해야 하는 종착지로 현재보다 성공적이고 더 바람직한 미래상을 기술해 놓은 것이다. 비전은 오랫동안 변하지 않기는 하지만 그래도 정기적으로 변하는 요소로서 "언제까지 어떤 회사가 된다"라는, 어떻게 보면 기업전략, 경쟁전략, 기능전략, 그리고 그것을 숫자로 표현한 재무적인 목표까지도 종합적으로 포괄하게 된다. 혹은 재무적인 목표가 비전을 수치화한 것으로 볼 수도 있다.

그러나 훌륭한 비전을 정하는 것은 어떤 순간적인 발상이나 영감을 통해 신비스러운 것을 제시하는 것이 아니다. 오히려 이를 위해서는 어렵고도 힘든 정보수집과 분석의 과정을 거쳐야 한다. 따라서 비전을 명확하게 제시하여 주는 경영자는 환경에 대한 충분한 인식을 바탕으로 다양한 정보를 수집하여 미래에 다가올 상황을 미리 대처하여 주는 전략가이어야 한다.

비전을 제시하는 미래지향적인 기업은 비전을 설정할 때 과거나 현재의 연장선상에서 미래를 바라보지 않고 경영층과 모든 구성원들의 꿈과 의지가 녹아든, 구성원들이 원하는 비전을 설정한다. 이렇듯 비전이 설정되어야만 여기에 도달하기 위해 현재의 사업구조를 어떻게 혁신하여 어떤 사업을 주력으로 하고 어떠한 사업에 참여해야 하는가? 그리고 이를 어떻게 연결시켜야만 전체적인 입장에서 상승효과를 낼 수 있는가를 찾아낼 수 있다.

2.2 비전의 역할

기업경영에서 비전의 역할이란 기업이 바라는 미래의 상태를 가능한 한 뚜렷하게 정리하는 노력을 의미한다. 그리하여 구성원들이 상상력을 최대한 발휘하여 미래에 가능한 것이 무엇인지에 대하여 깊이 생각하고 이를 정리한 것이다.

따라서 비전은 기업의 미래의 상태에 대한 표현으로서 기업구성원들에게 기업의 미래방향과 기업이 바라는 것이 무엇인가를 전달하고 그들이 추구할 공동목적을 제시하며 이를 달성하기 위하여 그들의 힘을 모으고 그들의 동기를 불러일으키는 역할을 수행한다. 그리하여 비전은 기업의 경영혁신을 성공적으로 전개하고 바람직한 경영혁신을 성공적으로 전개하고 바람직한 결과를 달성하는 데 있어서 가장 중요한 요소의 하나로 작용할 수 있다.

지금까지 세계시장에서 초우량기업으로 부상한 기업들은 거의 모두가 뚜렷한 비전을 가지고 있었으며 이를 장기적인 관점에서 꾸준히 실천하려는 노력을 보였다. 예를 들면, 혼다의 '제2의 포드', Cannon의 'Beat Xerox!' 등은 초일류기업들의 전략적 비전을 잘 표현하여 주고 있다.

오늘날 비전이 더욱더 중요시되는 이유는 급변하는 경영환경에 능동적으로 대처하고 공격적인 경영이 요구되기 때문이다. 즉 기업의 바람직한 미래상을 설정하여 장기적 안목에서 전략구상을 하는 것이 더욱 중요해지고 있다. 이렇듯 비전은 하루가 다르게 급변하는 경영환경을 헤쳐 나가는 데 필요한 나침반과 같은 역할을 수행한다. 그리고 이 비전은 각 사업부의 목표와 희망을 단순히 합친 것이 아니라 각 사업부의 전략들을 기업 전체의 틀 속에서 조정하고 통합하는 역할을 수행한다.

역사에서 위대한 사람과 성공한 조직은 한결같이 뚜렷한 사명과 비전을 가졌었다. 만일 회사 임직원들에게 회사의 사명이 무엇인지, 비전이 무엇인지를 물었을 때 그들이 제대로 답변할 수 있다면 그 조직은 성공으로 가는 궤도로 제대로 들어가고 있는 것이다.

그림 2-1 비전선언문의 기준

구성요소	사업영역, 고객만족, 제품 및 서비스, 고객/시장, 기술, 회사목표, 경영이념, Public Image
	훌륭한 Vision Statement의 기준
Energizing Inspiring	개인의 노력이 조직의 목표와 연계되도록 하여야 함 조직의 목표와 개인 목표의 일체화가 필요함 이를 통하여 목표달성을 위한 열정을 이끌어 낼 수 있어야 함
Plausible Achievable	공허한 선언이 아닌 도전적인 현실적 목표를 설정하여야 함 동시에 그 목표는 타당성이 있고 달성 가능하여야 함
Directional	조직구성원이 나가야 할 방향을 명확하게 제시할 수 있어야 함
Thematic Terse	비전의 핵심 메시지를 간명하고 직접적으로 표현하고 상호 커뮤니케이션화되도록 하여야 함
Shared	경영층과 조직 구성원간 비전에 관한 공감대가 형성되도록 하여야 함

예를 들어, 유아 및 의료용품을 생산하는 '존슨앤존슨'(Johnson & Johnson)이 1943년 발표한 '우리의 신조'(Our Credo)는 회사 사명서의 모범이다. 회사가 나아갈 방향이 제시된 이 사명서는 이 회사가 고비에 처할 때마다 원칙을 지키며 세계적인 기업으로 성장하게 만든 원동력이 됐다. 특히 1982년 미국 시카고에서 이 회사가 판매하던 진통제 타이레놀에 독극물인 청산가리가 투입돼 6명이 숨진 사건이 발생했다. 이때, 이 회사는 즉각 이 사실을 공표하고 범인에게 10만 달러의 현상금을 거는 한편 타이레놀을 전량 수거했다. 수백만 달러의 손실을 입었고 시장점유율은 절반으로 떨어졌다. 하지만 회사의 이익에 앞서 공중의 안전을 먼저 생각하는 회사의 사명을 각인시켜 장기적으로 발전의 기틀을 닦을 수 있었다. 이처럼 기업의 성공은 속도가 아니라 방향에 의해 판가름 난다. 모든 임직원이 한 방향을 바라보고 달려갈 수 있는 회사 사명선언문을 만드는 게 성공의 기초가 될 수 있다.

2.2 사명과 비전의 비교

최근에 들어 우리나라의 많은 기업들은 기업의 비전(vision)을 만들고 이를 대내외에 공표하는 등 비전의 열풍이 불고 있다. 대부분의 기업들은 비전 수립을 전략수립의 첫 번째 단계로 인식하고 있다.

따라서 기업사명에 대한 명확한 이해를 위해서는 비전과의 비교가 필요하다.

비전의 개념은 "기업의 방향을 선택하기 위해서는 먼저 리더가 가능한 그리고 바람직한 기업의 미래 상태에 대한 하나의 정신적 이미지를 개발해야 한다. 이러한 정신적 이미지가 바로 비전으로서 이는 꿈처럼 모호할 수도 있고 목표나 사명문처럼 명확할 수도 있다. 무엇보다 중요한 것은 비전이란 실현가능하고 신뢰성이 있으며 기업의 미래상을 분명하게 나타낸 것으로서 몇 가지 중요한 측면에서 현재보다 더 나은 상태를 의미하는 것이다."

이는 비전의 애매함과 함께 그 독특한 특성을 잘 나타내고 있다. 비전과 기업사명은 기업에서 하나일 수도 있고 동일할 수도 있다. 기업의 미래의 바람직한 상태는 기업사명의 모든 요인들을 포괄할 수도 있다. 특히 조직변화의 시기에 새로이 수립되는 기업사명은 비전과 구별하기 어렵다. 그러나 비전과 기업사명은 완전히 중복되는 개념은 아니다. 비전은 현재보다 더 나은 미래의 상태를 의미하는 반면, 사명은 현재에 보다 초점이 주어지며 특정시간에 구애받지 않는 개념이다.

달성되면 비전이 새로운 비전의 개발이 필요하다. 그러나 기업사명은 그것이 의미를 가지는 한 지속적으로 유지될 수 있다. 따라서 비전은 목표와 관련이 있는 반면, 기업사명은 '행동방식'과 관련이 있다.

비전이 이러한 관점에서 가지는 단점은 다음과 같다.

첫째, 비전은 일단 성취되고 나면 그 의미를 잃는다. 따라서 더 이상 기업에 방향을 제시해 주지 못하며 행동의 기준이 되지도 못한다.

둘째, 비전이 너무 야심적이어서 그 달성 가능성이 의심받게 되면 조직의 구성원들을 고양하거나 동기를 부여하는 힘을 잃게 된다.

반면, 기업사명은 기업의 목적과 경영철학 및 이에 따라 요구되는 행동양식을 나타낸 것으로서 시간에 구애받지 않고 기업에 방향성과 활력을 제공하는 원천으로 작용할 수 있다.

3. 사업영역의 정의

전략이란 조직의 내부자원을 그 외부환경이 만들어 내는 기회 및 위협에 적합 시키는 것이다. 따라서 전략은 첫째, 어느 영역에서 환경과 상호작용하며, 우리의 사업은 무엇인가, 조직으로서 어떠한 사명을 달성하고 싶은가에 대한 사업영역의 정의가 필요하다. 둘째, 그 사업영역에서 조직목표를 달성하기 위하여 요구되는 경영자원을 어떻게 조달할 것인가를 결정하는 필요한 경영자원의 축적(accumulation)이 요구된다. 셋째, 축적된 경영자원을 어떻게 하면 경쟁자에 비해 우위성을 확보할 수 있도록 하는가를 결정하는 경영자원의 차별적 역량의 전개(deployment)로 이루어진다.

이 가운데 기업의 전사적 전략으로서 가장 중요한 것이 바로 사업영역의 선택 및 정의에 관한 문제이다. 사업영역이란 사업을 정의하는 조직의 독자적인 사업활동 영역을 말하고 사업영역의 정의를 통하여 '우리의 사업은 무엇인가'라

그림 2-2 Abell의 사업영역의 3가지 측면

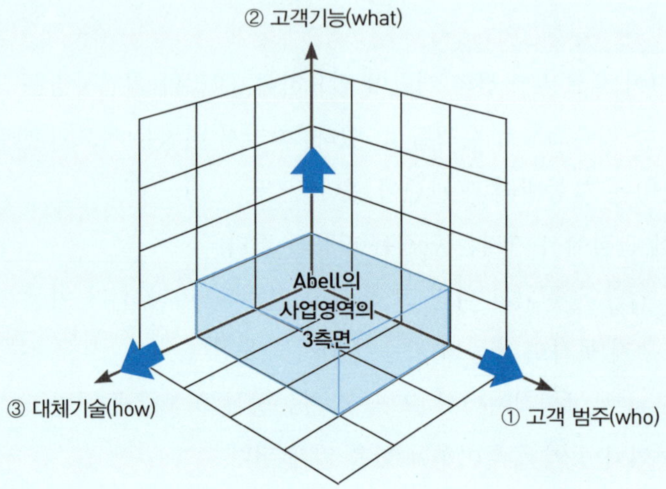

자료 : Abell, *Defining the Business*, 1979.

는 조직의 사회적 존립기반에 관계되는 물음에 응답하는 것이다.

기업 사명문의 구성요소에서도 사업분야에 대한 정의는 반드시 설정되어져야 한다. 본질적으로 사업에 대한 정의는 "우리의 사업은 무엇인가?" "현재의 사업은 미래에 어떻게 될 것인가?" "우리의 사업분야는 어떻게 되어야 하는가?"라는 질문에 대한 답을 가지고 있어야 한다.

여기에 대한 사업영역의 정의로서 Abell 교수는 세 가지 질문에 대한 답을 함축적으로 표현하는 사업정의의 영역에 대하여 논하고 있다. Abell 교수는 그의 책 *Defining the Business - The Starting Point of Strategic Planning*에서 사업을 제품과 시장으로 바라보는 현재의 표준적인 2차원적인 방식은 심각한 결점을 갖는다고 하였다. 그는 다음의 3가지 축을 가진 3차원적 모델을 제안하였다.

첫째, 서비스 받는 고객 그룹(served customer groups) : 고객의 범주(Who)
둘째, 서비스 받는 고객의 기능(served customer functions) : 고객 니즈(What)
셋째, 사용 기술(technologies utilized) : 니즈가 충족되는 방식(How)

그림 2-3 사업정의의 구성요인

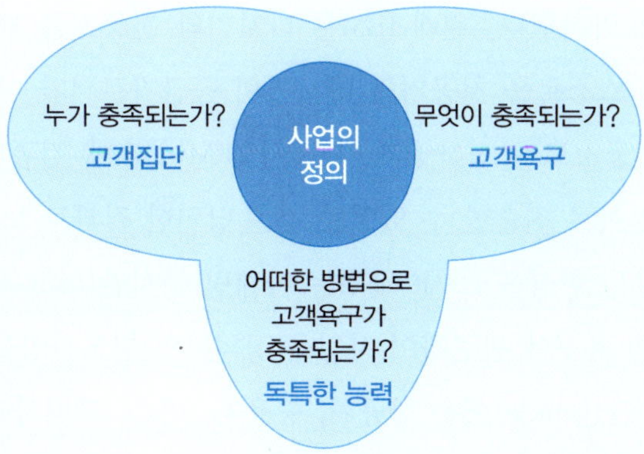

그의 정의에 의한 기업의 사업분야는 고객집단(who), 충족되어야 할 욕구(what), 고객 욕구를 충족시키는 방법(how)이라는 세 가지 측면에 따라 정의된다.

[그림 2-3]에서 살펴보면 특정 고객집단의 욕구가 무엇이며 이러한 욕구를 어떤 방법으로 충족시키겠다는 내용이 기업의 사업영역의 정의에서 가장 중요하다는 것을 알 수 있다.

사업영역은 사물을 보는 관점에 따라 정의할 수 있지만 전통적으로는 사업을 제품에 관련시켜 정의해왔다. 그러나 제품이나 기술은 곧 진부화되어 버리기 때문에 장기적으로는 고객중심적인 정의가 바람직하다.

예를 들어, 번창했던 미국의 철도사업이 파산하거나 쇠퇴한 원인에 대한다음과 같은 분석을 살펴보면 사업영역의 정의가 얼마나 중요한가를 알 수 있다.

> "철도사업이 승객이나 화물수송에 있어서의 수요 감소로 쇠퇴한 것은 아니다. 수요는 오히려 증가하였다. 문제는 철도사업이 곤경에 빠지게 된 것은 수요가 다른 대체수단에 의해 충족되었기 때문이 아니라 철도 그 자체에 의해 고객의 욕구가 충족되지 않았기 때문이다. 왜냐하면 철도회사들은 그들의 사업을 운송업으로 정의하지 않고 철도사업으로 규정함으로써 다른 운송수단들에 고객을 빼앗기게 된 것이다. 철도회사들의 사업정의는 수송 지향적이지 못하고 철도 지향적인 사고에서 비롯된 것이고 고객 지향적이지 못하고 제품 지향적인 사고에서 비롯된 것이다."

한편 성공적인 사업영역 정의의 사례로서 IBM을 들 수 있다. IBM은 자신의 사업분야가 어떻게 되어야 하는가를 올바르게 예측함으로써 세계 컴퓨터 산업의 맹주로 도약하였다. 원래 IBM은 타자기와 천공기를 제조하는 회사였다. 그러나 IBM은 스스로를 천공기와 타자기의 공급자로서가 아니라 정보처리 및 저장수단의 제공자로 규정하였다. 따라서 IBM이 후에 컴퓨터, 소프트웨어 및 사무 시스템 분야로 진출할 수 있었던 것은 당연한 결과로 보인다.

이와 같은 현상을 Levitt 교수는 마케팅 근시안(marketing myopia)이라고 부른다. 고객의 욕구에 관련하여 사업을 정의하면 철도사업을 수송에 봉사하는 것으로 수송수단(vehicle)에는 항공기, 승용차, 버스, 모터사이클, 자전거, 등이 있는데, 철도회사들은 일찍이 이러한 수송수단에 대한 대응책이나 다각화를 생각하였더라면 쇠퇴하지 않을 수 있었다는 것이다.

한편 Levitt 교수의 마케팅 근시안의 초점은 사업을 고객 지향적인 사고에서 출발하여야 한다는 점에서 설득력이 있지만 실제 너무 추상적이어서 구체적으로 어떤 사업을 정의하여야 올바른 경영전략의 수립이 가능한지에 대해서는 명확하지 않다. 예를 들어, 철도회사들이 장기적으로 트럭사업을 해야 할지, 택시 사업을 해야 할지, 아니면 렌터카 사업을 해야 할지에 대해 분석적으로 나타나지 않고 있다.

또한 사업영역의 정의는 단지 포괄적 정의가 바람직한 것은 아니다. 이는 사업영역의 정의를 보다 확장시켜감으로써 새로운 기회를 잡을 수 있다는 가능성은 있지만, 자기 회사의 자원과 전혀 동떨어진 무수한 사업을 시작하여 핵심역량 중심의 경영을 방해하기도 한다.

따라서 사업영역의 정의들 중에서 어느 것이 최적인지는 그 회사가 보유하는 자원, 차별적 우위, 고객욕구의 변화, 그리고 사명보고서에 나타나 있는 그 기업이 장차 어떤 기업이 되고 싶어 하는 비전과 연관시켜 사업영역의 정의가 이루어져야 한다.

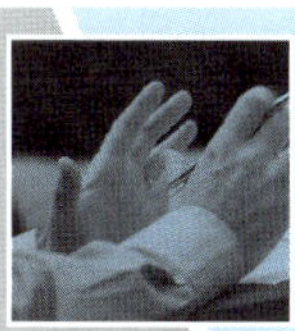

제 2 절

목표의 수립

1. 목표의 개념과 의의

1.1 목표의 정의

기업의 미래상인 비전이 형성되었으면, 그것을 장기적으로 실현시키기 위한 기업목표의 설정이 필요하다. 이때 기업목표는 전략적 의사결정이 이루어지는 환경을 설정하고 이를 통해 전략적 의사결정에 대한 방침을 제공하는 역할을 한다. 따라서 사명이 수립된 후에 사명의 달성을 추구하는 과정에서 달성해야 할 결과를 구체화한 것이 목표가 된다.

보다 구체적으로 이야기하면, 목표는 어떤 특정기간 동안 기업이 달성하고자 하는 특정결과를 나타낸 것으로서 언제까지 혹은 어느 기간 동안이라는 시간 개념과 어떤 유형의 성과인가에 대한 성과지표 및 얼마만큼의 성과지표의 수준이 포함되어야 한다.

기업 사명이 구체적인 기간에 관계없이 기업이 근본적으로 그리고 장기적으로 추구하는 가치를 표현한 것이라면 목표는 구체적인 시기가 설정되어 있고 그 시기 동안 달성하고자 하는 것을 구체적으로 표현한 것이다. 따라서 목표는 기업사명의 영향을 받으며 일관성을 유지하는 작업이 필요하다.

많은 기업들이 미래의 목표를 수립할 때 다음과 같은 오류를 범하는 경우가 많다.

첫째, 과거의 성과를 기준으로 목표를 설정하는 경우이다. 이는 과거 수년간의 평균성장률을 바탕으로 미래를 예상하여 설정하는 경우이다. 이러한 경우는 미래의 환경변화에 동태적으로 적응할 수 없게 된다.

둘째, 최고경영자가 도저히 불가능한 목표를 제시하는 경우이다. 예를 들어, '매년 100%의 성장'이라는 계획은 목표의 설정이기보다는 하나의 바람일 뿐이다. 그러나 최고경영자의 의도는 만일 그 목표가 달성되지 않는다 하더라도 높은 목표를 제시하여 노력하는 것이 결과적으로는 그렇지 않는 경우보다 높은 업적으로 연결되기 때문에 손실은 없다고 보는 관점이다. 그러나 도전 불가능한 목표는 구성원들이 처음부터 목표달성이 불가능하다고 생각하여 단념해 버리는 경우가 많다.

그렇다면 올바른 목표는 어떠한 조건을 충족시켜야 하는가?

첫째 도전적인 목표를 설정하는 것이다. 목표는 도전적인 의지가 스며들어 있어야 한다는 것이다. 이는 'BHAG(Big Hairy Audacious Goal)'의 의미처럼 아주 크고 모험적인 목표로서 여러 구성원들의 지혜를 짜서 지금까지의 방법을 개선하고 뛰어넘어 최선을 다하면 분명히 달성가능 곳에 목표를 설정하지 않으면 안 된다. 이처럼 도전적인 목표달성을 위해 매진하고 이를 달성함으로써 만족감과 보상도 얻을 수 있다.

둘째, 합리적인 목표를 설정하는 것이다. 목표의 달성에 합리적인 근거가 있으면, 일견 너무 높은 목표라 하더라도 조직 구성원이 납득할 수 있으며 목표 달성에 필요한 적극적인 행동으로 나타날 수 있다. 따라서 목표가 어느 정도 합리적이라는 것을 여러 자료를 통해 보여 주어야 한다.

셋째, 일관성 있는 목표를 설정하는 것이다. 예를 들어 상위목표로서, 향후 5년 내에 신규 사업의 투자를 통해 5조원의 매출을 달성하겠다고 하면 그의 하위목표로서, 인원계획과 투자계획이 반드시 있어야 한다. 물론 상하간의 목표

그림 2-4 목표설정의 올바른 기준

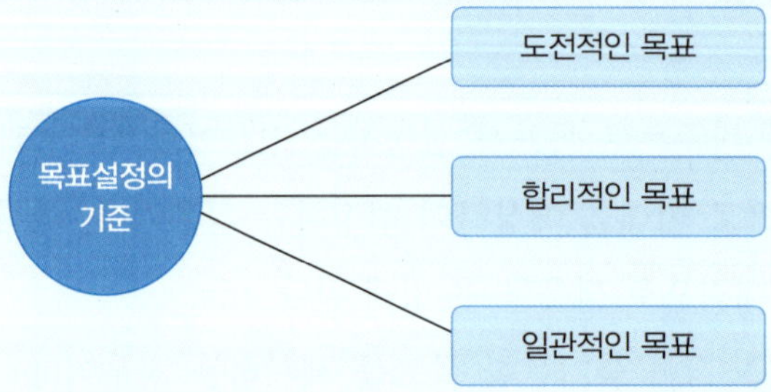

의 종류에 따라서는 모순되는 요소가 있을 수도 있다. 이러한 경우에는 어떻게 균형을 유지해야 하며, 목표의 기준을 어떻게 명확하게 규정하여야 하는 노력이 필요하다.

1.2 목표의 유형

목표의 수립과정에서 가장 중대한 사항은 기업의 성공에 밀접한 관련이 있는 핵심성과영역을 규명하는 것이다. 즉 어떤 지표를 목표로 채택할 것인가를 규명하는 것이다. 대체로 기업에서 널리 활용되는 성과영역으로는 수익성, 성장성, 시장점유률, 생산성, 연구개발, 인적자원, R&D 등을 들 수 있다.

(1) 전략적 목표와 재무적 목표

일반적으로 기업의 핵심성과영역은 전략적 성과와 재무적 성과의 두 가지 유형으로 나눌 수 있다. 재무적 성과는 기업의 수익성과 관련된 목표로서 조직의 생존을 위한 기본적이고 필수적인 요소인 반면, 전략적 성과는 기업의 전반적 시장지위를 강화하고 장기적으로 기업의 위상을 유지하고 제고하는 데 필요한 요소들을 의미한다.

전반적으로 전략적 목표와 재무적 목표 중에서 어떤 것이 보다 중요한가?

표 2-1 전략적 목표와 재무적 목표의 예

전략적 목표	재무적 목표
시장점유율의 증대	이익성장률의 증대
품질의 제고	높은 배당금
제품라인의 확대	이익 마진의 확대
뛰어난 기업이미지	투자수익률 증대
탁월한 고객서비스	신용도 제고
기술과 제품혁신의 기업	현금 흐름의 증대
세계시장에서의 경쟁력 증대	주가의 상승
성장기회의 확대	이익기반의 확대
업계를 선도	불경기에 안정적 지위의 확보

일반적으로 미국기업은 재무적 목표를 중요시하고 한국기업이나 일본기업은 전략적 목표를 중요시하고 있다. 물론 이 두 가지 목표가 서로 상충되는 경우가 발생한다. 예를 들면, 장기적으로 기업의 사업역량을 강화하기 위한 방안으로서 연구개발과 대규모 설비투자는 기업의 단기적인 성과에는 부정적 영향을 미칠 수 있다. 이 경우, 기업의 재무안정성이 확보되는 한에서는 단기적인 재무성과의 향상보다는 장기적으로 기업의 경쟁력을 향상시키기 위한 전략적 목표의 달성에 보다 중점을 두는 것이 바람직하다.

반면, 장기적 시장지위를 확보하는 전략적 목표에 치중할 경우 단기적으로 재무적 위기에 처할 수도 있다. 저가격과 저마진 정책을 지속적으로 수행하여 업계의 선도적인 시장점유율을 달성하였다 하더라도 그러한 시장지위가 수익성 증대로 연결되지 않는다면, 기업의 장기적 성장성과 동태성을 유지하는 데 도움이 되지 않는다. 왜냐하면 기업을 역동적으로 움직이게 하고 전략적 목표를 지속적으로 추구할 수 있게 하는 원동력이 바로 기업의 재무적 능력이고 자금력이기 때문이다.

(2) 장기목표와 단기목표

목표의 유형은 시간영역(time horizon)에 따라 장기적 목표와 단기적 목표로 나눌 수 있다. 보통 1년 혹은 그 이하의 기간을 대상으로 하는 목표를 단기목표라 하며, 중기목표는 1년에서 3년인 경우를, 장기목표는 3년 이상인 경우를 의미한다. 그러나 이것은 절대적인 개념은 아니고 기업이 놓여있는 산업특성과 환경의 불확실성 정도를 감안하여 결정되어야 한다. 예를 들어, 정보통신산업과 같이 환경이 급변하는 경우에는 6개월 이내가 단기계획, 6개월에서 1년 정도가 중기계획, 2년 내지 3년이 장기계획이 될 수 있다. 반면 신발산업과 같이 환경이 안정적인 산업의 경우 2년 내지 3년 정도가 단기계획이며 장기계획은 5년 이상과 같이 시간영역이 길어질 수 있다.

2. 미래목표의 설정방법

기업이 경영전략을 수립하기 위해서 미래목표를 설정하는 방법에는 여러 가지 기법들이 사용되고 있는데 실제 기업에서 가장 많이 활용하는 기법은 전략적 갭 분석(strategic gap analysis)이다.

예를 들어, 어떤 기업의 현재의 모습이 매출액 5조, 평균성장률 10%, 기업의 순위가 15위의 기업이라고 가정해보자. 만약 이 기업이 앞으로 5년간 업종 구성의 변화 없이 평균성장률을 그대로 유지한다면 2015년에는 약 8.86조가 달성될 것이며 5년 후에도 업계의 순위는 15위를 유지할 것이다. 그러나 이것은 5년 후의 자연스럽게 예상되는 모습이며 실제 기업이 바라는 모습을 아닐 것이다. 그러면 기업이 원하는 미래의 모습은 무엇인가를 알아야 한다.

【현재 상황이 계속되는 경우(성장률 10%)】

구 분	매출액(조)	평균성장률	기업순위
현재(2010)	5.00	10%	15위
미래(2015)	8.86	10%	15위

기업이 원하는 모습을 위해 미래의 목표를 설정하면, 적어도 업계의 평균성장률을 웃돌아야 하며, 5년 후의 평균성장률을 20%로 잡아 매출액 14.93조원을 달성하는 것이다. 이는 기업이 원하는 업계 10위권의 달성이 가능해진다. 즉 매출액 약 15조원을 통하여 업계 10위권 진입이 미래목표인 것이다.

【원하는 미래의 달성목표(성장률 20%)】

구 분	매출액(조)	평균성장률	기업순위
현재(2010)	5.00	10%	15위
미래(2015)	14.93	20%	10위

바로 여기에 예상되는 미래와 원하는 미래 사이에 커다란 격차가 나타난다. 이것을 우리는 전략적 갭이라고 정의한다.

그러면 기업들은 전략적 갭을 어떻게 메울 수 있을 것인가? 이러한 갭을 메우기 위해서는 제일 먼저 해야 할 일은 기업의 핵심역량이 무엇인가를 파악해야 한다. 그리고 그 다음에 이러한 핵심역량을 이용하여 우리가 잡을 수 있는 미래의 기회가 무엇인가를 엄밀히 분석하여 성장기회를 찾아야 한다.

그림 2-5 전략적 갭을 이용한 미래목표의 설정

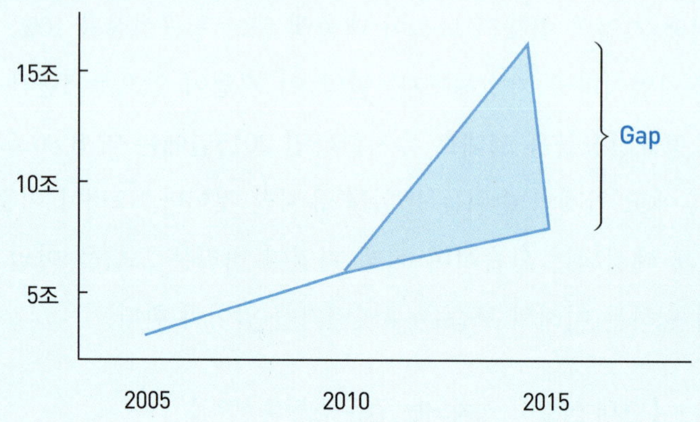

만약 이러한 핵심역량분석을 통해 현재의 업종구성, 성장률, 기존전략 및 기존조직을 가지고는 미래의 목표를 달성할 수 없다는 것을 인식하게 되면 기존의 사업구조의 조정을 통해 새로운 사업영역을 선택하여 할 것이다.

3. 비전, 목표, 전략의 관계

비전은 기업이 원하는 미래상과 이를 달성하기 위하여 기업이 추구해야 할 방향을 제시하고 그 방향으로 구성원들의 힘을 모으는 역할을 한다. 기업이 달성해야 할 목적과 기업이 나가야 할 방향 그리고 구성원들로부터 바라는 행동은 기업의 사명과 전략 그리고 경영목표에 나타나 있다.

전략 개발의 구조적 절차와 순서는 미션-목표-전략-전술의 의미를 가진 MOST(Mission, Objective, Strategy, Tactics)의 프로세스를 거친다. 우선 조직의 장기적 목적인 Mission을 선택하고, 둘째, Mission에 이르도록 하는 중·단기 목표를 정의하고, 셋째, 단기 경영의사결정, 전술 등을 이용해 목표를 이룩하기 위한 전략을 개발하는 과정을 거친다.

예를 들어, 어떤 컴퓨터 제조회사의 경우에 '혁신적인 제품과 환경 친화적

그림 2-6 사명, 목표, 전략의 관계

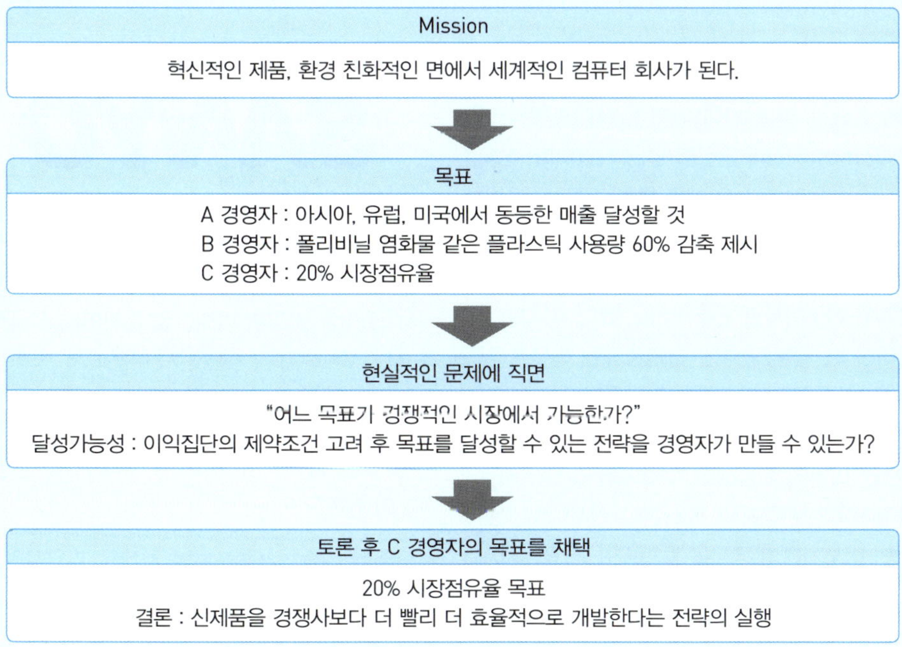

인 컴퓨터 회사'가 된다는 사명을 설정하였다면, 그 사명을 달성하기 위한 목표는 다양할 수 있다. 예를 들어 A 경영자는 아시아 유럽, 미국에서 동등한 매출을 달성할 것이라는 목표를 설정하였고, B 경영자는 폴리비닐 염화물 같은 플라스틱 사용량의 60% 감축을 통한 목표를 설정하였으며, C 경영자는 20% 시장점유율을 목표로 제시하였다. 이제 다음단계는 전략의 개발단계이다. 전략은 현실적인 문제에 직면한 문제로서 다음과 같은 3가지 목표 가운데 어느 목표가 경쟁적인 시장에서 달성가능한가를 결정하여 제약조건의 고려 후에 목표를 달성할 수 있는 전략을 수리하는 단계이다. 그리고 마지막 단계는 전술적인 단계로서 3가지 경영목표 가운데 가장 효과적으로 사명을 달성하기 위한 방안을 모색할 것이고 토의를 거친 후 20%의 시장점유율 목표를 최종 대안으로 결정한다. 따라서 이는 신제품을 경쟁사보다 더 빨리 더 효율적으로 개발한다는 전략의 실행으로 이어진다.

• 사례 •

일본 '산요'의 몰락에서 배우는 교훈

"파나소닉에서 배운 기술로 산요의 설립"

일본의 산요는 일본 최대의 가전업체 중 하나인 파나소닉(Panasonic)과 관련이 깊은 기업이다. 산요의 창업자인 이우에 토시오(井植 歲男, 1902~1969)는 마쓰시타 전기의 창업자인 마쓰시타 고노스케(松下 幸之助, 1894~1989)의 처남이었으며, 한때 마쓰시타 전기의 전무이사로 근무하기도 했다. 하지만 2차 세계대전 때 일본 군부에 협력했다는 이유로 당시 전후 일본을 통치하던 연합군 사령부에 의해 이우에 토시오는 1946년, 회사에서 물러나게 된다.

창립자인 이우에 토시오는 마쓰시타 고노스케로부터 자전거용 발전램프의 특허권과 카사이시(加西市)에 있던 마쓰시타의 공장을 물려받아 '산요전기제작소'로 이름을 바꾼다. 산요(三洋)라는 이름에는 태평양, 대서양, 인도양에 걸친 전 세계를 무대로 사업을 전개하겠다는 희망을 담았다. 1949년에는 '산요전기주식회사'를 설립하며 본격적인 사업을 시작하게 된다.

"혁신적인 기술로 가전시장의 강자로 우뚝 서게 된다"

창업초기의 산요는 마쓰시타의 제품을 OEM 방식으로 생산해 공급하는 것에 주력했으나 시간이 지나면서 자사의 독자적인 영역을 점차 늘려 나갔다. 1953년 흑백 텔레비전을 출시했으며, 1960년에는 컬러 텔레비전 및 일본 최초의 2조식 탈수 건조세탁기를 선보였다. 그 외에 1971년에는 일본 최초로 무선 리모컨을 갖춘 텔레비전, 1995년에는 세계 최초의 3D TV를 출시하는 등 상당히 진보적인 가전제품을 다수 선보이며 시장에서 인기를 끌었다. 미래산업 투자에도 적극적이었다. 특히 2차전지 및 태양전지 부문에서 거의 독보적인 기술력을 갖추고 있다는 평가를 받았다.

"가족중심의 전근대적인 지배구조: 경영판단의 실수"

꾸준한 기술 발전을 통해 사세를 키웠지만, 기업 지배구조는 극히 전근대적이었다. 특히 창업자인 이우에 토시오 및 친족들이 연이어 산요의 수뇌부 자리에 올랐다. 이우에 토시오가 사망하자 1968년 그의 동생인 이우에 스케로우(井植 祐郎)가 사장이 됐고, 1971년엔 회장직에 올랐다. 막내동생 이우에 카오루(井植 薰) 역시 1971년에 산요의 사장이 되었다. 형제가 모두 사망하자 1986년에는 창업주의 장남인 이우에 사토시(井植 敏)가 사장 자리를 물려받는 등 실력보다는 혈연을 중시하는 세습 체계가 이어졌다. 이들 이우에 가문은 불과 산요의 주식 1.2%를 가지고 있었지만 사실상 산요의 모든 것을 손에 쥐고 흔들었다. 경영상의 판단 착오도 이어졌다. 이우에 사토시는 사장에 취임하며 기존 가전제품 제조업 외의 사업 부분 비중을 크게 늘릴 것이라고 선언했다. 이후 산요는 LCD 패널, 반도체, 디지털카메라 부문 등에 대규모 투자를 했다. 당시 언론에선 미래를 내다본 혜안이라고 극찬을 했지만, 이 과정에서 산요의 텃밭이었던 가전제품 시장에서의 경쟁력이 악화됐다. 게다가 1990년대 이후 일본 전체를 휩쓴 버블

경기 붕괴와 한국, 중국 등 신흥국 부상으로 LCD 패널, 반도체 사업마저 극심한 적자에 시달리기 시작했다.

크고 작은 불상사도 연이어 일어났다. 산요가 1996년부터 1998년까지 판매한 태양광발전시스템의 경우, 당초 밝힌 사양에 비해 출력이 떨어진다는 의혹이 제기되었다. 산요측은 끝까지 의혹을 부인했으나, 시민단체의 집요한 조사 끝에 산요는 2000년 일부 규격에 미달하는 부품이 적용된 점을 시인했다. 이로 인해 제품을 공급한 산요의 자회사 사장이 퇴진하게 되었다. 이외에도 산요의 석유 난로 이용자들이 일산화탄소 중독으로 사망하거나 산요의 세탁건조기에서 화재가 발생하는 등의 사건이 일어났다.

여기서 끝이 아니다. 2004년 니가타현에서 일어난 지진으로 산요의 반도체 공장이 피해를 입는 참사가 발생해 산요는 큰 타격을 입었다. 결국 2004년 결산에서 산요는 역대 최악 수준인 1,700억 엔에 달하는 적자를 기록했다. 이와 함께 2000년부터 2003년 사이의 회계연도에 대규모 적자를 감춘 사실까지 드러나 더욱 곤경에 처하게 된다.

" 산요를 인수한 파나소닉: 경영판단의 실수"

위기에 처한 산요에게 손을 내민 건 일본의 가전업계의 강자였던 파나소닉이었다. 2008년 파나소닉은 산요의 인수를 선언했다. 이처럼 산요는 파나소닉의 자회사가 되었다. 60여 년 전 집안을 떠난 '처남'이 '매형'의 품으로 돌아온 것이다. 파나소닉 역시 회사 사정이 썩 좋은 편은 아니었지만 2차전지 및 태양전지를 비롯한 일부 사업 부문, 그리고 아웃도어용 캠코더인 '작티(Xacti)' 및 충전용 건전지 '에네루프(eneloop)' 등의 일부 산요 브랜드가 경쟁력이 있다고 판단해 인수를 진행했다.

하지만 파나소닉의 산요 인수를 즈음해 터진 미국 리먼 브라더스 파산 사태로 전 세계 경제가 휘청거렸다. 기대했던 2차전지 산업은 한국 업체들의 맹추격으로 인해 고전을 면치 못했다. 결국 파나소닉은 2011년 산요의 가전부문을 중국 하이얼(Haier)에 매각했으며, 2013년에는 산요 자체를 해체한다고 발표했다. 이로서 한때 일본 가전업계의 한 축이었던 산요는 설립 64년 만에 사라지게 됐다.

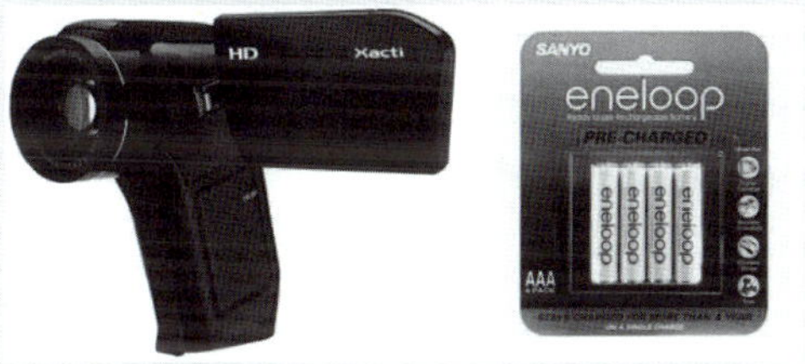

도의과제

1. 창업 초기 산요의 가전업계에서 성공한 요인을 살펴보자
2. 산요의 실패이유를 가족경영만을 고집하던 지배구조에서 찾아보자.
3. 파나소닉이 산요를 인수한 뒤에도 결국 중국의 하이얼에 매각하는데 파나소닉의 실수는 무엇인가?
4 산요의 몰락에서 배우는 전략의 교훈은 무엇인가?

Chapter 3

전략적 사고

"Luck is when preparedness meets opportunity."
"행운은 준비된 사람에게만 찾아온다."

– prepared man

"우리에게 정말 위험한 것은 이루지 못할 꿈을 세워 이루지 못하는 것이 아니라 달성할 만한 쉬운 목표를 세워 만족하는 것이다."

– 미켈란젤로

● 전략 Focus ●

J보트

J보트는 보트 업계에서 전설로 여겨진다. 밥 존스턴(Bob Johnstone)과 함께 J보트를 공동 창업한 로드니 존스턴(Rodney Johnstone)은 1975년 코네티컷에 있는 자신의 차고에서 J/24 요트의 원형을 만들었다. 그는 이렇게 말한다.

> "그 차고는 8.5m 길이에 한쪽 구석에는 작업대가 있었고, 문 폭은 2.8m였죠. 우리 요트가 길이 7.3m에 폭이 2.7m인 것은 우연이 아닙니다."

1976년에 출시된 J/24는 세계적으로 가장 유명하고 널리 인정받는 요트가 되었다. J보트는 요트 수천 대를 만들었으며, 조립 라인을 확장해 길이가 6.7m에서 15.8m에 이르는 다양한 요트를 생산했다. 매년 10만 명이 넘는 세계인들이 J보트의 요트로 항해했다. J보트는 〈포춘〉지로부터 미국에서 생산되는 최고의 제품 100가지 가운데 하나로 선정되기도 했다.

하지만 1991년 봄이 되자 위기가 닥쳤다. 1990년 11월 5일 조지 부시 대통령은 '새로운 세금은 없다'고 한 자신의 공약을 깨고 새로운 세제 법안에 서명했기 때문이다. 다음해 1월 1일부터 1만 달러가 넘

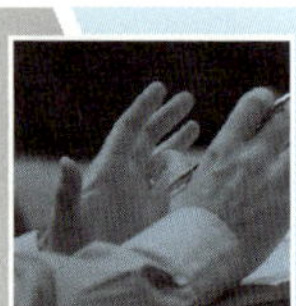

제 1 절

전략적 사고의 의의

1. 전략적 사고의 개념

경영자의 잘못된 의사결정은 기업을 치명적인 위기로 몰아넣는 원인이 된다. 의사결정의 실수는 기업이 처한 문제를 인지하는 과정에서, 해결대안을 모색하는 과정에서, 그 결과를 해석하는 과정에서 경영자들이 범하기 쉽다. 경영자는 매일 매일 기업의 운명을 좌우하는 의사결정을 한다. 그 가운데에서 경영

는 보석과 모피, 3만 달러가 넘는 자동차, 10만 달러가 넘는 보트, 25만 달러가 넘는 레저용 항공기에 10%의 특별 소비세가 부과될 예정이었다.

이 법안이 보트 업계에 미친 영향은 치명적이었다. 뉴욕의 한 유명 딜러는 1990년에 호화 보트를 30대 팔았지만, 1991년에는 고작 2대를 팔았다. 미국 전역에서 요트 판매량이 77% 감소했다. 25,000명의 노동자들이 해고되었고 많은 보트 제조업체가 파산을 선언했다. 로드니 존스턴과 밥 존스턴은 새로운 아이디어를 내지 않으면 이제 자신들이 파산을 선언해야 할 차례라는 것을 알았다

밥 존스턴은 급감한 수요에 대응하기 위해 완전히 새로운 유형의 요트를 생산해야 한다는 것을 깨달았다. 새 요트는 특별 소비세를 피하기 위해 가격이 10만 달러 미만이어야 했고, 빠르고 재미있으면서도 항해하기가 쉬워야 했다. 또한 성능과 품질 측면에서 J보트의 명성을 강화시켜 주어야 했다.

이렇게 해서 개발된 모델이 엄청난 인기를 끈 J/105이다.

유선형의 '스포츠 보트' 개념으로 만들어진 J/105 요트에는 접이식 기움 돛대가 장착되었다. 이 요트로 새 생명을 얻은 것과 다름없는 J보트는 예전의 설계 방식에서 벗어나지 못하던 업계에 혁명을 일으켰다. 오늘날에도 여전히 J보트는 고성능 고품질로 업계 선두를 달리고 있다.

1993년에 폐지되기는 했지만 특별소비세로 인한 압박감이 없었더라면 J보트의 혁신은 이루어지지 못했을 것이다. 밥 존스턴은 자신이 그러한 발상을 할 수 있었던 이유에 대해 이렇게 말한다.

"압박이 없었다면 혁신도 없었을 겁니다. 궁지에 몰린 쥐가 창의력을 발휘합니다."

자는 최선을 다하지만, 사소한 것으로 치부한 문제가 나중에 기업의 명운을 좌우하는 치명적인 위기의 원인이 되는 경우가 비일비재하다.

그러면, 불확실한 상황 속에서 전략적 선택을 해야 할 때 경영자는 어떤 논리에 의해서 대안을 선택해야 하는가? 먼저 전략의 유형과 위상에 대해 살펴보고, 이를 바탕으로 불확실한 상황 속에서 가장 적합한 전략 대안을 찾아가는 논리에 대해서 생각해보자.

기업을 둘러싼 환경의 불확실성이 증가할수록 전략적 선택의 중요성도 증가해간다. 불확실성이 증가한다는 것은 그만큼 변화의 가능성이 크다는 것을 의미하며, 이는 곧 전략적 선택에 따라 그 변화가 기회가 될 수도 있고 위협이 될 수도 있음을 뜻하기 때문이다.

그렇다면 불확실한 환경 속에서 최적의 전략적 대안을 선택하기 위해서는

어떻게 해야 하는가?

먼저, 환경의 불확실성이 갖는 특성에 대한 이해가 필요하다. 다음, 불확실성이란 관점에서 전략 대안의 특성에 대한 이해가 필요하다. 이를 위해서 먼저 전략의 유형과 전략의 위상이라는 두 가지 개념에 대해 생각해보자.

(1) 전략의 유형화

전략은 상황을 고려한 계획이기 때문에 선택할 수 있는 대안은 무수히 많다. 사실 현실 사회에서 두 개 이상의 똑같은 상황이란 있을 수 없고, 따라서 똑같은 전략도 있을 수 없다. 그러나 전략에 대한 논리적 사고를 전개하기 위해서는 유사한 전략을 하나의 유형으로 묶는 노력이 필요하다. 전략이 유형화되면 특정한 범주의 상황에서는 특정한 유형의 전략이 적합하다는 식의 가이드라인이 제시될 수 있기 때문이다.

다양한 전략을 몇 가지로 유형화하기 위해서는 특정한 관점이 필요하다. 전략 유형화의 관점 역시 전략이 다양한 만큼 다양하겠지만, 불확실성이라는 관점에서 전략의 유형에 대해서 살펴보자.

① 위험수용 전략

모든 불확실한 상황은 자사 측면에서 낙관적으로 전개될 가능성과 비관적으로 전개될 가능성을 동시에 지닌다. 이때 미래가 자신이 예측한 방향으로 흘러갈 것이라고 가정하고, 그 시각에서 환경에 대응하는 전략이 곧 위험수용 전략이다. 흔히, 낙관적인 환경 전망에 따르는 것을 위험수용 전략이라고 생각하는 경향이 있으나, 반드시 그렇지만은 아니다. 오히려 비관적인 전망에 따라 수립하는 전략이 위험수용 전략이 되는 경우도 있다.

예를 들어, 자동차 사업의 전망에 대한 비관적인 견해에 따라가 투자를 하지 않는 투자유보 전략을 채택했다고 가정하자. 그런데 만일 자동차에 대한 수요가 예상외로 증가하여 공급 부족 현상이 발생하였다고 하면, 투자유보 전략은 위험을 가져올 수 있다. 왜냐하면 다른 회사들은 대부분 신규 투자한 자동화 설비로 생산하는 데 비해, 자사는 노후 설비로 생산한다면 자사가 경쟁력을 갖출 여지는 매우 적기 때문이다.

또 공급탄력성이 낮은 농산물의 경우, 가을 수확기에 흉작이 될 것으로 보고 선물을 매입하는 계약을 체결한다면, 이것도 위험수용 전략으로 볼 수 있다. 만일 풍작이 된다면 큰 손해를 볼 수도 있기 때문이다. 요컨대, 위험수용 전략이란, 미래에 대한 어떤 종류의 전망에 의존하는가에 관계없이, 어떤 하나의 전망에 의존하는 전략이라고 볼 수 있다.

② 위험회피 전략

반면, 위험회피 전략은 미래가 어떻게 변하든지 간에 살아남을 수 있는 전략을 의미한다. 즉, 미래가 자신이 예측한 방향으로 흘러가지 않더라도 타격을 받지 않을 수 있는 전략이다. 이러한 위험회피 전략은 전략의 형태에 따라 3가지로 나누어 생각해볼 수 있다.

첫째는 포트폴리오 전략이다. 이는 다양한 상황에 적합한 복수의 전략을 동시에 채택하는 방법이다. 일명 양다리를 걸치는 전략이라고 할 수 있으며 여름의 날씨가 비가 올지 아니면 매우 더운 날씨가 될지 모를 경우 '우산과 아이스크림'을 동시에 준비하는 전략이다.

둘째는 유연화 전략이다. 이는 어느 상황에서나 무난한 결과를 가져올 것으로 예상되는 전략을 채택하는 방법이다. 따라서 어떤 경우에나 중간만 하겠다는 전략이라고 할 수 있다. 포트폴리오 전략이 구조적인 측면의 위험회피 전략이라면 유연화 전략은 내용적인 측면의 위험회피 전략이라고 할 수 있다.

셋째는 전략적 대기다. 이는 좀 더 상황의 추이를 지켜 본 후 전략을 결정하는 방법이다. 전략이란 내용의 적합성뿐만 아니라, 타이밍의 적합성도 매우 중요하다. 이런 측면에서 보면 합리적인 대기는 적절한 전략의 수립만큼이나 중요하다.

(2) 전략의 위상

앞서 살펴본 전략의 유형은 전략과 환경과의 관계에서 도출된 개념이다. 그러나 여기서 논의할 전략의 위상은 특정 전략과 다른 전략과의 비교에서 도출되는 개념이다.

특정 전략의 실행으로 예상되는 결과가 다른 전략의 실행 결과에 비해 어떠한 환경 조건에서도 우위를 가지고 있다면 그 전략의 위상은 절대우위라고 볼 수 있다. 그러나 특정 전략의 실행 결과가 어떤 환경 조건에서는 다른 전략의 실행 결과에 비해 우위에 있으나, 다른 환경 조건에서는 그렇지 않다면 이는 그 전략의 위상은 상대우위라고 볼 수 있다.

① 절대우위 전략

절대우위 전략에서 우위란 상대방에 대한 우위가 아니라 다른 전략 대안에 대한 우위를 의미한다. 즉, 절대우위 전략이란 어떤 경우에나 상대방을 이길 수 있는 전략이 아니다. 다만 불확실한 상황이 어떻게 전개되든지 간에 가장 바람직한 전략이라는 의미다.

예를 들어 생각해보자. 뉴스에서 오후에 비가 올 가능성이 있다고 예보하였다. 홍길동 씨는 이날 아침에 외출하면서 우산을 가져갈 것인가 망설였다. 비가 올 것인지 확실치 않기 때문에 우산을 가져가는 것이 좀 귀찮게 생각되었기 때문이다. 그러나 조금의 귀찮음만 참는다면 우산을 가져가는 것은 손해 볼 게 없는 대안이다. 비가 오면 좋은 대안이고, 비가 오지 않는다고 해도 그냥 가져오면 그만이기 때문이다. 이처럼 어느 상황에나 적합한 전략이 바로 절대우위 전략이다.

좀 더 재미있는 예를 통해 절대우위 전략의 개념을 확실히 이해해보자. 영화 〈인디아나 존스〉에는 인디가 독일군의 방해를 물리치고 천신만고 끝에 성배를 찾는 장면이 나온다. 인디의 앞에는 몇 개의 성배가 놓여 있는데 이 중 한 개만이 진짜다. 이때 인디의 옆에는 독일군에게 인질로 잡혀 쓰러져 가는 아버지가 있었다. 진짜 성배에 물을 담아 마시면 인디의 아버지는 살아난다. 그러나 가짜 성배의 물을 마신다면 생명을 잃게 된다. 그러나 어느 것이 진짜 성배인지 알 수 있는 방법이 없다. 이때 인디는 성배 하나를 집어 들어 물을 부은 다음 자신이 먼저 먹어보고 이상이 없자, 아버지에게 그 물을 먹인다.

이 같은 인디의 선택은 매우 잘못된 의사결정이다. 만일 그가 잘못해서 가짜 성배를 골랐다면, 그와 아버지 모두가 죽기 때문이다. 이 경우 인디가 취해야 하는 선택은 하나의 성배를 골라 무조건 아버지에게 먼저 건네는 것이다. 만약 그 성배가 진짜라면 아버지는 살아나고 인디는 진짜 성배를 찾을 것이며, 만약 가짜라면 아버지는 죽겠지만 인디는 진짜 성배를 들고 돌아갈 수 있을 것(이 경우 인디가 자신에게 먼저 테스트하면 아버지도 죽고, 성배도 잃는다)이다. 즉, 성배를 자신이 먼저 테스트하지 않고 아버지에게 건네는 선택은 성배의 진위라는 불확실성에서의 절대우위 전략인 것이다.

② 상대우위 전략

그런데 많은 경우, 전략 대안은 절대적 우위를 갖기보다는 상황에 따른 상대적 우위를 갖게 된다. 즉, 대부분의 전략 대안은 특정한 상황에서는 다른 전략 대안에 비해서 우위에 있으나, 다른 상황에서는 열위에 있게 되는 경우가 많다.

절대우위 전략이 있는 경우에는 포트폴리오 전략이나 유연성 전략과 같은 위험회피 전략은 필요 없게 된다. 그러나 상대우위 전략만이 있는 경우에는 이와 같은 위험회피 전략을 구사해야 할 상황이 종종 발생하며, 이에 따라 상황의 불확실성을 고려한 시나리오 분석이 필요하게 된다.

그렇다면 상황에 적합한 전략을 선정하기 위해서는 어떤 요소들을 고려해야 하는가?

먼저 절대우위 전략이 있는지를 확인해야 한다. 절대우위 전략이 있다면 더 이상의 고민은 필요 없다. 그러나 절대우위 전략이 없다면 상대우위 전략을 찾아야 한다. 이때는 다시 공격적인 위험수용 전략을 채택할 것인지, 방어적인 위험회피 전략을 채택할 것인지를 결정해야 한다. 이와 같은 위험수용과 위험회피 전략을 결정하기 위해서는 다음과 같은 '미래에 대한 확신'과 '자사의 자원', '위험 수용 태도'를 고려하는 것이 바람직하다.

둘째, 미래에 전개될 상황에 대해 확신이 있다면, 예상되는 상황에 가장 적합한 전략, 즉 예상되는 상황이 발생하지 않을 경우에는 위험한 상황에 처할 수도 있는 위험수용 전략을 선택해야 한다. 이때 미래 상황에 대한 확신을 하는 데에는 분명한 근거가 있어야 한다. 막연한 추측이나 이유 없는 자신감을 바탕으로 전략을 선택하는 것은 합리적인 전략가가 취할 행동이 아니다.

만일, 미래가 매우 불투명하다고 판단된다면, 위험수용 전략을 채택하기에 앞서 자원이나 위험에 대한 태도를 고려해봐야 한다.

셋째, 충분한 자원이 있는 회사는 불확실성에 따른 위험이 상대적으로 적다. 웬만한 충격을 받아도 큰 문제가 없기 때문이다. 반면, 자사의 여유 자원이 부족하다면, 전략적 선택의 실패는 회사에 치명적 타격이 될 수도 있다. 따라서 전략적 선택의 결과가 실패로 돌아갈 경우에 회사가 치명적 타격을 받을 수 있다면, 위험회피 전략을 채택하는 것이 바람직하다.

반면, 전략의 결과가 실패로 귀결되더라도 회사에 큰 타격이 없다면, 회사의 위험수용 태도를 고려하여 전략을 선택해야 한다.

넷째, 위험수용 태도는 최고경영자의 스타일, 기업문화 등에 의해 결정된다. 똑같은 상황에 놓이더라도 위험에 대해 적극적인 태도를 보이는 기업이 있는가 하면, 소극적인 태도를 보이는 기업이 있다.

위험에 대해 적극적인 태도를 보이는 기업은 어느 정도의 위험을 부담하는 전략을 채택하는 것이 기업의 역량을 발휘하는 데 도움이 된다. 왜냐하면, 위험부담이 기업활동의 본질적 요소라고 생각하는 경영자와 종업원으로 구성된 기업에서 위험회피적 전략을 채택한다면, 그 기업은 인지 부조화, 속된 말로 자가당착에 빠지게 된다. 좀 더 나아가면 그 기업은 자기 정체성의 혼란에 빠질 수도 있다.

반면, 위험에 대해 소극적인 기업이 위험을 부담하는 전략을 채택하게 되면, 그 기업은 부담감과 불안에 짓눌려 정상적인 기업활동이 어렵게 될 수도 있다. 따라서 위험에 대해 소극적인 기업은 위험회피 전략을 채택하는 것이 바람직하다. 물론 위험에 대해 소극적인 기업이라고 할지라도 반드시 위험을 부담해야 하는 특별한 이유가 있는 경우(위험이 큰 전략에 사활을 걸어야만 하는 상황 등)에는 예외적으로 위험수용 전략을 채택할 수 있을 것이다. 그러나 이 경우에는 위험을 부담해야 하는 특별한 이유로 인해 기업 내에 이미 위험수용 태도가 형성되었다고 볼 수 있다.

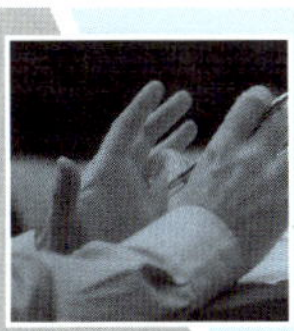

제 2 절

전략적 시나리오 분석

1. 시나리오 분석의 개념

기업의 비전을 수립하고 비전 달성을 위한 중장기 전략을 수립하는 단계에서 기업이 고려해야 하는 사항은 내부, 외부 환경에 상존하는 불확실성에 관한 것이다. 이 때문에 불확실성이 전략에 미치는 의미를 충분히 이해하기 위한 도구로 시나리오 분석이 있다. 시나리오란 기업에 관련된 불확실한 환경적 요인들, 그것이 기업에 미칠 영향 그리고 이에 대응하기 위해 기업이 취할 행동 방향 등을 서술해 놓은 각본을 말한다. 즉 미래상황이 어떤 형태로 전개될 것인가를 미리 예측하여 펼쳐 놓은 것을 시나리오라고 부르는 것이다.

시나리오 플래닝은 기업의 전략수립에 있어, 미래를 탐구하고 인지하는 데 활용될 수 있는 하나의 모델이다 시나리오 플래닝은 소수의 시나리오를 묘사하고, 미래가 어떻게 펼쳐지는지, 어떻게 기업이 직면하게 될 이슈에 영향을 미치는 지에 대한 이야기를 구성하는 것으로 이루어진다.

이 기법을 처음 도입한 로열더치셸은 시나리오를 다음과 같이 정의한다. 시나리오란 다양한 아이디어를 구체화하고 그것들을 상호소통가능하고 유용하게 통합하는 미래에 관해 신중히 구성된 이야기들이다. 시나리오는 미래의 불확실성과 현재 취해야 하는 결정을 연결해주는 데 기여한다.

시나리오를 활용한 전략 수립은 환경의 급격한 변화에 신속하게 대응할 수 있는 능력을 제공해 준다. 뿐만 아니라 이러한 전략 수립 과정은 경영자나 관리자의 전략적 사고를 훈련시키는 좋은 수단이 될 수 있다.

예를 들어, 불황이 기업에 미치는 영향은 산업이나 시장, 고객 또는 기업의 특성에 따라 다르기 때문에 때로는 불황이 일부 기업에게 새로운 시장 기회를 제공해 줄 수도 있다. 따라서 기업의 입장에서는 불황이 주는 기회와 위협 요소를 잘 판단하여 이에 적절히 대응하는 것이 필요하다.

불황에 효과적으로 대응하기 위해서는 우선 경영 환경의 변화에 대비한 철저한 준비가 필요하다. 불황이 주는 기회 및 위협 요소와 자사의 강·약점을 잘 판단하여 이에 적절히 대응하는 전략을 수립하는 것이 필요하다. 그러나 기업이 불황에 대한 준비를 하는 데 있어서 가장 어려운 문제 중의 하나가 불황이 언제 닥쳐오느냐? 지금이 불황이냐?를 예측하고 판단하는 것이라 할 수 있다.

따라서 이와 같은 경기 예측의 불확실성하에서 기업이 경기 변화에 따라 신속하게 대응하기 위해서는 단선적인 경기 예측에 따른 계획수립보다는 예상되는 환경 변화의 방향별로 시나리오를 작성하여 복수의 계획을 수립하는 '컨틴전시 플랜(contingency plan)'이 반드시 필요하다. 컨틴전시 플랜이란 경기가 상승할지, 현상 유지할지 또는 하락할지의 불확실성을 감안하여 각각의 경우를 전제로 적합한 대응책을 수립하는 것을 의미한다. 이는 특정 상황만을 전제로 계획을 수립하는 경우보다 환경변화에 대해 신속하고 유연하게 대응할 수 있게 해주는 장점이 있다. 다음에서는 시나리오를 활용하여 경영전략을 수립하는 과정에 대하여 알아보고자 한다.

1.1 시나리오 도입 배경

시나리오에 대해 설명하기 전에 먼저 시나리오가 전략 수립의 도구로 유용하게 쓰이게 된 배경부터 살펴보자. 전략이란 '시대의 흐름을 파악하여 자사의 강점을 이용하면서 경쟁사에 대하여 지속적인 차별화 우위를 확보하는 것'이라고 할 수 있다. 그런데 문제는 시대의 흐름, 즉 경영 환경의 변화를 어떻게 파악하느냐 하는 것이다. 환경이 안정적일 때, 즉 정치, 경제, 사회, 문화적인 제 변수들의 변화가 급변하지 않을 때에는 예측이 비교적 쉽기 때문에 시대의 흐름을 파악하는데 어렵지 않다. 그러나 환경이 소용돌이처럼 급변할 때는 불확실성이 증대하여 시대의 흐름을 파악하기가 여간 어렵지 않다. 이러한 외부 환경의 불확실성을 전략 수립에 체계적으로 수렴하기 위하여 도입된 기법이 '시나리오 작성법'이다.

영화의 대본을 의미하는 시나리오가 전략수립의 영역에 이용된 것은 1950

년대부터이다. 당시 영국의 Rand Corporation에 근무하던 Herman Kahn이 국방 관련 프로젝트를 수행하는 과정에서 시나리오라는 용어를 처음 사용하였다. 이후 1960년대에 미국의 국방성이 국제적 군사 분쟁에 대처하기 위한 'Contingency War Plan'의 수립에 시나리오 기법을 응용하면서 널리 알려지게 되었다.

1970년대 초에는 Royal Dutch Shell이 시나리오 기법을 기업 경영의 전략적 차원에서 사용하기 시작하였다. Shell은 당시 세계적인 오일 쇼크에 직면하여 원유 수급의 불확실성을 단기, 중기, 장기의 세 가지 시나리오 분석을 통하여 경영 전략에 수렴하였다. 그 결과 경영전략의 성공적 수행은 물론이거니와 기업의 미래에 대한 내부적 토의를 촉진하고 전략적 사고방식을 배양하는 등의 부수적 효과를 얻을 수 있었다. 1970년대 말에 실시된 한 조사에 의하면 그 당시 이미 포춘 1,000대 기업들 중에서 22%가 전략 수립에 있어 시나리오 기법을 응용하고 있었으며, 특히 이들 중 4분의 3은 오일 쇼크 이후 환경의 불확실성에 대비하여 이 기법을 도입한 것으로 나타났다.

1.2 시나리오와 예측의 차이

시나리오는 한마디로 '기업 경영을 둘러싼 환경 변수의 발생 가능한 사상(events)과 추세(trends)의 미래 모습을 논리적으로 일관성 있게(logical consistency), 질적으로 그리고 서술적으로 묘사한 것'이라고 정의할 수 있다. 미래의 모습은 불확실한 것이므로 하나의 모습만이 아니라 여러 개의 모습을 상상해 보는 것이 필요하다. 또한 환경 변수들은 서로 상호 작용하면서 변화한다. 따라서 주요 환경 변수들이 서로 상호 작용하면서 미래에 어떻게 변할 것인가 하는 것을 몇 개의 유형으로 체계적으로 정리한 것이 시나리오이다. 이는 불확실한 환경 변수의 미래 모습을 그려본다는 측면에서 경제학에서 예측에 쓰이는 계량 모델과 비교할 수 있다. 계량 모델들은 기본적으로 '과거로부터의 외삽(extrapolation)'에 의거하고 있기 때문에 불확실성이 내포된 불연속성(discontinuity)을 고려할 수 없는 반면에 시나리오 기법은 환경의 질적 불연속적 변화도 체계적으로 포함하여 전략적 의미로 재해석할 수 있다는 장점을 가지고 있다. 따라서 시나리오 기법은 특히 미래가 과거와 단절된, 매우 불확실한 경영 환경 속에서 더 유용한 전략 수립 수단으로 사용될 수 있다.

그러나 시나리오 기법은 예측이 아니며 미래에 대한 불확실성을 감소시켜 주는 것도 아니다. 다만 시나리오 기법은 미래에 대한 불확실성을 몇 개의 가정을 통해 명확하게 표출하는 것이며, 이에 따라 환경 변화의 기회와 위협을 논리적이고 체계적으로 분석함으로써 그러한 불확실성에 보다 효과적이고 효율적으로 대처할 수 있게 해 주는 것이다. 또한 시나리오 기법은 그 수립 과정을 통하여 경영자나 관리자가 급변하는 환경을 이해하고 이에 대비하는 훈련을 쌓게 해 주는 수단으로도 사용될 수 있다.

1.3 시나리오를 활용한 전략 수립 과정

시나리오 플래닝 방법은 미래에 영향을 미치는 가장 불확실하고 중요한 동력(driving forces)의 성질과 영향력을 이해함으로써 작동한다. 이는 미래 비즈니스에 중용한 중심적인 이슈들을 상호 심도 있게 이해할 수 있고 지식의 교환과 발전을 촉진시켜 주는 일종의 그룹 프로세스이다. 시나리오 플래닝의 목적은 추정해야하는 불확실성과 중대한 영향을 미치는 동력들을 통해 많은 이야기들을 만들고 다듬는 것이다. 이야기와 그것을 만들어내는 프로세스는 두 가지 목표를 가지고 있다. 첫째는 비즈니스 환경에 대한 지식을 넓혀주고, 둘째는 미래의 가능한 사건들에 대해 수용자와 참여자들의 인식을 넓혀주는 것이다.

시나리오를 활용하여 전략을 수립하는 과정은 크게 세 단계로 나뉜다.

(1) 문제의 명확화

문제의 명확화 단계의 목적은 전략 수립의 주요 이슈를 도출하는 데 있다. 이를 위해서는 먼저 기업이 처한 문제 상황을 명확히 파악하는 것이 중요하다. 경제적 환경, 정치적 환경, 법과 제도적 환경, 사회문화적 환경, 국제 환경 등 제반 경영 환경에 대한 심층 분석을 통하여 문제를 정확히 인식해야 한다. 이때 시나리오를 작성하게 된 동기 요인이 무엇인가를 명확히 할 경우 분석의 범위가 구체화되어 효율적으로 작업을 진행해 나갈 수 있을 것이다. 또한 산업 역학(industry driving forces)을 분석하는 것이 필요하다. 경영 환경의 변화에 따라 고객의 니즈와 구매 행동은 어떻게 변화할 것인지, 시장과 경쟁의 구조는 어떻게 변화할 것인지를 분석하여야 한다. 이는 다음 단계의 시나리오 작성 시에 필요한 기초 자료를 제공해 주는 것으로서 준비의 정도에 따라 작성의 효과와 효율이 좌우된다고 할 수 있다.

(2) 시나리오 작성 과정

시나리오 작성 단계는 어떤 시나리오 기법을 사용하느냐에 따라 세부 절차가 달라질 수 있다. 일반적인 경우를 예로 들면 우선 앞서 파악한 자료를 바탕으로 해서 환경 변화에 의해 결정되는 주요 변수들을 명확화하는 것이 필요하다. 이때 특히 변수들 간의 인과 관계와 영향 정도를 명확히 파악하는 것이 중요하다. 그 다음으로는 전략적 중요도와 불확실성의 정도를 축으로 하여 시나리오 작성에 포함시킬 변수를 도출하여야 한다. 마지막으로 도출 변수의 조합을 통해 시나리오를 작성한다.

시나리오를 작성할 때 고려해야 할 환경 요소의 범위를 어디까지로 해야 할까? 간혹 자사의 제품과 시장에 직접적으로 영향을 끼치는 요소에만 국한하려는 경향이 있다. 그러나 범위를 좁히면 작업하기가 쉬울지 모르나 시나리오의 정확도는 떨어질 수 있다. 왜냐하면 미처 고려하지 못한 의외의 변수에 의해 환경이 크게 영향을 받을 수도 있기 때문이다. 따라서 많은 변수를 고려했을 때의 작업 가능성과 적은 변수를 고려했을 때의 타당성 간의 상쇄관계를 감안하여 적정한 범위 결정하는 것이 바람직하다. 시나리오의 수는 어느 정도로 해야 할까? 통상적으로는 세 개의 시나리오가 가장 적절하다. 왜냐하면 시나리오를 두 가지로 작성할 경우에는 좋고 나쁜 이분법으로 흐르는 경향에 빠질 수 있으며 세 개 이상일 때에는 작성자나 사용자가 혼란에 빠질 수도 있기 때문이다.

여러 개의 시나리오를 작성할 때 열거의 기준을 무엇으로 할 것인가 하는 것도 중요한 결정 요소이다. 열거의 기준은 보통 시나리오를 선택할 때의 기준으로 활용되기도 한다. 통상 세 가지 정도가 열거의 기준으로 사용된다. 첫째 시나리오의 내용이 기업에 미치는 영향의 정도에 따라 시나리오를 열거하는 것이다. 즉, 낙관적인 경우, 비관적인 경우 그리고 보통의 경우로 나누는 것이다.

여기서 유의할 점은 보통의 경우라는 시나리오가 '가장 발생 확률이 높은(most likely) 시나리오'를 의미하는 것은 아니다. 전자는 다만 예기치 못한 변화가 발생하지 않았을 때의 경우를 가정하고 작성된 시나리오를 의미할 따름이다. 둘째 발생 빈도에 따라 시나리오를 열거하는 것이다. 이때 이 중에서 가장 발생 확률이 높은 시나리오를 보통 'most likely scenario'라고 부른다. 계량적인 기법을 써서 시나리오를 작성하는 경우에는 이 방법을 많이 사용한다. 즉, 시나리오가 실제로 발생할 확률을 산출하고 이 확률에 따라 시나리오의 순서를 매겨 가장 빈도가 높은 시나리오를 도출한다.

그러나 원래 시나리오 기법이 불확실한 미래에 대해 발생 가능한 상황을 동일한 비중으로 열거하는 것에서 비롯된 질적인 작업이라는 것을 상기할 때 자칫 확률의 산출은 대응 전략의 수립 방향을 오도할 위험이 있다. 또한 이 방법은 질적인 변수보다는 계량화하기 쉬운 변수에 치중함으로써 사고의 폭을 좁힐 소지가 있어 그다지 바람직한 기준이고 할 수가 없다. 셋째가 여러 환경 변수 중 몇 개의 주도적인 변수를 중심으로 설정된 주제, 즉 변화 상황에 따라 시나리오를 열거하는 것이다. 예로서 경기 팽창, 환경 문제, 기술 변화 등을 주제로 하여 시나리오를 전개하는 것을 들 수 있다.

구체적으로 시나리오를 작성하는 방법에 대해서는 그동안 많은 기법이 개발되어 왔다. 먼저 이들을 절차상으로 구분하면 크게 두 가지 부류가 있다. 하나는 귀납적으로 접근하는 방법이다. 이는 환경에 영향을 주는 몇 개의 핵심 요인을 먼저 선정하고 이를 중심으로 가능한 모든 시나리오를 도출한 뒤에 가장 그럴듯한 시나리오를 몇 개로 압축해 내는 방법이다. 또 하나는 연역적으로 접근하는 방법이다. 이는 먼저 시나리오의 주제, 즉 상황을 설정한 후 각 상황별로 포함되는 모든 환경 변수들의 미래를 예측하여 시나리오를 작성하는 방법이다. 이때 각 변수들의 예측은 해당 시나리오 주제의 논조에 따라 좌우된다. 귀납적인 방법은 가능한 모든 시나리오가 도출될 수 있지만 애초에 변수를 몇 개로 국한시키기 때문에 중요한 변수가 미처 감안되지 않을 위험이 있다. 반면 연역적인 방법은 모든 변수를 감안하지만 애초에 설정한 상황 외에 예기치 못한 상황이 발생할 가능성이 존재할 수도 있다.

따라서 어떤 방법으로 시나리오를 작성할 것인가는 산업과 시장과 제품의 특성을 잘 고려하여 정하는 것이 바람직하다. 예를 들어 어떤 산업에서는 시장이나 제품에 영향을 주는 주도적인 변수의 도출이 비교적 쉬운 경우가 있다. 이 때에는 귀납적인 방법으로 접근하는 것이 더 효율적이다. 반면 고려해야 할 변수가 너무 많을 때는 먼저 시나리오의 주제 또는 상황을 몇 개의 논조로 정해놓고 그 속에서 모든 변수를 고려하여 전개하는 것이 더 효율적이다.

(3) 컨틴전시 플랜 수립

시나리오를 활용한 전략 수립의 마지막 단계는 도출된 시나리오별로 대응 전략을 수립하는 것이다. 이를 위해서는 먼저 각 시나리오별로 가능한 전략을 탐색하고 전략 방향을 명확히 해야 한다. 또한 마케팅, 생산, 유통 등의 내부역량을 파악하고 필요 자원의 동원 가능성을 평가하여야 한다. 그리고 이를 바탕으로 전략의 실현 가능성을 검증하여 바람직한 전략 대안을 선택한 후 다양한 상황에 대한 컨틴전시 플랜을 구체화하여야 한다. 언급한 바와 같이 시나리오 기법은 미래의 불확실성을 줄여주는 것이 아니다. 다만 불확실성을 명확히 표출시켜 주는 것이다. 시나리오를 활용한 전략 수립은 환경의 급격한 변화에 신속하게 대응할 수 있는 능력을 제공해 준다. 뿐만 아니라 이러한 전략 수립 과정은 경영자나 관리자의 전략적 사고를 훈련시키는 좋은 수단이 될 수 있다.

'비가 올 것인가? 안 올 것인가?를 고민하는 것보다는 차라리 우산을 준비해서 나가는 것이 더 낫다'라고 말하는 것은 시나리오의 중요성을 주장하는 바를 함축적으로 나타내는 말이다.

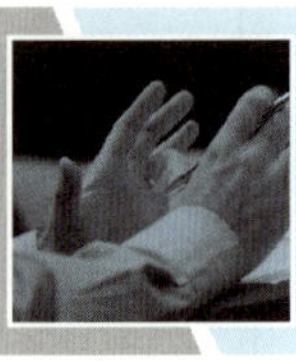

제 3 절

중장기 전략계획

1. 중장기 전략계획의 개념

기업 경영활동의 궁극적인 목적은 장기적으로 수익성이 뒷받침된 성장을 통해 기업가치를 극대화하는 데 있다. 기업들은 이러한 목적을 달성하기 위해 각종 투자계획을 포함한 중장기 사업전략 및 계획을 수립하게 된다. 일반적으로 이러한 중장기 사업전략 및 계획은 대부분 불확실한 미래 사업 환경에 대한 여러 가지 예측과 가정을 토대로 수립된다.

그러나 미래 사업 환경이 예측이나 가정과 다르게 전개될 경우 중장기 사업전략 및 계획이 성공하리라는 보장은 없다. 오히려 환경의 불확실성을 제대로 파악하지 못할 경우 대응능력이 떨어져 사업실패는 물론 근본적으로 기업의 생존을 위협하게 되는 상황에 직면하게 될지도 모른다. 현재 우리가 직면하고 있는 어려움도 미래의 불확실성을 파악하고 관리할 수 있는 능력을 제대로 갖추지 못했기 때문에 발생했다고 해도 과언이 아니다.

따라서 기업가치 극대화를 위한 사업전략이나 계획을 수립할 때에는 미래

그림 3-1 중장기 경영전략과 사업부 단위 경쟁전략의 비교

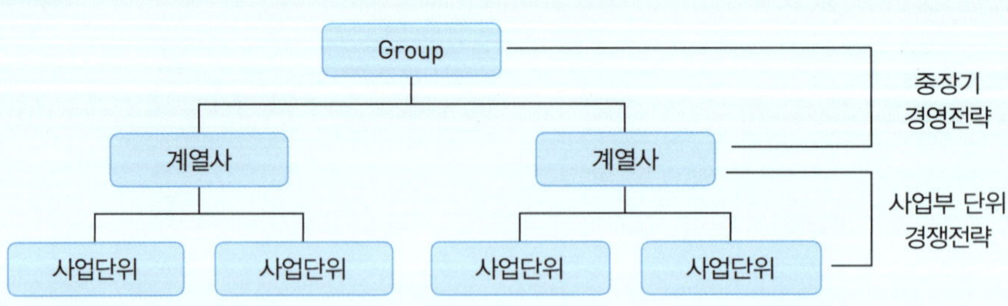

의 불확실성으로 인해 발생할 수 있는 위험을 제대로 파악하고, 이러한 위험에 효과적으로 대응할 수 있는 방안을 사전에 충분히 고려하여야 한다.

중장기 경영전략이라는 것은 기업이 미래에 달성하고자 하는 꿈과 의지를 그리고 그것을 실현시킬 전략을 구체적으로 공식화한 것이다. 불확실한 환경변화에서 미래의 환경변화를 예측하여 기업이 나가야 할 새로운 방향인 비전과 미래 목표를 설정하는 일은 필수적인 업무가 되고 있다.

그런 의미에서 현재의 숫자를 미래로 잡아 늘인 숫자, 즉 현재의 연장선상에서 세우는 장기목표와 계획은 진정한 의미의 중장기 전략이 아니다. 진정한 중장기 전략은 혁신적인 경영전략을 주요 내용으로 하여 미래비전을 달성하기 위해 전략의 혁신, 사업구조의 혁신, 핵심역량의 축적 등을 추구하는 것이다.

기업이 꿈이나 소망을 갖는다고 해서 그것을 반드시 실현해야 하는 것은 아니다. 그러나 꿈과 비전이 없는 기업들은 결코 위대한 목표를 달성할 수 없다. 따라서 기업은 비전을 가져야 하고 그것을 실현하기 위해서 충분한 정보를 수집하여 미래를 예측해야 한다. 중장기 전략계획은 종합적인 계획이며 체계적인 정

그림 3-2 경영전략의 수립과정에서 중장기 전략의 위치

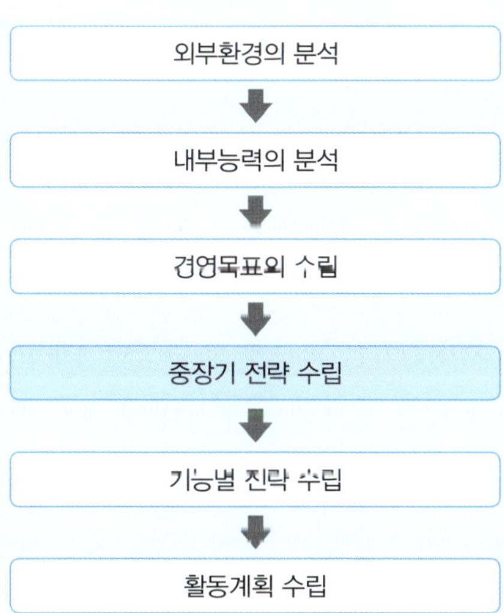

보 수집과 아이디어의 수집에 의거하여 모든 대체안을 제시하며 그 순위를 정하고 자원을 배분하는 과정이다.

중장기 경영전략은 기업 전체를 대상으로 기업의 현재와 미래를 포함하는 개념이다. 따라서 중장기 경영전략의 목적을 살펴보는 것은 경영전략의 수립과 실천에서 다음과 같은 중요한 의미를 가진다.

첫째, 중장기 경영전략을 통하여 기업은 사업구조의 혁신을 실천할 수 있다.

향후 전개될 기업의 환경변화를 효과적으로 예측하여 현재 무엇을 할 것인가를 결정하는 것은 매우 중요하다. 기업은 중장기 경영전략을 통하여 새로이 나아갈 방향을 설정함으로써 기존의 틀에서 벗어나 혁신을 추구할 수 있으며 이를 통해 지속적으로 핵심역량을 강화시켜 나갈 수 있다.

둘째, 중장기 경영전략을 통하여 시대의 조류에 대응하는 제품개발이나 서비스 개발을 계획적으로 추진할 수 있다. 일반적으로 중장기 계획 없이 단기계획으로는 자금이나 인력의 투입이 그 당시의 수익상황이나 경영자의 단기적 사고에 좌우되어 신사업 프로젝트를 추진하기 어렵게 된다. 그러나 중장기 경영전략은 장기적 관점 하에서 추진되기 때문에 신사업을 전개하는 데 유용할 수 있다. 예를 들어, 삼성전자의 반도체 신기술은 반도체의 시장상황과는 별도로 중장기적인 프로젝트로서 지속적인 DRAM 기술을 개발하고 있다.

셋째, 중장기 경영전략은 전사적 차원에서 기업의 우선순위를 결정하는 중요한 잣대가 될 수 있다.

기업은 사업의 포트폴리오 구성에 있어서 성장성과 수익성을 중요한 기준으로 삼고 있는데, 중장기 경영전략을 통하여 전사의 목표를 명확히 하며 전략의 우선순위를 결정하게 된다.

넷째, 중장기 경영전략은 회사의 전 구성원에게 미래의 비전을 제시하여 준다.

미래가 없는 기업은 현재의 재무상태가 안정적이라도 불안하다. 왜냐하면 기업의 미래가 불투명하기 때문이다. 그러나 현재의 기업의 상태가 조금 불안해도 향후의 비전을 가지고 중장기 경영전략을 수립하게 된다면 구성원들은 미래의 바람직한 상황을 위하여 현재를 희생할 수 있는 각오가 되어 있다. 따라서 중장기 경영전략 그 자체는 구성원들에게 동기부여를 시키는 역할을 수행한다.

2. 중장기 전략계획의 수립절차

전략의 종류를 구분하기 위한 기준은 여러 가지가 있을 수 있으나 일반적으로 기간의 길이를 기준으로 설정하는 방법이 가장 많이 사용하고 있다. 전략은 기간의 길이에 따라 단기 전략, 중기 전략, 장기 전략으로 나누어 볼 수 있다. 관습적으로 사용하는 기간은 단기 전략은 1년, 중기 전략은 3~5년, 장기 전략은 5년 이상으로 이야기한다. 그러나 전략계획에 있어 이 같은 절대적인 길이는 의미가 없고 산업특성이나 기업특성에 따라 결정되어져야 할 것이다.

한편 전략의 길이에 따른 3가지 분류는 기업의 전략수준과도 관계가 있다. 예를 들어 기업 전체적 전략은 장기 경영전략과 일치하고, 사업부 전략은 중기적 경쟁전략과 관련이 있으며, 기능별 전략은 연간운영계획과 같은 단기계획과 관련성이 있다. 이상의 전략의 수립체계를 그림으로 표시하면 다음과 같다.

중장기 경영전략은 전략결정에 영향을 주는 다양한 요인 중 핵심요인을 선정하여 집중적으로 분석하는 것이 중요하다. 가장 일반적인 중장기 경영전략의

그림 3-3 전략의 수준과 경영전략의 길이와의 관계

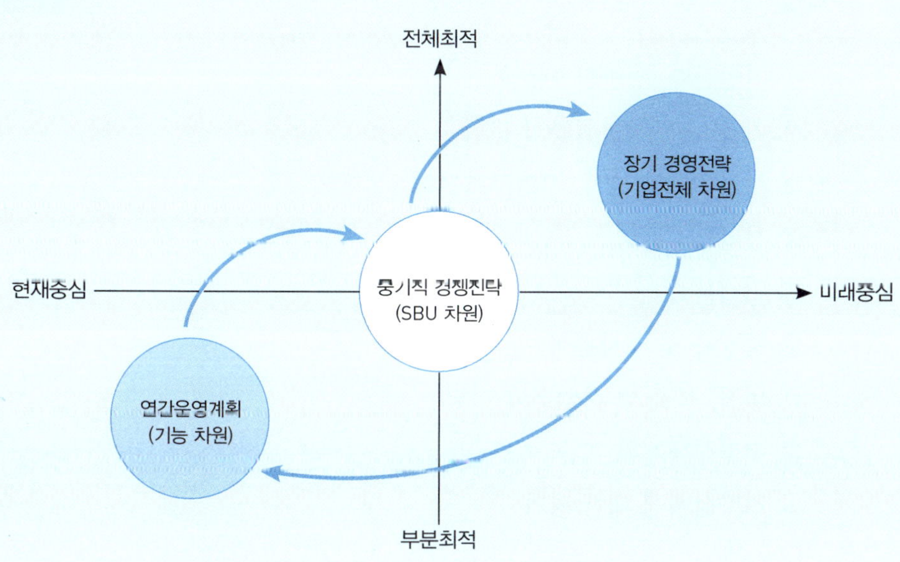

그림 3-4 중장기 경영전략의 수립절차

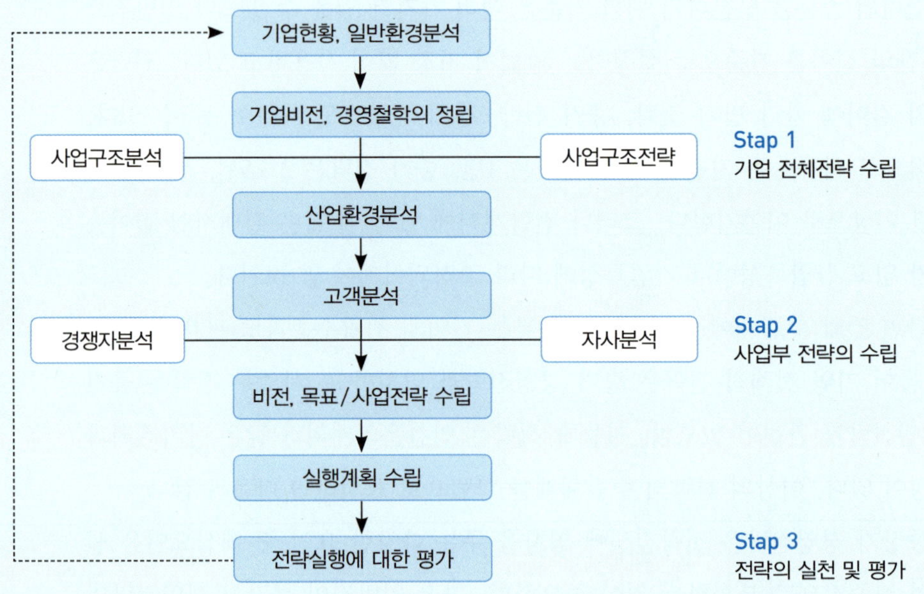

수립절차는 다음과 같다.

① 기업현황, 일반환경분석
② 기업비전, 경영철학의 정립
③ 사업구조의 분석, 사업구조전략
④ 산업환경분석
⑤ 고객분석
⑥ 경쟁자 및 자사분석
⑦ 비전, 목표 및 사업전략 수립
⑧ 전략실행계획
⑨ 전략실행에 대한 평가

첫째, 기업의 현황분석에서는 과거 기업성장의 원천은 무엇인가를 찾아내며, 현재의 주요 사업의 시장지위, 성장성, 수익성 등을 통한 사업구조를 도출하여 현재의 위상을 밝혀낸다. 그리고 자사의 미래의 모습에 대한 비전을 도출하는 작업이 요구된다. 그리고 일반환경 분석에서는 SWOT분석을 통하여 현재 기업이 놓여 있는 기회와 위협, 강점과 약점에 대한 전반적인 분석틀을 결정한다.

둘째, 기업의 비전과 경영철학의 정립에서는 최고경영자가 일관된 방향에 대하여 의지를 표명하는 내용, 이해관계자들에 대한 기여, 성장률, 수익률 등 경영목표의 지표, 경영정책과 기업윤리 등이 포함된다. 그리하여 공식적인 표현을 통해 구성원들이 비전을 공유하게 하고 가이드라인을 제시함으로써 일상적인 사고와 행동에 통일성을 부여하여 조직몰입도를 높이는 역할을 수행한다.

셋째, 사업구조의 분석은 사업 포트폴리오(Product Portfolio Management: PPM)분석을 통하여 이루어진다. 사업구조분석의 기본적인 방식은 산업환경과 기업의 내부능력을 통하여 이루어지며, 산업환경은 시상의 성상률, 산업의 매력도 혹은 산업의 성숙도를 통해 측정된다. 그리고 기업의 내부능력은 상대적 시장 점유율, 경쟁우위의 원천, 시장 내에서의 경쟁적 지위와 같은 요인들에 의해 측정이 가능하다. 그리고 사업구조의 분석은 성장전략의 벡터에 의해 측정되는데, 시장과 제품특성에 따라 기존 시장 신화전략, 신제품 개발전략, 신 시장 개척전략, 다각화 전략으로 구분된다.

넷째, 산업환경의 분석에서는 전략사업단위(SBU: Strategic Business Unit)를 설정하여 사업부 수준의 경쟁전략을 펼치게 된다. 산업환경의 분석에서는 산업구조의 분석을 통해 산업의 장기적 수익성을 예측하고 주요 경쟁자의 성향 및 행동을 예측한다.

다섯째, 고객분석에서는 시장조사를 통하여 고객의 구매동기를 파악하며, 충족되지 않은 욕구를 발견하여 세분시장의 매력도를 찾아낸다.

여섯째, 경쟁자 및 자사분석에서는 자사의 내부 경영활동과 보유하고 있는 자원의 분석을 중심으로 자신의 강점과 약점을 진단하고, 경쟁사와 비교하여 자사의 경쟁적 위치를 평가, 외부로부터의 기회와 위협을 내부의 강점 및 약점과 종합하여 자신이 가지고 있는 강점을 중심으로 새로운 기회를 포착하고, 예측되는 위협에 대응하여 약점을 보완하는 경쟁전략을 수립하는 것이다.

그림 3-5 장기-중기 경영전략의 수립의 연계

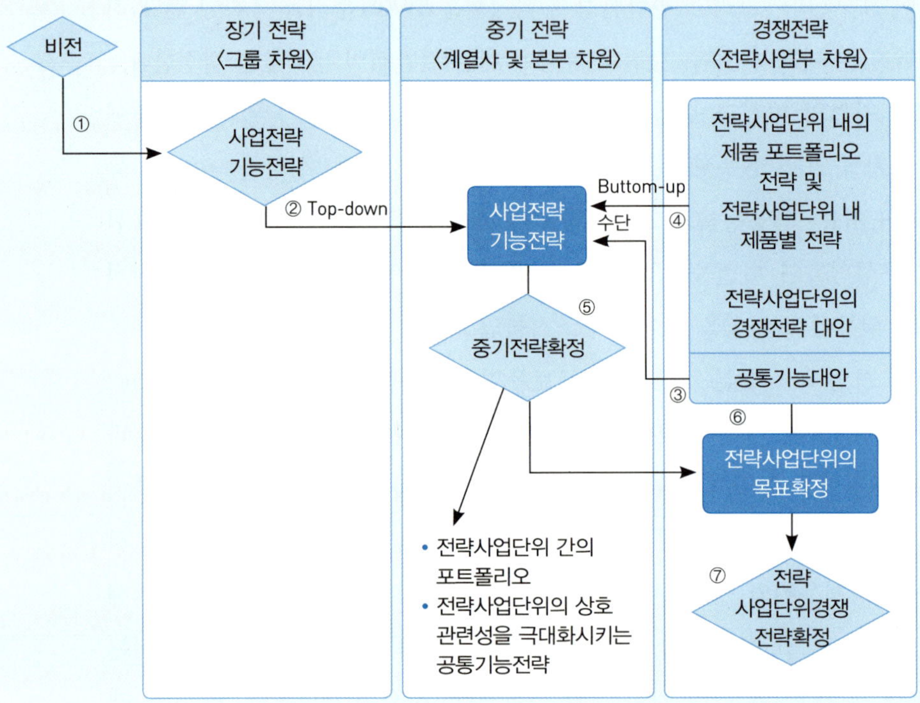

일곱째, 사업부의 비전 및 사업전략의 수립에서는 이미 고객, 자사 및 경쟁자 분석을 통해 도출된 결정대안들을 가지고 최종적인 사업전략안을 수립하게 된다.

여덟째, 전략실행의 계획에서는 전략과 목표의 설정에 따른 조직과 업무 등의 구조화를 결정하며 전략-구조-문화 간의 불균형이 발생할 때 조직을 어떻게 이끌어 나갈 것인가를 결정하게 된다.

아홉째, 전략실행의 평가에서는 설정된 목표 지표가 어느 정도 달성되었는지를 측정하게 된다. 그리고 평가결과는 성과보상, 승진과 이동, 경영혁신의 방향설정과 다음 연도의 목표 및 전략수립에 이용하게 된다.

이상과 같이 중장기 경영전략은 기업전체 전략의 수립에서 사업부 전략의 수립, 그리고 전략의 실행 및 평가의 단계를 통하여 이루어진다. 중장기 경영전략의 수립 절차에서 살펴보면, 장기 경영전략과 중기 경영전략은 아주 밀접한 관련이 있음을 알 수 있다.

장기 전략과 중기 전략의 연계는 다음과 같은 7단계의 과정을 거쳐 이루어진다.

1) Step 1: 기업이 나아가고자 하는 미래의 바람직한 모습인 Vision을 세운다.
2) Step 2: 이러한 Vision을 달성하기 위한 10년 정도 기간의 목표와 사업구조 모습을 그리는 장기 경영전략을 세운다.
3) Step 3: 기업의 실제 경쟁이 일어나는 사업 영역인 전략사업 단위를 세우고, 전략사업 단위별 경쟁력을 평가한다.
4) Step 4: 각 전략사업 단위의 경쟁력 평가의 결과를 바탕으로 장기 경영전략에서 주어진 중기 목표를 달성하는 전략 및 전략사업 단위의 Portfolio를 구성하고 각 전략사업 단위에게 목표를 부여한다.
5) Step 5: 중기 경영전략에서 기업전체 차원을 고려한 전략사업 단위의 목표가 결정되면 이에 일관성을 유지하는 전략사업부의 경쟁전략 대안을 선택하고 확정한다.
6) Step 6: 전략사업 단위 간의 사업 Portfolio를 구성하는 계열사 및 본부 차원의 중기 전략 수립 시에는 계열사 및 본부 차원에서 공통적으로 개발, 지원해야 하는 전략사업 단위의 상호 관련성을 다각적으로 검토하여 이를 지원할 수 있는 공통 기능 전략을 수립하여야 한다. 그리하여 전략사업 단위의 목표가 확정된다.
7) Step 7: 마지막 단계로 최종적인 전략사업 단위의 경쟁전략이 확정된다.

이렇게 하여 7단계의 과정을 통하여 장기 경영전략과 중기 경영전략의 연계를 통하여 기업전체 전략과 사업부 전략이 결정되어진다.

3. 사업전략의 작성프로세스

3.1 사업전략의 중요성

기업들은 매년 많은 시간과 노력을 투입하여 사업전략을 수립하고 있다. 그러나 그 효용성은 기대 이하인 경우가 많다. 어떻게 하면 전략을 짜는 일이 사업에 있어 중요한 의미를 가질 수 있게 되는지 살펴보자.

기업의 많은 구성원들은 매년 사업전략을 수립하는 것이 단순히 매출 목표 및 비용 계획 수립에 지나지 않는다고 생각한다. 그러나 기업의 입장에서 보면, 매년 수립하고 있는 사업전략이 장기적인 목표와 비전 달성에 중요한 징검다리 역할을 담당하고 있다는 점에서 이보다 더 중요한 것도 없을 것이다.

따라서 결코 소홀하게 다루어져서는 안 될 일임에도 불구하고 구성원들에게는 사업전략 수립 과정 자체가 매년 반복되는 요식 행위로 느껴지는 경우가 많다. 연간 사업전략 수립에 대한 구성원들의 부정적 인식을 바꾸고, 전략을 효과적으로 실행하기 위해서는, 전략 수립 프로세스 자체가 구성원들에게 동기부여되어야 한다.

기업의 전사적 차원에서뿐만 아니라, 경영진들도 자신이 하고 있는 일 중에서 매년 사업전략을 짜는 것이 가장 중요한 일 중 하나라고 생각한다. 따라서 대부분의 경영자들은 매년 각 사업부 전략 및 전체 전략을 수립하기 위해 많은 시간과 노력을 투입한다. 그러나 이들 경영진조차 이러한 시간 투입과 노력이 결코 효과적이라고 생각하지 않는 경우가 많다. 특히 매년 수립되는 사업전략이 특별히 새로울 것이 없다는 점에서 그리고 전략 수립에 있어 사업보다도 구성원들의 이해관계가 더 중요하게 작용하였다는 점에서 실망을 감추지 못한다.

그렇다면 사업전략의 수립의 중요성과 노력 투입에 비해 왜 그렇게 만족스럽지 못한 결과가 나오는 것일까?

첫째, 그것은 아직도 많은 기업들이 매년 수립하는 전략과 목표를 단지 각 사업부의 전년도 사업계획 수치를 조정하는 수준으로만 인식하고 있기 때문이다. 새로운 아이디어와 창의적인 전략을 담으려고 하기보다는, 그저 안전하고 쉽게 갈 수 있는 전략과 목표 설정에 노력을 집중하고 있다. 따라서 이제는 매년 열리는 전략수립회의와 같은 일이 일종의 단순 반복적인 연례행사가 되어버렸다. 구성원, 특히 전략 수립을 담당하는 조직의 구성원들은 매년 똑같은 결과물에 식상해 있고 경영진들조차 이미 그 사업전략과 목표를 크게 신뢰하지 않는다.

둘째, 매년 사업전략을 수립한 것이 구성원들에게 별다른 변화를 주거나 아니면 의사결정에 중요한 원칙을 제공해 주고 있지 못하기 때문이다. 사업전략안에 막연한 기대와 모호한 어구만이 난무하고 있어서 구성원들이 비즈니스를 전개하는 데 있어 크게 도움을 받지 못한다면, 구성원들은 전략 수립 자체를 불필요한 자원과 시간의 낭비라고 생각할 것이다.

셋째, 전략을 수립하는 과정에서 진행되는 여러 가지 프로세스가 사람들에게 제대로 의미를 가지지 못하고, 또한 어렵게 만들어진 선택이 구성원들에게 효과적으로 전달되지 못하고 있기 때문이다.

그렇다면 이와 같은 문제점을 안고 있는 사업 계획 수립 프로세스를 어떻게 새롭게 개편해야 할 것인가? 사업을 주관하는 CEO에게 급변하는 경영환경에 적절히 대비할 수 있는 기회와 안목을 제공하고, 회사의 비전과 방향을 매년 새롭게 재조명해 보는 계기가 될 수 있도록 하기 위해서는 무엇이 바뀌어야 하는가를 살펴보는 것이 중요하다.

이는 크게 세 가지 측면에서 그 해답을 찾아볼 수 있을 것이다. 우선 매년 진행하는 연간 사업전략과 목표 수립에 대해 구성원들이 어떠한 인식을 가져야 하는지를 알아보고, 둘째, 매년 수립하는 전략에 담겨 있어야 할 내용이 무엇인지, 그리고 셋째, 연간 전략 수립 프로세스를 진행하는 과정에서 반드시 고려해야 할 것은 무엇인지를 차례로 알아보아야 한다.

연간 전략수립 프로세스 과정에서 고려해야 할 점은 다음과 같다.

첫째, 매년 사업전략을 짜는 일이 단순히 수치 계획만 결정하는 데 그쳐서는 곤란하다. 그것만으로는 구성원들의 의욕을 자극하지 못한다. 따라서 적어도 비전과 장기 전략과의 연계성을 점검하는 자리가 되어야 한다. 목적지를 향해 나아갈 때, 방향을 잃지 않기 위해서는 지속적인 궤도 수정이 절대적으로 필요하다.

둘째, 급변하는 경영환경을 적어도 1년에 한 번 점검하는 기회가 되어야 한다. 변화하는 환경과 시장에 대해서 항상 개방적 시스템을 열고 있지 않는다면, 장마철을 앞두고 우산 대신에 나막신을 만드는 우를 범하게 될 것이다.

셋째, 경쟁자를 확인하는 자리가 되어야 한다. 새로운 경쟁자의 출현을 감지하고 경쟁자의 위치와 전략을 확인해야 한다. 마라톤과 같은 장거리 선수가 경쟁자가 누군지 모른다면, 자신의 레이스와 승부에 전혀 영향을 주지 못하는 사람과 불필요한 경쟁을 할 우려가 있다. 예를 들어 한국이 낳은 세계적인 마라토너인 이봉주 선수는 자신의 수준과 비슷한 선수와 경쟁을 벌여야 한다. 만일 이봉주 선수가 출발부터 레이스 감각이 전혀 없는 초보 아마추어 선수를 상대로 단기 승부를 벌인다면, 42.195km라는 장거리를 완주하지 못하고 중도에 탈락할지도 모른다. 나와 경쟁할 사람을 정확히 인식하는 것은 경쟁자와 어떻게 싸워서 이길 것인가 하는 것만큼이나 중요한 일이다.

넷째, 경영진과 구성원이 무엇을 해야 할지를 알려 주어야 한다. 단순한 사업목표보다도 구체적인 실행 과제가 담겨 있어야 한다. 강 건너에 사과 열매가 많다는 사실만으로는 충분한 동기 부여가 되지 않는다. 강을 건널 수 있는 구체적 방법과 열매를 딸 수 있는 연장을 구성원들에게 주어야 한다. 그렇지 않으면 강을 건너보지도 못하고, 열매가 썩어 갈지도 모른다. 강을 간신히 건넜다 할지라도, 높은 나무에 매달린 열매를 그저 바라보아야만 할지도 모른다.

다섯째, 구성원들이 회사와 자신의 위치, 그리고 준비 상태를 점검하는 자리가 되어야 한다. 나와 동료들이 서 있는 위치를 살피고, 적군과 싸울 무기를 점검해야 한다. 내가 서 있는 강가의 위치와 강을 건널 배, 그리고 열매를 딸 수 있는 연장이 제대로 작동하는지 점검하지 않는다면, 강을 건너기도 전에 그리고 열매를 따보기도 전에 적군이 먼저 모두 그 과실을 가져갈지도 모른다.

3.2 사업전략에 포함되어야 할 내용

일반적으로 사람들은 경영전략을 매우 정교하고 복잡한 것으로 인식하고 있다. 이것은 기업이 복잡하고 치열한 경영환경에서 살아남기 위해서는 그만큼 복잡한 경영전략이 필요하다고 생각하기 때문이다. 그러나 급변하는 경영환경이 복잡한 미로, 그것도 움직이는 미로라고 생각한다면 우리가 미로를 빠져 나가기 위해 그리 복잡한 전략이 필요한 것은 아니다.

예를 들어, 두 가지 방법을 생각해 보자. 하나는 주어진 미로의 벽을 따라 조심스럽게 출구를 찾아 가는 것이고, 또 다른 하나는 정해진 방향으로, 즉 출구 방향이라고 생각되는 한 방향을 정해서 일정하게 나아가는 방법이다. 그런데, 전자의 경우에는 오히려 미로를 빠져 나오지 못하고 계속해서 미로의 함정에 빠질 가능성이 크다. 왜냐하면, 가장 그럴듯해 보이는 미로에 함정을 만들어 놓기 때문이다. 반면에 후자의 경우에는 한 방향으로 가고자 해도 그러기가 어렵다는 점이 문제다. 왜냐하면 대개는 미로의 벽이 가로막고 있기 때문이다.

여기서 우리는 어떻게 할 것인가? 만약 우리가 아무것도 하지 않는다면, 영원히 미로를 빠져 나갈 수 없을 것이다. 방법은 하나다. 나아가려는 방향에 놓인 미로의 벽을 허무는 것이다. 그것은 사고의 벽일 수도 있고, 조직의 벽, 관행의 벽, 경쟁의 벽, 산업의 벽, 기술의 벽일 수도 있다. 그러한 벽을 넘지 않고서는 미로를 빠져 나갈 수 없다고 한다면, 당신은 어떠한 길을 선택하겠는가? 계속해서 몸을 사리면서 안전하게 미로의 벽을 따라 출구를 찾다가 영원히 돌아오지 못할 함정에 빠질 것인가 아니면, 과감하게 미로의 벽을 허물 것인가?

미로같이 복잡한 환경 속에서 오히려 전략은 단순해야 한다. 복잡한 전략은 복잡한 환경에 복잡성을 더할 뿐이다. 복잡한 환경을 극복하는 가장 좋은 방법은 단순함으로 대처하는 것이다. 이것은 마치 사수가 움직이는 타깃을 뒤따라 총구를 움직인다면, 총알은 항상 타깃을 비켜 갈 수밖에 없다. 오히려 총구를 고정시키고 자신이 미리 정해둔 위치에 타깃이 도달했을 때 방아쇠를 당기는 것이 타깃을 맞출 수 있는 가능성을 크게 하는 방법이다.

그러한 단순한 전략이라 할지라도 사업전략에 반드시 담고 있어야 할 것이 있다.

첫째, 방법론에 대한 원칙이다. 전략은 어떻게 해야 하는지에 대한 구체적인 방법을 제시해 주어야 한다. 미로의 벽에 부딪혔을 때는 오른쪽으로 돌아가라든지 아니면 벽을 허물라든지 등의 대처 방법을 알려 주어야 한다는 것을 의미한다. 예를 들어, 컴퓨터 회사인 델(Dell)은 사업을 성장시키는 중요한 방법론으로서, 총수익이 10억 달러를 넘어서는 경우 해당 사업을 둘로 쪼개라는 원칙이 여기에 해당한다.

둘째, 제한조건이 있어야 한다. '적어도 이러한 기준은 넘어야 한다' 등과 같은 최소요구조건이 정해져야 한다. 이러한 최소요구조건에 미달하는 경우에는, 아예 의사결정하는 데 있어 고려할 필요가 없다. 복잡한 환경에서 생각해야 할 대상을 줄이는 것은 매우 중요한 일이다. 이것이 기업의 의사결정 속도를 좌우하기 때문이다. '레고'의 경우에도 이러한 명쾌한 제한조건을 가지고 있는 것으로 알려져 있다. 개발하고자 하는 제품이 '레고' 제품처럼 보이는가, 아이들이 재미있게 놀면서도 무엇인가를 배울 수 있는가, 부모들이 사는 것을 허락할 것인가 등과 같은 최소요구조건을 충족시키지 못하면 아예 제품개발에 있어 고려 대상이 되지 못한다고 한다.

셋째, 우선순위에 대한 원칙을 담고 있어야 한다. 물론 가지고 있는 자원과 역량이 충분하다면, 모든 것을 다 해볼 수도 있다. 그렇다고 할지라도 시간이라는 자원은 제한적일 수밖에 없다. 따라서 시간의 우선순위라도 정해져 있어야 한다. 그럴진대 현실은 돈과 시간과 리더의 관심 모두가 제한적으로 존재한다는 점이다. 따라서 어떤 것을 우선적으로 해야 할지를 정하지 않는다면, 매번 순서가 바뀌면서 구성원을 혼란스럽게 만들 것이다. 예를 들어, 어떤 기업이 매출 증대를 제1순위 과제로 정해 놓고서도, 때에 따라서 수익률 제고를 더 우선시한다면 분명 구성원들은 혼란스러워 할 것이다. 따라서 이러한 혼란과 갈등 요소가 생기지 않도록 하기 위해서는 모든 전략과 자원 및 시간 투입의 우선순위가 명확하게 정해져야 한다. 예를 들어, 인텔의 경우에는, 1980년대 중반 생산 시설에 대한 대규모 투자가 필요했다. 그런데 이때, 한국과 일본은 이미 메모리 반도체 분야에서 강력한 경쟁자로 등장하고 있었다. 따라서 메모리와 비메모리 분야에서 모두 1등자리에 있던 인텔에게는 선택이 필요하였다. 이때 인텔이 가지고 있던 우선순위 원칙은 단지 사업에 있어 총마진율 크기에 따르는 것이었다. 이 원칙에 따라 비메모리 분야의 생산시설에 자원을 집중하였다. 그런데 만일 인텔에게 그러한 우선순위의 원칙이 없었다면, 아마도 지금쯤 메모리 분야에서 고전을 면치 못하였을 것이다. 분명한 사실은 당시에 과감하게 메모리 분야를 포기하고 비메모리 분야에 자원을 집중했기 때문에 지금의 인텔이 가능하였다는 것이다.

넷째, 속도에 대한 원칙이 있어야 한다. 움직이는 타깃을 겨누고 있는 사수가 타깃이 움직이는 속도를 알지 못하고서는 타깃을 맞추기 어렵다. 내가 쏜 총알이 목표하는 지점에 도달하는 데 걸리는 시간을 알지 못하고서 움직이는 타깃을 맞추기란 더욱더 어렵다. 그런데 대부분 움직이는 타깃의 속도는 사수가 정할 수 없다는 데 문제가 있다. 따라서 사수는 움직이는 타깃을 맞추기 위해서 총알이 나가는 속도를 조정하든지, 아니면 총알 속도에 맞춰 타깃의 목표 지점을 조정해야 한다. 반드시 둘 중에 하나만을 선택할 수 있다. 이와 마찬가지로 사업전략을 수립하는 데 있어서는 자신의 핵심 프로세스라고 할 수 있는 부분의 목표 속도를 정해야 한다. 그래야 변화하는 경영환경에 대처할 수 있기 때문이다. 자신의 속도 원칙을 정하지 않고서는 매번 움직이는 타깃을 향해 아까운 총알을 낭비할 수밖에 없다. 예를 들어, 노텔 네트워크(Nortel Network)는 전략적으로 가장 중요하다고 판단한 제품 혁신 프로세스를 위해 시간에 대한 원칙을 정해 놓고 있다. 즉, 그것은 제품개발기간이 무조건 18개월 이하여야 한다는 것이다. 이렇게 제품개발기간을 제한함으로써, 이러한 속도 원칙을 지키지 못하는 제품은 아예 개발에 들어가지도 못하게 한다. 그들은 이러한 전략이 움직이는 타깃에 대한 최소한의 속도 원칙이라고 생각하고 있기 때문이다.

다섯째, 전략은 적어도 퇴출에 대한 원칙을 담고 있어야 한다. 어떠한 경우에 해당 사업을 포기할 것인지, 그리고 어느 순간에 자원 투입을 그만두어야 할 것인지 등에 대한 분명한 원칙이 정해져 있어야 한다. 예를 들어, '2년 이내에 이익 목표 또는 매출 목표를 달성하지 못하면 신사업을 포기한다' 등과 같은 분명한 퇴출 원칙이 필요하다. 명확한 퇴출 원칙이 없이는 구성원들에게 불안과 불만을 야기하게 될 것이다. 반면에 퇴출에 대한 원칙은 구성원들에게 강력한 동기부여 요인으로 작용하게 될 것이다.

3.3 사업전략 프로세스의 필요성

민츠버그(Henry Mintzberg) 교수는, 전략 수립 행위 자체가 하나의 모순이라고 지적하고 있다. '진짜 전략'이라는 것은 어떤 공식적인 회의나 프로세스를 통해서 나오기보다는 대개 비공식적인 자리나, 일상적인 대화 속에서, 그리고 비행기를 타고 가는 도중에 더 자주 만들어진다고 보았다. 전략을 짜는 회의나 프로세스가 하나의 학습 수단으로 활용되는 것도 중요하다.

만일 그렇다면, 정말로 전략 회의와 같은 전략 수립 프로세스가 필요한 이유는 무엇일까?

첫째, 그것은 바로 전략 회의와 같은 공식적인 프로세스가 경영자 자신에게 어떤 마음의 준비를 하게 해준다는 것이다. 자신이 맡고 있는 사업에 대해, 그리고 전략에 대해, 전략 안에 숨어 있는 수많은 가정과 현실에 대해서 완전하게 이해를 하게 만들어 줌으로써, 경영자 스스로가 향후 현실에서 직면하게 될 새로운 도전과 위협을 얼마든지 슬기롭게 대처할 수 있도록 해준다는 것이다. 따라서 전략 수립 회의는 목표를 확정하는 자리가 되기보다는 목표를 이해하는 자리가 되어야 한다. 그리고 전의를 다지는 자리가 되어야 한다.

경영자라면 적어도 누구와, 왜, 어떻게, 무엇을 가지고 싸워야 하는지를 알고 있어야 한다. 만일 전장에서 장수가 싸워서 이기겠다는 의지가 없다면, 좋은 칼과 풍부한 식량, 그리고 치밀한 전략이 있다 한들 무슨 소용이 있겠는가? 따라서 경영자가 적극적으로 전의를 다지고, 마음의 준비를 할 수 있는 자리가 될 수 있도록 가급적이면 비공식적이고 편안한 전략 수립 과정이 필요하다. 무거운 분위기의 회사 회의실보다는 경영자들이 서로 자신들의 생각과 이해를 좀 더 편안하게 말할 수 있는 연수원과 같은 장소가 더 효과적일 수 있다.

예를 들어 GE캐피털의 경우에는 지금까지 좋은 M&A 기회를 경쟁자들보다 더 빨리 잡을 수 있었다고 한다. 이러한 역량 뒤에는 경영진들이 사업 현실에 대해 완전하게 이해할 수 있는 공식적이고 정기적인 전략 수립 프로세스가 존재하였다.

둘째, 공식화된 전략 수립 프로세스 이외에도 비공식적인 형태의 전략 공유 과정이 필요하다. 이러한 과정을 통해 서로 다른 시각에서 개별 사업과 전략을 재조명할 수 있기 때문이다. 개별 사업의 리더가 보지 못하는 문제를 다른 사업의 리더들은 오히려 더 쉽게 발견할 수 있다. 이를 통해 새로운 아이디어와 창의적인 전략이 추가될 수도 있다. 특히 비공식적인 전략 공유 과정은 개별 사업을 뛰어넘는 기업 전체의 전략적 이슈를 해결하는 데 커다란 도움을 주는 것으로 알려져 있다. 포괄적이고 창의적인 전략을 도출하기 위해 존슨앤존슨(Johnson & Johnson)은 전략 회의와 같은 공식적인 프로세스 이외에도 비공식적인 전략 수립 프로세스를 자주 활용하고 있으며 이를 통해 매년 반복되어 수립되는 사업전략에 창의적인 기운을 불어넣고자 노력하고 있다.

셋째, 일단 전략이 수립되면, 사람들이 구체적으로 전략에 대한 뚜렷한 이미지를 가지고 행동할 수 있도록, 최고경영자의 효과적인 메시지 전달 과정이 필요하다. 분명한 메시지 전달은 구성원을 동기부여하는 데 매우 중요한 역할을 담당하기 때문이다. 최고경영자가 구성원들에게 분명하고 생생한 이미지를 가지고 전략과 목표를 설명할 수 있다면, 그들은 이성이 아닌 감성으로써 전략을 받아들이게 될 것이다. 그런데 사람을 적극적으로 움식이게 만드는 데는, 이성에 대한 호소보다는 감성에 대한 호소가 더 효과적인 것으로 알려져 있다.

예를 들어, 미국의 케네디 대통령이 자신의 대통령 취임 연설에서 "우리 함께 우주를 탐험하고 사막을 정복하고, 질병을 몰아내고, 어두운 바닷속을 개발하고…" 등과 같이 이미지 중심으로 메시지 전달을 한 경우와, 카터 대통령처럼 "미국은 과학, 기술, 경제 분야에서 세계 최고의 국가가 될 수 있을 것입니다…"와 같이 주로 개념 중심의 어휘를 사용한 경우에는 청중들의 반응에 커다란 차이가 있었다고 한다. 즉, 이미지를 중심으로 메시지를 전달한 경우에 청중들은 메시지에 대한 기억과 메시지에 대한 수용에 보다 적극적이었으며, 개념적 어휘보다는 이미지 어휘, 즉 '일'보다는 '땀'을, '도움'보다는 '손'을, '원천'보다는 '뿌리'를 사람들이 더 잘 기억하고 더 쉽게 수용하는 것으로 조사되었다는 것이다. 매년 수립되는 전략을 구성원에게 전달하는 데 있어서도 무미건조한 숫자 나열보다도 생생한 이미지를 가진 언어를 사용하면 이성과 감성 모두에게 호소할 수 있으므로 보다 효과적으로 전략을 전달할 수 있다.

● 사례 ●

언더독(Under-Dog)의 전략적 선택

언더독(under-dog)은 본래 투견(鬪犬)에서 밑에 깔리는 개를 뜻했다. 오늘날 사회과에서 상대적 약자를 언더독(Underdog)이라 하는데, 이는 투견장에서 위에서 내리누르는 개를 오버독(Overdog) 또는 톱독(Top dog), 아래에 깔린 개를 언더독(Under-dog)이라고 부른 데에서 유래한 단어이다.

언더독은 선거, 스포츠 등에서 '이기거나 성공할 가능성이 낮은 약자'에 비유된다. 1948년 미국 대통령 선거 때 여론조사에서 줄곧 뒤지던 해리 트루먼이 극적으로 당선된 게 그 유래다. 사람에겐 강자(top dog)보다 약자를 응원하는 심리(언더독 효과)가 있다.

영화 "Door to Door" 우리나라 말로 집집마다라는 뜻이다.

장애가 있는 한 남자가 판매왕의 자리까지 받게 되었단 감동적인 실화를 바탕으로 만들어진 영화가 Door to Door이다. 실제 빌 포터의 일생에 관한 이야기를 영화 속에 담아낸 것이다.

빌 포터는 태어날 때 뇌성마비로 몸의 반쪽에 마비가 온 채로 태어났다. 그래서 나이가 어느 정도 차고 나서 아무리 직장에 취업하려고 해도 아무도 그를 써주는 곳이 없었다. 결국 마지막 면접 장소였던 왓킨스사에 그는 아무도 하지 않으려는 지역과 일을 달라고 부탁하였고, 그곳에서 한번 포터를 써 보기로 했다. 그렇게 그는 직장을 가지고 어머니의 도움으로 출퇴근을 하게 되었다.

영화 내에서의 주인공인 빌 포터는 뇌성마비를 앓고 있는데, 그럼에도 그는 판매원으로서 성공한 사람이다. 그리고 그것을 이루게 한 것은 단 한 단어, 그것은 인내(Patience)다. 하루도 빠짐없이 이 집 저 집을 돌아다니면서 물건을 팔기 위해 노력했었고, 그러면서 숱하게 많은 거절과 비난을 받았었다. 그래도 그는 포기할 줄 모르고 그 뒤를 지켜주는 어머니의 마음을 생각하며 인내하고 또 인내하며 하루하루 살아갔다. 그러나 갑작스러운 어머니의 죽음이라는 더 큰 시련이 그에게 닥치고 말았다. 어머니 없이 혼자 버텨야 하는 빌 포터는 무척 어렵고 힘들었다. 그럼에도 끝까지 참고 견딤으로써 마침내 그는 '영업 왕'이라는 별명을 얻고야 말았다. 그는 지금도 이렇게 말하고 있다.

"항상 인내하며, 또 인내하다" 언더독이 톱독에 적응하는 언더독 전략인 것이다.

언더아머는 미국의 의류, 신발, 스포츠 용품 제조사로, 메릴랜드주 볼티모어에 본사가 있다. 1996년 메릴랜드 대학교의 미식축구 선수였던 케빈 플랭크가 설립한 회사인데, 언더아머의 언더독 전략은 매우 좋은 선택이었다. 1996년 스포츠용품 시장에 후발주자로 등장한 언더아머는 서서히 고객층을 넓혀가며 나이키, 아디다스를 위협하는 존재로 성장한 대표적인 언더독 브랜드다. 언더아머는 스스로를 언더독이라 칭했을 뿐 아니라 언더독 선수를 발굴해 지원하는 전략을 펼친 것으로도 유명해졌다. 2013년에는 당시 후원사를 찾지 못했던 NBA 선수 스테판 커리와 전속 계약을 체결했고, 2015년에는 흑인 발레리나 미스티 코플랜드(Misty Copeland)를 응원하는 'I Will What I Want' 캠페인을 벌여 눈길을 끌었다. 언더아머는 2014년 미국 시장에서 아디다스를 제치고 2위 자리를 차지하는 등 언더독 마케팅 효과를 톡톡히 누리고 있다.

UNDER ARMOUR

토의과제

1. 전략에서 언더독 전략은 어떻게 활용가능한가?
2. 영화 'Door to Door'에서 빌 포터가 영업왕이 되기까지 보여준 언더독 전략은 무엇인가?
3. 언더아머가 나이키와 아디다스의 스포츠 산업내 경쟁에서 찾은 언더독 전략은?
4. Top-dog를 이길 수 있는 언더독의 자세는 무엇인지 찾아보자.

02

우리는 제1부에서 경영전략의 기초에 대하여 살펴보았다. 전략이란 기업이 어떤 사업들에 있고 또 있어야 하는가, 그리고 기업의 성격은 어떤 것을 띠고 있고 또 띠어야 하는가를 정의하는 목표(objectives), 목적(purposes or goals), 그리고 그러한 목적을 달성하기 위한 주요 정책(policies)과 계획(plan)의 형태(pattern)로 파악하였으며 전략 수립(strategy formulation)과 전략 실행(strategy implementation)이라는 두 가지의 중요하고 상호 관련된 과업들을 포함한다고 보고 있다.

그러면 사업부수준에서의 경쟁전략은 어떠하여야 하는가? 경쟁전략이란 기업의 여러 활동들을 결합하여 독특하고 가치 있는 전략적 지위(strategic position)를 창출해 내는 것을 의미하며, 경쟁우위의 바탕은 자사에게 유리한 사업전략을 수립하는 것이다. 그때 유리한 상황이란 첫째, 매력적 산업영역을 확보하고, 둘째, 지속적 경쟁우위를 보유하는 것을 의미한다. 이렇게 본다면 경영전략이란, 결국 경쟁에서 승리하기 위해 매력적인 사업영역을 확보하고 지속적 경쟁우위를 보유하기 위해 계획하고 실행하는 활동이라 하겠다. 따라서 제2부에서는 사업부 수준의 전략에서 외부적인 환경의 변화에 어떻게 대응할 것인가에 초점을 맞추어 사업전략에 관한 문제를 내·외부 환경분석, 경쟁우위분석, 핵심역량분석으로 나누어 살펴보기로 하자.

PART 2

사업부 수준의 경영전략

Chapter 4

외부환경분석

"승자가 되기 위해서는 무엇을 해야 이길 수 있을지를 정확히 아는 것뿐만 아니라 실제로 그것을 행동에 옮길 수 있어야 한다. 승자와 패자를 구분 짓는 것은 바로 실행능력이다. 내 생각에는 주변의 많은 회사들이 훌륭한 전략들을 세우고는 있지만 실행에 옮기는 경우는 별로 없는 것 같다."

– Broad head, FPL CEO

전쟁은 상대방에게 결정적인 타격을 입힐 수 있는 위치와 우위를 얻기 위해 반복적으로 벌이는 쌍방향의 행동이다.

– Montgomery

● 전략 Focus ●

전략적 리얼 옵션

현대는 불확실성의 시대다. 치열한 경쟁, 불투명한 시장, 급속한 기술 진보 등으로 인해 사업 환경이 어지러울 정도로 빠르게 변화하고 있다. 이처럼 불확실성이 높을 때는 사전에 면밀한 계획을 세우기가 어렵다. 계획을 세우기 위해서는 시장의 동향, 고객의 취향, 타사의 동향 등 미래를 예측해야 하는데, 불확실성이 클 때는 이것이 쉽지 않기 때문이다.

이처럼 불확실한 경영환경하에서 리스크를 최소화하기 위해 옵션이라는 헤징(위험회피) 수단을 활용하는 의사결정 기법 가운데 하나가 '리얼 옵션(real options)'이다. 이는 게임이론의 대가로 알려진 아비나시 딕시트 프린스턴대 경제학과 교수의 '파이낸셜 옵션(Financial Option) 이론'을 실물 경영 경으로 확장한 개념이다. 즉 불확실성이 높은 상황에서 하나의 대안을 선택해 투자하는 것이 아니라 복수의 대안에 대해 소규모 투자를 하는 것이다. 쉽게 말해 '상황을 봐가며 단계적으로 투자한다'는 개념이다.

예컨대 A라는 기업이 베트남의 고급 베이커리사업에 진출하려고 한다. 베트남 고급 베이커리시장을

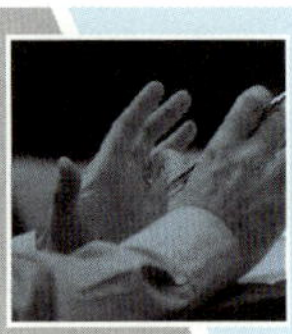

제 1 절

외부환경분석의 개념

1. 외부환경분석의 의의

기업이 전략을 수립하는 기본적인 첫 단계가 외부환경분석인데, 그것은 환경변화에 무관심하다가 치명적인 충격을 당하지 않도록 기업의 장기적인 생존을 확보하는 데 지극히 중요한 부분이다. 기업은 자신의 외부환경을 분석함으로써 외부로부터 주어지는 기회나 위협을 이해하고 그 결과로 기회는 전략수립에 이용하고 위협으로부터는 전략수립과 실천에 대비할 수 있는 전략을 세우게 된다.

기업조직은 환경으로부터 영향을 받기만 하는 것이 아니라 환경에 영향을 끼칠 수도 있는데, 기업의 외부환경은 크게 두 가지로 나뉜다. 첫째, 기업의 경영활동에 단기적으로는 영향을 미치지는 않지만 장기적으로 영향을 미치

조사했더니 향후 5년간 연평균 10% 가량 성장할 것으로 예측됐다. 그런데 문제는 연평균 10% 성장이 확실치 않다는 점이다. 긍정적으로는 20% 성장도 가능하지만 보수적으로는 2% 수준에 머물 수도 있다. 그만큼 불투명성이 높다는 말이다. A사의 투자규모로 봤을 때 성장률이 5% 미만이면 막대한 손실을 입게 된다.

여기에 리얼 옵션 개념을 도입해보자. 한번에 투자금 전액을 투자해 공장을 세우는 게 아니라 작은 규모의 공장을 세워 시장 가능성을 보는 것이다. 전체 투자금의 20%를 투자해 시장성을 지켜본 후 3년 후 전망이 밝지 않으면 철수하면 되는 것이고, 조금 더 지켜볼 필요가 있다고 판단되면 당분간 증축 없이 사업을 계속해보면 되는 것이다.

이처럼 베이커리 공장 건설을 두 단계로 구분하면 다음과 같은 세 가지 이점을 기대할 수 있다.

① 향후 시장 환경이 악화되었을 경우의 위험 부담을 줄일 수 있다.
② 바람직한 환경이 조성되었을 경우 사업 기회를 놓치지 않을 수 있다.
③ 작은 규모라도 일단 사업을 시작하면 베트남이라는 낯선 사업 환경에 대해 학습할 기회를 가질 수 있다.

게 되는 일반적인 기업환경을 거시적 환경(macro-environment) 혹은 사회적 환경(societal-environment)이라 한다. 둘째, 기업의 경영활동에 직접적인 영향을 미치는 요소들을 미시적 환경(micro-environment) 혹은 과업환경(task-environment)이라고 한다.

여기에서 거시적 환경은 다시 경제적 환경, 기술적 환경, 정치·법률적 환경, 그리고 사회·문화적 환경으로 나눌 수 있다. 반면, 과업환경은 경쟁회사는 물론이고 공급자, 소비자, 종업원과 노동조합, 채권자, 지역사회, 정부 등을 포함한다. 따라서 기업의 외부환경 중 과업환경은 우리가 보통 말하는 산업환경과 유사한 의미로 사용되어진다.

우리가 외부환경을 분석할 때에는 일반적으로 과업환경을 중심으로 분석하지만 전략경영의 경영자라면, 거시적 환경과 과업환경 모두를 항상 예의주시(scanning)하여야 하며 기업의 생존과 발전에 영향을 미치는 외부환경적인 요소들을 분석하여야 할 것이다.

1.1 거시적인 환경

기업의 성공과 실패는 기업경영활동에 영향을 미치는 여러 가지 외부요인에 의해 크게 영향을 받는다. 이러한 외부의 상황이나 조건, 영향요인들을 통틀어 기업의 거시적 환경이라고 할 수 있다. 거시적 환경분석은 기업을 둘러싼 환경변화의 추세와 사건발생 가능성을 파악하고 그 영향을 평가하려는 분석이다. 비록 거시적 환경은 원거리의 환경(remote environment)에서 기업에 영향을 미치고 있지만 기업이 성장할 수 있는 기회와 엄청난 위협을 동시에 제공하고 있는 중요한 요인이다.

기업들은 보통 거시적인 환경을 네 가지 부분으로 나누어 기업의 전략수립에 이용하고 있다.

(1) 거시경제적 환경

경제적 환경은 구체적으로 산업산출물의 수준과 패턴, 소비, 소득, 저축과 투자, 자본과 노동의 가용성, 물가변동 등에 반영되어 있다. 그리고 국민총생

그림 4-1 거시적 환경

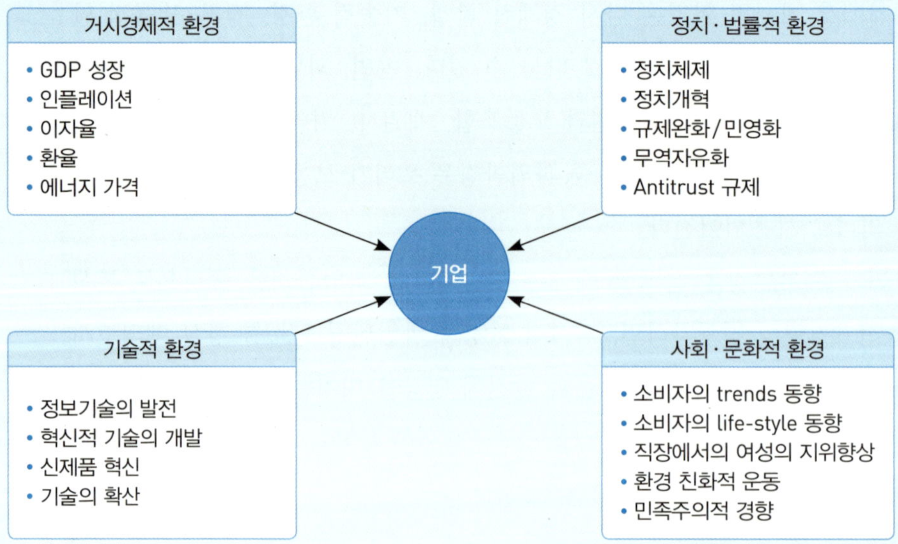

산, 인플레이션율, 이자율, 실업률, 환율변동, 소비자 물가지수 등과 같은 경제 지수들도 경제적 환경을 대변해 준다.

(2) 정치·법률적 환경

정치 및 법률적 환경은 기업이 사회적 구성원으로서 존재하는 데 있어서 사회 내에서 수용 가능한 법률적 행동규범을 규정한다. 예컨대, 정부의 규제가 심해지면 기업들은 동일산업이나 관련 산업 내에서 타 기업을 인수·합병하는 것이 어려워지게 된다. 따라서 이런 경우에는 관련다각화의 전략적 의사결정에 외부환경의 탐색이 중요한 요소로 등장하게 된다.

(3) 기술적 환경

기술은 좁게는 산업기술, 응용과학, 그리고 공학을 의미하며 넓게는 특정의 사회적 집단이 그 구성원들에게 물질적 그리고 실용화된 제품을 제공하는 방법의 집합체인 지식을 의미한다. 예를 들어 IBM의 경우, PC의 표준을 차지하고도 향후의 PC시장에 대한 기술적 환경분석의 실패로 대용량 컴퓨터에 정열을 쏟은 나머지, 결국 MS, Intel과 같은 경쟁자들에게 추월을 당하고 말았다. 이것은 바로 PC시장에 대한 기술적 예측의 부재로 오늘날 IBM의 성장에 많은 장애요인이 되기도 하였다.

(4) 사회·문화적 환경

사회·문화적 환경은 인구 통계적 패턴의 변화, 다양한 라이프스타일, 현재의 가치관과 새로운 가치관 등을 의미한다. 예를 들어 환경보존에 대한 심각성과 관심이 높아짐에 따라 재활용품이나 환경 친화적 제품을 사용하는 기업에 많은 기회를 제공하고 있다. 태화 백화점의 경우, 재활용품을 이용한 포장지로 소비자로 하여금 환경 친화적 기업으로 호평을 받고 있다. 또한 고령화 인구의 증가로 인해 노년층 인구를 겨냥해 새롭게 등장하는 실버산업은 21세기의 새로운 전략산업으로 자리 매김하고 있다.

1.2 과업환경

과업환경을 구성하는 경쟁회사, 공급자, 종업원과 노동조합, 채권자, 투자자, 지역사회, 정부 등을 포함하여 이해관계자 집단(stakeholder)이라고 한다. 보통 기업의 목적을 주주의 부를 극대화하는 것을 최종의 목표로 삼고 있는데, 기업의 성공에 영향을 미치고 관심을 갖는 외부환경의 세력으로서 주주의 개념보다 'stakeholder'는 훨씬 광범위한 개념이다. 과업환경을 분석하는 것은 곧 이해관계자 집단을 분석하는 것이며 가장 많이 알려진 분석방법이 바로 마이클 포터(M. E. Porter)의 산업구조분석이며 일명 5's Force Model이다.

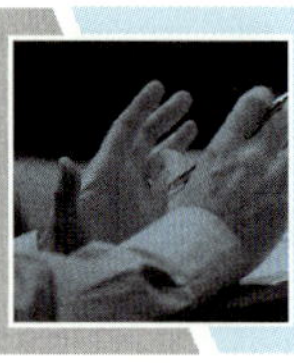

제 2 절

산업구조분석

1. 산업구조분석의 필요성

경영전략에서 경쟁전략의 수립은 기업을 둘러싼 주변 환경을 고려하여 전략수립을 하는 것이 중요하다. 그러나 기업과 기업을 둘러싼 주변 환경을 연결시켜 경쟁전략을 수립하는 것이 매우 복잡한 과정으로 되어 있어 상당한 분석이 필요하다. 왜냐하면 기업 활동에 영향을 미치는 기업환경요인은 경제적 요인뿐만 아니라 사회·문화적 요인, 정치·법률적 요인, 정치적 요인, 기술적 요인까지 포괄되어 있기 때문에 그 범위가 매우 넓다. 따라서 기업에 영향을 미치는 모든 환경요인을 모두 고려하기보다는 실제 산업 내에서 기업의 전략적 의사결정에 영향을 미치는 중요한 과업환경을 집중적으로 분석하는 것이 경쟁전략의 수립에 도움이 될 수 있다. 산업(industry)이란 "서로 유사한 대체품을 생산하는 기업군인 동시에 경쟁이 일어나는 기본영역"이라고 할 수 있다. 그리고 기업은 이

그림 4-2 산업수익성에 영향을 미치는 요인

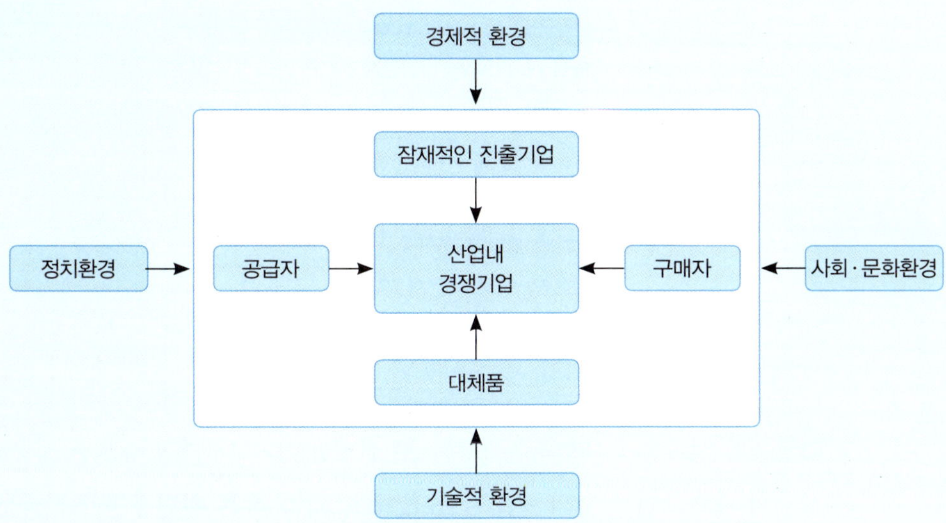

러한 특정산업 내에서 경쟁자에 비해 유리한 경쟁적 지위를 확보하기 위해 경쟁전략을 수립한다. 해당 기업이 속해 있는 산업 내에서 산업을 분석하는 것은 기업의 전략수립에 반드시 해야 할 과업이다. 따라서 경쟁전략을 수립하기 위해서는 반드시 산업분석이 이루어져야 한다.

예를 들어 어떤 사업의 시장규모가 대폭 확대되고 성장성이 높다고 판단되면 많은 기업들이 신규 사업으로서 좋은 사업이라고 쉽게 판단해 버린다. 그러나 아무리 시장규모가 확대되고 성장성이 높다 하더라도 이 산업에 강력한 경쟁기업들의 대거 진입이 예상되어 격심한 경쟁이 예견된다면 그리고 우리 기업이 이러한 산업에서 경쟁우위요인을 사전에 확보하기 어렵다면 이 산업은 매력적인 시장이 아닐 수 있다. 따라서 우리는 신규산업에 대한 계량적인 분석과 정성적인 분석을 동시에 실시해야 한다

전통적으로 산업의 계량적인 분석은 산업조직론의 SCP(Structure-Conduct-Performance) 패러다임으로 행해진 도구를 사용한다. 즉, 구조-행동-성과의 SCP 패러다임은 이미 주어진 산업구조 안에서 기업이 최적의 행동이 이루어지

그림 4-3 산업조직론의 SCP 패러다임

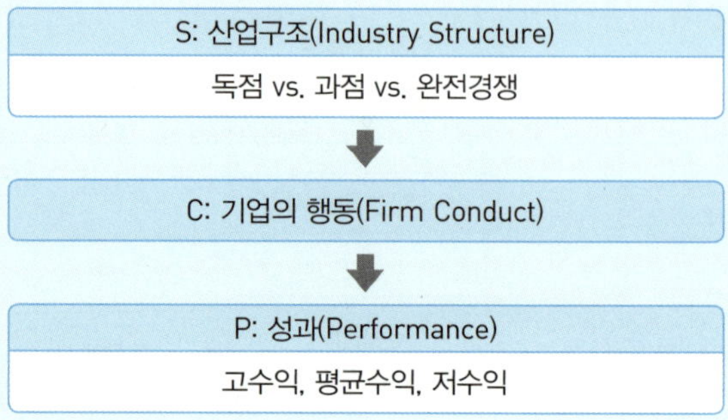

고 기업들의 성과를 극대화하는 노력으로 설명한다. 이때 가장 중요한 성공요인은 산업의 매력도인 산업의 구조가 독점이냐, 과점 혹은 완전경쟁이냐 하는 것이 문제이다. 이처럼 산업조직론에서 사용하는 SCP 패러다임은 기업의 관점이라기보다는 산업 전체의 관점에서 산업의 매력도를 계량적으로 평가하는 모델이다.

한편, 산업의 질적인 분석으로 산업구조분석은 산업구조의 변화가 기업의 활동에 직접적인 영향을 미치고 있기 때문에 산업구조를 기업의 능동적인 행동으로 산업구조의 변화를 촉진하여 매력적인 환경으로 바꾸자는 의도가 깔려 있다.

그리하여 특정산업의 매력도를 기존기업 간의 경쟁 정도, 잠재적 진출기업의 위협, 공급자 및 구매자의 교섭력, 대체품의 위협 등 다섯 가지 기본적인 경쟁요인들에 의해 결정된다고 하면, 이러한 경쟁요인들을 종합적으로 파악하여 여러 신규 사업들에 대한 매력도를 미리 파악해 볼 수 있고 이를 신규 사업 안들을 선택하는 대안들로 삼을 수 있다. 특히 마이클 포터 교수는 기존의 SCP 패러다임을 전략경영론에서는 CSP(Conduct-Structure-Performance)의 관점에서 접근하고 있다. 즉 기업의 행동은 경영전략을 통하여 현재의 산업구조를 자신에게 유리한 매력적인 산업구조를 만들어야 하며 이를 통해 산업평균의 초과적인 수익을 지속적으로 유지할 수 있다는 관점이다.

그림 4-4 전략경영론의 CSP 패러다임

C: 기업의 행동(Firm Conduct)–전략

↓

S: 산업구조(Industry Structure)
독점적 환경(매력적 5 Forces 창출)

↓

P: 성과(Performance)
고수익, 평균수익, 저수익

2. 산업구조분석의 의의

경영전략이란 경쟁에서이기는 법을 배우는 것이며 궁극적으로 기업성과를 증가시키기 위해서 무엇이 산업의 수익률을 증가시키는 요인이며, 증가시키기 위해 어떠한 노력을 해야 할 것인가를 규명하는 것이다. 이와 같은 관점에서 볼 때 경쟁전략의 목표는 특정기업이 경쟁자와의 동태적 역학관계(dynamic driving forces)에서 경쟁요인들로부터 스스로를 방어할 수 있거나 또는 그러한 요인들을 기업에서 유리한 상태로 변화시킬 수 있는 위치를 산업으로부터 도출해 내는 것이 중요하다. 따라서 경쟁전략을 수립하기 위해서는 산업구조를 변화시키는 강·약점을 파악한 후 이것이 해당기업에 어떠한 영향을 미치는지를 분석하고 이에 따라 경쟁사에 대비한 기업의 강·약점을 파악해야 한다.

앞에서 언급한 바와 같이 기업의 환경적 요인은 크게 거시적 환경요인과 과업환경으로 구성된다. 거시적 환경요인은 정치적 환경, 경제적 환경, 사회적 환경, 기술적 환경, 정부와의 관계 등 다양한 환경이 있다. 과업환경은 사업전략에 직접적으로 관련된 관계로서 공급자 환경, 소비자 환경, 경쟁자 환경 등으로 구성된다. 산업구조분석은 환경적 요인 가운데 과업환경을 중심으로 산업의 구조적 분석을 통하여 여러 기업과의 관계를 분석하는 방법이다.

산업구조(industry structure)는 기업이 전략을 수립하고 실천에 옮길 때, 부딪치게 되는 가장 중요한 환경적 요소이다. 일반적으로 기업의 환경이라고 하면 기업의 행동방식과 경영성과에 영향을 주는 여러 가지 요소들을 말한다. 산업구조는 특정기업이 신규산업의 진입 시 선택할 수 있는 여러 가지 형태의 전략 중에 어느 것을 선택할 것인가 하는 문제뿐만 아니라 기존산업 내에서 새로운 경쟁자의 등장으로 인해 생기는 전략의 선택에도 영향을 미친다.

산업구조를 분석하는 기법을 전략경영적 접근으로 파악하는 데 결정적인 공헌을 한 사람은 하버드 대학의 마이클 포터이다. 포터는 경쟁전략이란 책을 통해 산업조직론에서 발견된 산업구조분석을 기업전략에 적용하기 위한 분석틀을 제시하였다. 그의 분석틀에 의하면 다섯 가지 경쟁세력에 의해 산업의 수익률이 결정된다. 이 다섯 가지 경쟁요인은 기존기업 간의 경쟁, 잠재적 진입자의 위협, 대체재의 위협, 공급업자와의 교섭력, 소비자와의 교섭력으로 나누어진다. [그림 4-5]는 포터에 의한 5가지 경쟁세력에 대한 산업구조를 도식화하고 있다.

그림 4-5 산업구조분석모형

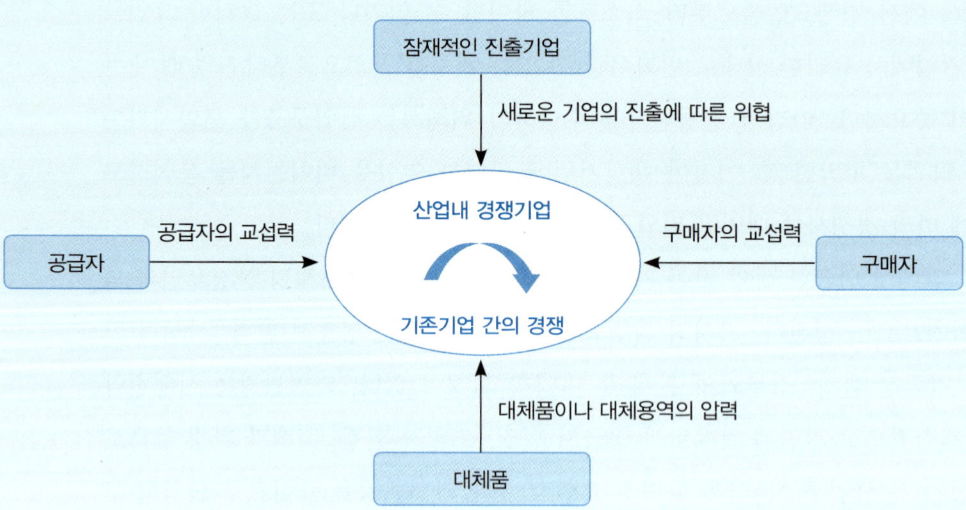

자료 : Michael E. Porter, *Competitive Strategy*(1980).

산업구조를 분석하는 목적은 다음과 같이 구분할 수 있다.

첫째, 경쟁강도의 파악을 하기 위함이다

산업구조분석은 과업환경에서 기업이 고려할 수 있는 5가지 경쟁요인에 대한 이해를 통해 이들 경쟁요인들이 지닌 경쟁강도를 파악할 수 있으며, 이들 5가지 경쟁요인에 대한 이해를 통하여 주요 경쟁요인들 간의 요인들을 도출할 수 있다.

둘째, 산업의 매력도를 파악하기 위함이다

산업구조분석은 도출된 5가지 주요 경쟁요인들을 경쟁강도를 통하여 그 산업이 얼마나 매력적인가를 도출할 수 있다. 따라서 주요 경쟁요인들이 그 산업에 진입하는데 매력도를 제공한다면 기업의 새로운 산업진입의 결정에 중요한 근거를 제공할 수 있을 것이다. 기업의 입장에서는 특성산업의 진입결정에 있어 그 산업이 매력적이라면 진입의 신호로 받아들여질 수 있으며 매력적이지 않다면 진입결정에 부정적인 신호로 받아들여질 수 있다. 또한 이미 진입한 상태라고 하더라도 계속적인 산업구조의 분석으로 인해 그 산업이 비매력적으로 판단된다면 그 산업의 퇴출의 신호로 받아들여질 수 있다.

셋째, 경쟁의 주요 요인을 파악하기 위함이다

경쟁전략을 통해 경쟁자보다 더 나은 전략을 도출할 수 있다면 기업의 장기적인 수익성을 보장받을 수 있다. 또한 특정산업에 먼저 진입을 통하여 초기 진입자(first movers)가 될 수 있다면 상당기간 초과적인 수익을 얻을 수 있을 것이다. 산업구조분석은 5가지 경쟁요인이 상호작용 함으로써 발생하는 경쟁의 요인을 파악할 수 있으며, 이를 통해 이들 5가지 요인들의 동태적인 역학관계를 도출할 수 있을 것이다.

넷째, 미래의 환경변화를 예측할 수 있다

산업구조분석은 산업의 추세를 파악하여, 향후 전개될 산업의 진화방향과 수익성 등 그 산업의 미래방향을 점검할 수 있는 분석도구이며, 잠재적인 진입자의 경우 그 산업을 진입하는 데 유용한 분석도구가 될 수 있다.

그림 4-6 산업구조분석의 목적

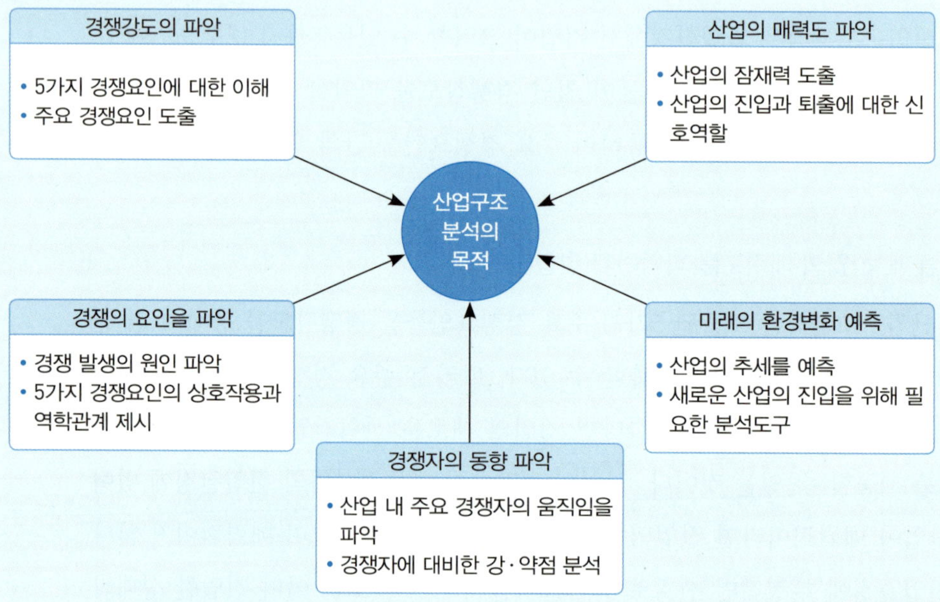

다섯째, 경쟁자의 동향을 파악할 수 있다

산업구조분석에서 핵심영역은 기존 경쟁자와의 경쟁관계이다. 따라서 산업구조분석을 통하여 산업 내 주요 경쟁자의 동향을 파악할 수 있으며, 자사의 입장에서는 경쟁자에 대비한 강·약점 분석을 통하여 대응전략을 도출할 수 있을 것이다.

3. 산업구조 내의 5가지 경쟁요인의 분석

산업구조분석에서 5가지 경쟁요인(기존기업 간의 경쟁, 잠재적 진출기업의 위협, 대체품의 위협, 구매자들의 교섭력, 공급자의 교섭력)은 모두 산업의 경쟁강도와 수익성에 영향을 미치지만 산업특성에 따라 지배적인 영향을 미치기도 하고 미미한 영향밖에 줄 수 없는 경우도 있다. 따라서 전략을 수립할 때는 산업구조 내의 핵심요인을 파악하는 것이 중요하다. 사실 전통적인 경쟁전략의 개념은 기존기업간의 경쟁에 국한되어 있었다. 그러나 오늘날의 경쟁은 기존기업들만의 경쟁은 아니라는 것을 잘 알 수 있다. 소비자, 공급자, 대체재, 잠재적인 진출기업들도 모두 산업에서 영향을 주기도 하고 받기도 하는 경쟁의 원친이 될 수 있다.

이처럼 5가지 경쟁요인들이 산업 내의 상호작용을 통하여 작용하는 동태적인 구조를 올바로 파악함으로써 그 산업이 가진 기본적인 특성을 규명할 수 있다.

① 기존기업 간의 경쟁

기존기업 간의 경쟁은 경쟁에서 유리한 위치를 차지하려는 여러 가지 전략으로 나타나는데, 예를 들어 가격인하, 신제품 전략, 광고, 고객서비스 강화, 제품에 대한 A/S 강화 등의 형태로 전개된다. 이와 같은 기존기업 간의 경쟁이 심

그림 4-7 기존기업 간의 경쟁

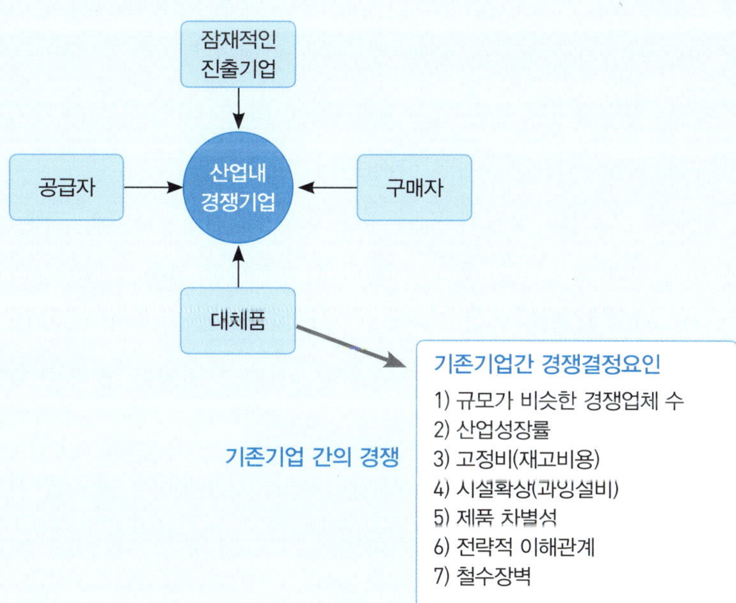

화되는 이유는 경쟁기업들이 외부로부터 경쟁의 압력을 받거나 또는 자신의 입지를 강화시킬 수 있는 기회를 발견하였을 때이다. 특히 경쟁기업의 신제품 개발은 여타기업에 자극을 주어 이와 유사한 신제품개발 효과를 가져올 수 있다. 예를 들어 음식료 산업의 청량음료 사업부의 경우 이와 같은 현상이 자주 발생하는데 청량음료사업을 하는 회사들은 순수청량음료 → 탄산음료 → 보리음료 → 이온음료 → 식혜음료 → 대추음료 등으로 발전할 때 경쟁적으로 신제품개발을 출시하여 경쟁기업에 대처하는 양상을 띠고 있다.

특정산업 내에서 기존기업 간의 경쟁의 정도는 다음과 같은 구조적 원인에 의해 결정된다.

첫째, 경쟁업체의 수(large number of competitors)가 많고 그들의 경쟁활동이 치열할수록 경쟁이 더욱 복잡해진다.

둘째, 시장특성에 따라 제품차별화가 적을수록 기업들은 가격경쟁에 의존하게 되며, 이에 따라 제품차별화가 낮은 산업(lack of product differentiation)일수록 기업 간 경쟁이 심화된다.

셋째, 매우 높은 자본투자로 인해 구조적으로 고정비 비중이 높은 경우(high fixed cost), 가동률을 높이려는 압력을 받게 되며 따라서 무리한 물량경쟁으로 인해 지나친 가격인하 경쟁으로 치닫게 된다.

넷째, 철수장벽이 높은 경우(high exit barrier), 사업에서 손 떼기가 어려우므로 배수의 진을 치고 경쟁에 임하게 된다.

다섯째, 산업의 성장이 느릴 경우(slow industry growth), 기존기업 간의 경쟁은 더욱더 치열해진다. 특히 산업의 수명주기상 성장기에서 성숙기로 이행하게 될 때, 이미 제품의 차별화 정도는 상당히 상실되었으며, 따라서 양적 성장을 통한 시장점유율 경쟁은 점점 강해지며, 이 경우 시장을 뺏기게 되는 기업들은 이를 방어하기 위해 치열한 경쟁을 하게 된다.

여섯째, 전략적 이해관계(strategic interrelatedness)가 높으면 경쟁이 치열해진다. 예를 들어 경영다각화를 이루려고 하는 기업이 기업 전체의 전략적 입장을 강화시키기 위해 특정산업에서의 성공에 큰 중요성을 부여하는 경우이다. 특히 미원과 제일제당의 조미료 전쟁, 삼성전자와 LG전자의 가전 1위 싸움은 특정

산업의 회사 전체에 미치는 이미지가 전략적 측면에서 중요성을 띠게 되기 때문에 그 산업의 경쟁은 심화된다.

② 잠재적 진출기업의 위협

잠재적 진출기업이란 '새로이 산업에 진입하여 실제적인 경쟁기업으로 될 가능성이 있는 기업으로 현재에는 산업 밖에 있는 기업'이다. 그리고 잠재적 진출기업이 산업에 들어올 수 있는 가능성, 범위 및 속도를 줄이는 장애요인을 진입장벽이라고 한다.

새로운 산업에 진출하는 기업들은 상당한 자원 및 능력을 확보하고 이를 이용해서 시장을 확보하려는 강한 의지를 가지고 있다. 이 같은 조건을 갖춘 신규기업이 진출하면 가격이 하락하거나 부대비용이 상승해서 기존기업의 수익성을 감소시킬 가능성이 커진다. 이때 산업에 새로이 진출하는 기업이 주는 위협의 강도는 그 산업에 내재된 진입장벽과 신규진출기업이 예상하는 기존 업체들의

그림 4-8 잠재적 진출기업의 위협

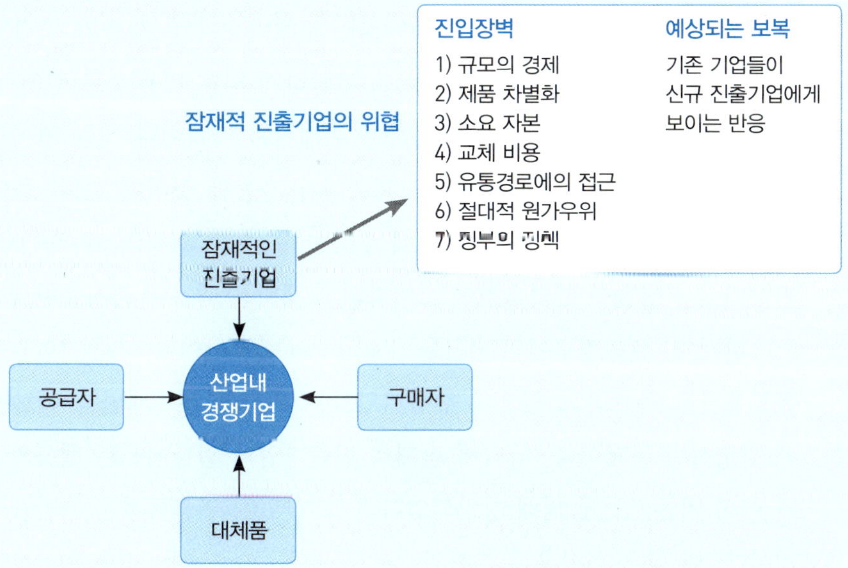

여러 가지 대응방법에 따라 결정된다.

잠재적 진출기업들이 새로운 산업에 진출할 때 부딪치게 되는 장애요인들을 진입장벽을 중심으로 요약하면 다음과 같다.

첫째, 규모의 경제(economy of scale)이다. 특히 자본집약적이며 연구개발투자가 많이 소요되는 산업에서는 규모의 경제가 상당히 크게 작용하기 때문에 규모의 경제를 이룰 수 없는 기업들은 시장진입을 선불리 결정할 수 없다.

둘째, 제품차별화(product differentiation)이다. 제품차별화가 가능한 산업에서는 기존기업들은 신규 진입기업에 비해 브랜드 로열티 차원에서 상당한 이익을 보고 있으며, 소비자들은 이들에 대한 높은 비용을 지불해서라도 그 제품을 구매하는 것으로 알려지고 있다. 따라서 제품이 차별화된 시장에서 신규기업들은 그 제품을 판매하기 위해서는 엄청난 광고비를 추가적으로 지출하여야 한다.

셋째, 소요자본(capital requirement)이다. 신규기업이 산업에 진출하는 데 필요한 투자액이 굉장히 많은 경우에는 소수의 기업만 투자가능하고 대부분의 경우는 설비투자에 대한 자본소요량이 크기 때문에 진입하기가 힘들다. 예를 들어 조선업종이나 항공산업은 초기설비투자가 크기 때문에 그 산업이 아무리 매력적이라 하더라도 진입하는 데에는 상당한 무리가 따른다.

넷째, 교체비용(switching cost)이다. 교체비용이란 '제품의 구매자가 기존 제품을 다른 기업의 제품으로 바꿀 때 부담하게 되는 비용'으로 정의하는데, 이 같은 교체비용을 신규기업이 극복하기 위해서는 가격이나 성능 면에서 월등하게 앞설 때 기존경쟁자로부터의 교체매매가 가능한 것이다. 예를 들어 워드프로세스 시장에서 (주)한컴이 초기에 구축한 훈글은 MS사의 MS-WORD나 삼성전자의 훈민정음이 따라오기엔 소비자의 교체비용 때문에 불가능한 일이었다.

다섯째, 유통경로에의 접근(access to distribution)이다. 기존기업들은 강력한 유통채널을 확보하고 있으나 신규기업들은 이러한 유통채널을 확보하지 못할 때 발생하는 문제이다. 따라서 잠재적 진출기업의 입장에서는 제품의 유통경로가 이미 기존기업에 의해 장악되었다면 그 산업에 진출하기는 그만큼 어려워질 것이다. 이 같은 현상은 주류산업에서 발생할 수 있는데 OB맥주나 HITE맥주가 점유하고 있는 맥주시장은 잠재적 진입자의 측에서 보면 아주 매력적인 산업이지만 선불리 그 산업에 진출할 수 없는 이유는, 두 회사가 이미 구축해 놓은 유통채널은 다른 잠재적 경쟁기업의 입장에서는 진입장벽이 될 수 있기 때문이다. 그러나 1994년, 진로의 CASS맥주가 쉽게 맥주시장에 진출할 수 있었던 것은 소주시장에서 구축해 놓은 유통채널을 맥주에 그대로 적용 가능했기 때문에 기존기업의 유통채널이 진입장벽이 되지 못했던 것이다.

여섯째, 정부의 제도적 정책(government regulation)이다. 정부의 규제는 신규기업의 진입을 막는 가장 효과적인 진입장벽이 될 수 있는데, 예를 들어 재벌기업들의 은행소유의 제한이나 방송 및 정보통신사업의 경우 정부의 허가를 통해 인가기업만 독점적인 권한을 보장해주는 경우가 여기에 해당된다.

일곱째, 절대적인 원가우위(absolute cost advantage)이다. 기존기업들은 신규기업에 비해 독점적인 생산기술을 확보하거나, 원료를 싸게 구입하는 등 경험효과를 통해 조기진입자의 이익(first mover's advantage)을 얻음으로써 절대적 원가우위를 얻고 있으나 신규기업들은 이러한 이득을 가지지 못함으로써 원가상의 어려움이 있다. 예를 들어 삼성전자의 반도체사업은 오랜 기간 동안 축적된 경험을 토대로 원가상의 이득을 누리고 있는 반면, 한국의 하이닉스 반도체나 대만의 반도체회사들은 반도체사업에 대한 상당한 불리한 점을 안고 있다.

여덟째, 상표의 이미지(brand image)이다. 상표란 '어떤 판매업자가 자신의 제품이나 서비스를 경쟁자와 차별화하기 위한 목적으로 제품 및 서비스에 부여한 품명, 명칭 또는 이러한 요소들의 결합체'라고 할 수 있다. 따라서 소비자들이 상표에 대한 충성도가 클 경우 확실한 진입장벽의 역할을 할 수 있다.

이 같은 신규기업들이 새로운 산업에 도전하게 될 때 겪게 되는 진입장벽 요인뿐만 아니라 기존기업들이 신규진입기업에게 가할 수 있는 보복(expected retaliation)에 대해서도 알아볼 필요가 있다.

새로운 산업에 진입하려는 기업은 진입장벽을 넘기 전에 반드시 기존기업들이 어떠한 반응을 보일 것인가를 예상해야 한다. 그리하여 기존 경쟁자들이 잠재적 진입자의 진출에 대해 강력하게 대응할 것으로 예상된다면 새로운 산업에 진출하는 것을 억제시키는 요인으로 작용하게 될 것이다.

특히 기존기업들이 다음과 같은 상황인 경우 상당한 보복이 예상될 수 있다.

첫째, 과거 특성산업에서 신규진출기업에 대해 심하게 보복한 경험이 있는 경우이다. 예를 들어 1980년대 중반에 부광약품이 치약시장에 진출하려고 했을 때 가장 고민했던 것은 독점기업이었던 럭키치약의 보복경험이었다. 1970년대 중반에 독점기업인 럭키치약(현재 LG생활건강)의 아성에 불소치약이 등장하였을 때, 럭키치약은 합병을 통해 보복을 한 경험이 있다. 따라서 부광 브랜닥스치약은 과거에 럭키치약이 불소(F)치약의 진입을 강력하게 보복한 경우를 상기하며, 전반적인 진입보다는 제약사의 거점을 이용하여 점진적인 접근을 통해 치약시장에 진출한 경우이다.

둘째, 기존의 기업들이 막강한 자원동원 능력과 잉여생산 능력, 유통경로 및 고객들에 대한 막강한 영향력을 갖추고 있기 때문에 보복을 할 수 있는 경우이다. 예를 들어 맥주시장에서 기존기업들인 OB맥주나 HITE맥주는 진로의 CASS맥주의 진입에 대하여 그들이 구축한 영향력을 바탕으로 무차별적 공격을 통하여 CASS를 공략하였으며, 결국 진로쿠어스 맥주사업부는 적자를 감수할 수밖에 없었다.

셋째, 기존기업이 진출대상 산업에 전력을 다하고 있으며 막대한 고정자본을 이미 보유하고 있어 그 산업에 철수하기 어려운 경우이다. 예를 들어 현대가 정유사업에 진출하려고 했을 때 기존 정유회사들인 유공, 호남정유, 경인에너지, 쌍용정유, 극동정유 등은 다른 재벌기업이 정유산업에 진출함으로써 수요와 공급의 불균형이 일어날 것으로 예상해서 적극적으로 반대했다. 이같이 정유산업의 특성상 막대한 투자가 이미 이루어져 있어 산업에서 철수하기가 곤란한 경우 기존기업들은 사운을 걸고 대응조치를 취한다. 그리하여 현대그룹은 정유회사들의 반대에 부딪쳐 회사를 직접 설립하는 방식을 취하지 못하고 극동정유의 인수를 통해 정유사업에 진출하게 되었다.

③ 대체재의 위협

대체품이란 '동일한 기능을 수행하는 이질적 제품'이라고 정의할 수 있다. 따라서 특정산업 내에 대체품이 존재하는지를 확인하기 위해서는 기존상품과 동일한 기능을 수행하는 제품을 찾으면 된다. 그러나 오늘날 대체품의 개념은 상당히 광범위하게 정의될 수 있으며 얼핏 보면 무관한 산업이나 제품이라도 새로운 경쟁영역으로 들어올 수 있는 것이다.

특정산업에서 기업활동을 벌일 때, 대체재가 존재하는 기업인 경우 자신의 제품을 구매하는 고객 중 일부가 대체품을 구입하게 됨에 따라 그만큼 고객을 잃어버릴 수가 있다. 즉, 우리 제품을 구입하던 구매자가 다른 제품을 구매하게 된다면 동질적인 제품이건 이질적인 제품이건 우리의 구매자를 빼앗아 가는 경쟁상태가 형성되게 되는 것이다. 이와 같이 대체재가 많을수록 기업들은 자신의 제품이나 서비스에 높은 가격을 받을 수 있는 가능성이 줄어든다. 예를 들어 백화점 산업의 경우, 대체재인 가격할인점의 등장으로 많은 타격을 입게 되었다. 백화점업계는 이에 대한 자구책으로 매장 내에 E-MART, K-MART와 같은 자체의 매장을 구성하여 가격할인점 업계에 대항하고 있다.

이와 같이 대체재가 존재할 경우 그 산업에 미치는 정도는 다음과 같은 두 가지 요소에 의해 결정된다.

첫째, 소비자들의 교체비용으로서, 즉 소비자들이 쉽게 대체재로 옮겨갈 수 있는가 하는 문제이다. 특정제품이 상표 충성도(brand loyalty)가 상당히 높은 경우에는 대체재의 존재가 문제가 되지 않으나 제품의 차별화가 크지 않고 가격

그림 4-9 대체재의 위협

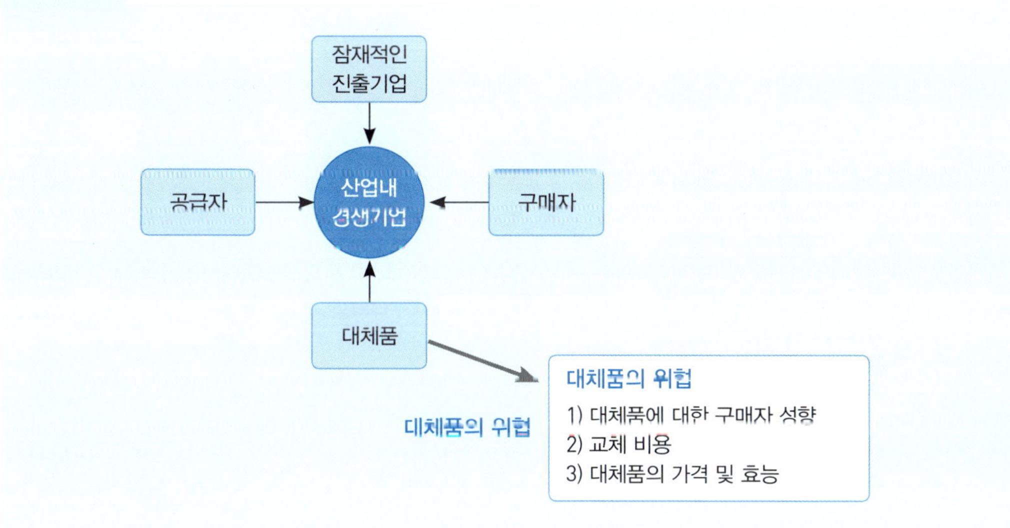

의 민감도가 큰 경우의 대체재의 존재는 산업에 미치는 정도는 상당히 크다.

둘째, 대체품이 가지고 있는 가격 및 효능이다. 즉, 대체품이 가지고 있는 유용성이 크면 클수록 소비자들은 교체매매를 서두르게 되며 기존기업들은 이와 같은 품질의 차이로 인해 기존시장을 잠식당하고 만다. 예를 들어 비디오 산업은 시간과 공간의 편리성으로 인해 영화산업을 급속히 대체시키고 있으며, 남성전용 미용실은 실내의 청결과 머리의 유행을 바탕으로 기존의 이발소들을 대체하고 있다.

④ 공급자의 교섭력

공급자들이 구매자보다 유리한 위치를 점유하고 있다면 가격인상이나 판매하는 제품 및 서비스의 질을 떨어뜨리겠다는 위협을 통해 교섭력을 발휘할 수 있다. 따라서 공급자가 구매자보다 상대적으로 우월한 힘을 가지고 있다면 그 기업은 원료 또는 부품 공급자의 가격인상 때문에 발생한 비용증가를 판매가격에 반영시키지 못하는 경우 자신의 수익성을 낮출 수밖에 없다.

공급자들이 강력한 힘을 발생하게 되는 여건은 구매자들이 강력하게 힘을 발

그림 4-10 공급자의 교섭력

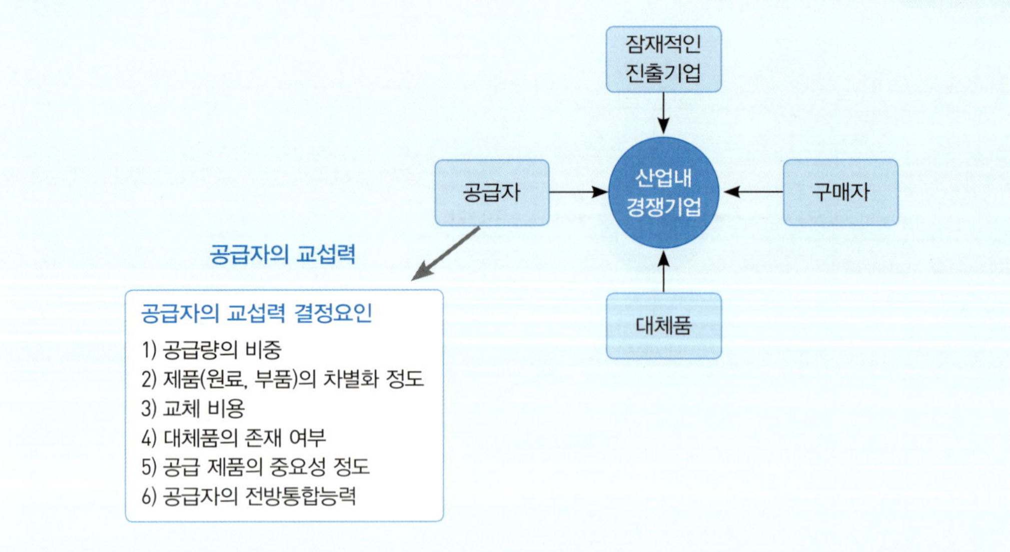

휘하는 경우와 정반대의 입장인데 공급력 교섭의 결정요인은 다음과 같이 같다.

첫째, 공급량의 비중(supplier concentration)이다. 공급자가 독점 내지는 독과점의 형태로 집중되어 있으므로 다수의 구매자가 존재하는 경우 공급자의 교섭력은 강해진다. 예를 들어 석유기구인 OPEC의 위치는 다수국가의 석유 메이저(major)들에게 강력한 교섭력을 발휘하는 경우이다.

둘째, 원료, 부품의 차별화 정도(differentiation of input)이다. 만약 공급업자가 제공하는 제품이 차별화되어 있어 구매자가 공급자를 바꿈으로서 비용이 발생하는 경우 공급자의 교섭력은 강해진다.

셋째, 제공제품에 대한 대체품의 존재 여부(presence of substitute)이다. 만약 공급자가 제공하는 제품에 대체품이 존재한다면 그들의 교섭력은 약화될 것이나 대체품이 존재하지 않는다면 독점적 위치를 통해 교섭력은 강화될 것이다.

넷째, 공급제품이 구매자에게 차지하는 중요성 정도(importance of input to the buyer)이다. 구매자들이 공급자들의 제품, 제조 공정이나 제품품질에 중요한 구실을 할 때에는 공급자들의 영향력이 강해진다. 예를 들어 제지회사의 경우 펄프는 다른 어떠한 원료보다 중요한 위치를 차지하기 때문에, 펄프 공급자와의 관계에서 강한 교섭력을 갖추는 것이 제일 중요하다.

다섯째, 공급자의 전방통합능력(threat of forward integration)이다. 공급자가 제품을 구매자에게 공급하는 대신 직접 구매자의 분야로 뛰어들어 경쟁자로 나타난다면 구매자의 입장에서는 어려운 경쟁상황에 직면하게 된다. 예를 들어 타이어 제조회사가 자동차 완성업계에 진출한다면 자동차 완성업체는 자동차의 타이어 공급에 있어 자실을 빚을 수 있고 타이어 회사는 자동차 완성업체에게 교섭력을 발휘할 수 있다.

⑤ 구매자의 교섭력

구매자들은 가격인하, 품질향상 또는 서비스 증대를 요구하거나 경쟁기업들을 서로 대립시키는 행위 등을 함으로써 산업의 수익성을 감소시킬 수 있다. 이때 구매자의 교섭력을 결정하는 요인들은 앞에서 살펴본 공급자들을 강력하게 만드는 상황과 정반대의 입장에서 살펴볼 수 있으며 구매자들이 다음과 같은

그림 4-11 구매자의 교섭력

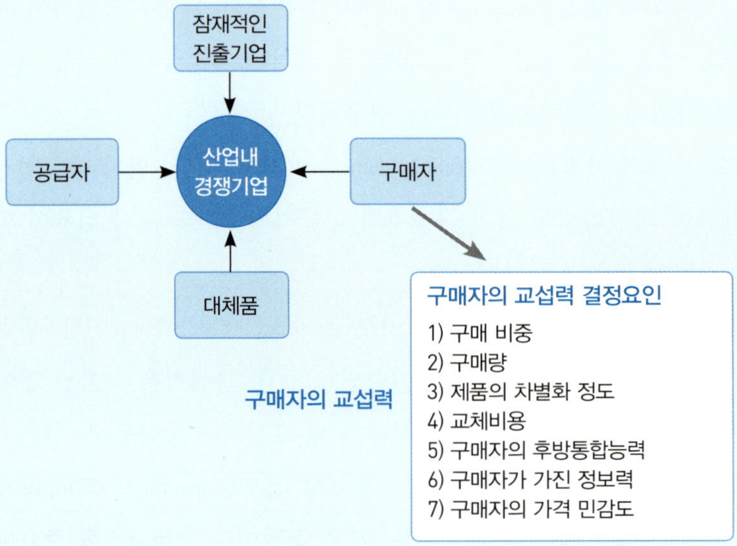

여건을 갖추고 있다면 판매자보다 교섭력이 강하다고 할 수 있다.

첫째, 구매자들의 가격 민감도(price sensitivity)를 들 수 있다. 구매자들은 자신이 구입하는 제품의 가격에 대해서 자신의 이윤폭, 제품원가에서 차지하는 비중 때문에 매우 민감할 수가 있다. 이때 만약 구매자들이 자신이 구입하는 제품가격에 대해서 민감하다면 어떤 형태로든 자신의 협상력을 강화시키려 할 것이며, 여의치 않을 때에는 구매처를 변경할 수도 있을 것이다. 그러나 공급선을 바꾸는 데 많은 교체비용이 든다면 구매자의 교섭력은 떨어질 수 있다. 또한 구매자의 교섭력은 제품차별화가 심할수록 가격의 민감도는 낮으며 제품차별화가 덜 된 제품일수록 가격의 민감도는 높아진다.

둘째, 집중적인 구매(buyer concentration)를 하거나 구매자가 구매하는 물량이 판매자의 물량 중에 상당한 부분을 차지할 때 구매자의 교섭력은 커진다. 즉 특정 구매자가 제조업자 판매량의 상당부분을 구매하고 있다면 그 구매자의 중요성은 커지기 마련이다. 예를 들어 할인점 업체인 이마트는, 많은 판매업자들에게는 집중적 구매의 원천이기 때문에 구매자의 교섭력이 매우 강하다.

셋째, 구매자의 정보력(buyer's information)이다. 구매자들이 수요상황이나 시장의 실제적, 그리고 공급자들의 구체적인 원가구조까지 파악하고 있으면 이러한 정보력이 어두운 구매자들에 비해 강력한 협상력을 가질 수 있다.

넷째, 구매자의 교체비용(buyer's switching cost)이다. 구매자들은 교체비용이 들지 않는 경우, 교섭력을 확보할 수 있다. 일반적으로 제품에 교체비용이 많이 드는 경우 구매자들은 '울며 겨자 먹기' 식으로 기존의 제품을 구매하지만 낮은 교체비용은 얼마든지 새로운 공급노선을 선택할 수 있기 때문에 구매자의 교섭력은 강해질 것이다.

다섯째, 구매자의 후방통합능력(backward integration)이다. 구매자가 원하는 원자재를 구입하는 대신에 직접 생산할 수 있는 능력을 가지고 있을 때, 그의 협상력은 높아진다. 왜냐하면, 기존의 원자재 업체들은 구매사의 후방동합의 능력 때문에 교섭력에서 뒤처질 수밖에 없다.

나이키와 풋로커와의 구매력에 대한 아래의 경영사례는 제조업자와 산업재 구매자의 교섭력에서 구매자의 교섭력이 얼마나 중요한가를 보여주고 있다.

문제의 발단은 세계 1위의 신발 제조업체인 나이키가 미국 최대의 신발 유통업체인 풋로커(Foot Locker)와의 힘겨루기에서 비롯된다. 풋로커는 신발을 전문적으로 판매하는 체인기업으로 북미지역에 3천6백25개 매장을 두고 연간 40억 달러의 매출을 올리고 있었다. 문제의 발단은 나이키가 풋로커·피니시라인·풋액션·스포츠어소리티 등 자사의 제품을 주로 팔고 있는 유통업체에 ① 세일판매 금지, ② 비인기 상품의 의무 진열 판매, ③ 나이키가 지성한 상품 모델에 대해 의무 재고량 확보 등을 요구하면서 시작됐다.

시장점유율 2위 이하의 다른 유통업체들은 이를 어쩔 수 없이 받아들였으나 풋로커의 매트 세라 사장(CEO)은 반발, 항의의 표시로 매입 예정으로 주문했던 2억 달러어치의 나이키 신발 주문을 취소했다.

그러자 나이키도 이에 맞서 풋로커에 에어조던.에어포스원 등 주요 인기품목 1억7천5백만 달러어치의 공급을 중단했다. 이때만 해도 대부분 나이키의 일방적 승리를 점쳤다. 풋로커 매출의 절반이 나이키 제품에서 이뤄지는 반면, 나이키는 매출(1백7억 달러)의 20%만을 풋로커를 통해 팔아왔기 때문이다.

하지만 2002년 7월 초 나이키는 풋로커에 협상단을 급파해 사실상 휴전을 요청했다. 양사의 거래가 사실상 끊긴 6개월 동안 풋로커는 신발제조 2위인 리복(Reebok)의 상품을 매장 전면에 배치했는데, 이것이 계기가 돼 리복의 신상품인 아이버슨 시리즈가 히트상품으로 떠올랐기 때문이다. 리복의 2003년 매출은 전년보다 10%가 늘어난 16억2천만 달러를 기록했고, 2003년 하반기 주문량도 14%나 늘어나고 있다. 반면 싸움을 벌인 나이키와 풋로커의 매출 증가율은 5%를 밑돌았고, 특히 나이키는 2003년 하반기 주문 물량이 지난해보다 10%나 줄었다.

그러나 나이키와 풋로커 사이의 화해 움직임이 알려지자 다시 긴장한 곳은 리복이다. 리복은 얼마 전 풋로커 측에 별도의 조건을 제시하면서 관계를 지속하자고 요청한 것으로 알려졌다. 이와 같은 현상이 발생하는 것은 막대한 시설투자와 고정비용이 들어가는 유통업체의 경우 일단 판매·유통망을 확보하고 나면 히트 상품과 소비자 이미지에 의존하는 제조업체에 비해 훨씬 안정적이기 때

그림 4-12 산업구조분석의 환경영향요인들

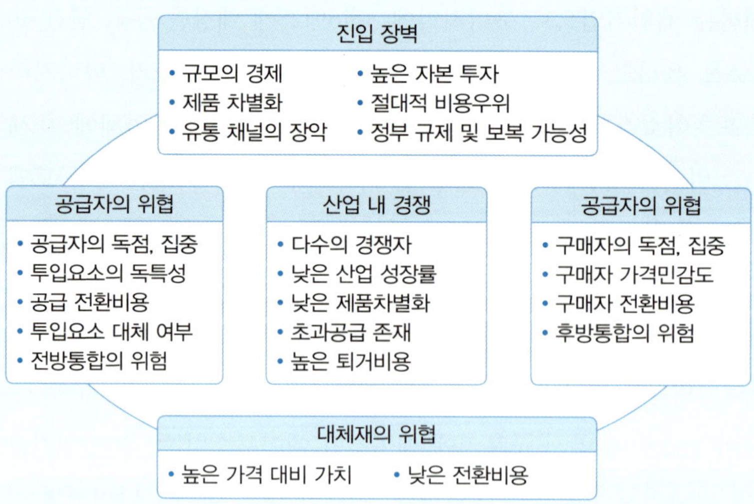

문이며, 특히 대체상품까지 있을 경우 유통업체와 제조업체 간의 힘겨루기는 유통업체의 승리로 끝날 수밖에 없는 현상이 전개되고 있다.

결론적으로 5가지 산업구조분석요인을 종합하여 보면 [그림 4-13]과 같이 산업구조의 영향요인들의 구조적 분석을 도출할 수 있다.

이상과 같이 포터의 산업구조분석모형을 사용함으로써 산업의 매력도를 결정하는 요인이 무엇인가를 알 수 있다. 그리고 이러한 분석을 바탕으로 산업의 매력도를 높이기 위해 기업이 어떤 사업전략을 사용할 것인가를 찾아낼 수 있다. 예컨대, 기존 경쟁자, 잠재적 진출기업, 대체품으로부터의 위협적인 요인은 진입장벽을 높여서 경쟁을 억제하는 전략이 필요하다. 그리고 구매자와 공급자와의 교섭력에서는 판매가격을 극대화하고 구매가격을 최소화하는 전략으로 기업의 경쟁력을 높여 나가야 할 것이다.

그림 4-13 기업의 전략을 통한 매력적인 산업구조의 도출

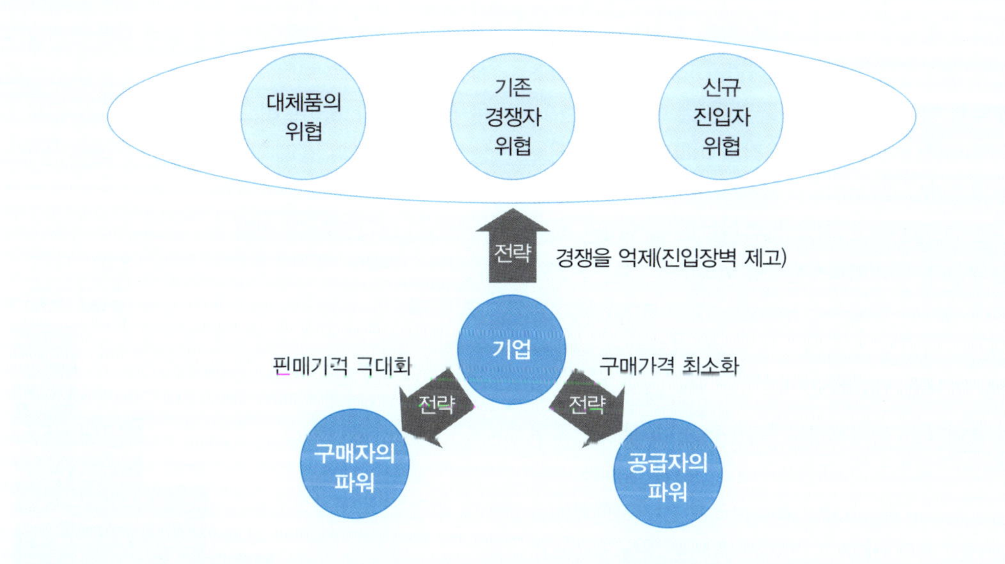

● 사례 ●

테슬라 자동차의 5 Forces Model

새로운 시장이 열린다: 전기자동차 산업

자동차 산업은 완성차업체와 부품사 간의 수직 계열화된 사업구조를 형성하고 있으며 철강, 기계, 소재 등의 전통산업뿐만 아니라, 정보, 바이오, 에너지, 환경기술 등 다양한 산업에 생산유발 및 기술파급효과가 큰 국가 기간산업이다.

이와 같은 자동차 산업에서 친환경 전기자동차의 확산이 거스를 수 없는 대세로 자리잡고 있다. 세계 각국 정부의 자동차 연비 및 배기가스 규제가 갈수록 강화되면서 전기자동차의 입지는 갈수록 확고해질 전망이다. 당분간 하이브리드형의 전기자동차가 주류를 이루겠지만, 향후 10년 후면 전기로만 가는 자동차의 비중은 더 커질 것이다.

세계 각국이 내연기관차의 배기가스 배출을 규제하고, 친환경차 도입을 위한 각종 지원정책을 이어가고 있다. 글로벌 자동차 기업들 역시 이러한 기조에 맞춰 전기차 개발에 힘을 쏟은 결과, 전기차는 내연기관차가 약 100여 년에 걸쳐 이룩한 기술적 진보를 턱밑까지 추격했다.

전기자동차는 전기를 동력원으로 움직이는 차량을 말한다. 전기자동차는 Battery로만 가는 전기자동차(Battery Electric Vehicle 혹은 BEV), 동력원으로는 전지에 저장한 전기만을 사용하고 필요에 따라 충전을 시켜줄 수 있는 조그만 내연기관을 가진 플러그인 하이브리드(Plug-in Hybrid EV 혹은 PHEV), 그리고 전기모터나 내연기관을 동시에 사용하는 엔진이 둘 이상인 하이브리드 전기자동차(Hybrid EV 혹은 HEV) 등 크게 3 종류로 나눌 수 있다.

전기차 보급률에 대한 전망도 희망적이다. 블룸버그 NEF(New Energy Finance)가 발표한 보고서 '2019 전기차 전망(Electric Vehicle Outlook 2019)'에 따르면 2010년 수천 대 판매에 불과했던 전기차가 2018년에는 200만 대 이상 판매됐고, 2025년에는 1,000만 대, 2030년에는 2,800만 대, 2040년에는 5,600만 대를 돌파할 것으로 추정된다. 다시 말해 2040년 판매되는 승용차의 57%, 전 세계 승용차의 30% 이상이 전기차가 될 것이라는 전망이다.

테슬라의 전기자동차는 가솔린과 디젤 자동차 시장에 파괴적 혁신을 통해 새로운 질서를 만들어 내고 있다. 이러한 테슬라의 움직임에 대응해 기존의 산업 경쟁자들은 보다 하이엔드(high-end)의 차종을 출시하거나 하이브리드 모델, 혹은 수소 전지 자동차를 내놓으며 전례 없는 자동차 산업의 빅뱅을

전기차 보급현황 및 전망

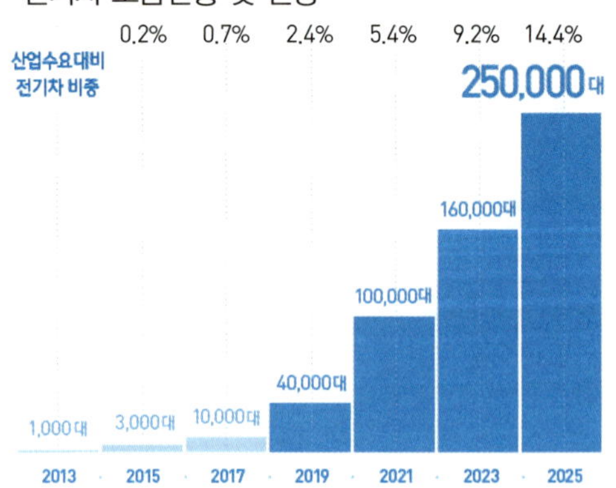

출처: 정부 2019년 2월 기준 친환경차보급로드맵

맞이하고 있다.

Michael Porter는 외부 요인이 기업에 미치는 영향과 그들의 산업 환경의 경쟁적 지형을 이해하기 위한 전략적인 관리 도구로서 Five Force Analysis 모델을 개발했다. Five Force Analysis 모델은 시장내의 주요 경쟁요소(force) 간의 상호작용 및 영향력을 분석함으로써 기회를 예측하고 경쟁의 제약 및 위협요인을 파악하여 대응하기 위한 분석도구이다.

1) 산업 내 기존기업의 경쟁

현재 테슬라의 경쟁자들은 플래그십(flagship) 모델을 가진 자동차 산업에 주력인 벤츠, BMW, 아우디와 같은 자동차 회사들이다. 테슬라의 '모델 S'는 중대형 럭셔리 세단으로 벤츠, BMW의 내연기관 완성차와 경쟁하여도 전혀 손색이 없는 차량이며, 기존의 전기자동차들인 닛산의 '리프', 미쓰비시의 '아이미브', 벤츠의 '스마트 EV' 등 출퇴근용으로 쓰이던 소형 도심형 차량과는 전혀 다른 차종으로 인식된다.

따라서 실질적인 전기자동차 업계의 경쟁자는 없다고 보여지며, 내연기관의 럭셔리 세단 클래스들과의 경쟁만이 존재할 뿐이다. 따라서 전기차 시장에서 메이저 자동차 회사들이 본격적으로 뛰어들 때까지 산업 내 경쟁은 보통 정도로 평가한다.

2) 잠재적 진입자의 위협

잠재적 진입자의 위협은 과거에 비해 점점 높아지고는 있지만, 테슬라의 배터리 기술 및 오픈 소스로 공개되지 않은 특허 부분에서의 경쟁력은 여전히 타사의 모방이 쉽지 않을 것으로 전망한다. 특히 자동차는 고관여 제품으로 소비자들은 더 많은 제품을 비교한 뒤, 신중하게 구매하려는 경향이 크다. 이 점에서 테슬라는 고급형 전기자동차라는 새로운 시장의 개척자로서 그 분야의 선점우위를 통해 전기자동차업계에서 선도적인 리더십을 발휘하고 있어, 잠재적 진입자의 입장에서는 진입장벽이 매우 높은 편이다. 따라서 전기차 시장에서 잠재적 진입자의 위협은 크지 않다고 평가한다.

3) 대체재의 위협

테슬라 자동차 스스로가 기존의 내연기관 자동차의 강력한 대체재로 등장하였고, 기존의 전기 자동차의 단점인 속도나 배터리 효율면을 극복한 케이스이기 때문에 대체재의 위협에서 자유로운 편이었다. 하지만 기존 자동차 회사들도 전기차 시장의 중요성을 지각하고 발빠르게 진출하여 강력한 지지를 받고 있으며, 또 하나의 대체재로 수소전지차의 등장을 들 수 있다. 특히, 토요타와 현대차 등은 수소 전지자의 완성노를 높여, 전기자동차의 단점을 극복하려는 노력이 이루어지고 있다. 따라서 전기차 시장에서 대체재의 위협은 점점 더 커지고 있다고 평가할 수 있다.

4) 공급자 교섭력

테슬라의 공급자로는 차량가격의 절반 이상을 차지하는 배터리가 핵심적이다. 그만큼 전기자동차의 생산에 있어서 배터리를 잡는 것이 원가 절감에 있어서 놓칠 수 없는 부분이며, 이렇게 되면 배터리 공급업체의 교섭력이 클 수밖에 없다. 하지만 테슬라는 공급원의 다양화와 함께 배터리 공급을 자체적으로 조달하고 있다. 특히 'Roadstar'의 출시 이후 전지의 공급이 부족하게 되자, 전기자동차 판매계획 및 엘론 머스크의 또 다른 사업인 태양광사업(솔라시티)의 수요를 맞추기 위해 세계 최대 배터리 공장인 '기가 팩토리'를 파나소닉과 함께 건설 중이다.

또한 테슬라의 공급업체들은 전기자동차 업계에 대해 전방위 통합 수준이 낮다. 이 외부 요인은 공급업체가 자사 제품의 유통과 판매에 제한적으로 통제하는 것을 말한다. 예를 들어, 어떤 공급자들은 제3

자를 이용하여 테슬라에게 그들의 재료를 판매하는 반면, 다른 공급자들은 회사와 직접 거래한다. 즉, 이들 공급업체의 대부분이 적당한 크기의 공급업체이기 때문에 자동차 산업 환경에 미치는 영향은 제한적이다. 또 다른 외부 요인은 공급업체가 테슬라에 영향을 미칠 수 있는 적당한 수준의 공급업체들이다.

따라서 전기차 시장에서 공급자들의 협상력은 낮다고 평가한다.

5) 구매자 교섭력

테슬라는 초기부터 일반적인 전기자동차의 형태의 경차가 아닌 고급세단을 경쟁차로 출시하였으며, 슈퍼카나 부유층의 '얼리어답터'를 대상으로 구매타깃을 설정하였다. 따라서 타깃 구매층이 비싼 가격의 테슬라 자동차를 구입하는 데 큰 영향을 주지 않고 가격에 민감하지 않으므로 구매자가 테슬라에 대해 가지는 협상력은 낮은 편이다.

따라서 전기차 시장에서 구매자들의 협상력은 낮다고 평가한다.

다음 그림은 새로운 자동차 산업의 미래를 열고 있는 테슬라(Tesla)를 중심으로 '5 Forces Model'을 이용한 경쟁분석 도구를 보여준다.

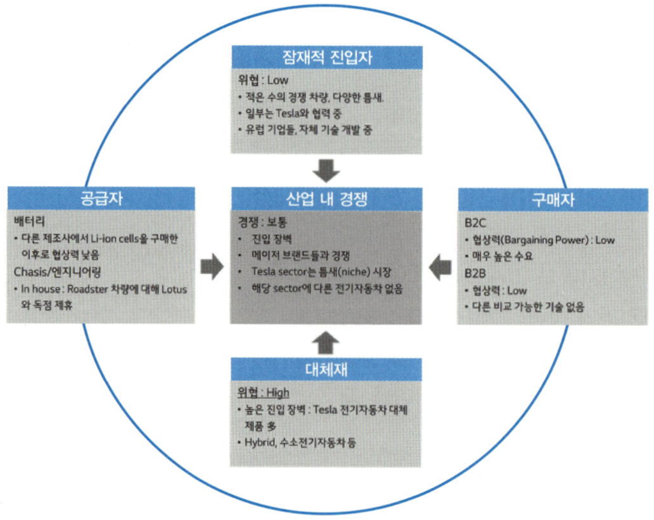

출처: Tesla Strategic Analysis 2013, University of Virginia

토의과제

1. 전기자동차의 등장을 가져온 환경적 요인은 무엇인가?
2. 전기자동차 시장의 5 Force Model을 분석하시오.
3. 테슬라가 '기가 팩토리'를 건설한 이유를 공급자와의 협상력 관점에서 찾아보자.
4. 테슬라가 향후 전기자동차 산업에서 기존 내연기관 자동차 업체와의 경쟁에서 승리하기 위한 전략은 무엇인가?

Chapter 5

내부환경분석

"집중이란 자기가 가진 달걀들을 한 바구니에 넣고 그 바구니를 잘 관리하는 것과 같다"

– 앤드루 카네기

"가능성을 믿어라. 사태가 아무리 어두워 보이고 실제로 어둡다 하더라고 시선을 높여 가능성을 바라보라. 가능성은 항상 있는 것이기 때문이다."

– 노먼 빈센트 필

"기업이건 사람이건 때때로 과거를 정리하고 미래를 생각해 보아야 한다. 속이 빈 대나무가 마디 때문에 30m까지 자랄 수 있는 것처럼, 이러한 과정이 있어야 사람도 기업도 성장할 수 있다."

– 혼다의 창업자 혼다 소이치로(本田宗一郎)

전략 Focus

퓨전경영(Fusion Management)

퓨전이 경영의 새로운 테마로 부상하고 있다. 급변하는 디지털 시대의 승자가 되기 위해서는 영역, 국적을 파괴하는 퓨전경영을 적극적으로 활용하고 있다. 융합이란 의미의 퓨전(Fusion)은 원래 다른 장르의 음악과 융합된 재즈음악을 설명할 때 주로 쓰였던 용어다. 이러한 말이 점차 보편화되어, 이제는 영역과 국적을 넘나드는 경영활동을 상징하는 키워드로까지 발전하고 있다.

기업들이 추구하는 퓨전경영의 발전 형태를 살펴보면 크게 다음의 세 가지로 나눌 수 있다.

첫째, 제품의 퓨전화다. 주로 제품을 통한 기능의 융합화, 복합화의 형태로 나타난다. 소니가 추구하는 홈네트워킹 중심의 디지털 가전이 그 전형적인 예다.

둘째, 기술의 퓨전화다. 이는 미래 성장 동력이라고 불리는 IT, BT, CT간 동반 발전의 현상에서 두드러진다. 최근 각광을 받고 있는 디지털 콘텐츠 역시 온라인 네트워킹과 같은 IT 기술이 뒷받침되어야 가능한 것이다.

셋째, 서비스의 퓨전화다. 이미 많은 기업에서 겸업화의 형태로 나타나고 있으며 국내에서도 소개된 방카슈랑스(은행+보험업)가 그 좋은 예다.

그렇다면 이와 같은 퓨전경영을 통해 얻을 수 있는 효과는 무엇일까.

첫째, 역량 강화의 측면이다. 기업은 자사의 약점을 보완해 주거나 시너지 효과를 이용, 차별화된 역량을 확보할 목적으로 퓨전경영을 활용하는 것이다. 가장 활발하게 퓨전의 현상이 일어나고 있는 온라인과 오프라인의 결합을 보아도 이를 잘 알 수 있다. 확실한 수익구조를 확보하고 있으나 경쟁력 제고에 한계를 느끼고 있는 오프라인 기업과 별다른 수익기반이 없어 표류하고 있는 온라인 기업의 결합은 이미 인터넷 비즈니스의 황금률로 인식되고 있다.

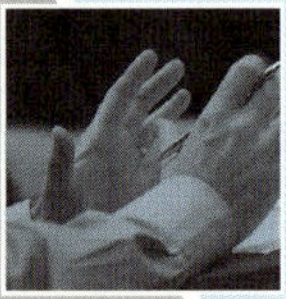

제 1 절

내부환경분석

1. 내부환경분석

1.1 내부환경분석의 의의

전략은 외부환경으로부터 오는 기회를 기업의 내부능력과 조화시키는 역할을 한다. 그러므로 전략의 수립은 환경의 분석과 아울러 기업의 내부능력에 대한 평가를 바탕으로 이루어진다.

둘째, 새로운 기회의 개발이라는 측면이다. 기존의 사업에서 한계에 부딪힌 기업들이 퓨전경영으로 재도약을 위한 새로운 돌파구를 찾아보려는 것이다.

GE의 경우 제조업 위주의 사업 한계를 극복하기 위해 서비스업과의 융합을 적극적으로 추진해 2000년에는 전체 매출액의 75%를 서비스 분야가 차지하게 된다. 또한, 소니의 경우는 전통적인 가전 사업을 플랫폼으로 활용해 디지털 콘텐츠를 엮어내는 Ubiquitous(언제, 어디서나) 전략으로 디지털 시대를 선도하고 있다.

퓨전경영의 성공을 위한 노력은 퓨전을 단순한 복합물이라고 인식하는 틀을 깨는 것에서부터 시작할 수 있다. 1+1 이상의 추가적인 시너지를 얻을 수있을 때까지 퓨전의 개념이 확장되어야 진정한 의미의 퓨전경영이 완성되는 것이다. GM은 통신기술과의 융합을 통해 자동차의 개념을 '탈 것'에서 '움직이는 멀티미디어 생활공간'으로 확장시켰다. 이를 통해 엄청난 규모의 새로운 부가가치를 창출할 수 있는 기회를 발견한 것이다.

또한, 새로운 경쟁구도의 재편에 주의해야 한다. 전자결제 시대에 카드사의 경쟁상대는 더 이상 동종업계의 경쟁사에 국한되지 않는다. 오히려 전자결제 시스템을 활용한 휴대폰 업체가 더 위험한 경쟁상대로 다가온다는 말이다. 터널과 같이 좁은 시야를 벗어나 레이더와 같이 넓은 시야를 확보해 전략적 근시안에 빠지지 않도록 주의해야 한다.

끝으로 기업역량과의 정합성도 고려해야 한다. 이질적인 문화나 아이디어에 대해 조직이 신축적으로 대응할 수 있어야 퓨전경영이 제대로 실행될 수 있다.

기업에 있어 변화는 이제 선택이 아닌 필수의 요건이다. 외곬의 길을 걷는 것만이 올바른 기업경영의 길이라고 어기기에는 기업을 둘러싼 경영환경의 변화는 너무 숨 가쁘다. 퓨전경영도 크게 보면 이와 같은 변화의 연장선에 놓여 있는 것이라 할 수 있다. 환경에 대응해 끊임없이 기업을 변화시키는 힘, 그것이야말로 퓨전경영의 진정한 실체라 할 수 있다.

따라서 외부환경의 좋은 기회들도 이를 활용할 수 있는 기업의 내부능력이 없으면 한갓 무용지물에 불과하다. 이러한 관점에서 살펴보면 기업의 내부환경분석은 외부환경분석과 함께 전략수립의 양대 산맥이 된다.

기업의 내부환경분석에는 강점과 약점의 분석이 핵심적인 내용이 될 수 있다. 모든 기업들은 약점과 강점을 동시에 가지고 있다. 따라서 좋은 전략이란 내부능력의 약점을 가능한 보완하면서 자사의 강점을 이용하여 환경의 위협에 대처하고 기회를 적극적으로 활용하는 것이 중요하다.

내부환경분석의 목적은 보유자원과 내부능력에 대한 평가를 경쟁사와의 비교를 통해 자신의 강점과 약점을 진단하고 자사의 경쟁적 지위(competitive position)를 평가하는 것이다.

그러나 자사의 경쟁적 지위를 평가하는 것이 쉽지는 않다. 특히 기업의 강점과 약점이라는 것은 기업활동의 변화에 따라 끊임없이 변모하며 시대적 성격에 따라 변화하기도 한다. 예를 들어, 한국의 개발 독재시대였던 1960년대에는 현대그룹의 '하면 된다'라는 공격적 경영이 아주 중요한 경쟁적 강점이었지만, IMF 외환위기를 맞으면서 '공격적 경영'으로 인해 오히려 그룹의 위상이 추락한 경우도 있다.

내부능력의 분석은 기업 활동의 모든 측면에 대해 이루어질 수 있다. 그러나 환경분석에 있어서도 핵심성공요인이 중요하듯이 내부환경의 평가에 있어서도 '전략적 중요도'에 의해 이루어져야 한다. 전략적으로 중요하지 않은 요소가 평가기준으로 들어가면 실제 강·약점 분석의 결과가 아무런 의미가 없다.

1.2 기업의 내부 보유자원 분석

내부환경의 분석에서 가장 중요한 것은 현재 보유하고 있는 자원을 분석하고 이를 평가하는 것이다. 그리고 보유자원의 평가기준은 첫째, 보유자원의 규

그림 5-1 자원, 기업능력 및 경쟁우위의 관계

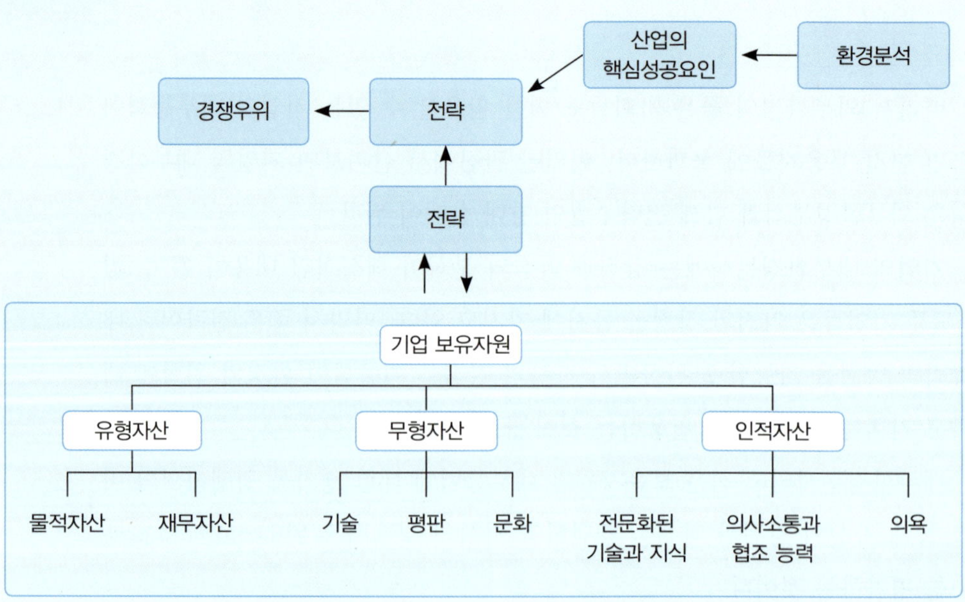

명 및 유형의 분류를 하며, 둘째, 경쟁사와의 비교를 통해 강·약점 평가를 하며, 셋째, 자원의 효율적 활용의 기회를 찾아내는 작업이다.

기업의 자원은 유형자산, 무형자산, 인적자산으로 나눌 수 있다. 유형자산이란 기업의 자금조달 능력, 현금흐름과 같은 재무자원과 기업규모, 입지, 설비, 건물 등과 같은 물적자원을 포함한다.

무형자산이란 연구 설비, 특허, 노하우의 보유 정도 등과 같은 기술자원과 기업의 명성, 문화 등을 의미하며, 인적자산은 구성원의 전문화된 능력, 구성원들의 의사소통과 협력과 열정, 의욕 등을 포함한다.

이처럼 기업의 자원은 기업 활동의 기본 토대가 되므로 각 유형별로 강·약점을 평가한 후 자원 활용의 효율성을 높일 수 있는 방법을 강구하는 것이 필요하다.

기업의 자원능력의 분석에 있어서 특히 요구되는 것은 유·무형의 사산들이 어떻게 상호 결합하여 기업능력을 창출하는가 하는 것이다. 그리하여 경쟁우위의 관점에서의 기업전략이란 외부환경으로부터 핵심성공요인을 규명한 후 위협과 기회를 찾아내고, 기업의 보유자산을 통해 기업능력을 찾아내어 경쟁우위를 도출하는 과업으로 이해할 수 있다.

2. SWOT 분석

전략기획자(strategic planner)들이 가장 많이 사용하는 분석 가운데 하나가 바로 SWOT 분석일 것이다. SWOT 분석이란 장점(Strength), 단점(Weakness), 기회(Opportunity), 위협(Threat)을 기본으로 하여 내·외에서 발생하는 긍정적인 그리고 위협적인 내용을 분석하여 사업의 방향성을 잡고 대처하기 위해 쓰이는 분석 방법이다.

SWOT의 가장 큰 강점은 내부와 외부의 면들을 동시에 판단할 수 있다는 점이다. SWOT 분석 이외에 다른 분석들은 내부와 외부환경 중 하나만을 집중하는 경향이 있지만 SWOT의 경우 내부와 외부의 모습을 동시에 파악할 수 있

그림 5-2 SWOT 분석

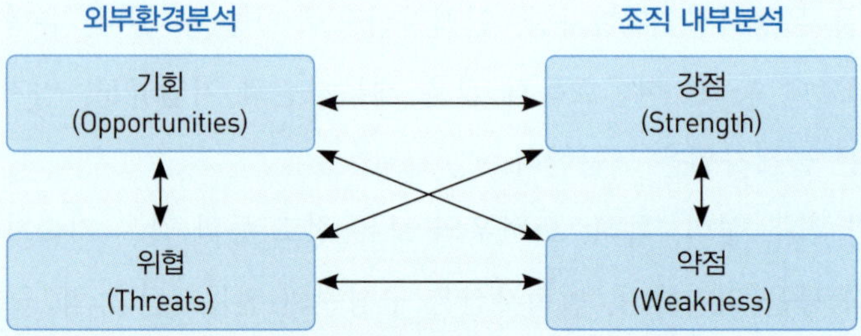

기에 장기적 안목에서도 유리하다. 또한 SWOT 분석은 분석 자체가 간단명료하게 정리되기 때문에 쉽게 문제점을 파악할 수 있다. 사업가들은 긴 설명문보다 짧고 명료한 요약문을 선호하듯이 SWOT 분석은 장황한 사업 환경과 내부적 요인들을 하나의 SWOT 매트릭스로서 명료하게 볼 수 있다. 하지만 항상 SWOT가 유리한 것만은 아니다.

SWOT 분석을 정확하게 이해하기 위해서는 제반 사항에 관한 지식이 필요하다. 그 이유는 SWOT 분석이 장황한 설명문 형식이 아니라 짧은 문장으로 끝이 나고 추가 설명이 들어 있지 않기에 기초적인 지식이 없는 상태에서는 분석 자체를 이해하지 못할 수가 있으며 이해하더라도 부분적인 면에서 그릇된 해석을 할 수 있기 때문이다.

준비하는 전략기획자의 입장에서도 SWOT 분석을 준비하는 것도 쉽지 않다. 일단은 문장을 명료하게 만드는 것도 쉽지 않으며 국내외 환경상황을 한두 줄로 정리할 수 있어야 한다. 이뿐만 아니다. SWOT 분석에서 제시되는 약점이나 위협에 관해서 체계적으로 설명할 수 있어야 한다.

경영전략의 분석에는 빈틈이란 있을 수 없다. 분석상에서 단점과 위협이 있다면 먼저 이 점을 명확하게 해결하고 넘어가야 한다. 만약 단점과 위협을 해결할 수 없다면 이 사업은 출발부터가 문제가 있는 것이다. 단점과 위협에 관해서는 SWOT 분석 매트릭스의 도출 후에 SWOT 분석의 문제해결이라는 설명을 통해 단점과 위협을 명확하게 해결해야 한다. 하지만 내·외부적 상황에 있어서 고질적인 단점과 위협에 관해서는 상황이 조금 다를 수 있다.

고질적인 단점과 위협에 관해서는 두 가지로 대처할 수 있다.

첫 번째 방법은 SWOT 분석에 해결내용을 제시하지 않는 것이다. 해결할 수 없는 문제점을 제시한다는 것은 사업에 있어서 무모한 일이기에 일단은 제시하지 않는 것이다. 첫 번째 방법은 요행을 바라는 것밖에 되지 않는다. SWOT 분석을 보고 받는 상대방이 비전문가라면 넘어갈 수 있겠지만 전문가라면 SWOT 분석에 빠진 부분을 정확히 지적할 것이기 때문이다.

두 번째 방법은 단점과 위협에 관해서 긍정적인 관점에서 접근하는 것이다. 고질적인 문제라면 모두가 인식하고 있는 문제이다. 예를 들어, 요즘의 고질적인 문제점이 인터넷 기업의 수익모델(business model)인데 이 문제의 경우 긍정적인 관점으로 본다면 '현재 많은 기업들이 수익성이 없다는 이유로 퇴출되고 있다. 앞으로도 많은 기업들은 퇴출될 것이다. 하지만 이것 자체가 부정적인 것만은 아니다. 이러한 과도기가 지금 나타나지 않았다면 미래에 더 큰 시행착오가 있을 것이며 그것 자체가 인터넷 산업 기반을 흔들어 버리는 요소가 될 것이다'라고 볼 수 있다. 이 두 가지 방법만으로도 해결할 수 없다면 일단 그 사업 자

그림 5-3 SWOT 매트릭스

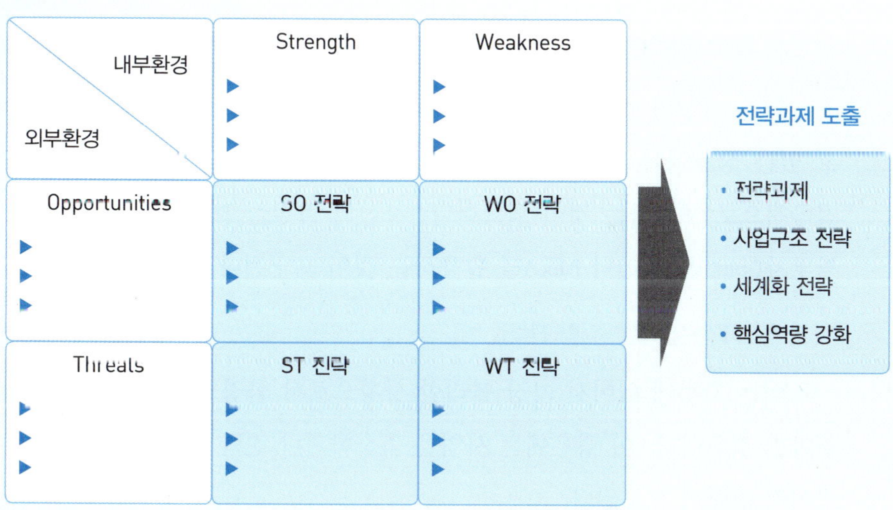

체가 큰 문제가 있다고 볼 수 있다. 그 이유는 첫 번째 문제가 크게 걸린다면 그 위협은 누구나 다 아는 그래서 너무 일반적인 문제일 것이며, 두 번째 방법으로도 해결할 수 없다면 문제해결을 절대로 할 수 없기 때문이다.

SWOT 분석은 사업의 분석을 돕는 부분적인 분석 방법이다. 너무 SWOT를 맹신하는 것도 문제가 있으며 모든 사업을 SWOT 분석만으로 해결하려고 하는 것도 어리석은 방법이다. 하지만 하나 확실한 것은 현재 우리가 사용하고 있는 내·외부 환경분석 방법 중 가장 효과적인 분석 방법 중에 하나가 바로 SWOT 방법이라는 것이며 앞으로도 가장 많이 사용될 것이다.

SWOT 분석을 이용하여 도출할 수 있는 전략은 4가지의 전략방향으로 나누어진다.

① SO전략(강점-기회 전략)

이는 가장 호의적인 상황으로서 환경의 기회를 활용할 수 있는 내부의 강점이 많은 경우이다. 이 경우에는 공격적이며 성장 지향적인 전략이 바람직하다.

② ST전략(강점-위협 전략)

이는 기업이 많은 강점을 갖고 있는데도 불구하고 환경의 여건이 불리한 상황이다. 이 경우에는 다른 제품시장에서 현재의 강점을 활용하는 전략, 즉 다각화 전략이 바람직하다.

③ WO전략(약점-기회 전략)

이는 시장의 기회는 풍부하나 내부능력의 취약성으로 기회 활용이 제약받고 있는 상황이다. 이러한 상황에서는 내부약점의 단기적 개선을 통해 기회를 적극적으로 포착하는 것이 필요하다. 자신의 약점을 보완할 수 있는 전략은 합작투자(joint venture)나 M&A를 활용하는 것이 요구된다.

④ WT전략(약점-위협 전략)

이는 기업에 있어서 가장 불리한 상황으로서 환경도 좋지 않고 내부능력도 취약한 경우이다. 이 경우에는 사업을 축소하거나 전략 방향을 재조정하는 등의 방어적 전략이 요구된다.

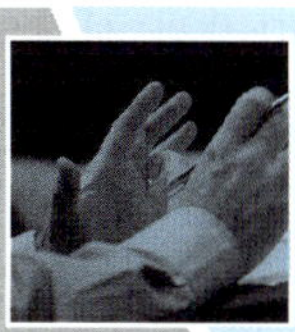

제 2 절

기업의 내부능력분석

외부 여건의 분석에 의하여 여러 개의 기회가 포착되었을 때 그중 하나를 선택하기 위하여 경영자가 해야 할 첫 번째 일은 자신의 기업이 이러한 기회를 성공적으로 현실화할 수 있는 능력이 있는가를 판정하는 것이다.

기업의 내부 여건분석의 일차적 목적은 기업이 보유한 자원(resource)과 능력(capability)을 평가하여 경쟁우위의 원천이 되는 강점과 약점을 파악하는 데 있으며, 보다 궁극적으로는 외부기회에 대해 강점을 활용하거나 또는 핵심역량이나 능력의 개발과 축적을 통해 강점을 계속 유지하고 약점은 보완하는 데 있다. 기업의 내부능력은 기능별 분석과 가치사슬분석으로 설명될 수 있다.

1. 기능별 분석

기업의 내부환경을 분석하여 강점과 약점을 파악하는 가장 간단하면서도 고전적인 방법이 기능별 분석이다. 기업의 기술이나 자원을 전형적인 기능들 즉, 마케팅, 재무, 연구개발, 생산 등으로 나누어 하나하나 기능의 점수를 매기는 것이다.

1.1 마케팅 자원

마케팅 기능의 주요 임무는 기업과 고객, 경쟁사 사이의 연결고리를 만드는 것이라고 할 수 있다. 특히 시장위치와 마케팅믹스에 의해 기업의 성과에 영향을 미칠 수 있는 약점과 강점이 무엇인지를 파악하는 것은 중요하다.

(1) 시장 포지셔닝과 세분화

시장의 위치(market position)를 결정하는 것은 마케팅의 핵심요소이다. 즉,

"우리의 고객은 누구인가?" 하는 질문에 대한 답이 될 수 있다. 따라서 시장의 적절한 포지셔닝을 통해 시장의 세분화를 하고 잠재적인 고객을 명확하게 파악할 수 있는 마케팅 능력은 기업의 재무적 성과에 긍정적 영향을 미칠 수 있다.

(2) 마케팅믹스(marketing mix)

일반적으로 4p라고 하는 마케팅믹스 변수들은 제품(product), 유통(place), 촉진(promotion), 가격(price)들이다. 이것은 기업의 관리하에 있는 주요 요소들을 종합하여 제품수요에 영향을 미치고 경쟁우위를 얻을 수 있게 하는 결정을 말한다.

(3) 제품의 수명주기(product life cycle: PLC)

마케팅의 개념 가운데 전략경영에 가장 유용한 것이 제품수기주기인데, 제품수명주기는 시간에 따라 한 제품이 시장에 진입하여 성장기를 거쳐 성숙하고 쇠퇴하는 과정을 그리고 있다. 예를 들어 전략경영의 BCG 매트릭스는 바로 마케팅의 PLC이론에 바탕을 두고 적용된 것이다.

1.2 제조·운영자원

제조·운영자원(engineering & operation)은 기업의 생산활동에 필요한 자원능력을 말한다. 일본의 마쓰시다 전기는 오래전 미국의 모토로라로부터 TV공장을 인수하였다. 그 후 특유의 일본식의 생산성으로 놀랄 만한 품질개선을 가져왔다. 즉, 모토로라가 생산할 때에는 TV세트당 평균 결함률이 150가지이었는데, 일본의 마쓰시다는 10배가 감소한 10가지로 줄었다. 이러한 기업의 생산의 제조와 운영의 자원능력은 기업 간에 많은 차이를 가져올 수 있다.

(1) 재무적 자원

기업의 재무 관리자는 최선의 자금 조달원천으로부터 자금을 확보하여 그 자금을 사용하고 통제하는 것을 목적으로 한다. 그리하여 내부 또는 외부의 자금 조달원천으로부터 자금을 조달해야 하고 여러 가지 용도를 위해 자금을 배분하는 역할을 한다.

(2) 연구 · 개발 자원

연구 · 개발 기능은 기업의 목적에 맞는 기술적인 전략을 제시하고 실행하는 책임을 맡는다. 연구 · 개발을 책임지는 관리자는 새로운 기술적인 대안 가운데 어떤 것을 선택하며 새로운 기술을 새로운 제품이나 공정으로 전환하는 방법을 개발해 내고 새로운 기술이 성공적으로 실행되는데 필요한 자원을 확보하는 데 주력해야 한다.

(3) 인적자원

일본의 경쟁우위의 원천 가운데 하나인 종업원 생산성은 널리 알려진 사실이다. 그러나 그 생산성은 우연에 의해 이루어진 것이 아니고 교육과 훈련에 끊임없는 투자의 결과로 보아야 할 것이다. 한국의 삼성그룹의 주요한 핵심역량으로 인적자원을 꼽는 이유도 여기에 무관하지 않다. "정성과 아낌없는 투자로 키운 종업원들은 바로 생산성으로 보답한다"는 기업격언이 바로 여기에 해당될 수 있다.

(4) 정보시스템 자원

정보기능의 중요성은 날이 갈수록 강조되고 있다. 정보시스템 자원의 역할은 기업이 생산성과 의사결정을 개선할 수 있도록 조직 내 정보의 흐름을 설계하고 관리하는 것이다. 오늘날 월마트(Wal-Mart)의 성공비결을 원가우위에 의한 경쟁우위라고 많이 언급하고 있지만 사실 월마트의 핵심역량은 바로 인공위성을 통한 전 세계 네트워크로 매일 영업이 끝난 지 90분 안에 모든 정보를 수집하는 정보통신망이다. 그리하여 경쟁사인 Sears백화점이나 K-Mart의 물류체계를 극복할 수 있었다.

기업능력의 기능별 분석은 기업이 가지고 있는 강점과 약점을 세부적인 요인까지 상세히 파악할 수 있다는 이점이 있다. 그러나 세분화된 분석에 따라 환경분석으로부터 도출되는 핵심성공요인과 내부능력 평가의 결과를 결부시키기가 어렵고 무엇보다도 여러 기능 부문들의 상호 결합에 의해 형성되는 기업 전체적인 능력에 대해서는 평가가 곤란하다는 단점이 있다.

2. 가치사슬분석

2.1 가치사슬의 개념

앞에서 언급한 기능별 분석은 기업의 경영활동을 기능별로 나누어 강·약점을 파악하여 분석하는 방법이나, 각 기능별 활동 간의 상호연계관계와 상호간의 시너지효과로 생기는 약점을 파악하기 어렵다.

산업구조의 분석을 통하여 외부환경의 분석의 틀을 제공하였던 마이클 포터(M. E. Porter) 교수는 내부환경의 틀도 제시하였는데 이것이 바로 가치사슬분석(value chain analysis)이다. 마이클 포터에 의하면 "기업이라는 것은 제품을 디자인하고 생산하고, 판매하고, 배달하고, 그리고 A/S를 하는 활동들의 집합체라고 보고 있으며 이러한 기업들의 경쟁우위의 원천은 경쟁자 간의 가치사슬의 차이에서 비롯되는 것이다"라고 주장하고 있다.

기업은 여러 가지 제품을 만든다 하든지, 자재를 구입한다든지 하는 여러 가지 활동을 통하여 가치를 창조해내는 조직이다. 이때 가치라는 것은 그 제품이나 서비스에 대해서 구매자가 얼마나 지불할 용의가 있는가의 정도로 파악된다.

가치를 창조해 내는데 들어간 비용보다 구매자가 받아들이는 가치가 높으면 그 기업은 이윤이 생긴다. 가치사슬분석은 이러한 기업의 내부활동들 사이에 시

그림 5-4 Porter의 가치사슬 모형

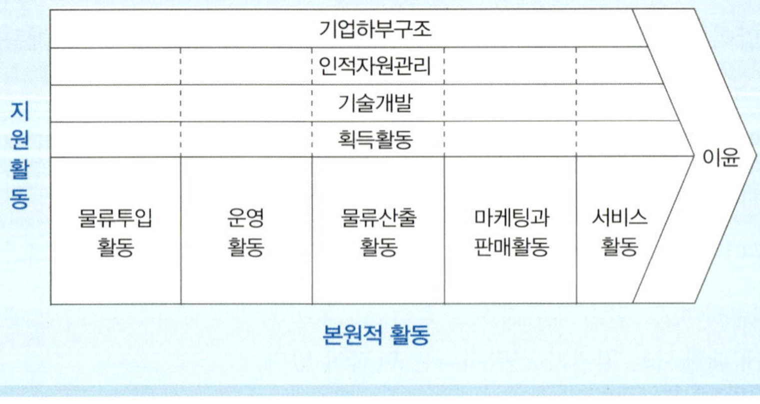

너지 효과가 있는지, 있다면 얼마나 있으며, 어디에서 일어나는지를 분석하는 방법으로서 개개의 기업활동들이 사슬처럼 연결되어 있다고 보고 그 활동들을 체계적으로 조사함으로써 기업의 강점, 약점을 더욱 잘 이해하려는 것이다.

모든 기업의 가장 일반적인 가치사슬 구조는 다음과 같다.

2.2 가치사슬의 본원적 활동과 지원활동

가치사슬을 분석하기 위해서는 가치활동을 구분하기 위한 작업이 필요한데, 이는 기업활동을 기술적으로 전략적으로나 분리하는 작업을 요구한다. 가치활동은 크게 본원적 활동(primary activities)과 지원활동(support activities)으로 구분된다.

(1) 본원적 활동

본원적 활동은 [그림 5-4]의 밑쪽에 나열되어 있는 활동들로 구성되어 있는데, 이는 제품을 제조하는 물리적 과정에서 판매, 그리고 최종구매자에게 전달되는 과정과 애프터서비스(A/S) 활동이 포함된다.

제조업이든 서비스업이든지, 어떤 기업이든 본원적 활동은 다섯 가지 범주로 구성되어 있다.

① 물류투입활동(inbound logistics)

물류투입활동은 생산활동에 필요한 투입요소를 공급업자로부터 받아서 저장하고 운반하는 것과 관련된 활동이다. 따라서 투입요소의 구입, 저장, 유통에 관련된 활동을 말하며 자재관리, 저장, 재고관리, 장비사용계획, 공급자의 재주문 등이 포함된다. 기업이 제품을 생산하기 위해서는 제조공정에 투입할 원부자재를 구매해서 이를 생산라인에 투입하는 활동이 가장 먼저 일어나기 때문에 본원적 활동의 중요한 기능을 수행하고 있다.

② 운영활동(operations)

운영활동은 전통적인 관점에서 생산관리의 중심이 되는 활동으로서, 투입요소를 최종제품형태로 만드는 활동을 말하며 기계작업, 포장, 조립, 설비유지, 검사, 인쇄, 설비가동 등이 포함된다.

③ 물류산출활동(outbound logistics)

제품을 소비자에게 유통시키기 위한 수집, 저장, 물적 유통과 관련된 활동을 말하며, 완성품보관, 운송장비작업, 주문처리, 유통계획 등이 포함된다. 이는 일단 생산된 제품을 물류창고에 수집, 저장해두었다가 주문이 들어오며 이를 구매자에게 운반해 주는 활동에 해당한다.

④ 마케팅과 판매활동(marketing & sales)

소비자가 제품을 구입할 수 있게 하고 또한 그러한 행동을 유도하는 수단을 제공하는 활동을 말하며, 광고, 판촉, 판매원고용, 판매량 할당, 유통경로 선택, 유통경로와의 관계증진, 가격설정 등이 포함된다. 이는 전통적으로 사용되어온 마케팅믹스에서 물적유통활동(place)을 제외한 모든 개념이 포함된 개념이다.

⑤ 서비스 활동(service activity)

제품가치를 유지, 증진시키기 위한 활동을 발하며, 설치, 보수, 훈련, 부품공급, 제품조정 등이 포함된다. 기업은 제품을 판매하고 대금을 받는 것으로 모든 것이 끝난 것이 아니다. 구매자를 계속 유지시키거나 증진시키는 서비스 활동까지 끝내야 비로소 기업활동이 완전히 이루어지는 것이다.

기업경영의 모든 활동이 전략적으로 중요하지만 산업의 특성에 따라 본원적 활동의 5 가지 범주는 중요성에 약간의 차이가 있다. 예컨대, 직접제조활동을 하지 않는 물류 유통업체의 경우에는 물류투입과 산출활동이 가장 중요한 경쟁원천이 될 것이며 직접 제조활동을 하며 품질관리를 중요시하는 업체의 경우에는 운영활동이 가장 중요한 본원적 활동이 될 것이다. 또한 각종 고가 의료기기 등 대여업체의 경우에는 서비스 활동이 핵심적인 역할을 한다.

(2) 지원활동

지원활동(support activities)은 본원적 활동과 다른 활동에 원자재나 부품, 기술, 인적자원, 기타 다양한 경영요소를 공급하며 지원하는 것을 말한다. 지원활동은 요소획득, 기술개발, 인적자원관리, 기업의 하부구조와 같이 네 가지 범주로 구성된다.

① 획득활동(procurement)

획득활동이란 구매활동으로서 기업의 가치사슬을 이용하여 기계, 실험설비, 사무장비, 건물 등의 자산과 원재료, 소모품 등의 요소를 구입하는 기능을 말한다. 획득활동은 개별적 본원활동 및 전반적 가치사슬을 모두 지원할 수 있다. 이처럼 획득활동을 효율적인 과정을 통하여 개선하면 원가를 낮추거나 구매되는 투입요소의 질을 개선할 수 있을 뿐만 아니라 투입요소의 구입하고 사용하는 활동이나 공급업자와의 관계도 개선시킬 수 있다. 특히 생산제조업체의 경우 원자재의 구매가 기업활동의 핵심적인 요소일 경우 획득활동의 성공에 따라 기업의 부가가치가 결정될 수도 있다.

② 기술개발(technological development)

기술개발은 제품과 공정을 향상시키기 위한 노력을 말하며, 개별적 활동과 전반적 가치사슬 모두를 지원할 수 있다. 모든 가치활동에는 노하우나 제반절차, 공정기술형태의 기술이 포함되어 있다. 대부분의 기업에서 사용되는 기술의 종류는 매우 광범위하다. 기술개발활동의 예는 제품운반기술, 문서운반기술은 물론 제품 자체에 포함된 기술 등을 예로 들 수 있다.

③ 인적자원관리(human resource management)

인적자원관리는 모집, 고용, 훈련, 개발, 보상 등의 활동을 말하며, 개별적, 전반적 활동을 모두 지원한다. 인적자원관리 활동은 종업원을 채용하고 교육시키고 이들의 기술능력과 의욕을 유지시키기 위한 노력이 필요하기 때문에 기업의 경쟁우위를 창출하는 데 영향을 미친다. 특히 오늘날과 같은 지식경영의 시대에 핵심역량으로서 인적자원의 역할은 강조되고 있다.

④ 기업하부구조(firm infrastructure)

기업의 하부구조는 일반관리, 기획, 재무, 회계, 법률, 정부관계, 홍보 등으로 구성된다. 이것은 다른 지원활동과 달리 개별적 활동을 지원하지 않고 가치사슬 전체를 지원한다. 기업하부구조는 단순한 경비개념으로도 취급될 수 있지만 사업에 따라서는 경쟁우위를 창출하는 중요한 원천이 된다. 예를 들어 군수사업의 경우에는 대정부관계, 로비 등의 외적인 요인에 의해 영향을 받기도 하며, 또한 기업의 홍보관리나 명성(reputation)과 같은 보이지 않는 기업하부구조가 기업활동의 중요한 원천이 되기도 한다.

이상의 가치사슬분석을 통해 MBC 방송국의 가치사슬구조를 예를 들어 파악해보도록 하자.

첫째, 물류투입활동은 MBC의 경우 제작을 위한 프로그램의 편성에 해당하며 프로그램 기획, 프로그램 편성, 프로그램의 소싱(sourcing) 등의 활동이 포함된다.

둘째, 운영활동은 방송제작으로서 MBC의 가장 중요한 핵심역량에 해당하는 활동이다. MBC의 제작은 뉴스·정보·시사 등을 다루는 보도섹션, 일일극·주말극·미니시리즈·단막극을 다루는 드라마섹션, 음악·오락프로를 다루는 예능섹션, 어린이·다큐멘터리 등을 다루는 교양섹션과 스포츠 중계를 다루는 스포츠 섹션으로 구분된다.

셋째, 물류산출활동은 방송의 송출 또는 유통활동으로서 지상파, CATV, 위성방송, 인터넷 방송의 산출활동으로 구분된다.

넷째, 마케팅과 판매활동은 주로 광고영업 기획 및 광고영업활동으로 구분될 수 있다.

다섯째, 서비스 활동은 방송사의 홍보 및 고객·서비스 활동으로서 프로그램심의, 시청자 모니터링, 공영방송 이미지 제고 및 국제협력 활동이 해당된다.

다음은 MBC 방송국의 지원활동으로 기술개발활동, 획득활동, 인적자원관리 활동, 기업의 하부구조로 나눈다.

첫째, 기술개발활동은 방송제작에 필요한 디지털 개발과 인터넷과 관련된 IT통합기술개발 활동으로 구분된다.

둘째, 획득활동은 방송제작에 필요한 디지털 장비구매와 외주 프로그램의 소싱 및 구매활동으로 구분된다.

셋째, 인적자원관리 활동은 방송제작에 필요한 인원의 채용, 교육·훈련, 평가, 보상 및 인센티브 등 인사관리 제반 활동이 포함된다.

넷째, 기업 하부구조는 방송국의 경영기획 및 재무 및 자금조달활동 그리고

그림 5-5 가치사슬의 예: MBC 방송국

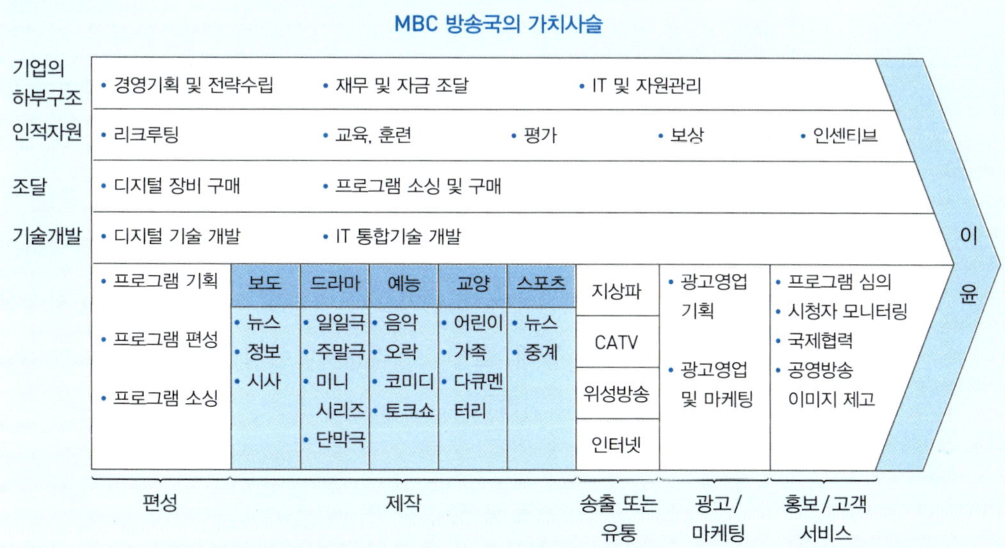

IT 및 자원관리활동 등이 포함된다.

위에서 제시한 MBC 방송국의 가치사슬의 구조를 살펴보면 MBC 방송국의 핵심역량은 본원적 활동 가운데 하나인 방송 제작이 가장 중요한 요소임을 알 수 있다. 따라서 방송 산업의 특성상 방송제작과 다른 지원활동 및 본원적 활동과의 연계가 높을수록 방송국의 성공과 직결된다고 할 수 있다.

2.3 가치사슬의 연계

(1) 가치사슬의 연계의 의의

본원적 활동과 지원활동으로 구성된 가치활동은 경쟁우위를 창출하는 구성요소인데, 이들 구성요소는 독립적인 활동으로 이루어진 것이 아니라 서로 관련성을 통해 시너지를 창출함으로써 연계(linkages)되어 있는 것이다.

여기서 가치사슬이 연계되어 있다는 것은 항상 이윤과 같은 성과와 연관성을 가지며 경쟁우위는 각각의 가치활동에서 발생하는 가치활동의 연계로부터 발생할 수 있다.

기업활동을 통해 여러 가지 연계가 존재하는데, 가장 확연히 드러나는 연계는 가치사슬에서 점선으로 표시되는 지원활동과 본원적 활동 간에 이루어지는 연계이다. 예를 들어 제품설계를 효율적으로 하기 위한 기술개발활동은 기업의 제조비용에 영향을 주게 되며, 획득활동의 관행은 투입요소의 품질과 가격에 영향을 미쳐 제조비용이나 검사비용, 더 나아가서는 제품의 품질에 영향을 미치기도 한다. 이처럼 가치활동 간의 연계가 발생하는 이유는 가치사슬의 연계를 통하여 경쟁기업에 비해 더 나은 원가경쟁력을 확보할 수 있으며 제품 차별화의 원천이 되기도 한다. 특히 최근에는 정보기술의 발달로 인해 단순한 공정개선보다는 혁신적인 공정설계를 통해 비즈니스 리엔지니어링(BPR: Business Process Reengineering)으로 발전시키고 있다.

(2) 가치사슬과 이윤

이렇게 기업은 여러 가지 활동들이 맞물려 돌아가는 하나의 거대한 가치사슬이라고 볼 수 있다. 이러한 활동들은 모두 가치를 창조하는 동시에 시간과 자본 비용을 수반하기 때문에 구매자가 지불할 가격에 비해 이러한 가치창조활동들이 효율적일수록 비용은 줄어들고 이윤 혹은 마진(margin)은 높아지게 된다.

[그림 5-6]에서 왼쪽의 그림은 전체적인 가치는 그대로 두고 비용을 줄이

그림 5-6 가치사슬과 마진

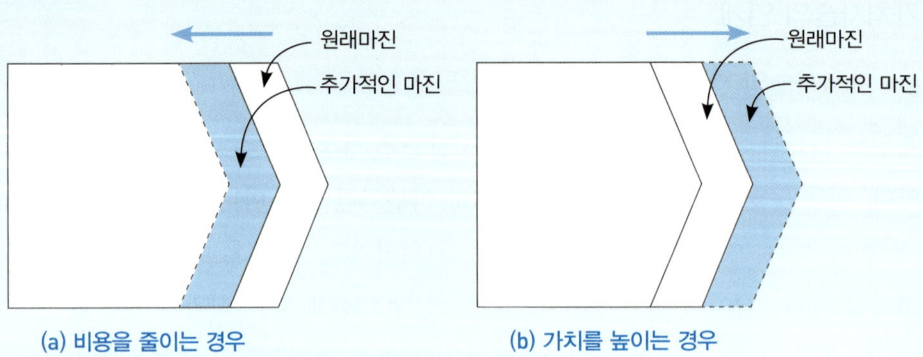

면서 이윤은 늘어나게 하는 방법이 있고, 오른쪽 그림처럼 같은 비용이라도 때로는 추가적인 비용을 지출해서라도 독특한 서비스를 제공하여 프리미엄(premium) 가격을 붙일 수 있다면 마진은 역시 높이지게 된다. 이처럼 기업의 경쟁우위는 이러한 기업의 경영활동에 대한 비용을 줄이거나(우리는 이러한 전략을 원가우위(cost advantage)라고 부른다) 가치사슬 활동을 이용하여 차별적이고 독특한 능력을 발휘하는 전략(우리는 이러한 전략을 차별화(differentiation)전략이라고 부른다)에서 도출될 수 있는 것이다.

① 가치사슬과 범위의 경제에 의한 시너지효과

한 제품이나 서비스 안에서 활동들 사이에 시너지가 있는가도 중요하지만 다른 제품이나 서비스를 만들어내는 활동들 사이에도 시너지가 발생하는가 하는 것이다. 이것이 바로 각 활동들의 비용을 최소화하는 규모의 경제(economies of scale)에 비교한 범위의 경제(economies of scope)이다. 범위의 경제는 두 개 이상의 제품이나 서비스의 가치사슬이 어떤 활동들을 함께 사용할 때 일어난다. 예를 들어 두 가지의 제품을 만들기 위하여 개별적인 공장을 사용하는 것보다 하나의 시설에서 만들 수 있다면 그리고 영업에 있어서도 하나의 마케팅채널을 이용할 수 있다면 많은 비용이 절감될 것이다.

② 가치사슬과 기능적 분석의 비교

가치사슬분석은 기업의 전체적 분석을 가능케 함으로써 전략경영의 차원에서 많은 시사점을 준다. 반면, 기능적 분석은 독립적인 기능에만 초점을 맞춘 것이기 때문에, 한 사업부서의 장이 자기 사업부의 현황 파악에는 도움이 되겠지만 최고경영자의 입장에서 기업의 전략적 방향을 결정하는 데는 각 기능별 분석뿐만 아니라 각 분야 사이의 연결과 상호관계를 고려한 전체적인 분석이 필요하다.

(3) 가치사슬과 경쟁자분석

가치사슬은 자사의 원가구조나 부가가치의 연계를 도출함으로써 기업의 경쟁우위에 도움이 되는 중요한 도구이다. 특히 가치사슬의 구조를 분석하는 것은 경쟁자의 가치사슬과 비교를 통하여 자사의 경영전략 수립과 도움을 줄 수 있다.

우리가 가치사슬을 통하여 모든 산업 내의 경쟁자의 가치사슬을 분석할 필요는 없으나 자사의 중요한 경쟁자들에 대해서는 가치사슬을 통하여 세심한 주의를 기울일 필요가 있다. 그리하여 경쟁기업의 가치사슬의 구조분석을 통하여 강·약점을 도출할 수 있고 이를 통해 자사의 경쟁전략 수립에 도움을 줄 수 있기 때문이다.

예를 들어 [그림 5-7]에 보는 바와 같이 자사의 본원적 활동은 생산과 판매에 대단히 높은 스킬(skill)을 보유하고 있으며 배송 물류와 서비스에서 상대적으로 낮은 스킬을 보유하고 있다. 반면에 첫 번째 경쟁사 A는 생산과 서비스에 강점을 그리고 배송 물류에 약점을 가지고 있다. 또한 두 번째 경쟁사 B는 물류투입과 서비스에 강점을 가지고 있으며 배송물류에 약점을 지니고 있다. 세 번째 경쟁자 C는 배송, 물류, 판매 및 서비스에 강점을 그리고 물류투입에 약점을 가지고 있다.

이상의 가치사슬의 활동을 자사의 입장에서 종합해보면, 낮은 스킬을 보유하고 있는 배송/물류 부문과 서비스 부분에서 경쟁자에 비해 뒤처지는 것을 알 수 있으며, 현 상태에서의 효과적인 전략은 자신의 강점인 생산과 판매부분에서

그림 5-7 가치사슬의 본원적 활동의 비교

	물류 투입	생산	배송/물류	판매	서비스
자사	3	5	2	5	3
경쟁사 A	3	5	1	3	5
경쟁사 B	5	3	1	3	5
경쟁사 C	1	2	5	5	5

• 스킬 수준 평가기준:
높음 5　중간 3　낮음 1

그림 5-8 가치사슬의 원가구조 비교

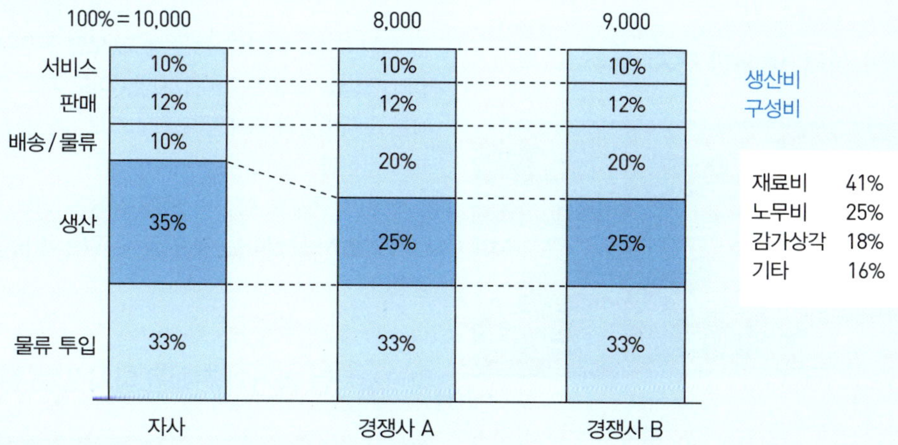

시너지를 창출하는 노력이 필요하다고 볼 수 있다.

한편, 가치사슬을 통한 경쟁자 분석은 원가구조의 분석에도 유용한 도구를 제공하고 있다.

예를 들어 [그림 5-8]과 같이 자사와 경쟁자의 원가구조를 비교한 결과는 다음과 같이 분석할 수 있다.

우선 5가지 본원적 활동 가운데 자사의 제품의 가격은 10,000원이며, 이 가운데 생산이 차지하는 비중이 35%로서 경쟁자인 A(8,000원)와 B(9,000원)에 비해 높은 가격구조를 가지고 있다. 이유는 다른 본원적 활동에는 비교적 경쟁력을 확보하고 있지만 생산부분에서 차지하는 비중이 35%로서 경쟁자에 비해 높은 원가구조를 가지고 있기 때문이다. 특히 자사의 생산비의 구성을 살펴보면, 재료비 41%, 노무비 25%, 감가상각비 18%, 기타 비용 16%로 구성되어 있다. 따라서 자사가 가격구조에서 경쟁우위를 갖추려면 경쟁자 대비 생산의 비중을 줄임으로써 가격경쟁력을 보유할 수 있다.

● 사례 ●

현대차 아슬란의 전략적 실패

아슬란의 실패: 애매한 포지셔닝

현대자동차가 야심차게 선보였던 아슬란이 결국 역사 속으로 사라지게 됐다. 터키어로 '사자'를 뜻하는 아슬란은 현대차에서 준대형 세단으로 굳어진 그랜저를 대신해 전륜 대형 세단 포지션에 맞게 출시한 기대작이었다. 세련되고 위풍당당한 카리스마가 돋보이는 신개념 프리미엄 세단이라는 콘셉트로 제작됐다. 고급스러운 디자인과 특유의 정숙성으로 '상무차'라는 네이밍까지 붙으며 법인차 시장을 타깃으로 삼았다.

하지만 아슬란은 기대에 전혀 미치지 못했다. 온전한 첫 성적이라 할 수 있는 2014년 11월 1,320대의 판매실적을 기록했는데, 이것이 역대 최대 월간 실적으로 남았다. 2014년 12월 1,000대 아래로 떨어졌고, 2015년 3월부터는 아예 단 한 번도 1,000대를 넘지 못했다. 그 결과 2015년 연간 판매실적도 8,629대에 그치고 말았다. 이처럼, 사자의 포효는 없었다. 시장에선 그랜저와 제네시스 사이에 낀 '어정쩡한 모델'이라는 이야기가 돌면서 소비자들의 외면을 받기 시작했다. 그랜저, 제네시스와 비교해 특색이 없고, 가격도 애매하다는 평가가 주를 이뤘다.

2017년을 마지막으로 역사 속으로 사라지게 된 현대자동차 아슬란에 대한 자동차 전문가들의 반응은 차량 성능, 디자인 등을 놓고 보면 분명 이렇게 빨리 단종될 모델은 아니었지만, '이도 저도 아닌 애매한 포지셔닝과 마케팅'으로 스스로 무덤을 팠다'라고 주장한다.

모호한 구매층 설정의 판매 전략은 어느 누구의 선택도 받지 못한다는 것을 알 수 있는 좋은 교훈을 얻었다.

마르샤처럼 과거의 전철을 다시 밟는 현대차!

1995년 출시된 마르샤는 당시 쏘나타와 그랜저의 틈을 공략했으나 시장의 외면을 받고 3년 만에 단종된 바 있다. 마르샤는 지난 1995년 3월에 출시돼 1998년 10월에 단종됐다. 쏘나타와 그랜저 사이의 준대형 세단으로 제작됐다. 쏘나타 2의 플랫폼을 대거 공유하면서 그랜저 못지않은 고급 사양들이 대거 채택해 출시 초기 많은 관심을 받았다. 하지만 '좋은 시절'은 오래가지 못했다. 업계 안팎에서 '쏘나타 2 페이스리프트 버전이지만, 가격은 그랜저급이다'라는 이야기가 돌면서 소비자들의 외면을 받기 시작했다. 결국, 쏘나타와 그랜저 사이에서 자리를 잡지 못하고 3년 7개월 만에 생산이 중단된 적이 있다.

전략적 복잡성이 아슬란의 실패!

전략의 복잡성은 명확한 전략을 통해 고객에게 어떻게 제대로 된 가치를 전달할 것인가 하는 문제와 관련된다. 시장의 급격한 변화에도 기업들은 기존 전략에 대한 집착, 불안감, 확신의 부족으로 인해 복잡한 전략을 고집한다. 이는 고객에게 잘못된 가치를 전달하는 것으로 나타난다. 복잡성은 흔히 의도하지 않은 결과를 초래하거나 상황을 이해하는 데 어려움을 준다. 고객은 새로운 디자인도 아니고 기능이 월등히 뛰어난 것도 아닌 이 차에서 새로운 경험적 가치를 찾을 수 없었고, 소유를 통한 의미적 가치도 느끼지 못했다. 이는 내부의 눈으로만 시장을 바라봐도 아무런 이의 제기가 없고, 고객 가치를 고려하지 않은 채 기존의 성공 방식을 답습하는 문화가 만들어낸 복잡성의 결과라고 할 수 있다.

토의과제

1. 아슬란의 포지셔닝 전략은 무엇이고 왜 잘못된 포지셔닝 전략인가?
2. 현대차가 '마르샤'의 실패를 경험하고도 아슬란이 실패의 전철을 밟는 이유는 무엇인가?
3. 전략의 복잡성이 고객에게 잘못된 가치를 전달하는 이유는?
4. 실패의 자산을 이용해 기업들의 향후 전략에서 활용하기 방안은 무엇인가?

Chapter 6

경쟁우위와 경쟁전략

"결단을 내리면 즉시 실천하라. 김은 새어나가기 마련이다."

– 손자병법

경쟁우위를 확보하기 위해서는 기업은 선택을 하여야 한다. '모든 것은 모든 사람들을 위해'라는 식의 생각은 곧 기업이 경쟁우위를 갖고 있지 않다는 뜻이기 때문에 전략적 평범함이나 수준 이하의 행동을 하는 기업에나 맞는 말이다. '중간에 낀 기업은 불리한 위치에서 싸워야 할 것이나.' 가격우위를 보이며 차별화가 있으며 전문적인 제품을 만드는 기업이 어떤 조건에서든 더 유리한 위치에서 싸우게 될 것이기 때문이다.

Michael Porter

전략 Focus

정면승부전략과 우회전략

말보로 전쟁(Marlboro War)을 기억하는가? 1993년 4월 필립 모리스(Philip Morris)는 미국 시장에서 주력 제품이었던 말보로의 가격을 20%씩이나 전격 인하하며 대대적인 광고를 쏟아내었다. 영원한 맞수였던 RJR(RJ Reynolds)은 윈스턴(Winston)과 카멜(Camel) 브랜드를 팔고 있었는데 경쟁사에 시장을 뺏기지 않기 위해 똑같이 가격을 인하하고 대대적인 광고를 단행하는 것으로 맞섰다. 3개월에 걸친 격전 끝에 말보로 전쟁은 종식되었다. 양사 제품의 가격은 비슷하게 낮아졌고, 양사의 시장 점유율 역시 3개월 전과 비슷하게 변했다. 그렇다면 이 싸움의 승자는 누구일까? 똑같은 비용을 쓰고, 전과 다름없는 경쟁 상황에 직면했으니 무승부로 보아야 할까? 그렇지 않다. RJR이 대응할 것임을 알면서도 필립 모리스가 대대적인 가격 공격을 감행한 속내는 따로 있었기 때문이다.

사실 필립 모리스의 관심은 동유럽 시장에 있었다. 당시 미국은 흡연 인구가 점차 감소하고 있었던 데 비해 동유럽의 경우엔 담배 판매가 급격히 늘고 있었다. 경쟁사인 RJR이 미국 시장에서 방어에 몰입해 있을 때 필립 모리스는 8억 달러를 쏟아부어 러시아, 체코를 포함한 동유럽지역의 담배 공장들을 인수하며 미래 고성장의 토대를 구축하였던 것이다. RJR은 미국 시장에서의 경쟁에서는 패배하지 않았

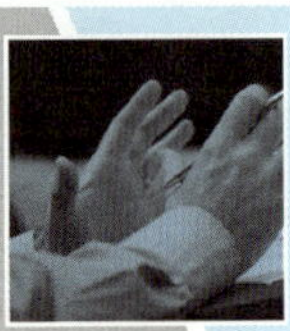

제 1 절

경쟁우위전략

1. 경쟁우위의 개념

1.1 산업의 핵심성공요인

산업구조분석 모형은 산업 내의 경쟁의 특성을 이해하는 분석틀을 제공하였다. 한편, 기업이 경영전략을 수립하는 데 가장 중요한 목적과 관심은 어떻게 하면 경쟁자에 비해 지속적인 경쟁우위를 유지할 수 있는가에 있다. 즉, 경쟁전략은 상대방 경쟁자의 강점과 약점에 비추어 자신의 강점을 어떻게 효율적으로 이용하며 자신의 약점을 보완할 것인가를 의미한다.

지만, 신시장 개척에는 패배했다. 이것은 자사의 경쟁 영역을 지나치게 좁게 정의했기 때문에 벌어진 결과인 것이다.

한편 우회전략의 묘를 통한 성공사례도 찾아볼 수 있다.

대용량 복사기 시장의 선도 기업인 제록스는 신규 진입자를 무력화시키기 위해서 경쟁사들보다 한 단계 더 빠른 대용량의 복사기를 개발하여 신제품 출시시기를 차별화하는 전략을 지속했다. IBM이나 코닥 등의 후발 주자는 제록스가 어떻게 대응할 것인지 그리고 자신들의 경쟁 능력이 어떠한지에 대한 냉철한 분석 없이 정면 승부를 고집했고, 결국 도태되거나 만년 2위의 자리에 만족해야만 했다. 반면 제록스와의 정면 승부에서 승산이 없음을 간파한 캐논은 중소기업이나 개인들을 대상으로 한 소용량 복사기 시장을 공략하여 자신만의 성을 구축할 수 있었던 것이다.

우리가 흔히 쓰는 말로 '전략적'이라는 단어가 있다. 어떤 활동이 '전략적'이 되기 위해서는 상대가 간파하기 힘든 숨은 목적이 있어야 한다. 한 판의 전쟁으로 승리를 가늠하는 것은 단순한 승부이며, 그러한 승부를 위한 활동은 '전술'에 가깝다. '전략다운' 전략은 지금 당장 이기고 지는 것을 결정하는 것이 아니라, 승률 자체를 높이는 것을 목적으로 하는 것이다. 적수가 될 수 없는 강한 상대라면 옆을 파고들고, 상대가 모르는 전략적 요충지가 있다면 싸우지 않고 그것을 얻는 것과 같이 다양한 대안(전술)을 빠르고 유연하게 모색하는 것이 전략의 본질이다.

경쟁전략을 효율적으로 수립하기 위해서는 우선 산업구조를 분석하여 개별 산업의 특성을 파악하는 것이다. 그렇게 함으로써 특정산업의 핵심성공요인을 알 수 있다.

우리는 마이클 포터(M. Porter)의 산업구조분석을 통해서 산업구조의 특성을 분석하였으며 이를 통하여 확대된 경쟁의 개념을 파악할 수 있었다. 개별 사업부 내에서 높은 수익률을 얻고 성장할 수 있는 요소를 파악할 수 있다. 이러한 산업의 성공에 주요한 요인들은 핵심성공요인(key factor for success: KFS)이라고 한다. 이 같은 산업 내의 핵심성공요인은 다음의 두 가지 조건을 갖추어야 한다.

첫째, 기업은 고객과 수요분석을 통해 고객이 원하는 것들을 파악하여 그것을 제품화하여야 한다. 만일 어떤 산업에서도 고객이 원하는 제품을 기업이 제공하여 주지 못한다면 그런 산업과 기업은 존재할 필요성이 없는 것이다. 이는 산업구조의 분석모형에서 소비자를 기업이윤 획득에 방해가 되는 구매자의 협상력으로 보는 것이 아니라 그 산업이 존재해야 하는 이유로 보는 관점이다.

둘째, 기업은 산업 내의 경쟁관계에서 생존하기 위해 경쟁분석에서 어떠한

그림 6-1 핵심성공요인의 파악

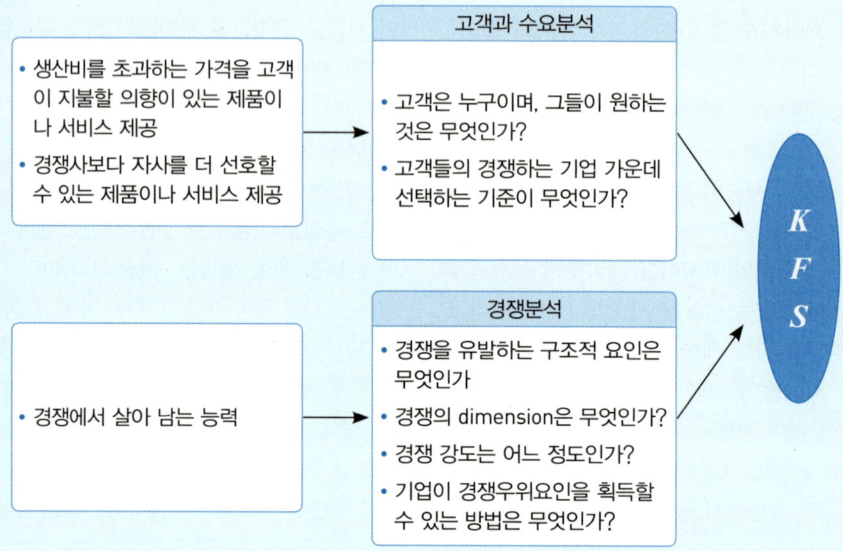

조건을 구비해야 되는가를 파악하여야 한다. 이는 치열한 경쟁관계에서 어떤 요인이 가장 중요한지를 이해하는 것이다. 경쟁방식은 산업의 특성에 따라 생존방식은 달라질 수 있으며, 예를 들어 제품 차별화가 존재하지 않는 표준화된 제품의 경우에는 원가우위의 경쟁방식이 유리하며, 반대로 가격의 민감도가 크지 않는 산업에서는 차별화가 중요한 경쟁수단이 될 수 있다.

그러나 산업의 핵심성공요인을 파악하는 것은 특정산업의 보편적인 특성을 더 잘 이해하는 데 목적이 있으며 이것이 모든 기업에 일반적으로 적용할 수 있는 전략을 추구하는 것이 되어서는 안 될 것이다. 따라서 경쟁전략을 잘 수립하려면 산업의 본원적인 주요특성을 파악하는 일뿐만 아니라 경쟁기업의 특성을 파악하여, 개별기업이 갖고 있는 경영자원과 핵심역량을 통하여 경쟁우위 전략에 더 많은 강조점을 두어야 할 것이다.

1.2 지속적 경쟁우위의 개념

오늘날과 같은 경쟁상황에서는 기업이 어떻게 대처하느냐에 기업의 사활이 달려 있다. 따라서 경쟁전략의 목표는 경쟁하고 있는 사업영역에서 지속적인 경쟁우위를 유지하고 더 나아가서 경쟁기업이 독자적으로 개발한 경쟁우위를 우회하거나 중화시키는 것이다. 경쟁전략의 과정이란 사실 경쟁우위의 관리로 정의할 수 있다. 즉, 지속적으로 경쟁우위를 확보할 수 있는 영역을 찾아내는 일련의 과정인 것이다.

지속적 경쟁우위의 특징은 다음과 같다.

1. 경쟁우위는 시장에서의 핵심적 성공요인을 포함하고 있다.
2. 경쟁우위는 사실상의 차이를 가져올 정도로 구별되어야 한다.
3. 경쟁우위는 환경변화나 경쟁업자의 대응전략에도 불구하고 지속될 수 있는 우위여야 한다.

따라서 경쟁전략의 목표는 산업 내 경쟁적 상황을 결정짓는 5가지 산업구조요인에 대응하여 기업이 지속적으로 이익을 낼 수 있는 지위를 확보하는 것이다.

지속적 경쟁우위를 확보하기 위한 경쟁전략을 수립하기 위해서는 다음과

그림 6-2 우월한 수익을 위한 성과기준의 조건

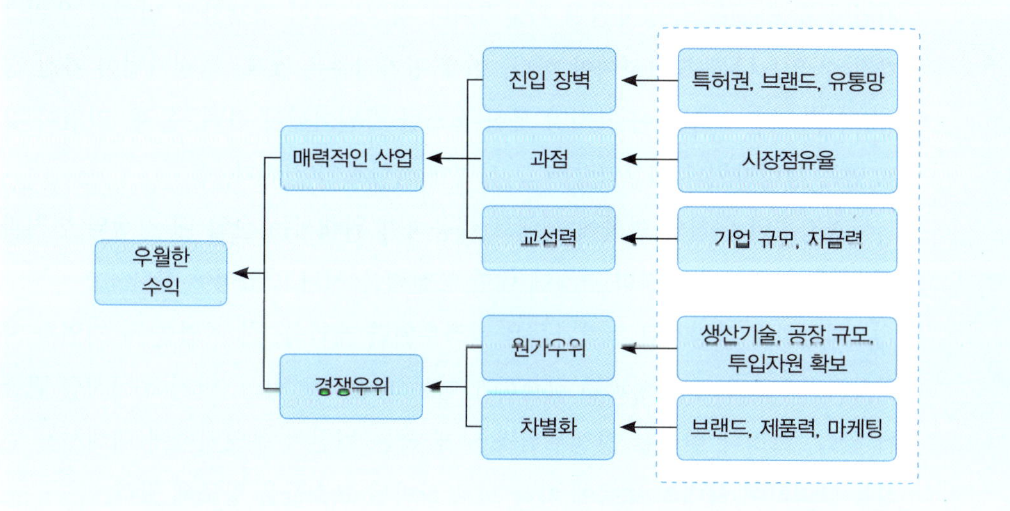

같은 상황요인을 고려하여야 한다.

첫째, 산업 내에서 활동하는 기업의 장기적인 수익성을 좌우하는 산업 자체의 매력도가 얼마나 큰가? 그리고 그것을 결정짓는 요인들이 무엇인가를 고려하여야 한다. 즉 산업구조분석이 필수적으로 요구된다.

둘째, 한 산업 내에서 활동하는 기업들의 상대적인 경쟁지위를 결정하는 요인들이 무엇인가를 살펴야 한다. 대부분의 산업에서 선도 기업들은 그들이 속한 산업의 평균이 얼마이든 간에 다른 기업보다 훨씬 높은 수익을 올리고 있다. 따라서 특정기업이 다른 기업보다 높은 성과를 얻기 위해서는 경쟁우위 요인을 가지고 있어야 한다.

2. 경쟁우위와 경쟁전략

경쟁전략은 특정기업이 경쟁에 어떻게 대처하며 대응전략을 어떻게 전개하느냐에 대한 체계적인 연구를 하는 분야이다. 따라서 특정기업의 경쟁전략의 목표는 경쟁하고 있는 사업영역에서 지속적인 경쟁우위를 유지하며 더 나아가서는 경쟁기업이 독창적으로 개발한 경쟁우위를 우회시키거나 진부화시키는 것도 포함한다. 경쟁우위를 발견하고 경쟁우위를 평가하려면 경쟁자에 비해서 특정기업이 갖고 있는 경영자원인 기술력이나 경영능력이 경쟁자에 비해서 우위를 가질 수 있느냐를 평가하여야 한다. 이때 평가기준은 첫째, 특정기업이 가진 경영자원은 다른 기업들이 가지지 못한 희소한 자원이어야 하며, 둘째, 기업이 갖고 있는 경영자원과 핵심역량은 그 산업에 적합하여야 한다.

경쟁우위 원천의 변화에 제대로 대응하기 위해서는 산업 내 경쟁의 법칙과 사업 및 사업 모델의 진화 과정에 대한 통찰력을 지니고 있어야 한다.

지금까지 경영자나 전략가들은 경쟁우위란 개념을, 한 기업을 타 기업과 차별화시킴으로써 높은 성과를 창출하게 하는 요인으로 인식, 마치 우상처럼 받들어 왔다. 그러나 이러한 경쟁우위를 낳게 하는 원천이 무엇인가에 대해서는 인식을 달리하여 시대의 흐름에 따라 서로 상반된 요소들을 강조해 왔다.

예컨대, 헨리 포드는 집중화된 제품 라인을 강조하여 초기 자동차 시장을 석권하였으며, 반대로 GM은 보다 폭넓은 제품 라인을 추구하여 포드를 따돌렸다. 또한 십수 년 전 IBM은 수직적 통합을 경쟁우위 원천으로 활용했으나, 오늘날에는 시스코나 델처럼 아웃소싱을 적극 활용하는 비통합적 사업모델이 경쟁우위 원천으로 강조되고 있다. 또 다른 예로 전동 공구 제조업체인 블랙앤데커는, 세계 여러 지역에 걸쳐 소규모의 현지 공장을 운영하고 있는 일본 마키타(Makita)에 대응하여, 전 세계에 산재해 있던 공장을 통합, 소수의 대규모 공장을 운영함으로써 시장점유율을 높였다.

이처럼 역사적으로 볼 때, 규모 및 범위의 경제, 통합과 비통합, 조직역량 등 수많은 요인들이 경쟁우위 원천으로 작용해 왔으며, 이들 요인은 특정한 시점과 상황에 따라 상이하게 그 영향력을 발휘해 왔다. 그렇다면 이들 각 요인이 어떠한 상황에서 경쟁우위 원천으로 작용하며, 다른 상황에서는 왜 그 효력을 상실하는가? 이에 대한 답을 얻기 위해서는 특정 스킬이나 관행이 경쟁우위를 가져다주는 상황과 조건을 이해해야 한다.

예컨대 규모의 경제는 높은 고정비 부담이 존재하는 사업모델에서 경쟁우위 원천으로 작용한다고 볼 수 있다. 그러나 고정비라는 것도 경우에 따라서는 변동비가 되거나 그 비중이 축소될 수도 있으며, 이 경우에는 규모의 경제에 미치는 효과가 미미할 수 있다. 예를 들면 토요타는 공정중의 재고나 셋업 타임, 간접비 등을 줄임으로써 자동차 조립에 있어서의 규모경제 효과의 중요성을 감소시켰다.

또한, 수직적 통합은 단위 제품 자체의 기능 충족이 중요한 경우에 유용한 경쟁우위 원천으로 작용한다. 수직적으로 통합된 기업의 경우 상류 또는 하류의 각 활동들을 효율적으로 결합시킴으로써 제품이나 서비스와 관련된 토털 솔루션을 용이하게 제공할 수 있기 때문이다. 그러나 반대로 제품 자체의 기능이 충족된 이후에는 좋은 제품을 만드는 것만으로는 경쟁우위를 확보하기가 어려우며, 이 경우에는 신속한 제품 출시 능력(time to market) 등이 경쟁우위 원천으로 작용하게 된다.

한편, 규모나 범위의 경제와 같이 시장 지위에 그 바탕을 두고 있는 경쟁우위 원천 외에 사업 모델이나 조직 역량에 바탕을 둔 경쟁우위 원천도 있다. 그러나 이러한 요인들 역시 지속성은 보다 높을지언정 언젠가는 경쟁우위 원천으로서의 기능을 상실하게 된다.

이상의 사실을 종합해보면, 모든 경쟁우위 원천들은 특정한 상황하에서 한 시적으로 그 효력을 발휘할 뿐, 기존의 사업 여건이 변화될 경우에는 더 이상 경쟁우위 원천으로서의 역할을 수행하지 못한다는 것을 알 수 있다. 따라서 경영자들은 현재의 경쟁우위 원천이 경쟁 기업의 대응 등으로 인해 더 이상 제 기능을 발휘하지 못할 경우에 대비하여 산업 내 경쟁의 법칙과 자사의 사업모델 및 사업의 진화 과정 등에 대한 깊은 통찰력을 지니고 있어야 한다. 이렇게 함으로써 현재의 경쟁우위 중 어떤 요소가 그 효력을 상실할 것이며 미래에는 어떤 요인이 새로운 경쟁우위 원천으로 부각될 것인지를 보다 잘 알 수 있기 때문이다.

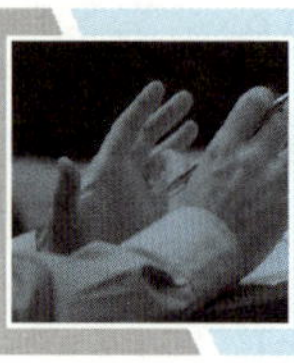

제 2 절

본원적 전략

기업의 성공과 실패를 가름하는 것은 바로 경쟁이다. 경쟁전략이란 경쟁이 일어나는 기본 영역인 산업 내에서 유리한 경쟁적 지위를 확보하기 위해 기업이 추구하는 전략이다. 따라서 경쟁전략의 목표는 산업 내에서 경쟁적 상황을 결정짓는 여러 요인에 대항하여 기업이 지속적인 이익을 낼 수 있는 지위를 확보하는 것이라고 할 수 있다.

본원적 전략이란 특정 산업 내에서 평균 이상의 성과를 얻기 위한 전략적 포지션을 나타내기 위해 도입한 개념으로서 기업의 이윤은 수입에서 비용을 제외한 것이다. 이는 (Profit = Revenue − Cost)라는 수식을 통해 설명이 가능하다.

먼저 본원적 경쟁전략의 원천을 설명하기에 앞서 본원적 경쟁전략의 등장

그림 6-3 본원적 경쟁전략에서 시장점유율과 투자수익률의 관계

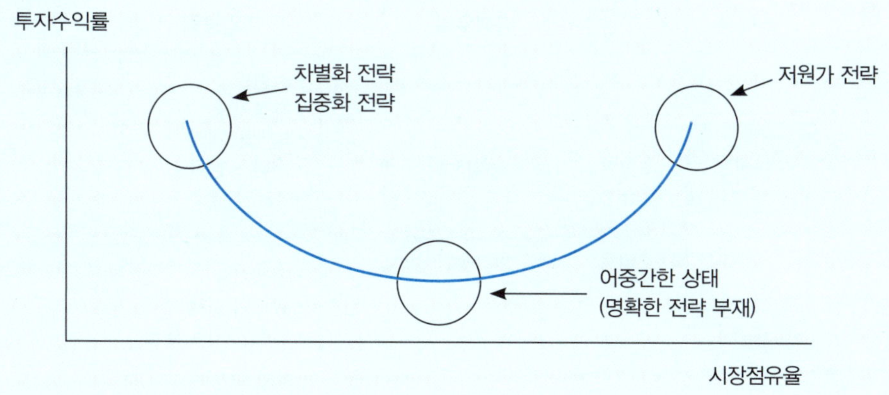

배경에 대해 살펴볼 필요가 있다.

전통적인 사업구조의 분석기법인 제품 포트폴리오(Product Portfolio Management) 기법에서는 시장점유율이 높으면 누적 생산량이 많아지고 그에 따라 생산원가도 낮아지고 기업의 경쟁력이 높아진다는 경험곡선을 기본전제로 하고 있다. 그러나 이것은 충분조건일 뿐 필요충분조건은 아니다. 즉, 수익성이 높아지기 위해서는 반드시 시장점유율이 높아질 필요는 없다. 따라서 최근에는 투자수익률과 시장점유율 간에 획일적인 관계가 존재하는 것이 아니라 각 기업이 수립하고 실천하는 전략이 얼마나 효과적인가에 따라 투자수익률이 결정된다.

본원적 경쟁전략은 바로 이러한 관점에서 기업이 시장점유율 중심의 전략이 아닌 장기적인 투자수익률을 높이는 방향으로 산업에서의 경쟁지위를 설명하고 있다. 이것이 바로 본원적 경쟁전략이다.

1. 경쟁우위의 원천

마이클 포터(M. Porter, 1980)의 본원적 경쟁전략은 전략경영의 경쟁우위전략에서 하나의 지배적인 패러다임이 되었다. 그렇다면 그의 경쟁우위 전략은 무

그림 6-4 경쟁우위의 원천

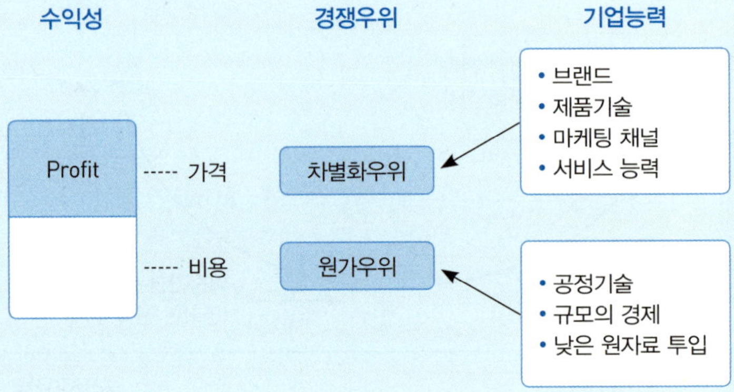

엇인지 살펴보자.

기업이 창출할 수 있는 경쟁우위에는 어떤 것들이 있을 수 있을까? 기업은 그 자신이 위치한 산업구조와 경쟁자에 대비한 상대적 경쟁지위에 따라 무수히 많은 경쟁우위를 창출할 수 있다. 이처럼 기업은 경쟁자에 대해 수많은 경쟁지위를 갖고 있지만 거기에는 소비자들의 효용극대화를 가져오는 경쟁전략이어야 한다. 따라서 본원적인 전략은 원가우위와 차별화우위로 구분되어진다.

즉 소비자들은 기업이 생산 판매하는 제품을 구입해서 욕구를 만족시키고 효용을 극대화하려고 한다. 그런데 소비자들은 제품을 구입하는 데 쓸 수 있는 돈이 한정되어 있으므로 선택 가능한 여러 제품 중에서 제품의 독특한 가치(창조성)와 가격(생산성)을 비교해서 제품을 구매하게 된다. 따라서 기업의 측면에서 보면 소비자의 이러한 특성을 감안하여 가격 경쟁력이 있는 제품을 공급하든지, 제품의 독특한 혜택을 제공함으로써 경쟁우위를 확보할 수 있다.

이처럼 기업이 창출할 수 있는 본원적 경쟁우위는 원가우위와 차별화우위가 있으며 원가우위와 차별화우위는 기업이 속한 산업구조에 기인한다. 또한 경쟁우위의 구성요소에는 경쟁우위뿐만 아니라 경쟁영역도 포함되며 이때 집중화 전략은 경쟁범위에 따른 경쟁우위전략이 된다.

[그림 6-5]는 경쟁우위의 원천에 따라 두 가지 기본전략으로 구분됨을 보

그림 6-5 경쟁원천과 경쟁범위에 따른 본원적 경쟁전략

경쟁범위 \ 경쟁우위	원가우위	차별화
산업 전체	1A. 원가우위 전략	2A. 차별화 전략
산업의 특정부문	1B. 원가 집중화	2B. 차별적 집중화

여주고 있다.

[그림 6-5]에서 보는 바와 같이 집중화 전략의 경우도 기본적인 경쟁우위의 원천은 원가우위(1A, 1B)와 차별화우위(2A, 2B)에서 나타날 수 있다. 따라서 포터의 세 가지 본원적 경쟁전략은 경쟁우위의 원천에 따라 원가우위와 차별화로 구성된 두 가지 본원적인 경쟁전략으로 수정될 수 있다.

그리하여 기업이 창출할 수 있는 경쟁우위에는 원가우위와 차별화우위가 있으며 이들의 본원적 전략은 기본적으로 다른 접근법이며 만약에 이 두 가지 본원적 전략 중 한 가지를 선택하지 않으면 진퇴양난형(stuck in the middle)이 된다고 주장한다(M. E. Porter, 1985). 왜냐하면 이 두 가지 기본전략은 경쟁우위를 획득하고 지속하기 위한 전략이라는 점에서는 공통점이 있으나 경쟁우위의 유형과 전략적 목표의 범위는 서로 다르기 때문이다.

한편 포터도 원가우위와 차별화가 동시에 성공적으로 추구될 수 있음을 인식하고 있는데, 그것은 다음과 같은 상황에 한하며 그 기간도 아주 일시적으로 가능하다고 주장하고 있다.

첫째, 모든 경쟁기업이 어중간한 진퇴양난형일 때 특정기업은 원가우위나 차별화 전략을 동시에 추구할 수 있다.

둘째, 특정기업이 관련사업단위와의 상호관련성(interrelationships)을 가지

고 있으므로 차별화의 원가를 낮추거나 혹은 차별화의 높은 원가를 상쇄시킬 수 있고 다른 경쟁기업은 그렇게 할 수 없다면 원가우위나 차별화를 동시에 추구할 수 있다.

셋째, 기업이 중요한 기술적 혁신을 이루었을 때 원가우위나 차별화를 동시에 추구할 수 있다고 주장한다. 그러나 경쟁기업은 결국 차별화나 혹은 원가우위와 같은 본원적 전략을 채택할 것이므로 특정기업이 원가우위나 차별화를 함께 추구하더라도 그 기간은 일시적일 수밖에 없다고 주장한다(M. E. Porter, 1985). 왜냐하면 원가우위나 차별화를 동시에 추구하는 기업은 원가우위나 차별화 한쪽만을 추구하는 강력한 경쟁자가 출현한다면 원가우위도 차별화도 이루지 못할 가능성이 크기 때문이다.

그러므로 원가우위나 차별화의 동시추구는 지속적인 경쟁우위를 유지할 수 없는 것으로 보고 있다. 그러나 이러한 포터의 본원적 경쟁전략에 관한 인식은 많은 실증적 연구와 분석적 연구를 통해 비판을 받아 왔으며 수정의 필요성이 있다.

2. 원가우위 전략

2.1 원가우위 전략의 개념

원가우위 전략이란 산업 내의 경쟁자 중에서 비용 면에서 가장 유리한 선도적인 위치를 확보하여 여러 가지 기능상의 정책을 통해 특정산업 내에서 원가우위를 달성하는 것이며, 특정기업에 있어서 원가우위는 원가에 영향을 미치는 구조적 요인에 의해 결정되며 이들 요인들이 기업의 원가우위의 원천이 된다. 그러나 이것은 단순히 비용을 절감하는 것과는 다르다. 어느 기업이든 불필요한 비용은 줄이거나 없애야 하지만 원가우위 리더십을 추구하고 싶은 기업들은 이보다 한 걸음 더 나아가야 한다. 시장에서 원가우위의 리더가 되기 위해서는 비용에 집중해야 한다.

따라서 특정기업이 저원가 지위(low-cost position)를 확보하기 위해서는 규모의 경제성을 기할 수 있는 적극적 설비투자와 경험의 축적을 통해 원가절감 노력을 계속해야 하며 이러한 목표달성을 위해서 모든 관리자들이 원가관리에 경쟁우위의 초점을 두는 전략이다.

한편 원가우위 전략이 산업 내에서 효과적인 상황은 다음과 같다.

- 산업 내 기업들 간의 경쟁이 가격경쟁에 바탕을 두고 이루어지는 경우
- 제품이 표준화된 일용품으로서 구매자들이 시장을 통하여 쉽게 구매가 가능한 경우
- 제품의 특성상 제품을 차별화할 수 있는 여지가 별로 없거나 제품의 차별화가 고객에게 큰 의미가 없는 경우
- 대부분의 고객들이 제품을 동일한 목적으로 사용하므로 제품에 대한 요구조건이 별 차이가 없는 경우
- 제품의 교체비용이 낮은 경우
- 고객의 규모가 크고 가격인하에 대한 교섭력을 가지는 경우

2.2 원가우위의 원천

기업의 원가지위는 일련의 산업구조요인들에 의해 결정되며 이러한 구조적 요인들이 원가우위의 원천이 된다. 이러한 요인들의 상대적 중요성은 산업의 특성이나 기업들의 전략에 따라 달라진다.

① 규모의 경제(economy of scale)

규모의 경제는 생산규모의 증대에 따라 단위당 원가가 하락하는 것을 말한다. 전통적으로 규모의 경제는 제조업의 생산 부문에 주로 적용되어 왔으나 구매, 유통, 연구개발, 광고 등의 분야에도 적용될 수 있다.

② 학습효과(learning effect)

구성원들의 학습에 따라 원가가 감소하는 것을 학습효과라고 한다. 예를 들어 반복 작업에 의한 숙련은 그 작업에 소요되는 시간을 줄이고 동시에 작업의 오류를 방지함으로써 제품원가를 감소시키게 된다.

③ 설비가동률(capacity utilization)

제조업에서 설비가동률은 원가와 직접적인 관계가 존재한다. 특히 고정비(fixed cost)가 클수록 가동률이 높으면 상대적으로 고정비의 비율이 원가에서 차지하는 비중이 낮아져 원가는 감소하게 된다.

④ 제품설계(product design) 및 공정기술(process technology)

제품의 새로운 설계 혹은 제품의 공정기술의 혁신은 생산성 향상에 도움을 주고 이는 원가에 영향을 미친다. 예를 들어 자동차 산업의 경우 리엔지니어링(BPR)을 통해 효율적인 제품설계는 원가절감에 도움을 줄 수 있다.

⑤ 투입비용(input cost)

기업은 생산활동에 투입되는 원재료를 경쟁사보다 값싸게 조달하거나 혹은 적기에 조달함으로써 원가우위를 획득할 수 있다. 일본의 토요타 자동차는 JIT 방식을 통해 부품을 적기에 조달함으로써 재고비용을 절감할 수 있었다.

⑥ 입지(location)

기업이 위치하는 지리적 입지조건이 원가에 영향을 미치기도 한다. 입지에 따라 인건비, 원자재, 에너지 및 기타 요소들의 가격이 달라지며 원재료의 조달이나 제품출하에 따른 물류비용에도 커다란 차이가 야기될 수 있다. 특히, 조선, 자동차 산업의 경우에는 비용의 절감이라는 차원에서 입지가 차지하는 비용상의 이점이 크다.

2.3 원가우위 전략에 따르는 위험

이론적으로 원가우위 전략이란 비용 이익을 통해 가격을 낮추려는 것만을 의미하지 않는다. 규모의 경제나 차별적인 원재료 사용 및 독점적인 기술 보유 등을 통해서 가격을 낮추면서도 생산업자는 고객에게 고비용 경쟁사에 비해 품질이 떨어지지 않는 제품과 서비스를 제공함으로써 이윤을 더 많이 남길 수 있다. 실제로 이러한 방식을 통해 원가우위의 경쟁적 기반은 경쟁자에 비해 훨씬 더 많은 이윤으로 이어질 것이다.

그러나 원가우위 전략을 추구하는 기업이 규모의 경제와 경험을 진입장벽으로 여기고 이에 지나치게 의존하는 경우는 다음과 같은 위험요인들에 의해 원가우위를 지속적으로 유지하기 어려울 수 있다.

- 새로운 기술의 등장에 제대로 적응하지 못하는 경우
- 신규진입기업이나 후발기업들의 모방이 성공한 경우
- 원가절감에만 관심을 가지다가 소비자의 기호의 변화에 적절히 대응하지 못하는 경우
- 원가상승으로 경쟁기업들의 차별화 효과를 상쇄시킬 만한 가격차이를 유지할 수 없는 경우

3. 차별화 전략

3.1 차별화 전략의 개념

차별화 전략이란 특정 산업 내에서 기업이 특정한 차원에서 타 기업과 구별되는 제품이나 서비스를 제공함으로써 특정산업 전반에 걸쳐서 그 기업이 소비자에게 독특하다고 인식될 수 있는 그 무엇을 창조할 수 있는 전략이다. 차별화에는 고객에 대한 서비스, 광고, 디자인, 상표이미지와 기술 등에 경쟁우위의 초점을 두는 방법이 있다.

차별화를 통해 기업들은 소비자들에게 소구(appeal)하려고 한다. 물론 소비자들에게 소구하지 못하는 기업은 별난 기업으로밖에 취급받지 못한다. 소비자들이 기꺼이 더 많은 돈을 지불할 용의가 있도록 만드는 뭔가 '독특한' 것을 찾는다. 만일 소비자들이 지불하는 이 돈이 제품을 독특하게 만들기 위해 들었던 비용보다 많다면, 이 전략은 보통 이상의 이윤을 올릴 수 있게 해준다. 고객이 더 높은 가격을 지불하지 않는다 해도 독특한 제품은 같은 가격이라면 더 많이 팔릴 것이고 경기가 안 좋을 때라도 고객들이 사랑을 받게 될 것이다.

차별화가 고객들에게 가치를 창조하는 한 무엇이든지 차별화의 소재가 될 수 있다. 예를 들어, 소매 할인점이나 은행의 경우, '지리적인 근접성'이 차별화의 요소가 될 수 있다. 또한 국적도 차별화의 수단이 될 수 있다. 할인점의 경우

E-Mart는 IMF 외환위기 이후, 한국 할인점의 자존심이란 문구로 애국심에 소구하였고 이는 그 당시의 국민들의 감성을 차별하는 요소로 작용했다. 이 밖에도 제품의 부가기능, 성능, 속도, 고객 서비스, 다양성, 편의성, 사업의 단순화 등 가치를 창조하거나 고객이 가치를 얻는다고 느끼는 것은 무엇이든 차별화의 수단이 될 수 있다.

차별화 전략이 특히 효과적인 상황은 다음과 같다.

- 제품이나 서비스를 차별화하는 다양한 방법들이 존재하며 많은 구매자들이 이러한 차별화를 가치 있는 것으로 인식하는 경우
- 고객의 욕구가 다양하고 그 사용목적이 서로 다른 경우
- 경쟁기업들이 유사한 차별화를 추구하지 않으며 자사의 차별화를 모방하기 힘든 경우

3.2 차별화 전략의 원천

차별화는 결국 고객에게 경쟁사와 다른 독특한 무엇을 제공하는 것을 의미한다. 그러므로 기업활동의 모든 측면이 차별화의 잠재적 원천으로 작용할 수 있다. 구체적으로 기업의 통제가 가능한 차별화의 원천은 다음과 같다.

- 제품의 외관이나 성능
- 고객 서비스
- 특정 마케팅활동의 집중도(광고, 판촉, 유통)
- 원재료의 품질
- 입지 조건
- 종업원의 경험과 숙련도
- 특정활동을 수행하는 방법(주문 처리의 자동화 등)

3.3 차별화 전략에 따르는 위험

차별화 전략에 따르는 위험은 다음과 같다.

① 과도한 차별화로 인해 원가우위를 이룩한 경쟁기업의 제품보다 지나치게 가격이 높은 경우

고객은 차별화된 제품의 효용보다는 훨씬 저렴한 제품을 선택하게 된다. 예를 들어, 인텔은 오랫동안 마이크로프로세스 시장을 사실상 독점했고 경쟁사에 비해 제품이 기술적으로 항상 우위에 있다는 점 때문에 경쟁사들보다 5배 이상의 가격을 요구할 수 있었다. 그러나 이제 AMD와 같은 강력한 경쟁자가 인텔 제품에 비해 뒤지지 않으면서 가격은 훨씬 저렴한 제품을 선보이기 시작함으로써 인텔의 차별화의 우위는 점점 사라지고 있다.

② 구매자의 차별화 요인에 대한 욕구가 감소하는 경우

이러한 현상은 구매재가 제품에 대해 많은 양의 정보를 알고 있어서 합리적인 판단을 하게 될수록 현저하게 나타난다. 예를 들어 나이키는 1998년 나이키 13년 만에 최초로 판매부진에 손실을 기록하였는데, 이는 나이키 로고가 고객들에게 스포츠 의류의 대명사의 가치를 심어 주었으나 1997년 이후 소비자의 가치가 스포츠 의류에서 패션의류로 변하는 소비자의 가치를 제대로 인식하지 못하였다. 왜냐하면 10대들은 더 이상 운동복에 관심을 두지 않았고 오히려 그런 옷에 등을 돌리기 시작하였다. 대신에 캐터필러, 팀버랜드, 리복이 소유한 Rockport와 같은 가죽신발 등 패션의류들이 새롭게 등장했다. 따라서 나이키는 소비자들의 기호변화를 예측하지 못함으로써 결국 차별화의 우위를 상실했다.

③ 경쟁사들이 손쉽게 모방할 수 있는 경우

모방에 의해 차별화가 줄어들 위험이 있다. 예를 들어, 아마존의 차별화 전략은 미국의 대형서점인 반스&노블이 인터넷 서비스를 들고 나오자 차별화의 원천은 점점 악화되었으며 고객이 느끼는 아마존의 인터넷 서비스에 대한 차별화의 가치를 느끼지 못하고 있다.

이 가운데 특히 차별화가 제품의 디자인이나 물리적 특성에 기초하고 있으면 비교적 경쟁자가 모방이 쉽기 때문에 커다란 위험이 수반된다. 반면 차별화가 기업의 오랜 이미지, 상표의 명성 등 무형적인 요인들로부터 창출되는 경우

경쟁사는 상대적으로 모방이 어렵기 때문에 차별화 우위가 오랫동안 지속될 수 있다. 예를 들어 영국의 의류회사인 버버리(Burberry)의 브랜드는 값비싼 고급 의류이지만 세계 시장에서 차별화된 경쟁력을 갖추고 있다.

4. 집중화 전략

4.1 집중화 전략의 개념

기업이 전체시장을 대상으로 경쟁을 벌이느냐 혹은 세분시장을 대상으로 경쟁을 벌이느냐에 따라 성과가 달라질 수 있기 때문에 기업의 입장에서는 경쟁영역(competitive domain)을 선택하는 문제가 매우 중요한 전략적 과제가 되고 있는데, 집중화전략은 전체시장이 아닌 특정시장, 즉 특정구매자 집단이나 제품라인의 일부분 또는 특정지역을 집중적인 목표로 삼아서 특정 범위 내에서 원가우위 또는 차별화를 적용함으로써 원가 집중화 전략 혹은 차별적 집중화 전략을 통하여 특정한 대상의 요구에 알맞은 특정한 목표를 집중적으로 추구하는 전략이다.

집중화 전략을 위해서는 경쟁력 있는 사업분야에 전력을 기울이기 위해서는 때때로 다른 분야를 포기하고 시장에서 한 가지 특정 분야를 그곳에만 몰두하는 것이 필요하다. 이것은 전쟁터에서 전체로는 수적 열세에 불리해도 국지적인 수적 우위를 확보하는 것과 동등한 개념이다. 이렇게 함으로써 기업은 전체적으로 시장을 석권하지는 못해도 자신이 정한 특정한 시장 분야에서 경쟁우위를 확보할 수 있다. 시장의 각 분야는 다양한 제품과 여러 소비자 그룹으로 구성된다. 따라서 다양한 제품이나 서비스를 특정한 고객에게 판매하거나 한 가지 제품만을 전체 시장에 판매하는 방식을 통해 시장의 영역이 만들어질 수 있다. 첫째는 고객 중심적인 방법이고, 둘째는 제품 중심적인 방법이다. 그리고 이 둘을 혼합한 한 가지 제품을 한 종류의 고객에게 판매하는 방식이다.

예를 들어 SK텔레콤, KT, 유플러스와 같은 통신회사들은 고객 중심의 분류방법으로 특정 연령대의 그룹만을 공략대상으로 삼는다. 한편 음향오디오 회사인 Bang&Olufsen은 제품 중심의 집중화로서 전문 오디오를 표방하며 대중적인 오디오는 생산하지 않고 있다.

집중화 전략이 특히 효과적인 상황은 다음과 같다

① 산업 내 이질적인 세분시장들이 상당수 존재하는 경우

이는 기업이 공략하고자 하는 분야의 고객들이 시장의 나머지 고객들과 어떤 방식으로든 다른 특정 욕구를 가지고 있어야 한다. 예를 들어, 애완동물 음식을 제조하는 어떤 음식업체가 여자들이 소유한 동물들을 위해 음식을 만드는데만 집중화 전략을 세웠다고 하자. 이럴 경우, 여성 애완동물 소유자들이 남성 애완동물 소유자들과 뭔가 뚜렷하게 구별된 욕구를 가지고 있어서 애완동물 음식 시장 내에서 뚜렷한 이질시장이 존재하면 집중화의 우위는 발휘될 수 있다.

② 세분시장이 산업 내 선도기업들의 성공에 중요하지 않을 경우

이는 집중전략을 펼치는 기업은 전체시장을 경쟁자에 비해 저렴한 가격에 비중을 두는 비용 집중화나 차별화에 비중을 두는 차별적 집중화 전략을 사용하여 특정 분야의 소비자의 기호(code)를 제대로 파악하고 있는 경우이다. 그리고 전체시장을 선도하는 기업은 세분시장에 집중해봤자 고객에게 특별한 가치를 심어 주지 못할 것이라고 판단한 경우이다.

③ 세분시장의 성장 잠재력이 크거나 수익성이 높은 경우

집중화 전략은 전체 시장을 대상으로 한 전략에 비해 사업영역이 협소하기 때문에 시장의 규모는 작을 수밖에 없다. 그러나 이 세분시장의 성장 잠재력이 크거나 수익성이 높다면 집중화 전략의 가치는 높아질 것이고 경쟁전략으로서의 경쟁적 지위를 가지게 될 것이다.

4.2 집중화 전략에 따르는 위험

집중화 전략에 따른 위험은 다음과 같다.

① 기술 변화나 소비자 기호의 변화에 적소시장이 갑자기 사라지고 전체 산업에 동화되는 경우

이는 기업의 사업구조가 바뀌거나 수요가 사라질 경우 집중적으로 투자하

던 분야의 매력이 사라질 수 있다는 것이다. 시장에 두루 손을 대지 않는 기업들은 이런 상황에 처해지게 되면 곤란을 겪게 될 것이다.

② 순수 차별화 기업들도 집중화 기업들의 고객욕구를 충족시킬 수 있는 제품을 공급하는 경우

이는 기존의 차별화 기업들이 집중화 기업들의 고객욕구를 충족할 수 있는 제품을 공급하여 대응하면 집중화의 우위는 사라질 수 있다. 예를 들어, 맥슨전자의 경우 한때는 전화기 시장의 집중화 우위를 누려왔으나 삼성과 LG가 맥슨전자에 못지않은 제품을 공략함으로써 맥슨전자의 집중전략은 한계를 가지게 되었다.

③ 경쟁기업이 집중화 기업들의 목표가 되는 특정시장 영역에서 더욱 세분되는 목표시장을 설정하고 이를 공략함으로써 보다 집중적인 전략을 추구하는 경우

이는 다양한 업종에 손을 대는 경쟁사들의 분발로 시장의 한 특정분야에서 보여 주었던 차별화가 사라지고 마는 경우이며, 특히 또 신규 진입자들은 기존의 집중화 전략보다 더 세분화된 집중화로 공략하면 경쟁적 지위를 상실할 수 있다.

④ 넓은 시장을 대상으로 경쟁하는 기업들과의 가격차이가 특정시장에 집중하여 얻는 원가상의 어점이나 차별화를 상쇄하는 경우

이는 전체 시장을 대상으로 사업하는 경쟁자들이 특정시장 영역에서 경쟁하는 집중화 기업들의 경쟁지위를 능가하는 가격 메리트가 존재하게 된다면 집중화 전략은 한계를 가지게 된다.

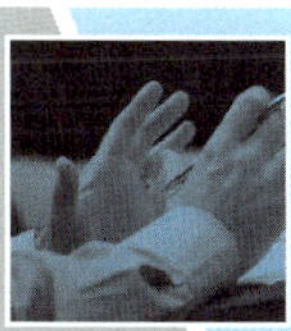

제 3 절

전략집단과 이동장벽

1. 전략집단

한 산업 내에서 기업들의 여러 가지 경쟁행동을 파악하고 동일산업 내에서도 여러 가지 전략이 존재하는 원인이 무엇인지, 경쟁방법에 따라 기업들 간에 성과차이가 있는지, 또한 성과에 중요한 영향을 미치는 요인들을 규명하는 것은 전략경영의 중요한 주제이다. 이러한 주제들을 실증적으로 연구하는 데 있어서 유사한 전략을 사용하는 기업들의 집합으로 이해되는 전략집단 개념이 유용한 분석도구가 될 수 있다. 따라서 전략집단 연구의 흐름과 전략집단 분류의 중요한 변수가 되는 이동장벽을 중심으로 살펴보고자 한다.

1.1 전략집단의 개념

동일한 산업 내에서 경쟁하는 기업 간에 왜 성과차이가 지속적으로 존재하는가, 그리고 경쟁기업보다 더 높은 성과를 얻기 위해서는 어떻게 해야 하는가 하는 질문은 경영전략의 가장 핵심적인 연구과제이다. 여기에 대한 경영전략의 가장 활발한 연구 분야는 전략집단(strategic group)이론이라 할 수 있다.

전략집단이란 일반적으로 "특정 산업 내에서 전략의 여러 차원들에 대해 동일하거나 유사한 전략을 취하는 기업집단"으로 정의하고 있다. 이때 동일한 산업 내에서도 서로 다른 전략집단이 존재한다는 것은 한 산업이 이질적인 하위부문으로 구성되어 있으며 각 부문들은 그들 간의 전략의 차이에 의해 명확히 분류될 수 있다는 것이다. 이러한 전략집단 개념은 이론전개와 분석의 도구로서 많은 유용성을 가지고 있다.

같은 산업이라도 특정 전략집단에 속해 있는 기업들끼리는 다른 전략집단에 속한 기업들보다는 서로 유사성도 많고 더 직접적으로 경쟁한다. 예를 들어 같은

그림 6-6 전략집단 지도의 예

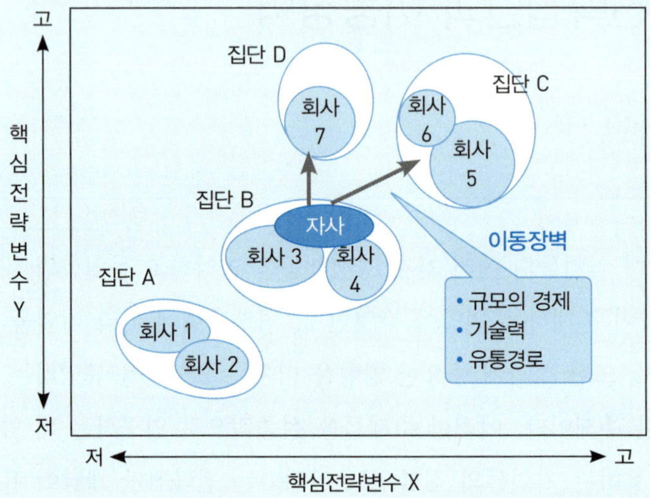

자동차 산업이라도 현대자동차와 벤츠가 직접 경쟁하는 정도는 대단히 미약할 것이다. 이러한 전략집단들을 시각적으로 이해할 수 있도록 그림으로 나타낼 수 있는데 그것을 '전략집단 지도(strategic group map)'라고 부르기도 한다.

첫째, 한 산업 내에서 기업들을 구분할 수 있게 해주는 전략적인 변수들이나 특징들을 두 개(가로축과 세로축) 선택한다. 이때 2가지 변수는 산업 내의 핵심적인 성공요인에 해당하여야 하며, 서로 상충될 수 있는 성질의 것이어야 올바른 지도를 그릴 수 있다. 예를 들어 자동차 산업에서 선택한 전략적 변수는 첫째, 제품라인의 다양성이며 다른 하나는 자동차의 가격/품질이 된다.

둘째, 이렇게 하여 만들어진 2 차원의 평면에서 각 회사마다 상대적인 위치화 작업을 한다. 자동차 산업에서는 단일 혹은 작은 수의 제품라인을 가지고 주로 가격으로 경쟁하는 기업들이 있다 한국의 현대자동차와 기아자동차는 여기에 해당된다. 또한 벤츠, BMW, 재규어 등과 같이 제한된 시장 세그먼트에서 아주 고급스러운 차를 생산하는 전략집단도 있다. 그리고 BIG 5로 불리는 GM, Ford, Chrysler, Toyota, Volkswagens 등과 같이 전체시장을 겨냥한 제품라인을 가지고 규모의 경제를 통한 비용의 최소화와 동시에 높은 쪽의 시장을 위한 품질과 성능을 강조하는 전략집단들이다.

셋째, 모든 회사들의 위치를 평면 위에 표시한 후 가장 가까운 거리에 있는 기업들의 집단을 정하여 그것을 둘러싼 원을 그린다. 그 원이 바로 전략집단을 나타내는 것이고 원의 크기는 각 전략집단이 산업 내에서 차지하는 매출의 비율에 의해 결정된다. 여기서는 BIG 5 등 풀 라인 자동차 업체들이 가장 큰 원을 그리고 현대, 대우와 같이 낮은 가격대의 제한된 전략집단이 가장 작은 원을 그릴 것이다.

넷째, 마지막으로 전략집단의 이름을 명명한다. 예를 들어 BIG 5는 '산업지배 전략집단'으로 명명하든지 현대, 대우자동차를 '원가집중화 전략집단'으로 명명하는 것이다.

이상의 전략집단 지도를 이용해서 도출된 핵심전략변수를 이용하여 세계 자동차 산업의 전략집단을 도식화하면 다음과 같다.

그림 6-7 세계 자동차 산업의 전략집단 지도

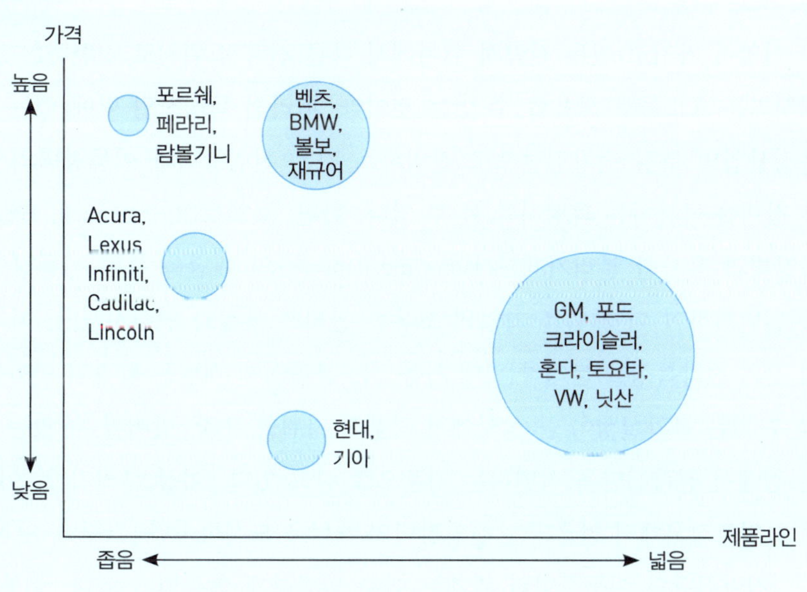

1.2 이동장벽

전략집단에서 중요한 점은 산업 내의 전략집단 이동이 자유롭지 않다는 것이다. 즉, 산업의 이동에 따른 진입장벽의 문제가 동일 산업 내의 이동에도 적용된다는 것이다. 이것이 바로 이동장벽의 개념이다.

이동장벽이란 "한 기업집단으로부터 다른 집단으로의 이동에 드는 절대적인 비용 또는 새로운 진입자가 기존의 기업들에 비하여 추가적으로 부담해야 하는 운영비용"으로 정의하고 있다. 이 정의는 기존의 산업조직론에서 사용하는 산업간 진입장벽의 개념을 동일산업 내에서 전략집단 간에 존재하는 진입과 퇴거장벽으로 확대시킨 것으로 수직적 통합이나 다각화 정도, 유통망의 구축 정도, 활동하는 제품/시장 등의 차이에 따른 산업 내 기업집단 간의 이질성을 설명하는 개념이다.

진입장벽은 산업외부에서 진출하는 기업들로부터 전략집단에 속한 기업들을 보호해 주는 장벽이지만 이동장벽은 산업 내부의 전략집단에서 다른 전략집단으로 옮겨가는 데 장애가 되는 장벽을 의미한다. 진입장벽을 구축하게 하는 중요요인으로는 규모의 경제, 제품의 차별성, 교체비용(switching cost), 소요자본, 또는 유통조직에의 접근 등이 있는데 이러한 경제적 요인들이 이동장벽, 즉 한 기업이 가지고 있는 전략적 위치에서 다른 전략적 위치로 전환하는 것을 억제시키는 요소들로 작용할 수 있는 것이다. 따라서 특정산업 밖에 있는 기업이 특정산업의 특정 전략집단으로 진입하는 것은 진입장벽과 이동장벽의 연속되는 장벽을 극복하는 과정이라 볼 수 있다. 한편, 루멜트(R. P. Rumelt, 1982)는 이동장벽과 유사한 분리기제(isolating mechanisms)의 개념을 통해 이동장벽 개념을 일반화하여 이 개념을 기업의 고유한 관리적 특성과 연결시켰다. 따라서 기업 간의 전략특성을 분리하는 데 사용되는 분리기제 개념은 환경의 변화를 예측할 수 없는 불확실성이 큰 상황에서 경쟁적 지위를 유지·방어할 수 있는 도구라는 점에서 전략집단을 식별하는 기준으로 삼고 있다. 이상 분리기제, 이동장벽과 산업조직론에서 언급되는 진입장벽의 개념을 도식화하면 [그림 6-8]과 같다.

전략집단과 이동장벽의 관계는 아주 밀접하게 연관되어 있다. 이동장벽이

그림 6-8 이동장벽, 분리기제, 진입장벽의 관계

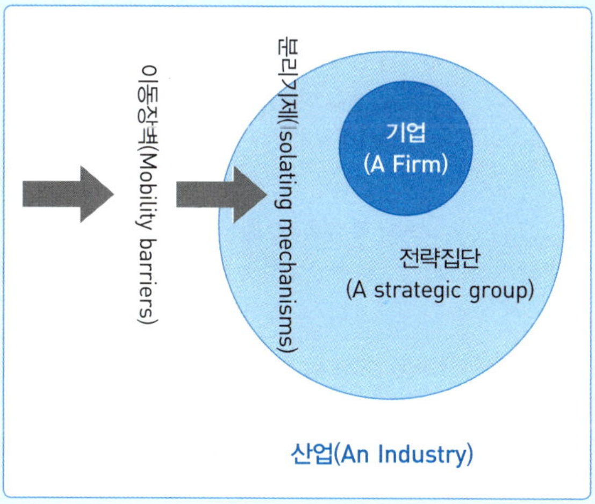

존재하는 경우 특정기업의 전략적 행위는 상당한 비용과 시간, 또한 그 결과에 대한 모호성으로 인하여 쉽게 모방이 불가능하게 되며 서로 다른 전략형태를 보이는 전략집단 구조가 상당한 기간 동안 안정적으로 나타나게 된다. 한편 특정 전략집단의 전략행동이 성공적이고 다른 기업의 모방이 용이하지 않을 경우 전략집단 간에 이동장벽이 창출된다고 할 수 있다.

메스카랜하스와 아아커(B. Mascarenhas & D. A. Aaker)는 이동장벽에 원천을 두고 전략집단을 "한 산업 내에서 다른 기업집단과 이동장벽, 즉 진입과 퇴거장벽에 의해 분리된 기업집단"으로 정의하고 있다. 이처럼 이동장벽의 유용성을 제고해 볼 때 전략집단 연구의 궁극적 목적이 동종 산업 안에 기업 간 전략행동의 차이를 규명하는 데 있는 것이 아니고 동종 산업 내 전략행동의 차이가 산업 내 장시간 지속적으로 나타나는 이유를 규명하고 산업의 진화에 따른 전략집단의 동태적 변화를 이해하는 데 있다면 단순한 전략적 행동의 차이가 아니라 그 차이의 원인변수를 기준으로 전략집단을 분류하는 것이 타당하다고 볼 수 있다.

맥기와 토마스(J. McGee and H. Thomas)는 이동장벽 자체가 전략집단 연구에 있어서의 독특한 전략으로 간주될 수 있으며 〈표 6-1〉에서 제시된 바와 같

표 6-1 이동장벽의 원천

시장관련 전략	산업의 공급특성	기업 특성
제품계열	규모의 경제 : 생산	소유권, 조직구조
사용자의 기술	마케팅, 연구개발 능력	통제시스템
시장세분화	제조공정	관리기술
유통경로	연구개발 능력	다각화 정도
상표명	마케팅 및 유통시스템	기업규모
지리적 범위		이해 관계집단과의 관계
판매시스템		

자료 : J. McGee & H. Thomas, "Strategic Groups: Theory, Research and Taxonomy," *Strategic Management Journal*, Vol.7, No.2, 1986, p.151

이 이동장벽의 원천이 되는 요인들의 많은 부분이 전략적 측면을 나타내는 요소들로 구성되어 있으며 전략집단이 존재하면 이동장벽을 구축하며, 반대로 이동장벽의 창출이 이루어지면 전략집단이 형성된다고 주장하고 있다. 〈표 6-1〉은 이동장벽의 원천을 시장관련 전략, 산업의 공급특성과 기업 고유의 특성별로 나누어 설명하고 있다.

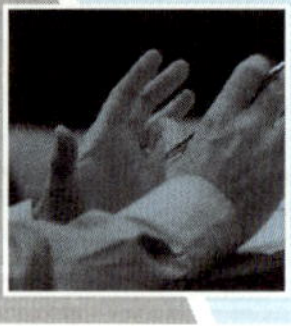

제 4 절

블루오션 전략

1. 블루오션

한 산업 내에서 선도 산업 혹은 선도 기업들이 현재에도 선도 산업으로 혹은 선도 기업으로 발전하고 있는가? 한국의 기업역사 속에서 영원히 우수한 선도 산업과 영원히 우수한 선도 기업은 존재하지 않는 것으로 나타났다. 현재까지 대부분의 기업들은 기존의 시장에서 어떻게 경쟁자를 앞지를 수 있는가에 대한 '시장경쟁전략'에 집착하여, 주어진 산업 구조 및 한정된 시장 내에서 경쟁하고, 살아남기 위해서 경쟁자 대비 경쟁우위를 달성하고자 산업구조분석 및 본원적 경쟁전략을 실행해 왔다. 이러한 전략의 결과로 얻게 되는 시장점유율은 시장의 점유율을 확대하여 수익을 창출하기보다는 경쟁자를 누르고, 그들의 점유율을 빼앗아 얻게 되는 데 중요한 목적을 두고 있다. 더욱이 시장 매력도가 높아지고 경쟁자의 수가 늘어남에 따라 수익과 성장에 대한 기대치는 낮아지게 된다. 이로써, 힘들게 개발한 상품과 서비스는 일상용품(commodity goods)이 되고 시장상황은 경쟁으로 인하여 유혈의 붉은 바다(red ocean)로 변하게 된다.

그렇다면, 유혈이 낭자한 치열한 전쟁터를 벗어나 경쟁자를 멀리 뒤로 한 채 성장 발전할 수 있는 기회의 영역은 없는 것인가? 따라서 제4절에서는 전략 연구의 새로운 흐름이 되고 있는 블루오션 전략을 중심으로 살펴보고자 한다.

1.1 블루오션 전략의 개념

블루오션 전략(blue ocean strategy)을 이해하기 위해 우선 블루오션과 레드오션의 개념을 이해할 필요가 있다. 먼저 레드오션은 오늘날 존재하는 모든 산업을 뜻하며 이미 세상에 알려진 시장 공간이다. 레드오션에서는 산업 간의 경계선이 명확하게 그어져 있다. 기업들은 기존 수요에서 보다 큰 점유율을 얻기 위해 경쟁자를 능가하려 애쓰고, 시장 참가자 수가 늘어남에 따라 수익과 성장에 대한 기대치는 낮아진다. 애써 개발한 상품은 흔한 일상품이 되고 목을 죄는 경쟁으로 시장은 유혈의 붉은 바다로 변한다. 반면에 블루오션은 미개척 시장 공간으로 새로운 수요 창출과 고수익 성장을 향한 기회로 정의된다. 블루오션은 기존 산업의 경계선 바깥에서 완전히 새롭게 창출되는 경우도 있으나 대부분은 기존 산업을 확장하여 만들어진다. 블루오션에서는 게임의 규칙이 아직 정해지지 않았기 때문에 경쟁과 무관하다. 수익과 성장의 새로운 기회를 잡기 위해서는 블루오션을 창출해야 한다.

에이블씨엔시의 화장품 '미샤', 웅진식품의 '가을대추', '초록매실', '아침햇

살', 광동제약의 '비타 500', 요구르트 아이스크림 '레드 망고' 이들의 공통점은 무엇인가? 이들 기업들은 당시에 알려지지 않은 시장이며, 현존하지 않아서 경쟁이 존재하지 않은 시장에서 높은 수익과 빠른 성장을 기록한 사례이다. 여기서 새로운 시장은 기존 산업의 경계선 바깥에서 완전히 새롭게 창출되거나 혹은 기존 산업을 확장하여 만들어졌으며, 새로운 시장 공간은 경쟁을 무의미하게 만들고 수요 창출을 장악하게 되는 것이다.

전략적 이동이란 비약적인 수요 증가로 새로운 시장을 열고 이 시장을 장악하는 제품과 서비스를 만들어내는 경영을 말한다. 블루오션 창출을 위해서는 일관적, 공통적 패턴의 전략적 이동이 요구되는데 전략에 대한 기업들의 접근방식은 블루오션 창출의 승패를 구분하는 일관성 있는 기준이다. 레드오션에 빠진 기업들은 기존 산업 질서 안에서 방어적 포지션을 구축하여 경쟁자를 누르려는 전통적 접근법을 추구지만 블루오션 창조자들은 경쟁자를 벤치마킹하지 않는다. 대신 이들은 가치혁신이라는 전략적 논리를 추구하는데 가치혁신은 블루오션 전략의 초석으로 경쟁자를 이기는 데 집중하는 대신 구매자와 회사를 위한 가치 도약을 이뤄 새로운 비경쟁 시장 공간을 창출함으로써 경쟁 자체에서 벗어나는 것이다.

이러한 전략적 이동을 통한 수요 창출의 장이 바로 '블루오션(blue ocean)'인 것이다. 새롭게 블루오션을 창출한 기업들의 공통점은 경쟁자를 이기는 데 집중하는 대신 '가치혁신'이라 부르는 전략적 논리를 추구했다.

가치혁신(value innovation)이란 기업이 유용성에 기반을 두고 가격, 비용의 포지션을 잘 조정함으로써 생겨나며, 경쟁 기반에서 널리 사용되는 가치와 비용의 상쇄(trade off)관계를 받아들이지 않고 차별화와 비용우위를 동시에 모색함으로써 이룩할 수 있었다. 가치혁신은 가치와 혁신에 동등한 중요성을 둔다. 혁신 없는 가치는 부분적 소규모의 가치 창출에 집중하는 경향이 있는데, 이는 가치를 향상시키지만 시장 공간에서 독보적 존재로 서게 하는 데는 충분치 않다. 반면 가치 없는 혁신은 기술 위주이거나 시장 개척 혹은 지나치게 미래 지향적이어서 구매자들이 그 상품을 받아들이고 가격을 지불할 수 있는 수준을 넘어서는 경우가 많다. 가치혁신은 새로운 전략적 사고와 전략 실행 방법으로 블루오션을 창출하고 경쟁의 굴레에서 벗어나게 한다.

1.2 블루오션 전략의 4가지 핵심 원칙

1) 시장 경계선을 재구축하라

치열하고 살벌한 경쟁에서 빠져 나와 블루오션을 창출하기 위해서는 무엇보다도 '경쟁의 틀을 깨고 시장 경계선을 재구축'하여야 한다. 이를 위해서 경영자들은 기존 시장의 경계선 내에서의 경쟁이 아니라 그 경계선 너머를 바라볼 필요가 있다. 기존의 사고의 틀에서 벗어나, 대안이 될 만한 산업, 전략그룹, 구매자 그룹, 보완적 제품이나 서비스, 산업의 기능적, 감성적 성향, 그리고 시간의 흐름을 고찰할 때 기존의 틀을 넘어서는 새로운 시각과 접근이 필요하다.

① 대안 산업을 관찰하라

현재 대부분의 기업이 경쟁자를 구분 지을 때 자사의 제품이나 서비스가 속해 있는 산업 내에서 경쟁의 범위를 규정한다. 예를 들어 본인이 국내에 런칭 된 지 얼마 되지 않은 크리스피 크림 도넛의 전략 담당자라고 가정하고 우리의 경쟁자는 누구인가?라고 자문해 보자. 가장 먼저 떠오르는 것은 경쟁자 집단인 던킨 도넛, 파리바게트 등의 프랜차이즈 제과점 등이 떠오를 것이다. 그러나 우리가 크리스피 도넛을 구매하기 전에 무엇을 고려하는가? 정말 크리스피 크림을 먹기 위해서 매장을 찾아가는 소비자도 있겠지만, 시간이 촉박해서 간단하게 허기를 채우기 위해서, 친구들과 만나 담소를 나누면서 간식을 먹기 위해서 등 다양한 목적에서 크리스피 크림 도넛 가게를 방문하게 될 것이다. 그러나 크리스피 크림 도넛 가게를 선택하지 않았다면, 던킨 도넛을 이용하였을까? 물론 도넛을 먹는 것이 주목적이었다면 대체 상품으로서 던킨 도넛을 방문할 것이다. 그러나 잠깐의 허기와, 친구들과의 담소를 위해서라는 목적이라면 근처의 스타벅스, 샌드위치 전문점으로 갈 수 있을 것이다. 즉 '간단한 요기해결'이라는 목적에 있어서 크리스피 도넛과 스타벅스, 샌드위치 전문점은 대체 상품이 아닌 대안 상품인 것이다. 판매자는 고객들이 대안 산업군 전체에서 하나를 선택하게 되는 과정을 의식하지 못한다. 따라서 우리 산업의 대안 산업은 무엇이며, 왜 고객들은 구매에 앞서서 대안 상품 전체를 보는지를 파악하고 대안 산업들 안에서 구매자들이 특정 상품을 선택하게 하는 핵심적인 요소에 포커스를 맞추고 그 밖의 것들을 제거하면 블루오션을 창출할 수 있을 것이다.

② 산업 내 전략적 그룹들을 관찰하라

전략 그룹이란 산업 내에서 유사한 전략을 추구하는 기업들의 집단을 의미하며, 일반적으로 가격과 성과라는 두 측면을 토대로 대략적인 계층이 만들어진다. 대부분의 기업은 전략적 그룹 내에서 자신들의 경쟁적인 입지 향상에 중점을 둔다. 따라서 프리미엄 시장에서는 그 전략 그룹 내에서, 저가 시장에서는 저가 시장의 전략 그룹 내에서 가장 뛰어나다고 평가 받기를 원한다. 그러나 기존의 전략적 그룹에서 블루오션을 창출하는 핵심은 고객들로 하여금 한 상품 그룹에서 다른 그룹으로 이동하게 만드는 요인이 무엇인지, 더 싼 상품이나 혹은 더 비싼 상품을 사도록 결정하는 요소가 무엇인지를 이해함에 따라 새로운 시장을 창출함에 있는 것이다. 예를 들어 패션 스포츠 브랜드 시장을 개척한 '푸마'는 질 샌더와의 제휴를 통해서 푸마의 운동화를 세련되고 고급스러운 스니커즈화로 탈바꿈시켰다, 더욱이 질 샌더의 패션쇼에서 그녀의 슈트와 완벽하게 조화를 이루는 푸마를 통해서 단순한 운동화의 개념에서 패션 상품으로 변화하게 만들었다. 이러한 디자이너의 명성과 최신 유행에 맞는 트랜디한 디자인 및 상대적인 저렴한 가격을 통해서 두 집단의 매력적인 요소를 믹스하여 새로운 시장을 창출하고 고객을 유인할 수 있었다.

③ 구매자 체인을 관찰하라

모든 기업들은 전략을 수립함에 있어서 우리의 고객, 타깃(target)을 고민한다. 그러나 실제로는 구매 결정에 직·간접적으로 관여하는 구매 체인이 있으며, 제품이나 서비스 가격을 지불하는 구매자는 실제 사용자와 다를 수 있으며 어떤 경우에는 중요한 영향력을 행사하는 다른 사람이 있을 수 있다. 또한 많은 산업들이 블루오션을 창출할 기회를 비슷하게 가지고 있는데 누가 타깃 구매자가 될 수 있고 되어야 하는지에 대해서 면밀하게 고찰하여 명확한 타깃에게 차별화된 가치를 제공해 줄 때 새로운 시장을 창출할 수 있다. 예를 들어 캐논이 복사기 산업의 타깃 고객을 기업 구매 담당자에서 사용자로 전환함으로써 소형 데스크탑 복사기 시장을 창출한 것이 구매자 체인을 잘 관찰한 경우라 할 수 있다.

④ 보완적 제품과 서비스 상품을 관찰하라

상품의 가치 측면에서 볼 때, 다른 제품과 서비스의 영향을 받음에도 불구하고, 대부분의 경쟁자들은 해당 업계가 제공하는 제품과 서비스 범위 내에서 집중한다. 그러나 현재의 시장에서 아직 구현되지 않은 보완적 제품과 서비스를 자사의 제품과 서비스로 이용한다면 새로운 시장, 즉 블루오션을 창출하는 기회 요소가 될 수 있다. 스타벅스는 단순한 한 잔의 커피 그 이상의 것이다. 스타벅스에서 한 잔의 커피를 마실 때 대부분의 고객은 커피를 마시는 것 이상의 것을 얻을 수 있다. 스타벅스 매장이 만들어 낸 분위기는 스타벅스의 가장 큰 성장의 동인이었다. 많은 고객들에게 스타벅스는 단지 커피를 마시는 장소 이상의 어떤 체험을 할 수 있도록 하는 곳이었다. 이를 위해 스타벅스 매장은 고객이 보고 만지고 듣고 냄새 맡거나 맛보는 모든 요소의 체험 효과를 높이기 위해 세심하게 디자인되어 있다. 또한 커피를 마시는 고객들은 주변사람들과 함께 찾아와 대화를 나누며 커피를 마시기도 하지만, 혼자 찾아와 책을 읽거나 음악을 듣는 사람들을 위하여 무선 인터넷 서비스를 제공하고 있다. 스타벅스는 제품이 아니라 커피를 통한 체험과 고객과의 관계를 만들어 감으로써 새로운 커피 문화 공간을 창출할 수 있었다.

⑤ 구매자에 대한 상품의 기능적 또는 감성적 매력 요소를 관찰하라

산업에서의 경쟁이란 제품과 서비스 영역에 대해 관행화된 개념일 뿐만 아니라 사람의 마음을 끄는 이성적 혹은 감성적 요소 중 하나로 집중화되는 경향이 있다. 그러나 반대로 기능에 호소하는 기업들이 감성을 조금 추가하거나, 감성을 추구하는 산업에서 기능을 조금 추가하는 경우 새로운 시장과 수요를 창출 할 수 있다. 실용성, 정보 공유 등을 중요시 해 온 디지털 기술의 한 축에서 싸이월드의 미니홈피는 블로그나 기존의 카페와 달리 '실용'이 아니라 '감성'을 공유할 수 있는 공간을 만들어 주었다. 무차별 무명의 인터넷 사용자보다는 나의 주변 사람들과 함께하는 정(情)을 기반으로 하는 장을 구축할 수 있도록 하였다. 이러한 오프라인 네트워크의 온라인 네트워크로의 이동은 싸이월드와 고객과의 관계를 지속해서 유지할 수 있도록 하였으며, 딱딱하고 삭막하며 메마른 기능적인 인터넷 공간을 따뜻하고 사람 냄새 가득한 감성적 공간으로 변화시켜 인터넷의 새로운 시장을 형성하게 되었다.

⑥ 시간의 흐름을 고찰하라

모든 산업 분야는 사업에 영향을 미치는 외부 트렌드에 노출되어 있으며 이러한 트렌드는 시간의 흐름에 따라 변화한다. 치열하게 경쟁하는 레드오션이 현재 나타나는 외부 트렌드 도입에 포커스를 두는 반면 블루오션을 창출하기 위해서는 시간의 흐름에 따른 외부 트렌드 형성에 적극적으로 참여해야 한다. 즉 블루오션이란 트렌드가 고객의 가치를 어떻게 변화시키고 기업의 비즈니스 모델에 어떤 영향을 미치는가를 판단하는 비즈니스의 식견으로부터 나온다. 또한 이런 트렌드는 자사의 사업에 결정적인 요인이어야만 하며, 거역할 수 없고, 명확한 궤도를 가져야만 한다. 이렇듯 시간의 흐름을 고찰하여 거대한 새로운 시장을 발견한 대표적인 예로 CNN이 있다. CNN이 처음 나왔을 때 경쟁자들은 기존의 전통적인 전략 논리를 근거로 CNN을 이해하지 못했으나 세계화라는 흐름을 바탕으로 세계 최초의 24시간 뉴스 네트워크를 창조한 CNN은 NBC, CBS, ABC처럼 스타급 앵커 없이 365일 24시간 뉴스를 통해서 새로운 블루오션을 개척하게 되었다.

이상의 여섯 가지 요소를 관찰하여 보면 이미 정립된 시장 경계선을 재구축하고 블루오션을 창출시킬 수 있는 '관습을 깨는 전략적 이동'의 방법을 찾아낼 수 있다. 또한 산업 전체와 기존 시장 구성요소를 재구축함으로써 블루오션을 창출할 수 있는 통로를 발견하게 될 것이다.

2) 숫자가 아닌 큰 그림에 포커스를 맞춰라!

위에서 언급된 블루오션의 통로를 발견한 후에는 블루오션에 도달하는 전략 기획 프로세스를 정렬하고 아이디어를 전략 캔버스(strategy canvas) 위에 작성토록 해야 한다. 즉 '숫자가 아닌 큰 그림에 포커스'를 맞춰야만 한다. 복잡한 숫자 놀음과 전문 용어보다는 주요 관심사를 큰 그림 위에 포커스를 맞출 수 있어야 한다.

전략 캔버스 작성은 다음의 세 가지 역할을 담당한다.

첫째, 산업 참여자들 간의 경쟁에 영향을 미치는 요소와 미래에 가능성이 있는 요소를 선명하게 묘사함으로써 산업의 전략적 프로파일을 보여준다.

둘째, 현재 경쟁자와 잠재적 경쟁자들이 전략적으로 투자하는 요소를 규명해 그들의 전략적 프로파일을 보여준다.

셋째, 기업이 어떻게 현재와 미래에 이 요소들에 투자할 것인가를 잘 묘사하는 전략적 프로파일을 보여준다.

① 전략 캔버스 그리기

우선, 전략은 시각적인 자각을 통해 뚜렷이 인식하여야 한다. 전략 캔버스를 작성하여 경쟁사와 자사를 비교하고, 현재 전략에서 변화할 필요가 있는 부분을 확인해야 한다. 다음으로 시각적 탐색이 필요하다. 이는 블루오션 창출의 6가지 통로를 탐색하기 위해 현장으로 나가야 하며, 대안 제품과 상품의 차별화 강점을 관찰하고 어떤 요소들을 제거, 창조 또는 변화시켜야 할지 확인해야 한다. 이후, 시각적 전략 품평회가 필요하다. 현장 조사를 통해서 얻은 통찰력을 기반으로 미래 전략 캔버스를 작성하고 고객, 경쟁자의 고객, 비고객으로부터 대안 전략 캔버스에 대한 피드백을 받고 피드백을 이용하여 최상의 미래 전략 캔버스를 작성해야 한다. 마지막으로 시각적 커뮤니케이션이 필요하다. 과거와 미래의 전략적 프로파일을 쉽게 비교할 수 있도록 한 장에 담아 사내에 비표하고 회사의 새로운 전략 실행에 도움이 되는 프로젝트나 업무를 적극적으로 지원하여야 한다.

3) 비고객을 찾아라

기회를 최대화하고 리스크를 최소화하는 전략인 블루오션을 실행하면서 블루오션의 규모를 최대화하는 방법은 무엇일까? 이 질문은 비고객을 찾음으로써 해결할 수 있다. 이 접근법은 새로운 공급 상품에 가장 큰 수요를 집결시킴으로써 신 시장 창출과 연관되는 규모의 리스크를 낮추어 준다. 또한 고객들의 차이점에 초점을 맞추기보다는 구매자들이 가치를 두는 강력한 공통점에 기초를 둘 필요가 있다. 이것은 기업이 기존 고객을 뛰어넘어 이전에 존재하지 않았던 새로운 고객을 발견할 수 있게 한다. 즉, 수요 창출을 위해서는 고객보다는 비고객을, 구매자의 차이점보다는 공통점을, 세분화 추구보다는 비세분화를 먼저 생각해야 하는 것이다.

4) 정확한 전략적 시퀀스를 만들어라

현재까지 블루오션 가능성을 발견할 수 있는 통로와 전략을 명확하게 표현할 수 있는 전략 캔버스를 작성하고 규모를 최대화할 수 있는 소비자에 대해서 살펴보았다. 다음은 수익성을 창출하기 위한 강력한 비즈니스 모델을 구축하는 것이다. 따라서 아이디어를 구체화하고 유효하게 만들어 줄 수 있는 전략적 시퀀스가 필요하다는 것이다. 블루오션 전략의 시퀀스는 구매자의 효용성이 명확해지면, 전략적 가격 책정으로 넘어간다. 단 여기서 가장 중요한 것은 구매를 이끌기 위해 '상품 가격이 최다수의 목표 구매자를 끌어들여 그들이 상품값을 지불할 수 있도록 책정되었는가'에 포커스를 맞춰야 한다. 다음으로 전략적으로 책정된 가격에 기반을 두어 이익을 낼 수 있도록 비용 목표를 달성하도록 해야 한다. 목표 비용을 맞출 수 없으면 블루오션 아이디어 자체에 수익성이 없으므로 그것을 포기하거나 목표 비용이 맞춰지도록 비즈니스 모델을 혁신해야 한다. 마지막 단계는 도입과 관련하여 아이디어 채택을 가로막는 장애 요소를 제거할 수 있어야 한다.

1.3 블루오션 전략의 실행 원칙

1) 조직상의 주요 장애를 극복하라

수익성 있는 사업 모델을 가진 블루오션 전략이 수립되면, 이를 실행에 옮겨야 한다. 블루오션 전략의 실행은 현재 상태에서 많은 변화를 요구하고 집중화를 통해 저비용으로 차별화 가치곡선으로 전환할 수 있는 구조를 만들어야 한다. 그렇지 않으면 아래와 같은 실행상의 장애가 발생할 수 있다.

첫째, 전략적 이동의 필요성을 인식하지 못하는 인지적 장애이다.

둘째, 제한된 자원의 문제, 전략 변화가 크면 클수록 실행에 더 많은 자원이 필요할 것으로 예상한다.

셋째, 꾸준하게 현재의 상황을 돌파하기 위하여 동기부여가 되어야 한다.

그러나 관리자들은 시간이 충분치 않다.

넷째, 회사 내 정치성의 장애로서 기득권층으로부터 강력한 저항이 있다.

이러한 장애를 극복하기 위해서는 급소경영 리더십(tipping point leadership)이 요구된다. 급소경영 리더십은 기업에서 드물게 활용되는 실제 인자들, 실적에 균일하지 않게 영향을 행사하는 사람, 활동, 업무 등이 있다는 사실에 기반을 둔다. 즉 수량에 비례하지 않으면서 최대의 효용성을 끌어내는 인자가 있다는 것이다. 따라서 급소경영 리더십은 핵심 플레이어들이 적극적으로 변화를 시도하도록 동기부여를 하는 데 있어 불균일적으로 긍정적인 영향을 미치는 인자나 행동을 파악한 후 일관되게 포커스를 맞춤으로써 적극 활용하고 4가지의 장애요소를 와해시키는 데 주목적이 있다.

2) 전략 실행을 전략화하라

블루오션을 실행하기 위해서 기업은 가장 기본적인 실행의 토대를 마련해야 한다. 그 기본적인 토대는 블루오션의 전략적 이동의 성공과 실패를 가름하는 '공정한 절차'이다. 시행해야 할 절차가 공정하다고 인정되면 사람들의 참여가 증가하고 만족도 또한 높아지게 마련이다. 따라서 공정한 절차가 전략 과정에 실행될 때 사람들은 공평한 장이 존재한다는 것을 믿는다. 이러한 믿음은 결국 전략적 결정에 자발적으로 협력하도록 이끌게 된다. 여기서 공정한 절차를 정의하는 참여(engagement), 설명(explanation), 기대의 명확성(clarity of expectation)이라는 세 가지 요소는 상호 보완 성격을 갖는다. 이러한 세 가지 요소가 동시에 집합적으로 적용되었을 때에야 비로소 공정한 절차가 이루어질 수 있다. 또한 세 가지 요소는 무형의 자산으로서 전략 실행의 속도와 질, 일관성을 두드러지게 하여 저비용으로 빠른 전략적 전환을 집행할 수 있도록 도와주는 것이다.

● 사례 ●

제주항공 "한국의 사우스웨스트 항공을 꿈꾼다"

국내 3대 항공사의 출발: LCC의 모범을 보이다

제주항공이 국내 저비용항공사(LCC) 업계에 성공 신화를 쓰고 있다. 창립 초기부터 고수해 온 '저원가 고수익' 사업모델을 바탕으로 한국의 사우스 웨스트 항공을 꿈꾸고 있다. 항공사는 크게, 풀서비스 캐리어 항공사(FSC)와 저비용항공사(LCC)로 구분되는데, 제주항공은 저비용항공사로 분류된다.

제주항공은 2005년 설립 이후 2006년 취항 첫해 118억원의 매출액을 기록했던 제주항공이 10년 만인 2016년 7,476억원을 올리며 60배 이상의 성장을 이룩하고 있다.

이런 폭발적인 성장이 처음부터 예견된 것은 아니었다. 2004년 창립 51주년을 맞은 애경그룹이 제주항공을 출범시키며 항공업에 발을 들였을 때만 해도 업계에선 비관적인 전망이 주를 이뤘다.

당시 항공 사업을 이끈 채형석 애경그룹 총괄부회장은 "처음 제주항공을 시작했을 때 '대체 왜 했느냐'는 말을 귀가 닳도록 들었다"고 말했다. 텃세가 심한 항공업계 특성은 물론 생활용품 업체인 애경이 항공업에 도전하는 것이 무리수라는 부정적인 시각 때문이었다. 살제, 실제 제주항공은 2006년 취항 첫해 국내선에서만 25만여 명을 실어 나르는 데 그쳤다. 설립 첫해부터 2010년까지 5년 연속 적자를 기록하기도 했다. 당시 누적 손실액만 737억원에 달했다.

애경그룹 내부에선 "괜히 항공업에 뛰어들었다"는 자조 섞인 목소리가 터져 나왔다.

10여 년이 지난 지금 우려는 불식됐다. 제주항공은 흑자 경영 실적을 바탕으로 2015년 LCC업계(제주항공·진에어·에어부산·티웨이항공·이스타항공·에어서울 등 6개사) 최초 유가증권시장에 상장했고 LCC업계 1위를 넘어 대한항공과 아시아나항공 등 대형 항공사에 이은 국내 3대 항공(매출 및 국내선·국제선 항공교통 이용자 운송 실적 기준)으로 성장했다. 애경그룹의 핵심 계열사로 제주항공을 꼽는 데 이견이 없다.

저원가 전략: 단일기종 도입 및 부대수입의 확대

제주항공이 초기에 대형 항공사와의 경쟁과 LCC 업체와의 틈바구니에서 살아남기 위해 선택한 핵심 경영 키워드는 '저원가' 전략이다.

먼저 원가우위의 확보를 위해 단일 기종 도입으로 원가를 절감했다. 제주항공이 운용 중인 항공기는 186~189석 규모의 미국 보잉사 'B737-800NG' 기종이다. 현재 운용 중인 29대의 모든 항공기가 동일 기종이다. 회사는 올해 안에 동일 기종의 항공기를 추가 도입해 총 32대를 운용할 계획이다. 이러면 동일 기종의 항공기만 30대 이상 운용하게 되는 국내 최초의 항공사가 될 것으로 보인다.

다수의 기종을 활용하면 정비에 필요한 제반 설비나 운항 승무원, 정비사 등 다양한 자원들이 각 기종에 맞게 구비돼야 한다. 반면 단일 기종만 운용하면 그 기종에 최적화된 설비와 인력을 구성해 비용 절감은 물론이고 전문성 확보에도 용이하다. 실제로 단일 기종 전략의 비용 절감효과는 세계 유수의

LCC에 의해 입증됐다. 예컨대 미국 사우스웨스트항공은 보유 중인 700대 이상의 항공기 모두가 '보잉 737' 기종이다. 이를 통해 인건비·정비비 등 항공사 운영에 큰 비중을 차지하는 주요 비용을 크게 절감하고 있다.

사우스웨스트항공에는 못 미치지만 제주항공 또한 운용 항공기 대수가 30대에 육박하면서 '규모의 경제'를 실현할 수 있다. 임대(리스)비용 및 중정(검수)비용 계약을 묶음 단위로 진행해 기존보다 큰 폭의 절감된 조건으로 원가절감 효과를 거둘 수 있다는 설명이다.

제주항공은 또 LCC의 한계를 뛰어넘기 위해 매출구조를 다변화했다. 항공사의 매출은 일반적으로 여객 매출과 부가 매출로 구성된다. 제주항공은 비수기와 성수기에 좌우되는 여객 매출에 의존하면 안정적인 수익 구조를 만들 수 없다고 보고 다양한 부가서비스를 개발했다.

특히 해외 LCC의 사업 모델을 적극 도입하며 좌석 선택과 옆 좌석 추가 구매 서비스 등을 국내 최초로 들여온 것이 주효했다.

부가 매출 구성 중 좌석 선택과 옆 좌석 추가 구매 서비스 등이 포함된 부대 수익은 82억원으로 2014년 21억원에 비해 4배가량 증가했다. 기존 부가 매출의 가장 많은 부분을 차지했던 추가 수하물(81억원)을 넘어선 것이다. 이 밖에 에어카페(28억원), 기내 판매(20억원) 부문도 전년보다 매출 비율을 높였다.

이처럼 제주항공 관계자는 "좌석 판매니 수하물 판매 등은 항공사 원가에 없는 아이템이기 때문에 회사 전체적인 이익 기여에 큰 비율을 차지한다"고 설명했다.

제주항공은 앞으로 부가 매출 비율을 단계적으로 확대할 계획이다. 말레이시아 국적의 에어아시아는 화물과 기내 판매 등을 통한 부가 매출이 전체의 약 30%를 차지한다. 아일랜드 국적의 라이언에어는 24% 수준이다. 제주항공 관계자는 "제주항공은 아직 7~8% 수준에 불과하고 지속적으로 비율이 커지고 있는 만큼 앞으로 성장 가능성이 충분하다"고 판단한다.

고수익 전략: 이익극대화 노선의 확대

제주항공은 회사 매출의 가장 큰 비율을 차지하는 여객 매출을 늘리기 위한 작업도 꾸준히 진행되고 있다. 먼저 국내선 중심에서 국제선 중심의 노선 전략으로 여객 매출을 늘렸다. 현재 일본·중국·홍콩·태국·필리핀·베트남·괌·사이판·말레이시아 등지에 35개의 국제선 정기 노선을 운항하고 있고 올해 안에 아시아·태평양 지역 주요 도시에 신규 취항과 증편을 통해 정기 노선을 50개 안팎으로 늘릴 계획이다.

이 밖에 지연과 결항 등을 낮춰 정시성을 높이고 전략 상품과 서비스 품질을 개선하는 전략으로 LCC 업체와 레드오션에서의 승리는 물론 대형 항공사의 고객 빼앗기에도 성공했다는 분석이다.

제주항공의 국내·국제선 지연율을 보면 타 LCC 항공사가 들쑥날쑥한 성적표를 보이는 것과 달리 상위에서 고른 성적을 기록하고 있다. 국토교통부의 '2016년 항공교통 서비스 보고서'에 따르면 제주항공의 국내선 지연율은 19.20%로, 6개 LCC 중 둘째로 낮다. 첫째는 티웨이항공(18.54%)이며 꼴찌는 진에어(26.95%)다. 제주항공의 국제선 지연율은 5.74%로 3위다. 에어부산(2.49%)이 1위, 티웨이항공(6.59%)이 6위다.

결항 횟수는 8개 국적 항공사(대형 항공사 및 LCC) 평균인 1.57%보다 낮은 1.36%다. 이는 2만 5,781편의 운항 계획 중 351편이 결항됐다는 의미다. 경쟁사 진에어는 1.69%로 소폭 높다. 안정성 측면에서도 비교적 양호한 성적을 기록했다.

8개 국적 항공사의 최근 3년(2014~2016)간 항공기 사고(1건) 및 준사고(12건) 현황은 총 13건이다. 이 중 제주항공은 2015년 12월 제주공항에서 B737이 비행 중 여압장치 이상으로 비상 선언 후 착륙한 1건이 등록됐다.

특히 국내선은 대형 항공사 뒤를 바짝 쫓고 있다. 지난해 기준으로 2위인 아시아나항공을 544만4,059명이 이용한 반면 제주항공은 453만3,247명이 이용해 3위를 기록했다.

국제선도 최근 비율을 확대하며 대형 항공사를 위협하고 있다. 국적 항공사의 국제선 운송 실적 중 LCC 6곳의 점유율은 2014년 약 18.34%에서 2016년 약 30.3%로 2배 정도 늘었다. 1위는 단연 제주항공이다.

제주항공은 '선도적 LCC로서 비즈니스 모델 정체성 강화를 통한 차별적 경쟁우위 확보'를 전략 목표로 설정하고 원칙과 절차 준수를 통한 안전 강화, 생산성 향상을 통한 원가 절감, 매출 다변화를 위한 부가수익 창출, 고객 만족도 향상과 브랜드 강화를 통한 시장 지배력 확대 등을 집중적으로 추진하였다.

제주항공 대표이사는 "제주항공은 혁신적인 사업모델로 우리나라 항공산업의 새 기준을 만든 개척자라는 사실에 늘 자부심을 갖고 있다"면서 "하지만 수요와 공급 불균형이나 국내외 공항 인프라 부족 등 지속 가능한 성장에 걸림돌이 될 수 있는 요소가 많다"고 주장하며, 국내 항공산업의 한계상황도 언급하고 있다.

최근, 제주항공이 창립 15년 만에 '빅3' 항공사로 도약하게 됐다. 그동안 대형 항공사(FSC)와 저비용 항공사(LCC) 간 양분 구도가 이어져 왔지만 이제는 제주항공이 대한항공·아시아나항공과 함께 시장을 이끌어갈 것으로 보여 항공업계의 지각변동이 일어날것으로 보인다.

저비용 항공 국내선 이용자 수 (단위: 만 명)

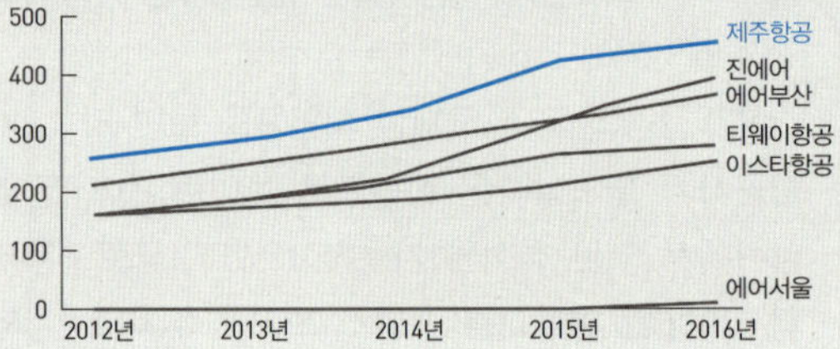

자료: 국토교통부

저비용 항공 국제선 이용자 수 (단위: 만 명)

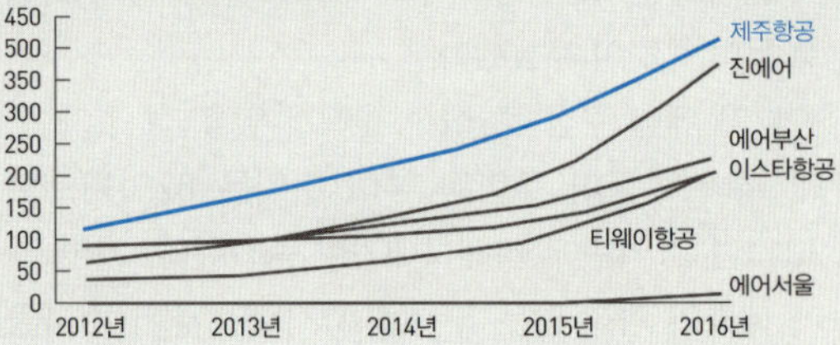

자료: 국토교통부

토의과제

1. 저비용항공사(LCC)가 원가절감을 위해 가지고 있는 특징을 찾아보자.
2. 제주항공의 저원가 전략의 원천은 무엇인가?
3. 제주항공의 고수익을 가져다 주는 요인은 무엇인가?
4. 제주항공이 한국의 많은 LCC항공사(진에어, 에어부산, 티웨이 항공) 등과의 경쟁에서 승리하기 위한 원가우위 전략은 무엇인가?

Chapter 7

자원준거관점과 핵심역량

"앞에 가던 수레가 전복한 것은 뒤에 오는 수레에게 경고하는 것이다. 앞사람의 실패를 보고 뒷사람의 경계로 삼는다."

– 한서

"성공하는 사람들이란 자기가 바라는 환경을 찾아내는 사람들이다. 발견하지 못하면 자기가 만들면 된다."

– 조지 버나드쇼

● 전략 Focus ●

초일류기업의 핵심역량의 비결

비즈니스 트렌드를 추적해 보면 전 세계적으로 일등 기업들의 시장 지배력이 더욱 확대되고 있는 모습을 확인할 수 있다. 휴대전화의 노키아, IT서비스의 IBM, PC의 델, 범용 소프트웨어의 마이크로소프트 등은 이러한 현상을 대변해 주는 기업들이다. 그러나 이와 같은 승자 독식형의 시장 구조가 여러 산업에서 보다 광범위하게 지속될 것인가에 대한 전망은 다양하다.

먼저 긴 시간을 놓고 보면 독과점 현상은 일시적인 것으로서 경쟁을 제한하는 요소만 없다면 결국에는 완전경쟁 상태로 이행할 수밖에 없을 것이라는 주장이 있다. 반면 오늘날과 같은 국제화 시대에 과점 기업들은 자본이나 브랜드 등의 우위를 바탕으로 M&A, 유통 경로 장악 등을 통해 과거보다 독점적 지배력을 유지하기가 훨씬 용이할 것이라는 의견도 무시할 수 없다.

그런데 이들 일등 기업들의 사례를 찬찬히 살펴보면 성공 비결이 단순히 그들에게 유리한 시장구도에만 있지는 않다는 점을 알 수가 있다. 예를 들어 델 컴퓨터의 경우 인터넷을 통한 직접 판매를 통해 최고 기업으로 올라 설 수 있었지만, 확보된 경쟁력을 전략적으로 대단히 효과적으로 활용하고 있음을 알 수 있다. 전 세계적인 경기 불황에다 PC수요의 포화로 인해 대부분의 컴퓨터 회사가 제품 가격을 대폭적으로 인하할 수밖에 없었던 상황이었다. 결과적으로 많은 경쟁 기업들이 수익성 악화로 고전한 데 비해 유독 델만은 상대적 선전을 보인 바 있다. 그 이유는 특유의 직접 판매로 인해 재고가 없기 때문에

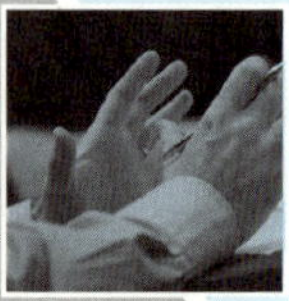

제 1 절

자원준거관점

1. 자원준거관점의 의의

한 기업이 다른 경쟁기업이 모방할 수 없는 가치 창조적인 전략을 수행할 때 그 기업은 지속적인 경쟁우위(sustainable advantage)가 있다고 할 수 있다. 이처럼 지속적인 경쟁우위는 말 그대로 단기간의 우위로 끝나는 것이 아닌 오랜 시간 동안 다른 기업에 비해 평균 이상의 수익을 누릴 수 있도록 해주는 경쟁우위를 말한다. 오랫동안 우위를 누릴 수 있다는 것은 다른 기업이 그 경쟁우위를

불황이 오자 즉각적으로 부품 조달 가격의 인하를 단행하고, 이를 제품 가격에 반영함으로써 마진율을 어느 정도 유지할 수 있었기 때문이다. 무재고 경영이라는 특유의 강점을 지렛대로 하여 남들 보다 신속하게 움직임으로써 불황기에 오히려 시장 지배력을 확대할 수 있었던 것이다.

e비즈니스 폭풍전야의 생존자 중에서도 유난히 성장세가 돋보이는 이베이(eBay)의 경우도 유사한 점이 있다. 이베이는 잘 알려진 것처럼 인터넷 경매라는 수익성 있는 사업 모델 덕분에 사업 초기부터 흑자 기조를 유지해 온 기업이다. 결과적으로 수많은 e기업들이 사라진 가운데 살아남았을 뿐 아니라 장래 사업 전망 면에서도 높은 평가를 받고 있다. 이 기업의 취급 품목을 보면 긍정적 전망을 한 번 더 확인할 수가 있다. 개인 소장품 등 일반적으로 주된 경매 대상일 것이라고 생각하는 품목의 거래 비중은 그리 높지 않으며, 자동차를 포함한 고가 공산품의 비중이 점점 더 커지고 있는 상황이다. 이베이의 성공비결을 한 마디로 말하기는 어렵다. 다만 눈 여겨 보아야 할 점은 이들의 뛰어난 데이터 분석 및 반영 능력이다. 경매가 이루어지는 거래 자료를 상품군, 거래 패턴, 고객 성향 등으로 구분하여 분석하고, 이를 통해 보다 많은 매출 및 부가가치를 달성할 수 있도록 사이트를 끊임없이 개선하는 마케팅 노력이 단연 돋보이기 때문이다. 단순히 사업 모델이 좋아서 성공을 보장받은 것이 아니라 남들이 모방하기 힘든 역량을 계속적으로 만들어 가고 있는 것이다.

이처럼 성공하는 기업의 이면에는 자신의 강점을 중심으로 경쟁력을 더욱 강화시켜, 경쟁자에 대한 진입 장벽을 더 높이 쌓아 가는 탁월한 능력이 자리 잡고 있다. 정상의 기업이든 도전하는 기업이든 끊임없는 개선과 혁신이 요구되는 이유가 여기에 있는 것이다.

모방하려고 해도 불가능하거나 가능하다 하더라도 오랜 시간이 걸린다는 것을 의미한다. 즉 지속적 경쟁우위라고 하기 위해서는 경쟁자들이 동일한 전략의 혜택을 다른 어떤 방법으로도 누릴 수 없어야 한다.

특정산업에서 중대한 환경변화로 인하여 한때 경쟁우위였던 자원이 경쟁과는 무관하게 전락하는 경우도 있다. 그러나 지속적인 경쟁우위는 경쟁자에 의해 무력화될 수 없는 것을 말한다. 전략경영의 궁극적인 관심사는 지속적인 경쟁우위의 창출이라고 할 수 있다. 그리고 지속적인 경쟁우위는 외부환경의 분석에 의해 오는 것이 아니라 내부적인 요소들을 다른 기업보다 창의적으로 관리하고 실행에 옮길 때 가능하다.

자원준거관점(resource based view: RBV)은 지속적인 경쟁우위를 차지하기 위해서는 바로 내부자원의 관리가 외부환경의 분석보다는 오히려 더욱 중요하다는 관점에서 출발하고 있다.

자원준거관점은 또한 경쟁우위의 원천이 되는 자원에 있어서 기업 간 동질성과 이동성을 인정하지 않는다. 즉, 자원준거관점은 우선 기업이 통제 가능한 전략적 자원에 있어서 동일산업에 속하는 기업 간에도 이질적이라는 것을 전제로 하며, 두 번째로 이들 자원은 기업 간에 완전하게 이동할 수는 없다고 보고 이러한 이유로 자원의 이질성은 장기간 지속될 수 있으며, 이것이 경쟁우위의 지속성을 뒷받침한다고 보았다.

자원준거관점은 경쟁우위의 지속성에 있어서 이상의 두 가지 가정, 즉 자원의 이질성과 자원이동의 불완전성이 어떤 의미를 갖는가 하는 점에 초점을 맞추어 이론을 발전시키고 있다. 이러한 자원준거관점이 전략적으로 의미를 갖는 것은 기존의 산업 조직론적 관점에서 설명하지 못했던 경쟁우위의 원천이 무엇인가에 대한 설명을 해 주며, 경쟁우위가 창출되고 지속되는 과정을 설명해 주고 있다.

1.1 외부환경관점과 자원준거관점의 비교

전략의 수립은 환경분석과 내부능력 평가에 바탕을 두고 이루어진다.

그러나 두 요소 중 어디에 보다 중점을 두는가 하는 것은 경쟁우위의 진정한 원천을 파악하는 데 따라 다르다.

1970년대 들어 환경의 불확실성이 높아지고 변화속도도 빨라지면서 환경의 중요성에 대한 인식이 증대되어 기업의 효과적인 환경적응을 모색하는 학문분야로서 전략경영이 대두되었다. 이 시기에는 산업환경에 대한 분석을 토대로 기업이 산업환경 내에서 어떤 위치를 점할 것인가 하는 경쟁지위의 탐구가 전략의 핵심주제로 인식되었다.

반면 이 당시 기업의 내부분석은 전략수립에 있어서는 크게 고려되지 못하였으며 주로 효과적 조직구조, 통제 시스템 등과 같이 전략의 실행측면에서 다루어졌다.

그러나 80년대 후반 들어 전략의 토대로서 기업의 자원과 능력의 역할에 대한 관심이 고조되었다. 기업의 자원과 능력은 경쟁우위의 획득뿐만 아니라 이를 지속적으로 유지시켜 주는 역할을 함으로써 결과적으로 기업의 성과를 결정하는 핵심요인으로 인식되었다.

이러한 관점을 반영하는 것이 소위 기업의 "자원준거관점"이다.

그림 7-1 환경중시관점과 자원준거관점의 비교

(1) 외부환경중시 관점: Porterian : 70년대~80년대

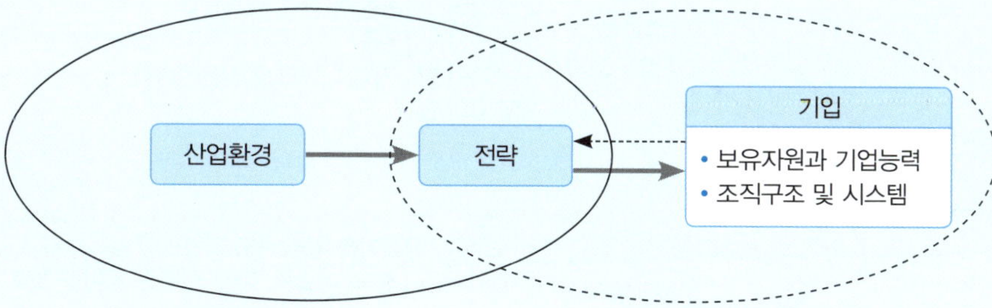

산업환경 내에서 효과적 위치 선정중시

- 산업환경분석에 중점을 둠
- 보유자원과 기업능력 등의 내부분석은 중시 않고 전략의 실행에서만 내부요인 고려

(2) 자원준거관점: 80년대 후반~현재까지

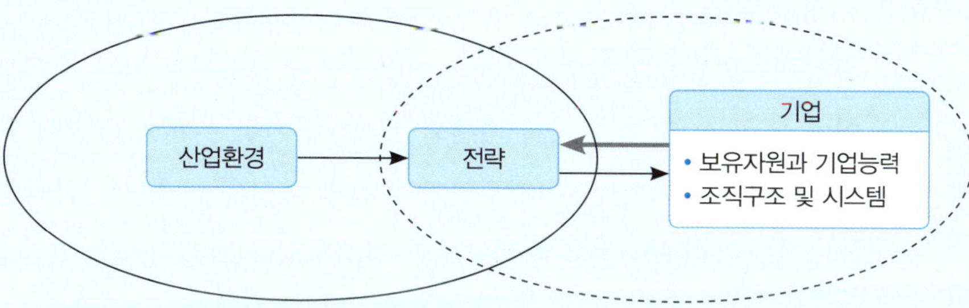

경쟁자가 모방하기 힘든 내부능력의 개발 및 활용중시

- 환경의 중요성도 인식하지만 기업의 역량을 경쟁우위의 원천으로 간주

1.2 자원준거관점의 등장

1980년대 후반이후 전략경영분야는 종래의 기업외부환경에 치중하는 분석을 지양하고 점차 기업 내부로 관심을 옮겨가게 되었다. 이처럼 기업 내부가 관심의 초점으로 등장하게 된 것은 자원기준관점(resource-based view: 이하 RBV)의 등장이다. RBV는 "기업이란 여러 생산자원의 집합체"라고 정의하는 기업이론(theory of the firm)에 입각하여 전개하고 있으며 Wernerfelt, Barney에 의해 전략경영에 도입하기 시작하였다.

그림 7-2 산업구조와 경쟁우위의 원천으로서 경영자원능력

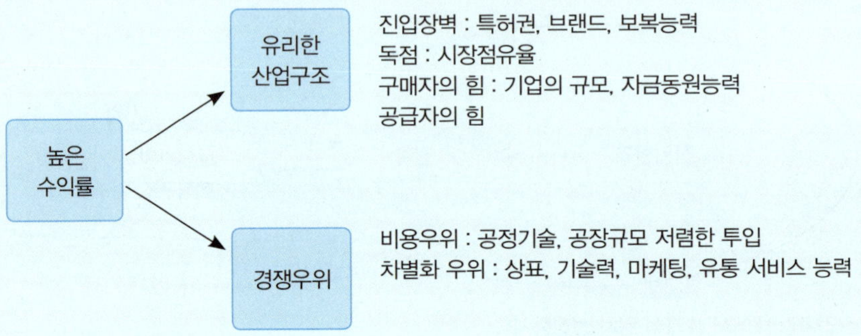

자료: 장세진, 「글로벌 시대의 경영전략」, 박영사, 1996, p.258.

산업구조분석과 경쟁우위전략을 연구하면서 간과했던 것은 산업구조와 경쟁우위가 구체적으로 어디에서 비롯되었는지에 관한 논의의 부족이었다. 자원기준관점에서는 이와 같은 경쟁우위의 원천에 초점을 맞추어 전략경영을 논하고 있다. 즉, 수익률이 높은 산업구조와 경쟁우위를 발생시키는 원천은 궁극적으로 기업이 갖고 있는 경영자원과 핵심역량에서 비롯된다는 것이다.

[그림 7-2]는 산업구조와 경쟁우위의 원천이 되는 경영자원능력에 관해 소개하고 있다.

우선 독과점적인 산업구조로 인해 얻는 높은 수익률은 기업이 갖고 있는 높은 시장점유율과 특허권 또는 상표권 등의 진입장벽과 신규진입자나 경쟁기업들에게 가격경쟁을 행할 수 있는 자금력에 좌우된다. 또한 기업의 교섭능력, 즉 구매자의 힘과 공급자의 힘에 대하여 기업이 대항할 수 있는 능력, 역시 기업의 규모와 자금력에서 비롯된다는 것을 알 수 있다.

비용우위와 차별화 우위 역시 기업의 경영자원능력에서 비롯된다. 기업의 비용우위는 기업이 보유한 생산프로세스 기술, 공장의 규모, 값싼 투입요소에서 비롯된다. 기업의 차별화 우위는 기업이 보유한 브랜드와 제품생산기술, 마케팅 능력, 유통장악능력과 같은 기업 특유의 경영자원에서 비롯된다.

그림 7-3 자원준거관점과 산업조직론적 관점의 흐름

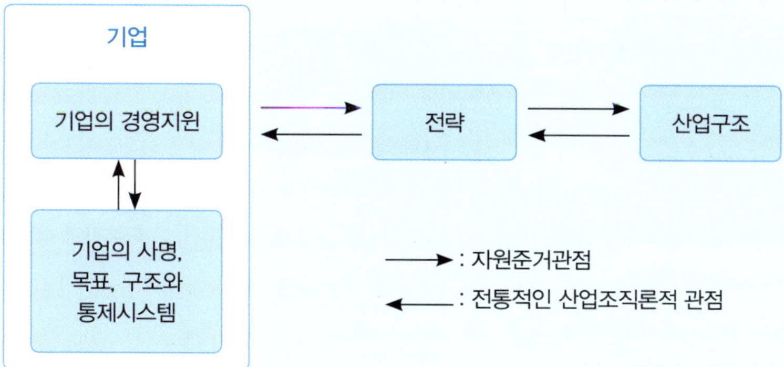

1.3 자원준거관점에 따른 전략분석의 틀

우리는 이미 매력적 산업을 규명하고 산업 내의 유리한 부문에 기업을 위치시키는 전략적 포지셔닝을 통한 외부 환경 중시의 접근이 환경이 급변하면 쉽게 수익성이 저하되며 무엇보다도 새로운 기업의 진입이나 기존 경쟁자의 모방에 효과적으로 대처하지 못함으로써 경쟁우위가 지속되지 못한다는 문제점을 노출하였다.

이는 산업의 특성보다 기업 특유의 자원과 능력이 성과에 미치는 영향이 더 크다는 연구결과에 의해서도 뒷받침된다.

이처럼 자원준거관점은 유·무형의 자원과 기업능력의 독특한 결합으로서 기업을 파악하고 기업능력과 자원을 경쟁우위의 진정한 원천으로 인식한다. 따라서 전통적인 마이클 포터를 중심으로 한 학파(Porterian)에서는 단지 경쟁우위의 유형으로서 원가우위와 차별화 우위에만 초점을 두는 데 비해 자원준거관점은 경쟁우위의 원천이 되는 자원과 능력에 초점을 둔다.

자원준거관점에 의한 분석과정은 [그림 7-4]와 같다.

그림 7-4 자원준거관점에 따른 전략분석의 틀

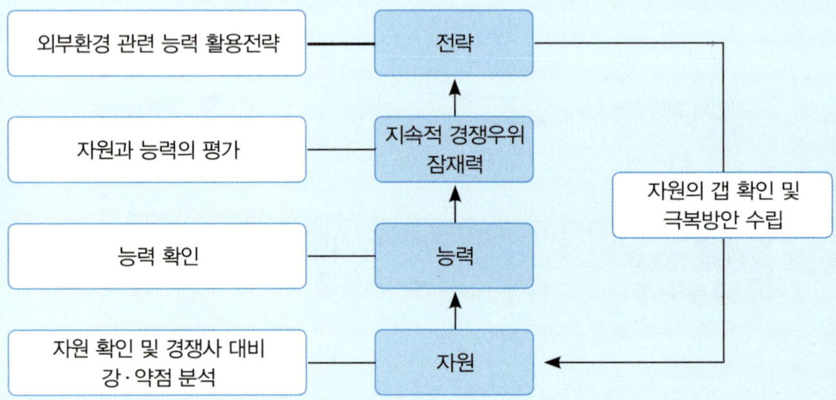

1.4 자원준거관점에 따른 전략분석의 과정

여기서는 앞에서 보여준 분석의 틀에 따라 기업능력과 자원은 무엇이며 이들이 경쟁우위의 획득에 어떤 의미를 가지는지를 알아보자.

(1) 1단계: 보유자원분석

내부분석에서 첫 번째 단계는 기업이 현재 보유하고 있는 자원을 분석하고 평가하는 것이다. 여기서 보유자원의 분석은 세 가지 측면에서 이루어진다.

- 보유자원의 규명 및 유형 분류 → 유형자원, 무형자원, 인적자원
- 경쟁사와의 비교를 통해 강·약점 평가 → unique and valuable
- 자원의 효율적 활용기회 규명 → 유·무형의 자원들이 어떻게 상호 결합하여 기업능력을 창출하는가?

(2) 2단계: 기업능력분석

기업능력이란 기업이 보유하고 있는 자원을 효과적으로 결합하여 이를 생산적으로 활용할 수 있는 능력을 말한다. 조직에 있어서 능력이란 의미는 개인

에게 있어서 기능을 갖는 의미이다. 따라서 기업능력은 그 정의상 무형적 속성에 해당된다.

자원과 기업능력을 구분하는 것은 경쟁우위의 창출을 이해하는 데 매우 중요하다. 어떤 기업이 아무리 독특하고 가치 있는 자원을 보유하고 있다고 하더라도 이러한 자원을 효과적으로 활용할 수 있는 능력이 없으면 경쟁우위를 획득하거나 이를 지속적으로 유지할 수 없게 된다. 따라서 자원은 그 자체만으로는 가치를 창출할 수 없게 된다.

반면 기업이 독특하고 가치 있는 자원을 보유하고 있지 않더라도 경쟁자가 가지고 있지 못한 능력이 있으면 경쟁우위를 획득할 수 있다. 미국의 철강업체인 Nucor는 제품원가가 가장 낮은 철강업체로 알려져 있는데, 이처럼 Nucor의 원가우위는 보유자원을 효과적으로 활용하는 방식, 효율성, 작은 본사, 탄력적인 기업문화 등과 같은 기업능력으로부터 창출되는 것이다.

기업능력 분석의 목적은 경쟁자보다 더 잘할 수 있는 것을 찾아서 이를 적극적으로 활용할 수 있는 전략을 수립하기 위한 것이다. 그러나 기업능력은 여러 유형의 자원들의 결합과 이를 활용하는 무형의 능력으로부터 파생되는 것이므로 이를 명확히 규명하는 것은 쉽지 않다.

(3) 3단계: 기업능력 및 자원과 경쟁우위

3단계는 자원과 기업능력이 이익을 창출할 수 있는 잠재력을 결정하는 데 있어서 중요한 속성들을 제시한다. 경쟁우위는 획득된 경쟁우위의 정도와 해당 경쟁우위가 시간의 흐름에 따라 계속 유지될 수 있는가 하는 경쟁우위의 지속성의 두 가지로 구분될 수 있다.

① 경쟁우위의 정도

기업능력과 보유자원에 의해 경쟁우위를 확보하기 위해서는 다음과 같은 두 가지 조건이 요구된다.

첫째, 자원과 능력이 독특하고 희소한 것이어야 한다. 만약 자원이나 기업능력이 산업 내에서 쉽게 획득 가능한 것이라면 이는 경쟁을 위한 기본 조건일 뿐 경쟁우위의 원천은 될 수 없다.

둘째, 자원과 능력이 가치 있는 것이어야 한다. 이는 기업이 보유하고 있는 자원과 능력이 해당 기업의 가치창출에 기여해야 함을 의미한다. 따라서 자원과 능력의 가치는 산업 내 핵심성공요인과 관련지어 평가할 수 있다.

② 경쟁우위의 지속성

기업이 획득한 경쟁우위가 지속될 수 없다면 기업의 성과는 장기적으로 보장될 수 없다. 따라서 경쟁우위를 추구하는 경우, 경쟁우위의 획득뿐만 아니라 그 지속성 여부를 평가하는 것이 필요하다.

전략수립에 있어 외부환경 중시의 관점이 지니는 한계 중의 하나는 제품시장에서 유리한 위치의 점유에 의해 창출된 경쟁우위인 경우, 경쟁사가 이를 모방하거나 새로운 기업이 해당부문에 진입하게 되면 쉽게 경쟁우위가 상실되어 이를 지속적으로 유지하기가 힘들다는 것이다.

경쟁우위의 지속성에 영향을 미치는 요인으로서 기업능력과 자원의 지속성(durability), 경쟁기업의 모방가능성(imitability) 및 다른 자원과 능력에 의한 대체 가능성(substitutability)을 들 수 있다.

(4) 자원과 능력의 개발

지금까지 분석은 현존하는 자원과 능력을 평가하고 이를 활용하는 데 중점을 두고 이루어졌다. 그러나 전략은 단지 기업의 강점을 활용하는 관점에서만 아니라 기업의 장기적 성과 확보를 위해 현재의 자원과 능력을 보호하고 이를 확대 개선하는 데 대한 노력과 투자라는 관점에서도 검토되어야 한다.

따라서 전략을 수립할 때에는 현재의 자원과 능력을 최대한 활용할 수 있는가 하는 측면뿐만 아니라 장기적으로 경쟁우위를 획득하고 이를 유지하기 위해서 확대, 개선되어야 할 자원과 능력은 무엇인가를 규명하고 이를 개발, 축적하는데 전략이 어떻게 기여할 수 있는가 하는 측면도 검토되어야 한다.

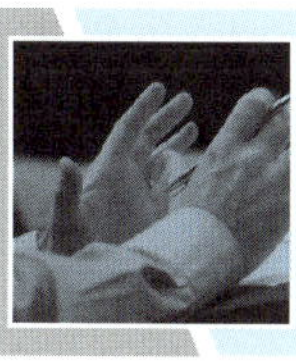

제 2 절

핵심역량

1. 핵심역량의 의의

시장이 아무리 좋은 기회를 제공하더라도 내부적으로 어떠한 역량을 보유하고 있는지를 정확히 파악하지 못하거나, 적절한 역량을 확보하고 있지 못하면 기회를 충분히 활용하지 못할 뿐만 아니라 장기적으로 위협이 될 수 있다. 어떠한 시장환경에서라도 핵심역량을 확보하고만 있다면 기회와 위협요인을 자사에 유리한 방향으로 이끌어갈 수 있는 가능성은 커진다.

기업이 자신의 역량을 과대평가해서 만든 전략은 오히려 기업을 위태로운 상태로 몰아넣을 수도 있으며, 반대로 지나치게 과소평가해서 수립하면 여러 가지 좋은 기회를 놓쳐 성장의 호기를 상실하기도 한다. 따라서 기업이 핵심역량을 분석할 때에는 상당히 탄력적인 사고가 요구된다. 자사의 여러 가지 능력을 고정된 것에 집착하지 말고 변동적인 것과 회사 내부에 고유하게 축적되어 있는 무형자산도 함께 고려해야 한다.

1.1 핵심역량의 개념

전통적으로 많은 기업들이 기업전체전략을 수립하기 위해 우선적으로 산업환경변화, 고객의 욕구변화, 경쟁자의 동향 등에 보다 많은 관심을 가져왔다. 그러나 외부환경적인 관점에서 접근하면 기업이 지속적인 경쟁우위를 확보하는 데는 한계를 보여 왔다. 따라서 90년대 초 이후에는 외부환경을 먼저 고려하는 외부 지향적 접근(outside-in approach)보다 기업 내부를 먼저 들여다보는 내부 지향적 접근(inside-out approach)을 더 많이 고려하게 되었다.

왜냐하면, 기업들이 투자한 신규 사업들이 산업의 매력도만을 통해 시작되었지만, 새로운 경쟁자의 진입으로 자신이 구축한 사업영역에서 경쟁력이 저하되었기 때문에 경쟁우위를 유지하는 데 실패하였기 때문이다. 따라서 초우량기업들은 단순한 외부환경적인 접근보다는 보다 근원적으로 자신의 역량 중심으로 신규투자를 하였고 경영전략의 수립에서도 기업 내부의 능력에 보다 많은 가중치를 두고 있다. 여기에서 등장한 개념이 바로 '핵심역량'이다.

핵심역량을 한마디로 요약하면, 과거에 그 기업을 이끌어 왔으며 보완 과정을 거치고 추가로 역량을 축적하면 미래성장의 견인차 역할을 할 수 있는, 기업 내부에 공유되어 있는 특유의 총체적인 능력, 기술, 지식, 문화 등을 의미한다. 특히 기업의 외적인 규모나 자금력과 같은 가시적인 것 외에도 기업의 이미지, 구성원들의 창의성, 도전력, 협력업체와의 관계, 도전적인 기업 문화 등 눈에 보이지 않는 무형적인 측면의 역량도 핵심역량이 될 수 있다.

핵심역량의 개념은 다음과 같은 질문에서 비롯된다.

- 우리의 뛰어난 분야는 어디에 있는가?
- 과거 우리에게 성공을 가져다주었던 것은 어떠한 기술, 지식, 서비스였는가?
- 현재 수행하는 여러 사업의 바탕이 되는 공통적인 기술이나 능력은 무엇인가?
- 축적된 핵심역량을 미래에 최상으로 이용할 수 있는 방법은 무엇인가?
- 미래의 환경변화에 대응해 기존의 역량에 어떠한 역량을 축적해야 되겠는가?
- 이러한 핵심역량을 갖추기 위해서 무엇이 필요한가?

Prahalad와 Hamel(1990)이 최초로 언급한 핵심역량(core competence)은 기업이 보유한 차별적 능력(distinctive competence)과 비슷한 개념으로 고객에게 가치를 높이거나 그 가치가 전달되는 과정을 보다 더 효율적으로 할 수 있는 특정한 방법의 능력을 지칭하며 이러한 능력이 신규 사업으로 진출할 수 있는 능력이 된다. 이러한 개념에서 출발한 핵심역량은 특정기업이 잘하는 절대적인 능력은 의미가 없고 경쟁기업에 비해 그 기업이 잘할 수 있는 상대적인 능력이 의미를 갖게 된다.

핵심역량경영이 왜 90년대 이후 활발하게 논의되고 있는가 하는 것은 핵심역량의 필요성을 이해하는 데 도움을 줄 것이다.

첫째, 세계화·국제화로 인하여 외국기업과의 경쟁관계가 보호막이 제거되면서 기업들 스스로 무한경쟁의 시대에 자신들의 능력으로 해결해야 하는 인식을 하게 되었다.

둘째, 기업경영에 있어서 성과의 결정요인 가운데 기술개발이 차지하는 비중이 점점 더 커지고 있으며 이와 같은 상황은 앞으로의 기업경영의 방향이 핵심역량을 이용하여 새로운 제품개발과 원가절감 그리고 품질의 고급화를 통하여 기업의 경쟁력을 향상시켜야 하는 문제를 인식하게 되었다.

셋째, 경제의 소프트화 현상이 진전되고 있다.

경제의 소프트화(soft)란 탈공업화를 의미하는 것으로 기업이 제공하는 경제재가 차지하는 비중이 커지고 있음을 의미한다. 즉, 하드(hard)한 제품 위주의 공업화에서 제품에 수반되는 부가가치(예: A/S)와 제품에 수반되지 않는 서비스(예: 유통)가 더욱 중요한 의미를 가지고 있으며 이에 따른 고객유치가 보다 더 복잡해졌다는 뜻이다. 따라서 이러한 소프트화 현상에 대응할 수 있는 추가적인 핵심역량이 절실하게 요구되었다.

전략을 효과적으로 전개하기 위해서 등장하는 핵심역량이 전사적 차원에서 고려될 때는 사업 전체의 연결고리를 형성하는 중요한 개념으로 작용한다. 핵심역량을 이처럼 강조하는 이유는 다음과 같다.

첫째, 기업의 핵심역량을 파악함으로써 현재 영위하고 있는 사업의 경쟁력을 판단할 수 있다. 또한 사양 산업에서의 철수는 그 분야가 가지고 있는 기술력을 포기하는 것과 같은 것이므로 자사의 핵심역량이 판단의 기준이 될 수 있다.

둘째, 전략적 제휴를 효과적으로 활용할 수 있는 기반이 된다. 전략적 제휴나 라이선스를 통하여 새로운 핵심역량을 확보하기 위해서는 자신이 보유하고 있는 핵심역량을 정확히 알고 있어야 한다.

셋째, 사업 다각화에 대한 기준을 제공한다. 기업들이 사업을 전개해 나갈 때 핵심 사업을 기본으로, 이를 적극적으로 활용할 수 있는 분야로 진출을 모색하기 위해서는 자사의 핵심역량이 무엇인가를 정확하게 파악하는 것이 우선되어야 한다.

넷째, 조직의 활성화를 주도할 수 있다. 핵심역량을 추구하고 발전시켜나가는 기업들의 공통적인 특징은 조직이 능동적이며 활동적이라는 것이다. 이는 전사 차원의 목표를 명확하게 함으로써 개별사업부의 목표와 일치할 수 있으며, 사업부간 시너지 확대와 조직 구성원의 시야를 넓혀주는 역할을 하게 되는 것이다.

위에서 제시한 핵심역량에 대한 분석을 통해 최근 초우량 기업들이 강화시키고 있는 핵심역량의 개념을 종합해 보면 다음과 같다.

핵심역량이란 "과거에 그 기업을 이끌어 왔으며 적절하게 전환되거나 추가의 역량을 축적시키면서 미래 성장의 견인차 역할을 할 수 있는 기업 내부에 공유되고 있는 기업 특유의 총체적인 능력, 기술, 지식을 의미한다. 또한 핵심역량이란 단절되어 있는 능력, 지식, 기술이라기보다는 일련의 통합된 기술이나 기능을 뜻한다."

여기서 주의해야 할 사항은 핵심역량의 논리가 업종 전문화의 논리가 아니라는 사실이다. 즉 기업이 핵심역량을 가진 사업을 중심으로 업종을 전문화해야 세계 경쟁에서 이길 수 있다는 것은 지나치게 국지적인 해석이 될 수 있다. 핵심역량경영이란 상품이나 업종을 기준으로 하는 것이 아니라 기업의 근저에 흐르고 있는 역량을 바탕으로 다각화를 추구하는 것을 의미한다. 가령, 특정판매회사가 판매측면에서 핵심역량을 가지고 있다면 판매역량을 바탕으로 타 제품, 타 업종으로 얼마든지 다각화할 수 있다는 것이다.

예를 들어 (주)웅진의 경우 화장품 사업을 통해 구축한 "방문판매시스템"이란 독특한 핵심역량을 이용하여 출판사업, 정수기 사업으로 다각화를 성공적으로 이룩한 것은 비관련 업종으로도 핵심역량이 이전 가능함을 보여주는 것이다.

1.2 경쟁우위의 뿌리로서 핵심역량

모든 기업들이 원가의 절감과 품질의 향상을 꾀하고 있음으로 원가나 품질을 통한 전략은 더 이상 범세계적인 시장에서 차별적인 경쟁우위가 될 수 없으며 단지 생존에 필수적인 필요조건에 불과하다. 기업은 사업을 해 나가면서 적절하게 변환과정을 거쳐 미래 성장의 견인차 역할을 할 기업의 특유능력과 조직 전체의 기술 및 지식이 밑바탕을 이루고 있어야만 경쟁우위로 작용할 수 있다. 핵심역량의 접근법은 한 기업의 사업을 기본적으로 받쳐주고 있는 사업능력을 찾아내 그것을 육성시키고 이러한 사업능력들을 새로운 고성장 시장으로 진출하는 데 성공할 확률이 높으며 주요 경쟁자나 업계 선도 기업으로 등장하기도 한다.

핵심역량이란 특정한 기업이 보유하고 있는 우월적인 내부역량으로서 경쟁사와 차별될 뿐 아니라 사업성공의 핵심으로 작용하는 힘이다. 그러므로 핵심역량은 조직에서 통합적 학습, 특히 다양한 사업기술을 어떻게 조정하고 복합적인 사업기술의 흐름을 어떻게 통합할 것인가를 배우는 학습이라고도 할 수 있다.

핵심역량은 사용한다고 없어지는 것은 아니며 적용되고 공유할수록 더욱 향상된다. Prahalad & Hamel(1990)은 핵심역량은 연구개발에 경쟁자를 능가하는 지출을 한다거나 사업단위를 수직적으로 통합하는 것만을 의미하지 않는다고 주장한다. 이는 설정된 목표를 향하여 자원을 최대한으로 활용하는 자세가 필요하다고 보았다.

그림 7-5 뿌리로서 핵심역량의 역할

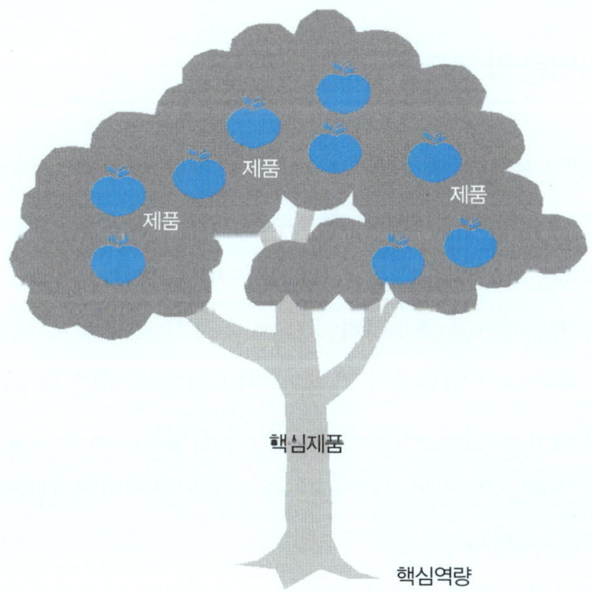

핵심역량을 이용한 제품은 다양한 최종제품들을 유형적으로 연결시킬 수 있다. 최종제품보다는 실제로 최종제품의 가치에 기여하는 구성품이나 중간 조립품들이 핵심역량이라고 보면 된다. 즉, 나무의 뿌리를 핵심역량이라고 한다면 핵심사업은 몸통과 굵은 가지이며 최종제품은 나뭇잎과 꽃이라고 할 수 있다. 예를 들어 캐논의 레이저 프린트의 시장점유율은 미미한 편이지만 레이저 프린트에 들어가는 캐논의 "엔진"이 차지하는 세계시장 점유율은 84%나 된다. 여기에서 우리는 캐논의 핵심역량은 레이저 프린트가 아니라 바로 각종 프린트의 핵심을 구성하는 엔진이 핵심역량임을 알 수 있다.

이러한 핵심역량을 이용한 제품 전략은 관련부분의 시장점유율에서 최대화를 목표로 하는 것으로 단순히 최종제품에서 최고의 시장점유율 달성을 목표로 하는 것은 아니다. 경쟁자들이 더 높은 최종제품의 시장점유율을 가질 수 있으나, 실제적인 시장점유율을 고려할 때 경쟁자들을 "속 빈 강정"으로 만드는 것이라고 볼 수 있다. 핵심역량을 이용한 제품들은 새로운 제품을 개발할 때 시간, 비용, 위험도를 감수할 수 있으면서도 규모의 경제와 범위의 경제를 이룩하는 데에도 도움이 된다.

2. 핵심역량의 조건

기업내부의 능력은 여러 분야에서 다양한 형태로 나타날 수 있다. 그러나 그 모든 능력들이 핵심역량이 될 수는 없다. 그중에서도 기업에게 지속적인 경쟁우위를 제공해 줄 수 있는 핵심역량은 어떤 것인가? 이는 핵심역량의 조건들을 충족시키는 것으로 가능하다.

먼저 자원과 기업능력이 기업의 이익 창출에 어떤 잠재력을 가지고 있는지를 평가할 필요가 있다. 이를 통해 자원과 기업능력이 이익을 창출할 수 있는 잠재력을 결정하는 데 있어서 중요한 속성들을 찾아내면 이것이 바로 핵심역량의 조건들이 될 수 있다.

우선 이익창출의 잠재력이란 곧 경쟁우위의 정도를 의미하는데, 경쟁우위는 획득된 경쟁우위의 정도와 경쟁우위의 지속성의 두 가지로 구분할 수 있다.

경쟁우위의 정도는 자원과 능력이 가치 있는 것(value)이어야 하고 독특하고 희소한 것(rarity)이어야 한다. 가치가 있다는 것은 어떤 기업이 보유하고 있는 자원과 능력이 해당 기업의 가치창출에 기여해야 함을 의미한다. 보유한 자원이 가치가 있을 때 그 자원이 지속적인 경쟁우위의 원천이 될 수 있다. 자원이 유용하다는 것은 기업의 효율성과 생산성을 증대시키기 위한 전략을 수립하고 실행하는 데 도움을 줄 수 있다는 것을 의미한다.

또한 희소성 있다는 것은 산업 내에서 쉽게 획득 가능한 것이 아니라 독특한 것이어야 한다. 어떤 기업이 보유한 자원을 다수의 경쟁기업과 잠재적 경쟁기업이 보유하고 있다면 이 자원은 경쟁우위의 원천이 될 수 없다. 즉, 어떤 자원의 유용성이 높다고 하더라도 희소성이 없을 경우 그 자원은 경쟁우위의 원천이 되기는 어렵다고 할 수 있다. 이런 점에서 다른 기업이 그 자원을 보유하고 있지 않을수록 자원의 희소성이 증대되고, 그러한 자원을 보유한 기업은 보유하지 않은 기업에 비해 경쟁우위를 갖게 된다.

한편, 기업이 획득한 경쟁우위가 지속될 수 없다면 기업의 성과는 장기적으로 보장받을 수 없다. 따라서 경쟁우위를 추구하는 경우 경쟁우위의 획득뿐만 아니라 그 지속성 여부를 평가하는 작업이 필요하다. 경쟁우위의 지속성에 영향을 미치는 요인으로서 경쟁기업의 모방 불가성(inimitability)을 들 수 있다. 경쟁우위의 획득에 기여한 자원이나 기업능력이 경쟁자에 의해 쉽게 모방될 수 있으면 경쟁우위는 지속되기 어렵다. 따라서 경쟁기업의 모방의 불가성에 따라 경쟁우위의 지속성 여부가 평가된다. 유용하면서도 희소한 자원이라 하더라도 장기적으로 다른 기업들이 이들 자원을 획득할 수 없을 때, 즉 안전하게 모방할 수 없을 때 비로소 경쟁우위를 지속적으로 유지시킬 수 있다. 다음과 같은 경우에 모방의 불완전성이 크게 나타난다.

- 특정자원을 획득하기 위해서는 독특한 역사적 조건(기업의 독특한 성장과정과 기업문화 조성)이 갖추어져야 할 때
- 기업이 보유하고 있는 자원과 기업의 지속적 경쟁우위 간의 연관성에 대

한 인과관계가 모호할 때

- 경쟁우위가 기업이미지, 기업의 대외적 유대관계 등 사회적 복잡성에 의해 나타날 때

일반적으로 좋은 사업 아이템을 찾아냈을 때에는 가치 있는 것(value)과 희소성이 있는 것(rarity)의 조건은 충족되지만 모방 불가성의 조건을 충족시키지 못하는 경우가 많다. 예를 들어, 웅진식품이 개발한 '초록매실'은 경쟁우위의 정도의 기준인 가치와 희소성의 조건을 충족시켜 히트상품이 되었다. 그러나 롯데, 해태 등 대기업들의 진입으로 인해 웅진식품의 '초록매실' 제품의 차별화가 없어졌다면 이는 모방 가능성으로 인해 지속적인 수익을 창출할 수 없게 되는 것이다. 반면에 '초록매실'의 등장 이후 다른 제품이 진입하더라도 그들의 제품이 벤치마킹을 통해서도 모방할 수 없는 초록매실만의 노하우가 있다면 이는 경쟁우위는 지속적으로 창출할 수 있게 된다.

이상의 그림을 통해 핵심역량의 조건을 살펴보았는데, 실제 가치, 희소성, 모방 불가성의 3가지 기준과 성과의 관계를 살펴보면 다음과 같다.

우선 가치 있는 기업능력도 없고 희소성과 모방불가성이 없다면 기업의 경쟁적 지위는 열위적인 위치에 있으며 낮은 수익을 올릴 것이다. 둘째, 가치 있는

그림 7-6 핵심역량의 조건과 성과의 변화

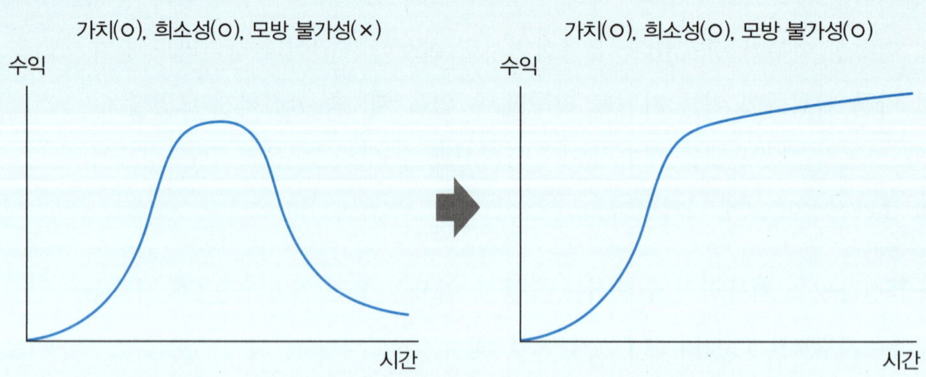

기업자원능력은 보유하고 있으나 희소성이 없다면 경쟁적 지위와 성과는 그저 그런 평균 정도의 수준에 머무를 것이다. 셋째, 가치 있는 기업자원능력도 있고 희소성이 있으나 모방불가성이 없다며 한시적인 경쟁우위와 한시적인 고수익을 달성할 것이다. 넷째, 가치 있는 자원능력과 희소성, 모방불가성, 이 세 가지를 모두 가지고 있다면 지속적 경쟁우위를 유지할 수 있고 성과에 있어서도 지속적으로 고수익을 올릴 수 있다.

한편 제이 B. 바니(Jay B. Barney)가 고안한 VRIO의 프레임워크는 자원기반 관점(RBV, Resource Based View) 이론을 분석하는 툴이다. VRIO란 기업이 보유한 경영자원과 활용 능력을 가치(Value), 희소성(Rarity), 모방가능성(Imitability), 조직(Organization)이라는 기준으로 분석한다.

VRIO의 분석기업은 기업이 경쟁우위를 확보할 수 있느냐는 보유한 경영자원과 그것을 활용할 수 있는 능력에 근거하고 있다. 예를 들면 자사가 보유한 기술력의 우위성을 분석한다고 가정하자. 그 기술력으로 기회를 잡거나 위협을 타파할 수 있는지 생각하는 것이 경제 가치다. 희소성이란 그 기술을 보유한 기업이 얼마나 많은지 분석하는 것이다.

또 그 기술을 보유하지 않은 기업이 기술을 보유하려고 할 경우 얼마나 비용이 들고 불리한지 따져보는 것이 모방 가능성이다. 마지막으로 조직은 그 기술력을 활용할 수 있는 조직 체제와 시스템을 갖추었는지 분석하는 것이다. 이 4가지 조건을 만족시키면 지속적인 경쟁우위 요소를 확보했다고 판단한다.

표 7-1 VRIO 프레임워크

Valuable?	Rare?	Costly to Imitate?	Organized Properly?	Competitive Implications	Economic Implications
No			No	Disadvantage	Below Nomal
Yes	No		↑	Parity	Nomal
Yes	Yes	No		Temporary Advantage	Above Nomal (at least for some amount of time)
Yes	Yes	Yes	↓ Yes	Sustained Advantage	Above Nomal

● 사례 ●

나이키와 리복의 핵심역량의 차이

1980년대 나이키와 리복은 미국 운동화 시장을 두고 치열한 경쟁을 펼쳤다. 사람들은 이 둘의 경쟁 관계를 가리켜 '미 운동화 업계의 코카콜라와 펩시'라고 불렀다. 1989년까지만 해도 나이키와 리복은 규모와 상품군, 브랜드 인지도 면에서 거의 대등한 수준을 보였다. 그러나 리복이 자신의 핵심 사업인 스포츠웨어에서 눈을 돌려 랄프 로렌 신발, 보스턴 웨일러 보트, 웨스턴 부츠, 골프웨어 등에 손을 대기 시작하면서 두 회사 간의 경쟁 구도가 사실상 끝났다. 여기저기 사업에 손을 대며 위태롭게 떠돌던 리복은 결국 2006년 아디다스에 매각되고야 말았다. 반면 나이키는 특유의 스우시(swoosh) 로고를 이용한 브랜드, 스포츠 선수와 파트너십, 디자인과 신소재, 아시아권의 효율적인 공급망 등 4가지 요소를 갖춘 선순환 사업 모델을 갖추는 데 성공했다.

이를 두고, 〈최고의 전략은 무엇인가(Repeatability)〉의 저자 크리스 주크 베인앤드컴퍼니 글로벌전략부문 대표는 나이키에는 있고 리복에는 없던 것을 '반복 가능한 위대한 모델(Great Repeatable Model)'이라고 칭한다.

'반복 가능한 위대한 모델'은 동일한 사업을 계속 반복하란 뜻이 아니다. 다음 3가지 원칙을 갖추고 있어야 한다. 첫째, 사업 전략이 명확한 강점(핵심 역량)이나 차별화 요소에 뿌리를 두고 있고 다양한 환경에 반복적으로 적용이 가능해야 한다. 즉 새로운 고객과 지역, 형태 등에 맞춰 약간의 개선과 재정의를 거치면서 꾸준히 반복이 가능한 사업 모델이어야 하다는 뜻이다. 둘째, 해당 전략을 일선 직원들의 행동과 일상 업무 방식에 명확히 연계시킬 수 있어야 한다. 즉 머리와 손발의 호흡이 척척 맞아야 한다. 셋째, 제품에 대한 소비자 반응이나 직원의 학습, 관찰 등 내부적인 학습체계 구축에 투자를 아끼지 않고 이를 경쟁 우위로 삼는 것이다.

나이키는 4가지 핵심 역량을 기반으로 하는 비즈니스 모델을 활용해 골프 등 여러 신규 사업에서 반복적으로 성공했다. 반면 리복은 스포츠웨어의 핵심 역량을 다른 사업에서 활용하지 못하면서 반복 가능한 성공 모델을 구축하는 데 실패했다.

나이키의 확장전략: 순차적 핵심역량의 이전

1980년대 초만 해도 나이키는 미국을 중심으로 농구화를 생산하던 스포츠 용품 회사에 불과했다. 농구화를 만들던 나이키는 자사의 핵심 역량이 농구와 관련된 고객군 내에서의 브랜드 지명도와 이와 관련된 물류 및 판매 채널임을 이해하고 이를 확대 적용할 수 있는 인접 시장을 찾기 시작한다.

당연한 결과이지만 이어서 농구 셔츠와 바지를 생산하기 시작한다. 농구 의류에 성공한 나이키는 이어 농구공의 제작에도 나선다. 해당 상품으로 미국

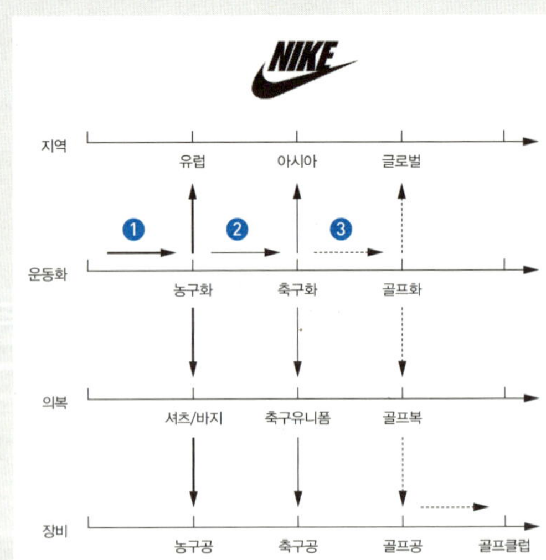

내 시장에서 어느 정도 성공한 나이키는 해당 제품군을 들고 유럽 시장으로 진출한다. 유럽 시장에서도 소기의 성과를 달성하자, 이러한 성공 경험을 축구 종목으로도 확장시킨다. 축구화를 먼저 만들었고, 이어 축구 유니폼과 축구공도 만들었다. 농구용품을 만들면서 경험했던 성공 노하우를 축구용품에도 성공적으로 확대 적용한 것이다. 이러한 성공 경험을 유럽뿐만 아니라 아시아 지역으로까지 확장시켰고, 종목이 다른 골프 용품과 지역이 다른 글로벌 전체 시장으로 확장시켰다. 이러한 확장 전략은 동시에 일어나지 않았다. 회사 역량을 총동원해 집중하되 한 번에 한 단계씩만 확장이 이루어졌다.

리복의 확장전략: 일관성 없는 핵심역량의 이전

반면 리복은 동일 기간 중 리복의 생산 제품 변화는 일관성이 없었다. 80년대 초 에어로빅용 신발을 생산하던 리복은 83년 테니스 슈즈를 만들기 시작했다. 이어 86년부터는 Weebok, Avia, John Frye Boots라는 타업종, 타브랜드 신발을 만들기 시작했고, 88년부터는 Ellesse, Rockport 등의 타브랜드 잡화로 영역을 확장시켰다. 89년부터는 보트 산업과 골프 용품 산업에까지 손을 대기 시작했다. 타업종에서 큰 성과를 거두지 못하자 다시 운동화 시장으로 돌아오기도 했고 이어 타 브랜드의 잡화 용품 등으로도 눈길을 돌렸다.

이러한 사업 전략에 따른 결과 차이는 매우 컸다. 87년에서 2004년 사이에 나이키의 시장가치는 83배 성장하였고, 리복은 3.5배 성장에 그쳤다. 해당 기간 중 나이키의 CAGR(연평균 누적 성장률)은 29%였고, 리복은 4% 수준이었다. 나이키는 확장 가능한 인접 시장 및 핵심 역량에 대한 정확한 이해를 바탕으로 한 번의 큰 성공이 아닌 작지만 반복되는 성공을 추구하였다. 인접 시장으로의 확장 과정에서 배운 노하우를 또 다른 패턴의 확장에 반복 적용함으로써 실패 리스크를 최소화하고 시너지를 극대화할 수 있었다.

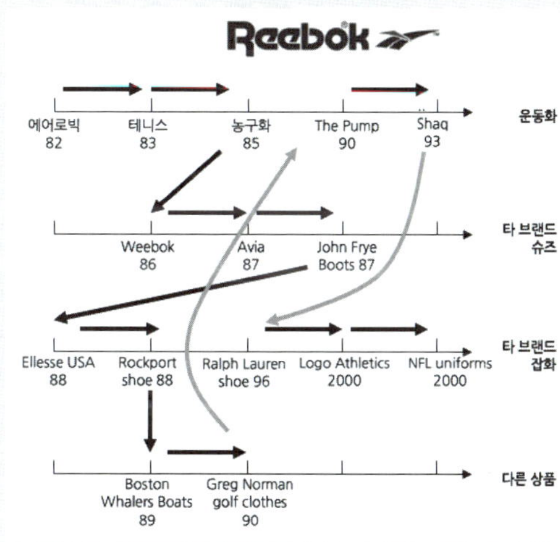

토의과제

1. 반복가능한 위대한 모델의 3가지 특징은 무엇인가?
2. 나이키가 성공한 순차적인 핵심역량의 이전의 원천은 무엇인가?
3. 리복이 실패한 일관성 없는 핵심역량의 이전의 이유는 무엇인가?
4 '핵심을 확장하라'라는 의미에서 경쟁우위의 원천을 찾아보자.

03

우리는 제2부에서 사업부 전략에 대하여 살펴보았다. 전략경영의 또 다른 문제는 다각화된 기업의 전략적 의사결정에 관한 것이다. 즉 기업수준의 경영전략이 전략의 수립에서 또 다른 중요한 과제가 된다. 기업수준 전략은 대체로 두 가지의 문제로 압축된다. 첫째는 어떤 사업에 어떤 방법으로 참여할 것인가의 문제와 둘째로 여러 사업부문들을 통제하고 각 사업부문들 간의 관계를 어떻게 관리할 것인가 하는 문제이다.

사업의 참여 문제는 다각화 전략에서 주로 논의하며 사업부문 간의 통제는 다각화된 기업의 관리에서 논의하며, 또 다른 사업부문들을 통제하고 관리하는 형태인 경영혁신의 문제를 논의할 것이다.

따라서 제3부에서는 전략의 수립과정에서 기업수준의 전략에서 외부적인 환경의 변화에 어떻게 대응할 것인가에 초점을 맞추어 기업전략에 관한 문제를 살펴보기로 하자.

PART 3

기업수준의 경영전략

Chapter 8

기업의 다각화 전략

다각화를 통하여 최상의 가치를 달성할 수 있기 위해서는 관련성의 정도에 달려 있다.

– Phillippe Very

대부분의 기업들은 다각화 전략을 통하여 가치를 창출하기 보다는 가치를 파괴하게 된다.

– Michael Porter

● 전략 Focus ●

GE의 다각화 경영

GE는 19세기 말 설립 이후 전기 설비 사업에 종사하는 기업으로서 웨스팅하우스나 지멘스처럼 신속하게 사업을 확장해 나갔다. 제품 라인의 숫자는 1900년의 10개에서 1940년에는 281개로 기하급수적으로 늘어났다. 이때까지는 중앙집권화된 기업 본부에 의해 수많은 사업 단위가 통제되었다. 하지만 이러한 통제 방식은 변화될 필요가 있었다.

1946년에 랠프 코디너는 구조조정을 단행했다. 구조조정은 매우 분산화된 구조를 구축하는 방향으로 진행되었다. 즉 생산, 마케팅, 연구 개발 기능을 독자적으로 보유하고 있는 70개의 자율적인 사업 단위를 구축했으며 동시에 이를 관리하기 위한 사업 부문, 사업 부문을 관리하기 위한 그룹 등으로 계층화를 단행했다. 1960년대에 이르자 사업 단위의 수는 106개를 넘어서게 되었고 GE 본부는 통제력을 잃게 되었다. 다각화는 점점 더 비관련 영역으로 진행되었다. 기업 본부에 대한 과부하는 견뎌낼 수 없는 수준이 되었고 이에 따라 이익은 감소되고 성장은 한계에 달한 것으로 보였다.

1963년에 CEO로 취임한 프레더릭 보쉬는 사업 부문의 스태프를 강화하고 사업 부문의 보고 및 회계 관리 체계를 개선함으로써 각 사업 단위에 대한 통제를 강화했다. 또한 기업 본부의 기획 기능을 강화했다. 이를 위해 관리 책임을 맡을 기업 운영 위원회와 전략 수립을 맡을 기업정책위원회라는 두 가지 위원회를 설립했다. 전략사업 단위(Strategic business unit)라는 새로운 개념도 이때 도입되었다. 스

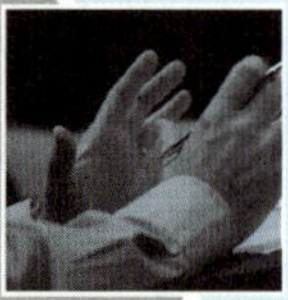

제 1 절

기업성장의 단계

1. 기업의 성장전략

기업수준의 전략은 향후 기업의 성장에 관한 전략적 방향과 그 맥을 같이 한다. 이때 전략적 방향은 성장전략(growth strategy), 안정전략(stability strategy), 축소전략(retrenchment strategy) 등으로 나눌 수 있다.

첫째, 성장전략에는 관련다각화 혹은 비관련다각화에 의한 기업의 다각화가 있으며 구체적인 방법론으로 인수·합병 등이 있을 수 있다.

태프 강화에 의한 통제 강화를 추구하다 보니 1980년이 되자 회사 내에 200여 명의 고위 기획자가 활동하는 상황이 되고 말았다.

1972년에 취임한 레지날드 존스는 제품 라인을 과감히 축소했다. 총 76개의 라인이 철수되었다. 그러자 회사의 수익도 향상되었다. 이에 따라 기업 본부의 사업 단위 및 사업 부문 경영진에 대한 선발과 육성 역량이 현저히 향상되었다. 그럼에도 불구하고 기업 본부에 대한 업무의 과부하는 계속되었다.

존스는 전략적 기능과 관리적 기능 모두를 수행하려 했고, GE의 엄청난 규모와 사업의 다양성이라는 제약 조건으로 말미암아 기획과 자원 배분 절차는 관료주의화 되어 갔다. 즉 기업 본부가 전략적 역할을 제대로 하기에는 사업의 수가 너무 많았던 것이다.

1981년에 등장한 잭 웰치는 지금까지의 전략적 계획 스타일에서 전략적 통제 스타일로 경영 메커니즘을 변경시켰다. 동시에 사업의 수를 급격히 감축했다. SBU의 스태프를 감소시켰고 기업 본부가 직접 SBU와 접촉할 수 있도록 섹터와 그룹 계층을 제거했다. 또한 기업 본부의 경영진 개발 기능을 매우 강화시켰다. 계속해서 웰치는 GE의 사업을 핵심 사업, 하이테크 사업, 서비스 사업으로 구분하고, 안정적인 핵심 사업과 서비스 사업에 대해서는 기업 본부가 전략에 대해서 되도록 관여하지 않고 예산과 목표를 통해 철저하게 관리했다. 반면에 하이테크 사업에 대해서는 전략 수립에 있어서 잭 웰치와 기업 본부가 지속적으로 중요한 역할을 수행했다. 이러한 구조 조정 및 경영 메커니즘의 변경 이후에 GE는 현재까지 지속적인 성장을 거듭하여 세계 최고 기업의 위치를 굳건히 지키고 있다.

둘째, 안정전략에는 방어적인 전략으로 사업구조조정(restructuring) 등이 있을 수 있다.

셋째, 축소전략에는 기업의 사업규모를 축소하는 것으로 기업매각(divestment), 투자회수(harvest) 등과 같은 퇴출전략이 있다.

여기에서 기업수준의 전략은 어떤 제품 혹은 시장영역(product/market domain)에서 활동을 할 것인지를 결정하는 것이라고 할 수 있다.

기업들은 그 성장유형이 창업연도, 산업의 특성, 최고경영사의 특성에 따라 다양하겠지만 가장 전형적인 성장경로는 단일사업 → 수직계열화 → 관련다각화 → 비관련 다각화의 단계를 거친다.

기업이 처음 시작할 때에는 특정지역을 겨냥하여 한 가지 제품 혹은 한 가지 사업만을 운영하는 단일사업기업(single business)으로 출발한다. 이 시기에는 생산라인이 제한되어 있고 자본기반이 약하며 경쟁적 지위도 취약한 편이다. 젊은

그림 8-1 기업의 성장경로

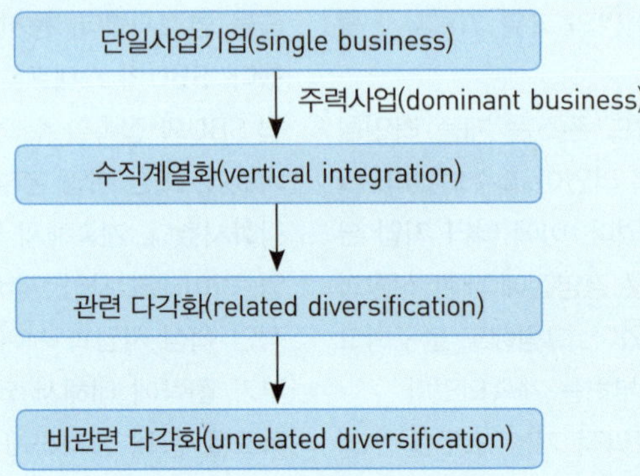

경영자들은 공격적인 전략으로 매출의 확대에 힘쓰며 이윤은 재투자하여 사업을 성장시키기 위해 부채를 조달하며 성장을 위한 시장의 확대에 노력을 집중한다.

다음 단계는 수직계열화(vertical integration)로 발전한다고 한다. 이 시기에는 주력사업에 몰두하지만 후방통합을 통한 공급선의 확보와 전방통합을 통한 유통망 쪽으로 영역을 확대해 나가는 것이다.

수직계열화를 거치면서 성장을 계속하기 위해서는 다각화를 하게 되는데 다각화의 경우에도 처음에는 기존의 사업과 겹치며 연관이 있는 부문으로 관련 다각화를 하게 되며 그 후 기존사업과는 별개의 새로운 사업 쪽으로 비관련 다각화를 하게 된다.

2. 단일사업기업

전형적인 단일사업기업은 회사 총매출액의 전부(100%)가 하나의 사업에서 오는 경우이다. Rumelt(1974)에 의하면 한 개의 사업에서 대부분의 매출이 이루어진다면 그 역시 단일사업과 유사하지만 "주력사업기업(dominant business)"이라는 이름을 쓰고 있다. 이때 주력사업기업은 매출의 75% 이상이 단일사업에서 이루어지는 경우를 주력사업기업으로 구분한다.

한국기업은 물론이고 선진외국의 경우에도 단일사업기업을 찾는 것이 쉽지는 않다. 우리에게 많이 알려진 GE만 하더라도 한국의 재벌과는 다르지만 건설, 의료, 전기, 전자 등 다각화된 사업부문으로 적절하게 포트폴리오 관리를 하고 있다. 반면, 패스트푸드 업계의 다국적기업인 McDonald는 대표적인 단일기업이며 그 외 Coca Cola, Wal-Mart 등도 성공적인 단일기업에 속한다.

한국의 기아자동차도 자동차 전문기업으로 성장했다면 오늘날과 같은 어려움을 겪지는 않았을 것이라는 사후적인 평가도 가능하지만, 전동타자기 회사인 라이카(주)는 오히려 워드프로세스 시장의 환경변화를 예측하지 못하고 단일기업에 안주함으로써 새로운 사업부분으로 다각화하지 못했다는 문제도 지적된다. 결국 라이카(주)는 90년 이후에 새로운 사업에 대한 다각화의 실패로 자취를 감춘 기업이 되고 말았다.

2.1 단일사업의 장점

▶ 경험과 노하우의 축적

단일사업기업은 오랜 시간 한 사업에만 집중함으로써 경험과 전문성이 축적된다. 만일 다각화된 기업의 최고경영자라면 수많은 개별사업부들을 위해 복수의 사업전략을 만들어야 한다. 이렇게 되면 다양한 사업그룹들의 산업수명주기 등 사업부의 성격이 다르며, 사업전략 수립 시 대단히 복잡하고 시간을 소비하는 일이 되므로 대부분 각 사업단위 관리자들에게 사업수준의 전략에 대한 결정권한을 위임하게 된다.

그러나 단일사업의 경우 최고경영자는 전적으로 한 가지 사업에만 치중하게 됨으로서 특정산업에서의 고객의 요구에 즉각적으로 대응할 수 있게 된다. 따라서 주력사업에 대한 경험과 노하우가 축적될 수 있다.

▶ 자원과 에너지의 집중

단일사업에 치중할 때에는 “우리가 누구인가” “우리의 고객은 누구인가”와 같이 사업의 정의가 명확해진다. 다각화된 사업의 경우에는 인적, 재무적, 물적

자원을 배분하는 과정에서 가장 투자수익률이 높은 쪽으로 포트폴리오관리가 필요할 것이다. 그러나 단일사업의 경우에는 한 사업부문에만 자원과 에너지를 집중하여 경쟁우위를 확보할 수 있다.

▶ 경쟁우위의 축적

단일사업에 집중하는 경우, 다각화된 기업에 비해 자원과 에너지가 집중됨으로써 고객의 욕구에 맞는 제품의 생산, 생산기술의 개선 등 다양한 아이디어로 제품과 시장영역 내에서 주도적인 위치를 점하는 데 유리하다.

2.2 단일사업의 단점

▶ 산업의 수명주기에 따른 위험

모든 역량을 한 사업에 집중한다는 것이 장점이 될 수도 있지만 동시에 가장 큰 문제가 될 수도 있다. 만일 현재의 산업이 성장이 멈추거나 매력도가 떨어지게 되면 기업의 전망은 어두워지고 성장을 유지하기도 힘들며 결국 이윤은 감소하게 된다. 이 같은 경우는 크게 3가지 정도로 요약할 수 있다.

① 소비자 기호의 변화

변화하는 환경에서 소비자의 욕구는 언제나 기업의 관심이다. 현대백화점은 고급 지향적인 차별화된 백화점이었으며, 이로 인해 IMF 이전 소비 지향적인 주부들이 백화점 쇼핑의 선두주자였다. 그러나 IMF 이후 보다 현실적인 욕구의 변화로 인해 주부들은 할인점으로 이동하였고 현대백화점은 할인점사업에 뛰어들지 못함으로써 상당한 어려움을 겪었다. 반면 신세계백화점은 기존의 백화점 이외에 "프라이스클럽(price club)"이라는 회원제 할인점을 운영함으로써 이와 같은 고객의 욕구변화에 적극적으로 대처하고 있다.

② 신기술의 출현

기업에서 전통적인 기술을 대체하는 신기술의 출현은 기존기업의 입장에서는 사형선고나 다름없다.

새로운 기술은 전통적 기술을 빠른 시간에 대체시켜 나가므로 워드프로세서의 출현으로 기존의 전동 타자기 시장을 완전히 잠식되었던 것, 콤팩트디스크(compact disk)의 출현으로 기존의 카세트테이프와 LP시장이 거의 사라진 것이 대표적인 예다.

③ 대체재의 출현

대체재의 출현은 앞에서 언급한 소비자 기호의 변화와 신기술의 출현과 연관이 아주 높은 것으로 볼 수 있다. 즉 기존의 방식에 새로운 대체방식이 존재하기 위해서는 일단 소비자 기호의 변화가 있어야 가능하며 새로운 대체방식이라는 것은 결국 새로운 기술을 필요로 하기 때문이다. 예를 들어 최근 일요 스페셜에 특집으로 방영된 "술 담배에 관한 보고서"라는 충격적인 장면은 많은 애연가와 애주가들의 마음을 흔들리게 하였으며 금연과 금주를 하게끔 하였다. 따라서 알코올인 술의 대체재인 비알코올 음료수는 반사이익을 얻을 수 있으며 담배의 대체재인 껌도 반사이익을 얻을 수 있다.

이런 이유로 해서 대부분의 단일 기업들은 현 주력사업이 절정에 이르렀다고 판단하면 다각화로 관심을 가지게 된다.

그림 8-2 단일사업기업의 장점과 단점

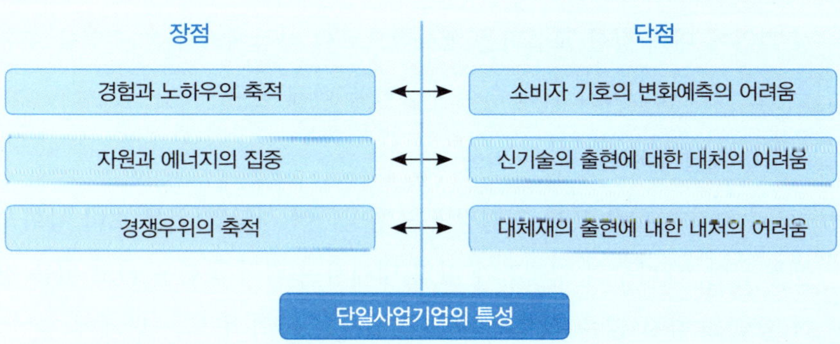

3. 수직계열화

수직계열화(vertical integration)란 수직적 통합이라고도 하며 기존의 주력사업의 보호와 강화를 목적으로 공급이나 유통의 확장을 하는 것으로 기술적으로 구분되는 생산, 유통, 판매, 그리고 그 밖의 경제적 과정들을 단일기업 내부에서 통합하는 것을 의미한다. 이때 기업의 확장을 부품 등 공급의 원천을 후방으로 확장하는 것을 후방통합(backward integration)이라고 하며 유통, 산업재 구매자 등 전방으로 확장하는 것을 전방통합(forward integration)이라고 한다. 즉, 전방 혹은 후방 부문의 사업을 통합함으로써 시장거래보다는 내부거래를 통해 자체의 경제적 목적을 달성하고자 하는 기업의 의사결정을 말한다.

일반적으로 수직적 통합은 다음 4가지 경우에 주로 이루어진다.

① 시장실패(market failure)의 극복

시장실패는 시장에서의 거래 위험이 높거나 이러한 위험을 제거하기 위한 계약이나 관리가 불가능할 때 발생하는 것으로 구매자와 공급자의 수, 거래빈도, 자산의 특화 정도에 영향을 받는다.

② 타 기업의 시장 지배력 행사에 대한 대응

수직적으로 연관된 전후방 사업의 어느 한 분야에 참여하고 있는 기업이 특정 기업에 대해 강한 교섭력을 행사함으로써 시장에서 높은 수익을 향유하고 있을 때, 이에 대응하기 위해 수직적 통합을 하게 된다.

③ 시장지배력의 유지 · 강화

수직적 통합은 또한 진입장벽을 형성하여 시장 지위를 보다 강화시키는 역할을 한다. 대다수의 경쟁자가 산업 내에서 수직적 통합을 하고 있을 경우 수직적 통합을 하지 않은 잠재적 시장 진입자는 사업의 모든 단계에 참여하여야만 경쟁이 가능하기 때문에 수직적 통합은 기존시장을 방어할 수 있는 진입장벽의 역할을 하게 된다.

④ 신시장의 창출

수직적 통합은 산업이 도입기에 있을 때 시장을 창출하기 위해서 이루어지기도 하는데 이러한 경우의 수직적 통합은 경쟁자가 모방할 수 없는 독자적 기술이나 강력한 브랜드 이미지를 바탕으로 이루어질 때만 성공이 가능하다.

수직적 통합은 또한 쇠퇴기에 있는 사업의 시장 창출을 위해서도 이루어지는바, 주로 시장에서 철수하는 제조 또는 유통업자의 몫을 보다 많이 확보하기 위해 전방 통합이 이루어지는 경우가 이에 해당된다.

[그림 8-3]은 제조업의 가장 일반적인 예로서 조립을 통해 핵심사업을 하는 자동차 업체를 모델로 한 것이다. 모든 부품을 외부의 독립적인 부품 제조업체에서 조달하던 회사가 직접 부품 공장을 만들어 운영하거나 혹은 부품 생산업체를 인수하는 경우 자사의 품질을 강화하고 안정적으로 부품을 공급받기 위해서 후방통합을 통한 수직계열화가 이루어진다. 또한 생산된 제품을 딜러와 같은 도매, 소매업자를 통해 제품을 판매하던 회사가 전방통합을 통해 수직계열화를 하는 것은 생산된 제품에 대한 유통망의 확보를 통해 부가가치를 높일 수 있는 이점이 있다. 따라서 수직계열화는 새로운 영역의 확장이라는 경쟁전략으로 다

그림 8-3 후방통합에서 전방통합까지의 흐름도

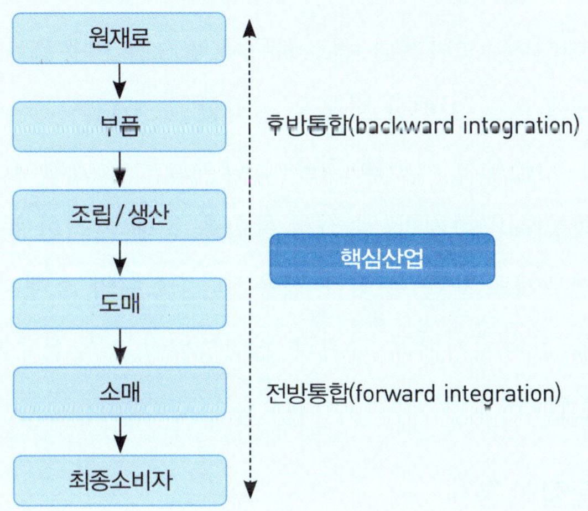

각화 전략의 하나로 자리 잡고 있다.

수직계열화는 [그림 8-3]에서처럼 원재료에서 최종소비자에 이르기까지 모든 풀 라인을 완전 통합하는 완전계열화(full integration)와 그 과정 중 일부만 참여하는 부분계열화(partial integration)가 있다.

3.1 수직계열화의 장점

수직계열화가 효과가 있으려면 통합과 운영에 들어가는 추가적인 투자를 상쇄할 만한 원가절감요인을 창출하거나 통합으로 인한 경쟁우위를 산출하여야 한다. 따라서 수직계열화의 장점으로는 생산비용의 절감, 거래비용의 문제, 품질의 통제 등으로 요약할 수 있다.

▶ 생산비용의 절감

원재료나 부분품을 생산 공정에 유리한 조건으로 투입함으로써 효율성을 높일 수 있다. 그리고 생산 공정에 관한 계획과 조정이 쉬워짐에 따라 생산비용이 절감된다.

▶ 거래비용의 문제

수직적 통합을 하지 않고 공개시장을 통해 원재료를 구입하고 제품을 판매하는 경우 시장비용과 같은 거래비용(transaction cost)의 문제가 발생한다. 즉, 광고, 판매인력, 생산재나 원료획득에 필요한 비용을 지불해야 한다. 그러나 수직적 통합에 의해 이러한 비용을 절감할 수 있다.

특히 공급자가 제한된 경우 공급자들은 그들의 시장지위를 이용하여 높은 가격을 책정하려 하지만, 수직적 통합을 통해 이러한 문제를 해결할 수 있다. 구매자의 경우에도 같은 논리가 적용된다. 소수의 소매자가 존재하는 경우, 이들은 가격을 하락시키려고 하지만 완성품업자들은 전방통합을 통하여 이러한 문제를 해결할 수 있다.

▶ 품질의 통제

수직적 통합을 통하여 제품의 품질을 향상시킬 수 있다. 예를 들어 후방통합을 통해 양질의 원재료를 공급받아 고품질을 유지할 수 있고 그 결과로 소비자로부터 높은 가격을 보상받게 된다. 또한 전방통합을 통하여 분배와 유통망을 높임으로서 고객에게 보다 높은 서비스를 제공할 수 있다.

3.2 수직계열화의 단점

수직적 통합의 약점은 관료적 비용(bureaucratic cost)의 증가, 기술변화 및 수요의 불확실성이 초래될 수 있다. 따라서 경영자는 이러한 점을 고려하여 수직적 통합전략을 수립하여야 할 것이다.

▶ 비용의 증대

수직적 통합은 원가상의 이점이 있는 반면, 자사 소유의 공급원으로부터 원재료를 공급받음으로써 오히려 비용 상승의 불이익을 받을 수 있다. 즉, 외부의 값비싼 공급원을 무시하고 값비싼 자기 소유의 공급원을 고집함으로써 원가 측면의 약점을 가질 수 있다.

자사 소유의 공급원은 그들이 생산한 제품을 항상 모기업에 팔 수 있으며 다른 공급업자와의 경쟁이 필요 없기 때문에 비용을 최소화하려는 노력을 게을리 하기 쉽다. 이로 인해 관료적 비용이 증가하고 모기업의 원가구조는 취약하게 된다.

▶ 기술의 변화

기술이 빠른 속도로 변화할 때 수직적 통합은 기술 진부화의 위험에 직면할 수 있다. 수직적 통합이 심한 기업은 상대적으로 기술변화에 민감히 반응하기 어렵다. 왜냐하면 기존의 공급원과 분배시스템에 집착함으로써 새롭게 변화하는 기술에 신속하게 적응하기 어렵기 때문이다.

▶ 수요의 불확실성

수직적 통합은 수요가 불안정하거나 예측할 수 없을 때 위험하다. 수요가 안정적일 때는 통합된 활동들을 조화시킴으로써 효율적인 생산이 가능하다. 그러나 수요가 불안정하고 예측이 곤란할 때에는 수직적으로 통합된 활동을 조화

그림 8-4 수직계열화의 특성

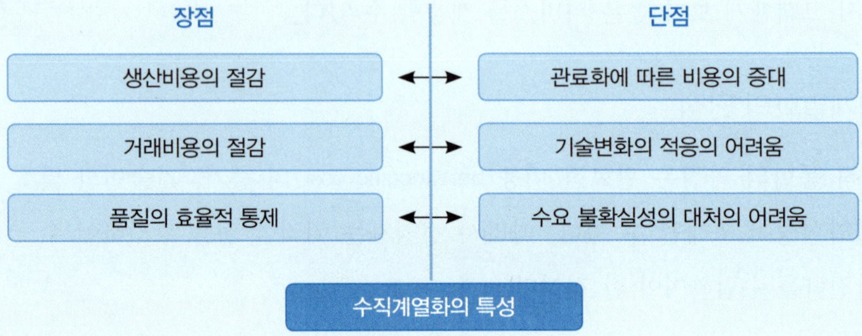

시키기가 곤란하다. 이 경우에 막대한 관료적 비용과 비효율성이 발생한다.

요약해 보면, 수직적 통합은 장점과 단점을 동시에 가지고 있으며 어느 정도까지 통합을 할 것인지를 결정하기 위해서는 다음 사항들을 고려해야 한다,

첫째, 수직적 통합이 기업의 장기적인 전략과 목표에 얼마나 적합한지를 판단하는 것이다.

둘째, 산업 내에서 기업의 입지를 얼마나 강화해 줄 수 있는지를 판단하는 것이다.

셋째, 수직적 통합을 통하여 주력사업에 얼마나 많은 시너지와 경쟁우위를 만들어 줄 수 있는지의 여부와 밀접하게 관련지어 결정해야 한다.

한편, 현재의 상황에서 수직적 통합을 피해야 하는 경우도 존재한다.

첫째, 현재의 공급자와 구매자가 최종 소비자의 요구와 적합할 때는 구태여 수직적 통합을 통한 규모의 비대화로 인해 유연성을 감소하는 상황을 만들 필요가 없다.

둘째, 산업 내의 역동관계(industry dynamics)가 유동성을 띠는 경쟁상황인 경우이다. 즉, 산업 내의 경쟁자 및 구매자, 공급자의 관계가 합의된 규칙 없이 전개해 나가고 있다면, 수직적 통합은 아직 최선의 대안이 될 수 없다.

셋째, 현재 공급자와 구매자의 관계에 있어 실제 통합을 하지 않고서도 마치 소유한 것처럼 자연스러운 통제가 가능할 때는 수직적 통합은 만족스러운 대안이 될 수 없다.

4. 기업의 성장전략

기업의 성장은 사업 분야와 시장영역의 선택이라는 두 측면으로 나눌 수 있다. 이때 사업 분야의 선택은 단일 사업부문에의 집중, 기존사업과 수직적으로 관련된 사업부문으로의 진출(수직적 통합), 그리고 새로운 사업 분야로의 진출(다각화)이라는 3가지로 크게 나눌 수 있다. 따라서 기업의 성장유형은 결국 제품과 시장영역(product market scope)이 선택에 관한 문제이다. 기업의 성장은 기존 제품을 가지고 기존 시장에서 시장점유율을 제고하는 기존시장 심화전략이 이루어진다. 또한 기존 시장을 대상으로 새롭고 다양한 제품을 개발하는 신제품 개발전략과 기존제품으로 새로운 시장을 공략하는 신시장 개척전략, 그리고 새로운 제품으로 새로운 시장을 개척하는 다각화 전략으로 구분된다.

[그림 8-5]를 통해 우리는 성장전략의 유형을 파악할 수 있다.

그림 8-5 기업의 성장전략

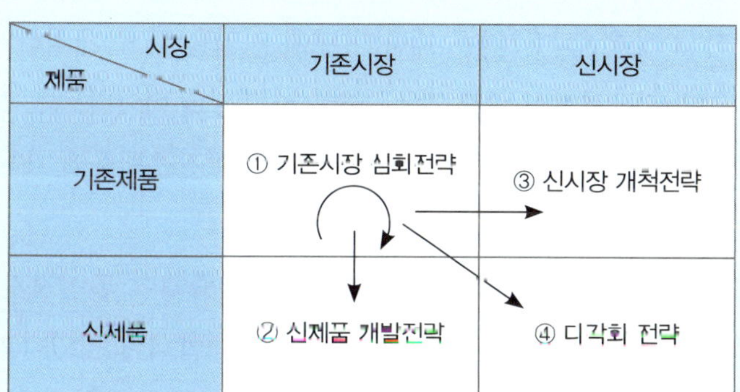

1) 기존시장 심화전략

어떤 기업이 기존시장을 심화시키는 방법에는 경쟁업자가 점유하고 있는 매출액을 빼앗거나 기존고객의 제품사용률을 증가시키는 방법이 있다. 이 중 기존시장에서 성장할 수 있는 가장 좋은 방법은 시장점유율의 증대와 기존 고객의 제품사용률을 증대시키는 방법이 있다.

2) 신제품 개발전략

앞에서 소개한 기존시장의 심화전략이란 미래에도 현재와 동일한 제품 구성을 유지하는 전략이나 이러한 전략 대안만으로는 장기간 성장을 지속하여 이윤을 극대화시키는 데 어려움이 존재한다. 따라서 이와 같이 동태적으로 변화하는 환경에 적응하여 기업의 성장을 지속시키기 위해서는 다른 전략이 모색되어야 하는데 그 방법 중 하나가 신제품 개발전략이다.

신제품 개발전략이란, 앤소프의 견해에 따르면 기존 제품을 대체할 만한 신제품을 개발하여 기존시장에서의 시장점유율을 새로운 제품으로 유지 또는 확대하는 전략을 신제품 개발전략으로 보고 있으나, 보다 넓은 의미에서 보면 제품수명주기상의 성숙기 내지는 쇠퇴기에 나타나는 한계를 극복하기 위해 기존 제품을 개량하거나 제품의 새로운 용도를 찾아내어 새로운 수요를 창조하는 재순환(recycling)전략까지 포괄하는 의미로 해석해야 할 것이다.

3) 신시장 개척전략

신시장 개척전략은 기존 제품의 판매 지역을 새로 개척하거나 고객층을 다양화함으로써 잠재적인 수요시장을 창출하려는 노력이다. 즉, 보다 적극적인 마케팅활동으로 새로운 판로나 고객을 확보하고 기존제품에 대한 새로운 수요를 불러일으켜 기업 성장을 도모하는 전략인 것이다.

특히 어떠한 이유에서건 기존시장에서 매출액이 떨어지기 시작할 때 수요가 줄고 있는 상품을 대체할 만한 신제품이 개발되지 않았다면 기존의 제품을 지속적으로 판매할 수 있는 새로운 시장을 확보하는 것이 무엇보다도 필요하다.

이러한 신시장 개척전략은 시장의 다변화로 표현할 수 있는데, 이는 기업의 목표시장이 되는 세분시장(market segment)을 기존 시장 내에서 확대하는 것도 포함할 것이나 엄밀한 의미에서는 목표시장을 다른 지역으로 확장하는 것을 말한다.

4) 다각화 전략

성장전략 중 보다 적극적이며 성장 지향적인 전략 대안은 다각화 전략이다. 왜냐하면 기존시장 심화전략, 신시장 개척전략이나 신제품전략 등의 방법으로 성장을 도모하는 데는 한계가 있다. 이 경우 기업은 전혀 새로운 사업 분야로 진출함으로써 적극적인 성장을 도모하게 된다.

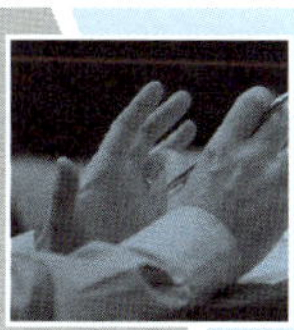

제 2 절

다각화의 의의

1. 다각화의 개념

다각화(diversification)는 한 기업이 다른 산업으로 진출하는 것으로 정의하는데, 이로 인해 복수의 사업영역에서 기업을 운영하는 것으로 정의할 수 있다 다각화는 현 사업이 성장하고 있으면 문제가 되지 않지만 산업성장이 둔화되기 시작하면 기업이 선택할 수 있는 전략은 더 공격적이 되어서 경쟁사로부터 기존 시장을 침략하여 시장점유율 경쟁을 벌이든지 아니면 기회가 더 많은 새로운 사업으로의 확장을 꾀하게 된다. 이러한 다각화는 기업의 성장둔화로 인한 방어적인 다각화에 해당된다. 또 하나는 이보다는 좀 더 여유가 있고 공격적인 다각화인데 기업의 여유자본을 바탕으로 새로운 투자대상을 찾아 나서는 공격적인 이유가 있을 수 있다.

이처럼 다각화 전략(diversification strategy)은 경영전략의 중요한 요소로서 오래전부터 상당히 깊게 연구되어 왔다. 다각화의 방법에는 제품이나 시장지역의 측면에서 관련된 사업에 집중하여 다각화하는 관련 다각화(related diversification)와 현재하고 있는 사업과 서로 관련되지 않는 산업에 참여하는 비관련 다각화(unrelated diversification)로 구분된다. 또 다각화 전략은 각 제품분야의 상호간의 정성적 패턴에 따라서 집약적(constrained)인 것과 확산적(linked)인 것으로 분류된다. 집약형이라는 것은 사업 분야 간의 관련이 그물 눈금처럼 밀접한 것으로 적은 종류의 자원을 다양한 분야에서 공동 이용하는 다각화의 유형이다. 확산형은 현재 보유하고 있는 경영자원을 축으로 하여 신분야에 진출하고 그 새로운 분야에서 경영자원을 토대로 해서 다시 새로운 분야에 진출하는 패턴을 취하면서도 긴밀한 연결이 있는 자원전개 방식이다. 두 가지 유형을 개념적으로 도식화하면 다음과 같다.

다각화 전략은 특히, 기업수준의 전략에서 상당히 중요하게 다루고 있으며 심도 있게 연구가 되어 왔다. 다각화에 대한 최초의 시도는 Alfred D.

그림 8-6 집약형과 확산형 다각화의 비교

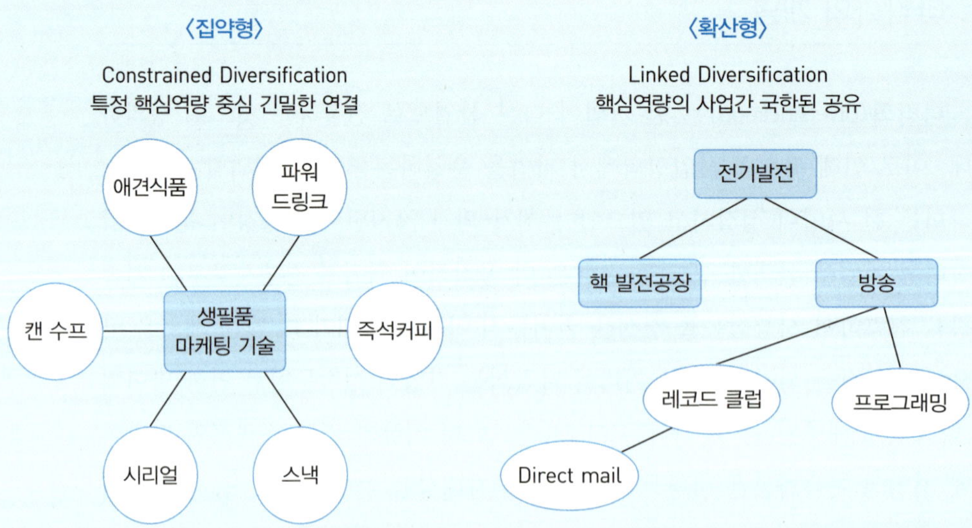

Chandler(1959)의 미국기업의 체계적인 역사적 고찰에서 시작되었다. 이후 Richard Rumelt(1974)는 미국기업들의 다각화 전략의 유형을 다음과 같이 체계적으로 정리하였는데 그는 사업 분야의 전문화 비율과 관련성 비율을 중심으로 표준산업분류(SIC 2)를 기준으로 구분하였다.

그림 8-7 Rumelt의 사업다각화 유형 분류 개념

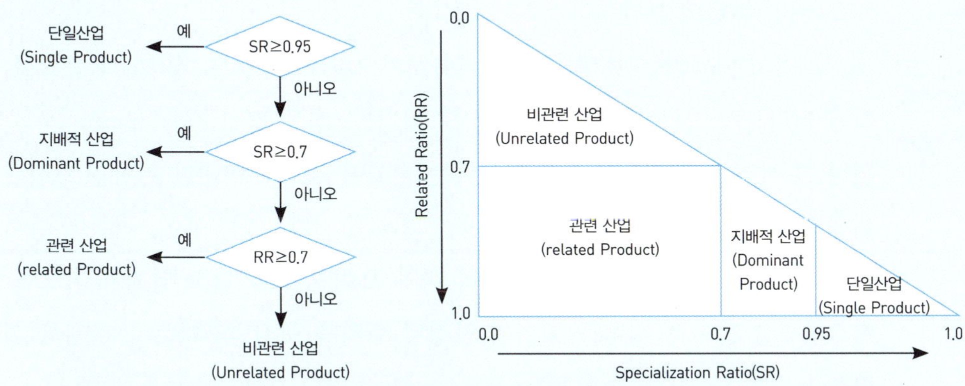

구분	SR 기준	RR 기준
단일산업(Single Product, SP)	SR≥95%	RR≥70%
지배적 산업(Dominant Product, DP)	70%≤SR<95%	
관련산업(Related Product, RP)	SR<70%	
비관련산업(Unrelated Product, UP)	SR<70%	RR<70%

전문화 비율(SR): 특정 기업 내에서 단일사업부가 차지하는 수익의 비율
관련성 비율(RR): 특정 기업 내에서 가장 큰 사업부와 관련 있는 수익의 비율

- 단일사업기업(single business): 주력사업 내에서 매출의 95% 이상을 얻는 기업
- 수직통합기업(vertically integrated firm): 수직적으로 통합된 사업 내에서 매출의 70% 이상을 얻는 기업
- 주력사업 중심기업(dominant diversifier firm): 주력사업 내에서 70%~95%를 얻는 기업
- 관련 다각화 기업(related diversifier): 관련 사업에서 70% 이상의 매출을 얻는 기업
- 비관련 다각화 기업(unrelated diversifier): 관련 사업에서 70%에 미치지 못하는 매출을 얻는 기업

2. 다각화의 동기

다각화의 성공과 실패를 결정하는 요인을 찾기 위해서는 기업의 다각화 동기를 이해할 필요가 있는데, 특히 서구의 많은 대기업들이 비관련 사업 분야로 다각화를 하였다가 실패를 거듭하였으며, 최근 들어 다시 그들의 주력분야로 회귀하는 리스트럭처링을 하고 있는 현상은 다각화에 대한 새로운 사고를 갖게 하여 준다.

다각화의 주요동기는 다음과 같이 요약해 볼 수 있다.

첫째, 위험의 분산이다.

사업이 다각화를 통해 위험을 분산시키고자 하는 것은 다각화의 중요한 동기가 된다. 즉 기업이 한 사업에만 진출해 있을 경우 경기순환(business cycle)에 의해 그 사업의 경기가 하락할 경우에는 손실이 크므로 이러한 위험을 보전하기 위해 다른 사업으로 다각화하는 전략을 택하게 된다. 예를 들어, 여름에 아이스크림 장사와 우산 장사를 병행하면서 비가 오면 우산을 팔고 날씨가 맑으면 아이스크림을 팔아서 위험을 줄이며 안정된 수익을 보장받겠다는 논리에서 설득력을 가질 수 있다.

둘째, 성장의 추구이다.

기업은 지속적 성장을 위한 수단으로 다각화를 추진한다. 즉 기존제품이나 사업이 사양 산업에 있어 성장률이 계속 떨어지는 경우에는 기업이 생존하기 위하여 새로운 산업으로 진출하는 전략을 선택하게 된다. 또한 기존 사업의 전망이 나쁘지 않다 하더라도 새로운 유망분야에 미리 진출함으로써 얻는 선발기업의 이점(first mover advantage)을 향유하기 위해서도 다각화를 하게 된다. 그리고 기업의 시장 지위가 규모에 의해서 결정되거나, 경영자의 업적 평가가 수익성보다는 매출액에 의해 평가받는 경우 경영자가 성장을 극대화하기 위해 다각화를 추구하려는 동기는 더욱 증대되고 있다.

셋째, 시장지배력의 강화이다.

다각화는 범위의 경제와 거래비용 절감을 통해 궁극적으로 시장지배력을 강화하기 위해서 이루어지기도 한다. 기업이 생산, 판매활동을 수행하는 과정에서 행하는 R&D 투자나 광고활동 등에 의하여 기업 내 무형자산(기업 명성, 제품의 브랜드명, 기업 특유의 기술 등)이 축적되고 이러한 자산은 새로운 제품의 생산에 유용하게 활용될 수 있다. 즉 한 사업의 생산, 판매활동에서 얻은 노하우가 다른 사업으로의 진출에 경제적인 효율성을 제공하는 범위의 경제로 인하여 다각화를 하게 되는 것이다.

한편 기업이 생산활동을 수행하기 위해서는 생산에 필요한 원료, 중간재 등을 전방기업으로부터 구입하여야 한다. 그런데 최종생산재의 생산에 필요한 요소를 공급하는 전방기업이 너무 멀리 떨어져 있어 수송비가 많이 소요되거나, 전방기업이 독점적인 지위를 활용하여 높은 가격을 책정하는 경우에는 전방으로 다각화를 함으로써 거래비용을 절감할 수 있다. 한편, 대형화된 거대기업들이 사업들 간의 효율성의 증가 없이 기업의 규모만 키워서 시장지배력을 행사할 수 있다. 이들이 시장지배력을 행사하는 방법은 약탈적 가격인하(predatory pricing)와 상호구매(reciprocal buying) 그리고 상호경쟁 자제(mutual forbearance)의 방법이 있다.

넷째, 기업의 하부구조(infra-structure)의 공유를 위해서 다각화를 추구한다. 즉, 기업들은 다각화를 통해 다각화된 기업들 간에 생산 장비, 유통망, 구매 및 물류시스템 및 정보시스템의 공유가 가능하며 이와 같은 하부구조의 공유를 통해 시너지를 추구한다. 예를 들어, P&G는 전 세계의 P&G 사업부에 배달시스템을 통한 유통망과 운송장비의 공유를 통해 시너지를 창출할 수 있을 것이다.

3. 다각화의 평가기준

다각화 전략이 기업의 수익성을 높이려면 기업전략이 새로운 가치를 창출하여야 하는데 마이클 포터(1987)는 기업의 목표를 달성하는 데 적용시킬 수 있는 기준으로 세 가지 조건을 제시하였다.

첫째, 산업의 매력도 테스트(attractiveness test)는 새로 진입할 산업이 산업구조상 매력적이며 유리한 조건에 있어야 한다. 여기에는 단순히 빠른 성장을 하고 있다거나 제품이 유행하고 있다는 지표가 아니라 유리한 경쟁상황이나 장기적인 수익을 내기에 적당한 시장 환경 등이 그 지표로 나타나야 할 것이다.

둘째, 진입비용 테스트(test of entry cost)는 진입비용이 진입 후 얻게 될 수익보다 높게 되면 신규 사업은 손해를 보기 때문에 진입비용이 그 산업에서 얻게 될 수익보다 적어야 한다. 새로운 진입자에게 진입장벽은 언제나 존재한다. 만일 진입장벽이 낮다면 이미 그 산업은 과당경쟁으로 인해 수익의 가능성은 줄어들었으며 산업의 매력도는 많이 줄어들었기 때문에 상당한 주의를 요할 필요가 있다. 기업의 인수를 통해 새로운 산업으로 진입하는 경우에도 매력적인 산업의 경우에는 인수에 따른 프리미엄을 줘야 할 것이기 때문에 신중한 판단을 요한다. 따라서 목표사업으로 진입하는 데 드는 비용이 잠재적인 수익보다 높지 않아야 할 것은 다양하다.

셋째, 개선도 테스트(better-off test)는 새로 진입할 사업 분야에서 기존 사업 분야와의 범위의 경제성을 창출함으로써 경쟁우위를 강화시킬 수 있어야 한다. 즉, 새로운 사업에 진입함으로써 진입기업에 속해 있는 다른 사업부문과의 시너지를 더해 줄 수 있는 가능성이 있어야 한다.

위의 세 가지의 테스트를 모두 만족시킬 수 있는 다각화의 의사결정은 장기적으로 기업가치를 많이 창출할 수 있을 것이다. 그렇지 않고 기업의 인수·합병과 같은 일시적인 유행에 편성하거나 최고 경영자의 독단만으로의 다각화 의사결정은 이후 많은 어려움을 겪을 수 있다.

그림 8-8 다각화의 평가기준

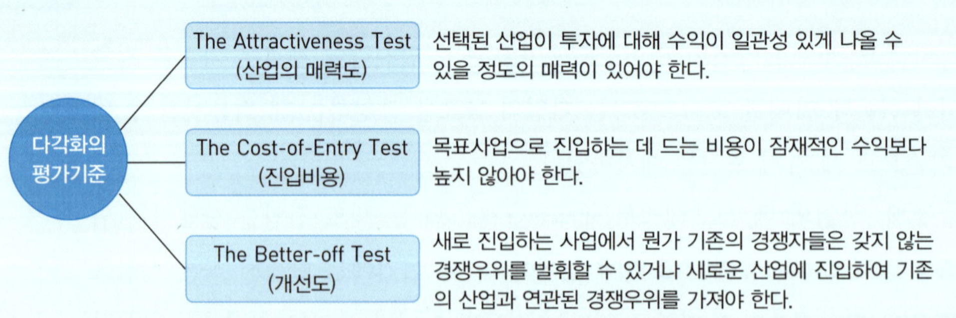

4. 관련 다각화와 비관련 다각화

다각화의 방법으로는 어떤 종류의 사업으로 어느 정도 다각화할 것인가를 결정하는 것이다. 현재의 사업과 밀접하게 관련이 있는 관련 다각화를 할 수도 있고 기존의 사업과 전혀 별개의 비관련 다각화를 할 수도 있다. 즉 전문화의 비율과 관련성의 비율에 따라 다양한 다각화의 방법이 있을 수 있다.

▶ 관련 다각화(related diversification)

관련 다각화는 이른바 전략적 적합성(strategic fit)[1)]을 가진 사업으로 확장하는 것을 말한다. 이때 전략적 적합성은 두 개의 사업들이 가치사슬상에서 얼마나 연관이 있는가로 판단할 수 있다. 따라서 전략적 적합성이 존재하면 상승효과를 통해 독립적으로 운영할 때보다 더 큰 성과를 올릴 수 있다. 담배회사인 Philip Morris는 밀러(Miller)맥주, 식품가공회사인 General Foods, 치즈로 알려진 Kraft 등을 인수하여 운영하고 있는데 담배를 마케팅하면서 축적된 시장위치 선정 노하우를 맥주와 식품에 이용하고 있다. 특히 밀러맥주의 경우, Miller Lite라는 새로운 시장영역을 개척하여 인수 후 3년 만에 업계 3위로 끌어올렸다. 이는 핵심역량에서 언급했듯이 눈에 보이는 사업만의 관련을 의미하는 것이 아니고 전략적 적합성의 차원에서 언급되어야 할 부분이다.

사업상의 관련성과 전략적 적합성을 판단하는 기준은 기술의 공유, 공통된 노동기술, 공통된 공급자와 원재료, 다른 제품에 들어가는 부품 등을 합동으로 생산할 수 있는 가능성, 유사한 공정, 유사한 경영 노하우, 마케팅 기술, 공통된 영업 인력의 가능성, 공통된 유통망, 사후 시비스를 통합할 수 있는 가능성 등을 들 수 있다. 관련성이 높을수록 가치사슬상의 비용절감, 기술이전, 지식의 공유 등을 통해 생기는 이익들이 많아져 경쟁우위를 획득할 가능성이 높아진다.

---

1) 전략적 적합성은 시장관련 적합성(market-related fit), 생산관련 적합성(operating fit), 관리의 적합성(management fit)으로 나눈다. 시장관련 적합성은 시장의 상승효과로 발생하며 마케팅의 공유로 인해 시너지가 창출된다. 생산관련 적합성은 비용의 절감으로 인한 시너지이며 규모의 경제와 범위의 경제로 인해 창출된다. 관리의 적합성은 사업부 간의 관리, 행정, 등의 유사성으로 인해 관리적 노하우가 다른 사업으로 이전될 때 발생한다.

이처럼 전략적 적합성이 존재하는 관련 다각화는 많은 사업에도 불구하고 기업의 일체성을 유지할 수 있고 기술이전과 저원가를 통한 경쟁우위를 누릴 수도 있으며 광범위한 사업을 유지함으로써 어느 정도의 위험분산효과를 누릴 수도 있다는 점이다. 특히 폭넓은 사업과 제품라인을 운영하는 과정에서 그 사업들이 독립적으로 운영될 때보다 겹치는 부분을 찾아 비용을 절감할 수 있는 가능성이 높은 범위의 경제를 누릴 수 있다는 점이 관련 다각화의 중요한 장점이라고 할 수 있다.

▶ 비관련 다각화(unrelated diversification)

과거에는 관련 다각화와 비관련 다각화를 구분하는 기준으로 눈에 보이는 가시적인 기준으로 구분하였다. 그러나 핵심역량의 개념은 이런 판단기준을 새롭게 해석하고 있다.

예를 들어 종이컵과 플라스틱 컵은 "컵"이라는 공통점 때문에 관련 사업으로 보아야 할지 아니면 '종이제품' '플라스틱 제품'이라는 차이 때문에 비관련 사업으로 보아야 하는가? 하는 문제이다. 따라서 이때에는 표면적인 관련성보다는 핵심역량이 묶어주는 사업들이 관련 사업이라고 할 수 있다. 앞에서 언급한 Philip Morris는 담배와 맥주는 표면적으로는 비관련이지만 Philip Morris가 구축한 "시장위치선정 능력"이라는 핵심역량의 차원에서는 관련 다각화라고 할 수 있다. 그러나 이러한 문제는 많은 문제점의 소지가 있는 것은 분명하다.

관련 다각화가 가지고 있는 문제는 사업 간의 연관이 높기 때문에 한 분야에서의 문제가 다른 분야로도 전달되는 '도미노 효과'가 있을 수 있다. 즉 재무적인 차원에서 위험의 분산이 약하다는 단점이 있다. 바로 이러한 문제들 때문에 GE, ABB와 같은 세계 초우량기업들도 비관련 다각화를 선택하는 이유가 된다. 비관련 다각화를 선택하는 기업들은 새로운 산업에 들어갈 때는 위에서 논의한 산업의 매력도와 진입비용 테스트는 고려하고 있지만 부가가치를 창출하는 개선도 테스트는 무시하는 경우가 많다. 왜냐하면 비관련 다각화는 주로 위험분산을 목적으로 하는 다각화로서 인수·합병을 통해 진출하는 경우가 많기 때문에 인수 대상기업이 양호한 재무적 상태를 유지하는 것이 중요하기 때문이다.

◆ 비관련 다각화의 장점

비관련 다각화의 첫 번째 장점은 바로 관련 다각화의 가장 약점에 해당되는 것으로 재무적 위험으로부터의 분산이 가능하다는 점이다. 즉, 여러 비관련 사업들에 분산시키는 효과는 한 사업부의 침체가 다른 사업부에 영향을 덜 미친다는 사실이다. 따라서 사업부의 이상적 포트폴리오의 구성은 서로 산업의 수명주기가 상승과 침체국면이 교차되게 만들어 한 사업부가 힘든 시기에 다른 사업부가 부분적으로나마 보충을 해줄 수 있는 조합을 만들 필요가 있다.

또한 비관련 다각화의 경우, 기회가 많은 곳으로 재무적 자원을 집중할 수 있다. 즉, 수익 전망이 낮은 사업에서부터 현금을 끌어다가 높은 성장 가능성이 있는 사업으로 확장할 수 있다는 것이다. 더 자세한 내용은 다각화된 기업의 관리에서 다루기로 한다.

◆ 비관련 다각화의 약점

비관련 다각화의 첫 번째 약점은 다양한 비관련 사업들의 합리적인 관리의 문제이다. 즉, 기업이 관여하는 사업이 많고 다양할수록 각각의 사업부에 대한 통제가 힘들어지고 특히 최고경영자가 모든 산업과 경쟁환경에 대한 전문가가

표 8-1 관련 다각화와 비관련 다각화의 비교

유형 / 특성	관련 다각화	비관련 다각화
기본성격	기존 사업과 관련 있는 새 사업 분야로의 다각화	기존 사업과 관련이 없는 새 사업분야로의 다각화
형태	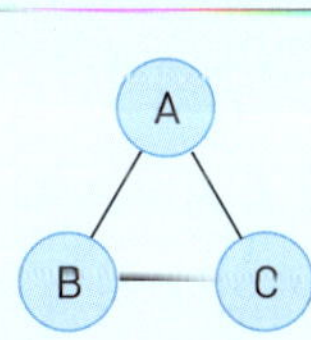	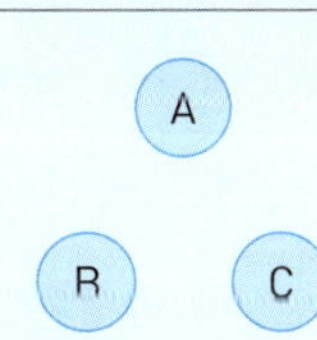
방법	기존 상표, 시설, 기술, 마케팅, 능력의 활용	자금, 수명주기, 제품 포트폴리오 개념의 활용
효과	규모의 경제, 전문성	위험도 분산, 고도성장(수익), 세금 절세효과(tax shield effect)

될 수도 없으며 사업수준에서 올라오는 전략적 결정과 계획이 얼마나 정확한지를 판단하는 것도 어려운 과제가 된다.

또한 비관련 다각화의 경우 각각의 사업부 간의 적합성 결여로 인해 개별 사업부의 경쟁력의 문제가 나타난다. 즉 각각의 사업부는 개별적인 경쟁력은 가능하나 다른 사업부 간에는 아무런 연관이 없기 때문에 비용절감, 지식과 기술의 공유 및 이전이 불가능하기 때문이다.

5. 다각화를 통한 가치창조경영

사업의 다각화는 내부 자본시장 창출, 사업재구축, 기술이전, 자원의 공유 등의 측면에서 새로운 가치를 창조하는 매력적인 전략이다. 그러나 이 전략을 실행하는 데에는 높은 위험이 도사리고 있으며 예기치 못한 급변하는 상황들로 인해 실패의 가능성이 크다는 데 세심한 주의를 기울일 필요가 있다. 특히 마이클 포터는 미국기업의 다각화에 대한 연구에서 예기치 않은 다양한 위험들로 인해서 실패한 사례들을 밝혀내었다.

이러한 상황을 극복하고 기업이 생존할 수 있는 돌파구를 마련하기 위해서는 지금까지의 전통적인 사업구축전략을 과감히 탈피하여 가치창조적인 접근으로서의 리스트럭처링(restructuring)이 필요하다.

다각화 기업의 가치창조적 접근이란 기업가치 극대화를 목표로 하여 가치를 기준으로 의사결정을 수립하고 실행하는 접근시스템이다. 기업가치란 미래의 현금흐름의 할인된 현재가치에 의해 결정된 것으로서 기업의 경영활동으로 산출된 현금흐름이 자본비용을 초과할 때 창출된다.

기업은 핵심사업부문에서 경쟁우위를 유지하는 데 필요 이상의 재무자원을 소유할 때 다각화를 결정하며 특히 기존 사업 분야가 성숙기에 접어들 때 새로운 성장분야로서의 다각화는 기업의 생존과 성장을 위해서 필연적으로 요청된다. 그러나 다각화가 그다지 성공을 거두지 못하는 이유는 무엇인가?

첫째, 사업포트폴리오의 구성에 있어 사업부의 수가 너무 많다는 것이다.

즉, 각 사업부의 복잡성 때문에 관리의 어려움과 전략적 계획에 관한 정보를 적시에 파악하는 일은 쉽지 않다.

둘째, 사업부 간의 업무 비협조이다. 기술이전이나 자원공유는 사업부 사이에 긴밀한 협조를 필요로 해야 하는데 실무적으로 이러한 공조체제가 여의치 않다는 것이다.

셋째, 위험분산의 실패이다. 기업이 다양한 수명주기를 가진 산업에 참여하여 안정된 이익의 창출을 할 것으로 기대하지만 각 산업의 경기순환을 예측하는 것은 쉽지 않으며 최근의 구조적 불황과 같이 전 산업에 동시적 충격을 줄 수 있는 요인들로 인해 위험분산이 오히려 위험가중의 형태로 나타날 수 있다.

넷째, 무분별한 성장 위주의 다각화이다. 성장 자체가 바로 가치를 창출하는 것은 아니며 이것은 가치창출의 부산물에 불과하다. 따라서 기업이 단지 성장을 위해 다각화를 시도하는 경우 실패의 가능성이 높으며 특히 최근의 경기불황은 양적 성장이 질적인 수익 확대를 보장해주지 않으면 무모한 양적 확대로 위험을 증대시켜 기업의 생존을 위협하게 되는 상황이 될 수 있다.

이와 같은 다각화 기업들의 실패원인을 분석해 보면 경영자들은 시장점유율이나 매출액과 같은 양적 지표에 바탕을 두고 기업경영을 하여 왔으나 기업 간 경쟁 환경이 격변함에 따라 투자에 대한 위험이 높아지며 이것은 투자자산의 생산성과 효율성을 동시에 살펴보아야 하며 가치 중심의 경영이 절실하게 요청되는 상황에 이르게 된 것이다.

가치창조경영이란 기업의 총체적인 목표와 분석적인 기술을 경영에 결합시킴으로써 의사결정의 초점을 핵심가치창출요소에 맞추고 이를 통해 기업가치를 극대화하는 기법이다.

가치창조경영을 프로세스 관점에서 보면 프로세스의 핵심은 가치이며 최적가치를 중심으로 모든 절차가 이루어지고 실행되는 과정이라고 할 수 있다. 프로세스 관점의 가치창조경영을 도식화하면 다음과 같다.

위와 같은 가치창조경영에 입각하여 다각화 기업의 가치 평가과정은 먼저 해당기업을 각 사업단위로 분해하고 각 부문의 가치를 상세히 열거한 다음 기업의 가치를 향상시킬 수 있는 내외부적인 모든 가능성을 활용하여 리스트럭처링

그림 8-9 프로세스 관점의 가치창조경영

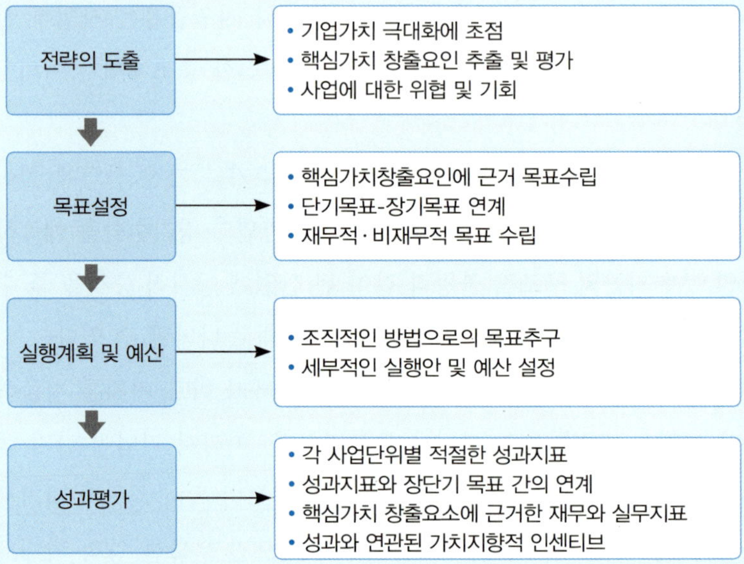

시스템을 구축하는 절차를 따른다. 즉 사업가치 창출의 근원이 되는 제품/시장 포트폴리오를 가치 창조적으로 재구성하여 기업의 가치를 극대화하는 과정을 밟게 된다.

이때 다각화 기업이 가치 지향적으로 변화는 과정은 2단계의 과정을 거치게 된다. 첫째 단계는 기업 내에서 실현되지 못하고 있는 가치가 창출될 수 있도록 리스트럭처링을 실행하는 것이다. 두 번째 단계는 리스트럭처링 이후 기업을 이끌고 관리하기 위한 가치지향적인 접근법을 개발하는 것이다. 예를 들어 가치평가에 근거하여 투자의 우선순위의 결정, 주주가치를 극대화하는 방향으로의 기획, 실적평가, 인센티브시스템 조정, 기업가치의 창출에 초점을 맞춘 투자자들과의 커뮤니케이션 등이 포함된다. 이것은 핵심가치창출요인들을 중심으로 가치창조적 접근에 입각한 경영활동이 정착되어 내부화됨으로써 다각화 기업은 가치창조와 동시에 미래의 생존 및 지속적인 성장을 달성할 수 있을 것이다.

6. 인수·합병, 사내창업 조인트벤처, 철수

앞서 우리는 다각화 전략을 통해 "어디로 다각화할 것인가" 하는 문제를 살펴보았는데 이제 우리가 해결해야 하는 문제는 "어떻게 진입할 것인가" 하는 다각화의 진입방식의 문제이다. 새로운 산업으로 진입하기 위한 방법으로는 크게 인수·합병(Merger & Acquisition), 사내 창업(internal start-up), 그리고 이들의 중간적인 형태인 조인트 벤처(joint-venture)로 구분한다.

6.1 인수·합병

인수·합병은 기존의 기업을 인수(merger)하여 새로운 사업으로 진출하는 것이며 합병(acquisition)은 다각화를 위해 물색한 기업을 자기 회사에 흡수합병하든지 혹은 완전히 새로운 회사로 다시 태어나는 신설 합병하는 것이다. 이처럼 인수·합병은 다각화를 위한 가장 보편적인 방법으로 목표시장에 빠르게 진입할 수 있다는 점 때문에 오늘날 상당히 선호되고 있다. 즉, 다각화를 하려는 기업이 새로운 창업을 통해 겪게 되는 기술의 부족, 공급자 확보의 어려움, 규모의 경제로 인한 경쟁자의 낮은 비용과 규모의 필요성, 고객에게 덜 알려진 브랜드의 문제 등 각종 진입장벽을 극복할 수 있는 어려움을 인수·합병은 해결해 줄 수 있다.

오늘날 인수·합병은 전 세계적으로 하나의 유행(fad)처럼 나타나고 있는데 우리는 인수·합병을 제대로 이해하기 위해서는 인수·합병의 전제조건을 알아둘 필요가 있다. 즉 인수대상기업의 가치를 판매자(acquired firm)보다 구매사(acquiring firm)가 높게 평가하지 않으면 거래가 성사되지 않는다. 따라서 구매자가 판매자보다 인수대상기업이 가진 잠재성을 높게 평가하여 더 많은 이익을 남길 수 있다는 판단을 내리지 않고서는 이와 같은 인수·합병은 이론적으로 불가능하다. 물론 최근 한국의 5대 그룹간의 빅딜(Big-deal)은 정부의 주도하에 구조조정의 차원에서 이루어지기 때문에 판매자와 구매자 간의 의사와는 무관하게 행해질 수도 있다.

① 인수 · 합병의 장점

인수·합병의 장점은 첫째, 진입장벽을 우회하면서 신속한 시장진입이 가능하다는 점이다. 만일 기업이 새로운 신규 사업에 빠르게 진출해야 할 필요성이 있는 경우, 이미 그 사업 분야에서 영업을 하고 있는 업체를 인수하는 것이 훨씬 진입시간을 줄이고 강한 사업자가 될 수 있다. 왜냐하면 인수를 통하여 피인수기업이 가지고 있는 핵심역량을 순식간에 습득할 수 있기 때문이다.

둘째, 인수·합병을 통해 규모의 경제와 범위의 경제를 실현할 수 있다는 것이다. 최근 일본의 중소은행들이 합병하여 슈퍼뱅크로 대형화를 시도하는 것은 규모의 경제를 활용하려는 의도이며 대우자동차가 쌍용자동차를 인수한 것은 범위의 경제를 확보하려는 것이다. 즉, 쌍용이 가지고 있는 jeep-car시장과 체어맨과 같은 고급승용차 시장을 확보하여 대우가 가지고 있는 기존 라인을 합해서 모든 생산라인을 갖춤으로써 현대자동차에 대응하려는 것이다.

셋째, 인수·합병을 통해 해외시장 진출의 교두보를 확보할 수 있다. 외국시장에 대하여 완벽한 시장정보를 갖고 새로운 유통망을 확보하고 생산시설을 갖추기까지는 많은 시간과 자금이 소요된다. 따라서 해외시장을 개척할 때는 새로 공장을 짓는 것보다 기존기업의 인수가 훨씬 쉬운 방법이 된다. 예를 들어 유럽기업들이 미국의 주력사업인 컴퓨터·통신산업의 경우에는 주로 미국기업의 인수를 통해 미국시장에 진출하였으며 미국 역시 유럽의 주력사업인 석유·화학산업의 경우 유럽기업의 인수를 통해 유럽시장에 진출하고 있다.

넷째, 인수·합병을 리스트럭처링이 가능하다는 점이다. 즉, 자본시장에서 저평가된 자산을 구입하거나 또는 리스트럭처링을 통해 그 기업의 자산가치를 높이는 것이다. 최근 외국기업에 의해 인수된 쌍용증권, 쌍용제지, 서울증권 등은 방만한 경영으로 인해 사실 국내 증권시장에서 저평가되어 있었으며 외국 투자가들에 의해 인수된 이후 경영층을 교체하고 효율적인 경영으로 최근 기업의 가치는 급상승하고 있다.

② 인수 · 합병의 문제점

인수·합병의 문제점은 첫째 기업의 인수에 필요한 높은 프리미엄으로 인해 높은 인수·합병의 비용이 나타날 수 있다는 것이다. 인수를 통한 다각화의 경우 진입비용에 대한 테스트를 거쳐 기업의 인수비용과 인수한 기업을 더 잘 운영하기 위하여 들어간 여러 가지 새로운 투자액의 총합과 피인수기업이 앞으로 내줄 것으로 예상되는 수익의 흐름을 비교해서 수익이 비용보다 많아야 효과가 있을 것이다. 만일 인수에 너무 많은 프리미엄을 주는 경우 그 효과를 기대하기는 어렵다.

또 하나의 문제점은 인수 후 조직통합의 문제이다. 특히 인수기업과 피인수기업의 문화가 다르기 때문에 새롭게 동질화되는 데에는 많은 시간이 걸리는 경우가 많다. 특히 적대적 인수의 경우 이들의 통합을 위해 엄청난 비용부담이 발생한다.

6.2 사내 창업

사내 창업은 다각화를 위해 인수·합병을 통하지 않고 기업 내부에서 새로운 회사를 만드는 것이다. 사내 창업은 제품이나 서비스에 관련된 새로운 아이디어가 회사 내부에서 나오는 것을 시작으로 해서 그것을 상용화하는 과정, 그리고 상용화가 성공하여 그것을 하나의 기업으로 독립시키는 과정을 거치게 된다.

① 사내 창업의 장점

사내 창업은 기업의 인수보다 전체적인 비용의 측면에서 보면 비용이 낮은 경우가 대부분이다. 왜냐하면 인수·합병의 경우 산업이 매력적이면 실제의 기업가치보다 더 많은 프리미엄을 줘야 하기 때문에 사내 창업이 비용 면에서 유리할 수 있다. 또한 이미 사업에 필요한 기술, 지식, 인력을 이미 가지고 있기 때문에 관련 분야로 다각화하는 데 유리한 점이 있으며 이미 공유하고 있는 기업문화가 존재하기 때문에 기존 조직과의 통합의 문제도 적다.

② 사내 창업의 단점

사내 창업은 새로운 조직을 통하여 새로운 산업으로 진입해야 하므로 진입장벽의 문제를 극복해야 하며 새로운 생산설비, 공급원 개발, 인력의 확보, 고객의 확보 등 개발비용이 오히려 기업인수에 비해서 높게 된다. 또한 새로운 제품을 개발하는 데 많은 시간이 걸릴 뿐 아니라 각 단계별 장애요인이 많기 때문에 성공률도 떨어지게 된다.

6.3 조인트 벤처

조인트 벤처는 합작투자라고도 하며 일반적으로 두 기업이 공동 출자를 통해 새로운 회사를 설립하는 것을 말한다. 또한 전략적 제휴의 관점에서 조인트 벤처의 의미는 "둘이나 그 이상의 독립적인 조직에 의해 전략적인 목적을 위해 형성되는 협력적인 사업관계로, 별개의 사업주체를 형성하고 소유권, 운영상의 책임, 재무적인 위험과 수익 등을 관련 기업 사이에 분배하되 관련 기업들 사이의 주체성과 자율성은 유지하는 것"을 말한다.

① 조인트 벤처의 장점

조인트 벤처의 장점으로는 첫째, 투자비용의 절감을 통해 위험을 분산시킬 수 있다. 만일 사업개발에 단독으로 자본을 투자했을 경우 실패에 대한 위험이 클 수 있다. 둘째, 전략적 제휴의 관점에서 보면 각 회사의 단점을 보완하고 장점을 활용하는 상생전략(win-win strategy)이 가능하다. 셋째, 국제적인 합작투자의 경우 현지국의 해외기업과의 합작투자를 통해서 수입규제나 관세를 피할 수 있으며, 현지에서의 정치적인 위험이나 문화의 차이에서 오는 갈등을 감소시킴으로써 적극적인 해외진출이 가능하다.

② 조인트 벤처의 단점

조인트 벤처의 단점으로는 첫째, 통제의 어려움이다 왜냐하면 목표나 전략, 그리고 업무스타일이 다른 두 기업 간에 이해조정이 어려워 합작기업의 원활한 운영이 쉽지 않다는 것이다. 둘째, 관련 기업들이 가지고 있는 기술적 노하우의 유출 가능성이 존재한다. 이처럼 합작기업의 경우, 절반 가량은 두 기업 간의 갈등으로 실패하는 것으로 조사되고 있다.

따라서 조인트 벤처는 복수의 기업이 서로 가지고 있는 전략적 약점을 보완하는 일시적 방법으로 사용되고 있으며 성공적인 조인트 벤처는 참여하는 기업들의 지분이 비슷하고 상호 의존적인 관계에서 비롯된다.

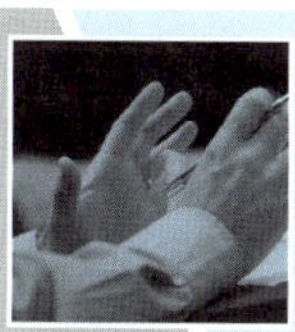

제 3 절

다각화와 경영성과

기업의 다각화 전략과 경영성과 간의 관계는 과거의 다각화 전략의 연구만큼 관심을 끄는 연구의 대상이다. 그러나 다각화 전략과 성과 간의 관계는 이에 관련된 변수들이 너무 많고 복잡할 뿐만 아니라 연구결과도 학자들에 따라 상이하게 도출되어 명백한 결론에 도달하는 것은 매우 어렵다.

1. 다각화와 경영성과 간의 관계

[그림 8-10]과 같이, 다각화와 관련하여 나쁜 성과를 초래하는 원인은 크게 2가지로 나누어 볼 수 있을 것으로 보인다. '지나친 다각화(over- diversification)'문제와 '다각화 사업선택의 오류(fallacy of business choice)'가 바로 그것이다.

기업의 구조조정은 앞서 밝힌 바와 같이, 단순히 외부에 공표된 재무적 성과만을 기준으로 그 필요성과 원인을 규명해서는 안 된다. 비록 마이너스 수익률을 보이는 사업 영역이라 할지라도, 이러한 부정적 성과가 다른 사업 영역에

그림 8-10 다각화와 경영성과 간의 관계

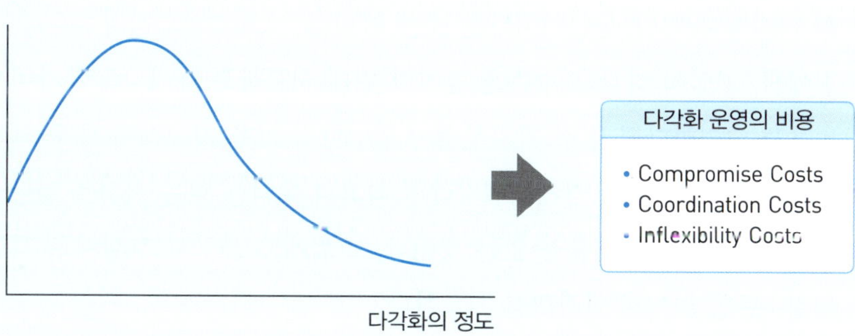

지대한 공헌을 한 대가라면, 기업이 가치창출을 꾀하는 데 있어서 없어서는 안 될 사업영역이며 경영자원인 것이다. 따라서 이 사업영역은 오히려 기업역량을 강화해주는 핵심사업으로 보호되고 강화되어야 할지도 모른다. 이처럼 재무적 성과는 물론이고, 기업 내 가치창출 여부를 근거로 기업의 구조조정은 평가되고 실행되어야 한다.

(1) 지나친 다각화(over-diversification)

Jones & Hill의 연구에 의하면, 기업의 수익과 다각화 정도와의 관계는 일정 수준을 정점으로 해서 역U자형 곡선을 이루는 것으로 밝혀졌다. 이는 기업의 다각화가 무상의 전략적 선택이 아니라는 점을 이야기하는 것으로, 기업이 다각화를 통해 언제나 성장을 도모할 수 있는 것이 아니라는 사실을 실증적으로 잘 나타내주고 있다. 여기서 적정한 다각화 수준(optimal level of diversification)을 넘어서 수익이 하강하는 것은, '지나친 다각화'로 인한 경제적 손실, 즉 과다한 투자비용과 관리비용 부담에 따른 것으로 추정할 수 있다. 그러나 앞선 연구 결과에 따르면, 적정한 사업다각화 수준이란 제도적인 상황(institutional context) 등에 의해서 좌우로 이동할 수 있다는 사실을 유념할 필요가 있다. 즉, 외부금융시스템이 불안하고 시장메커니즘이 제대로 작동되지 않는 곳에서는 적정수준 곡선이 우하향으로 이동할 가능성이 크다는 것이다.

비록 수익곡선이 그 정점을 지나 적정한 다각화 수준을 넘는 경우에도 기업의 수익은 양(+)의 값을 가진다. 따라서 기업은 당연히 성장을 도모하기 위해서라도 다각화 수준을 높일지 모른다. 그러나 이러한 양(+)의 수익이 기업 전체의 가치창출을 반드시 의미하는 것은 아니다. 오히려 그 적정수준을 넘어선 지점에서, 기업이 다각화 수준을 높이기 위해 지불하는 대가, 즉 투자비용과 관리비용을 고려한다면 전혀 가치창출이 일어나지 않을 가능성이 매우 크기 때문이다. 더구나 합리적인 경제행위자라면 최고의 수익을 얻는 지점을 지나 투자비용을 부담할 아무런 이유가 없는 것이다. 그럼에도 불구하고 실제로 기업들은 이 적정수준을 넘어서 다각화를 시도한다.

'지나친 다각화'를 초래하는 원인으로는 사전적(ex-ante) 요인과 사후적(ex-post) 요인이 있다. 사전적으로 기업은 외부자본시장의 불안정성을 극복하기 위해 내부자본시장을 형성하고자 한다. 그러나 잘못된 시장신호와 제도적 결함 등으로 인해 기업은 적정수준을 넘어서는 다각화를 도모하게 되고, 결국 기업 전체 성과에 나쁜 영향을 미치게 된다는 것이다.

또한, 대리인 문제(agent problem)에 의해서도 기업은 적정수준 이상의 다각화를 꾀하게 된다고 하는데, 이는 기업 내부에도 지나친 다각화의 원인이 있다는 것이다. 즉, 전문경영인(agent)은 정보비대칭과 보이지 않는 행동을 통해 소유자(주주)의 이해관계와는 무관하게 행동하게 된다. 잘못된 인센티브 제도는 결국 대리인에게 외형성장만을 추구하게 만들고 내실 있는 경영을 어렵게 한다. 따라서 가치 창출이라는 기준과는 무관하게 다각화가 이루어지고, 대리인은 자기 이익추구에만 몰두하게 되어, 기업 경영자원의 가치 창출은 더욱 어려워지게 된다는 것이다. 이와는 달리 사전적으로, 기업의 다각화가 합리적 의사결정을 통해 이루어진 경우라 할지라도, 사후적으로 다각화로 인한 정보처리 요구량이 증가하여 기업이 그 통제력을 상실한다면 이미 기업이 향유하는 다각화의 편익 및 효용보다 그 비용이 더욱 커지게 된다. 이로 인해 기업은 더 이상의 가치를 창출할 수 없게 되고 기존의 다각화 전략은 무의미한 자원 결합관계만을 남기게 되는 것이다. 이러한 맥락에서, 제한된 다각화에서 확장된 다각화로 나아가는 기업은, 정보처리 요구량의 증가와 통제력 상실로 인해 나쁜 성과를 얻게 되고 그 결과 외부자본시장에서의 인수 위협에 직면하게 된다고 한다. 따라서 이를 극복하고자 해당 기업은 구조조정을 단행하여 다시 핵심사업에 역량을 집중시키는 기업으로 회귀하게 된다.

외부적으로는 인수 위협에 대처하고 내부적으로는 통제권을 회복하기 위해, 해당 기업이 다각화 정도를 축소하고 핵심사업에만 기업역량을 집중시키는 '재집중화(refocusing)'전략을 구사할 때, 비로소 기업이 안고 있는 문제점들을 해결할 수 있을 것이다.

(2) 다각화 사업선택의 오류(fallacy of business choice)

위에서 살펴본 바와 같이, 대부분의 구조조정 논의는 '지나친 다각화', 즉 비관련 다각화 문제에 그 초점이 맞추어져 왔다. 그러나 이미 언급했던 것처럼 기업의 성과를 나쁘게 하는 원인은 그 외에도 여러 가지가 있을 수 있다. 특히 구조조정 문제에 있어서, 다각화와 관련하여 생각해 볼 수 있는 또 다른 실패원인의 하나가, 바로 '다각화 사업선택상의 오류'라고 할 수 있다.

'다각화 사업선택의 오류'란 다각화 정도 및 그 유형(관련 vs. 비관련)과는 전혀 별개로, 단지 신규 진입한 산업의 특성 등으로 인해 해당 기업이 직면하게 되는 어려움을 의미한다. 즉, 기업이 잘못된 사업영역을 선택하는 것을 말한다.

따라서 이러한 경우 기업의 구조조정은 해당 사업으로부터 철수(divestment)하는 방법을 선택하면 될 것이다. 물론 사업철수라는 것이 그렇게 간단한 것은 아니지만, 더 이상 기업에게 가치를 창출할 수 없는 경우라면 운영 자체가 지속적 비용을 유발시키므로 하루빨리 사업운영을 포기하는 것이 기업에게는 손실을 줄이는 최선책이다.

2. 사업다각화와 구조조정

Penrose에 의하면, 기업은 새로운 가치 창출(value creation)을 위해 존재하고 그 성장을 거듭한다고 한다. 이러한 목적을 달성하기 위해 기업은 새로운 경영자원을 동원하고, 동원된 자원을 유기적으로 결합하여 새로운 가치 창출에 활용한다. 반면에 기업이 동원한 경영자원들이 더 이상의 새로운 가치를 창출하지 못한다면 그러한 자원의 결합관계는 지속될 수 없게 된다. 이와 같이 기업 안에 결합된 경영자원을 분해하고 재배치하는 과정을 구조조정이라고 하는데, 기업은 구조조정을 통해 자산매각, 정리해고, 조직개편, 사업정리, 분사(Spin-off), M&A 등 다양한 의사결정을 내리게 된다.

가치 창출이라 함은 단지 재무적 성과만을 의미하는 것은 아니다. 그러므로 구조조정은 단순히 기업이 재무적인 성과 하락만을 근거로 단행하는 의사결정이 아니라, 가치 창출 여부라는 비재무적 요인까지 포함하는 보다 적극적인 의사결정 사항이라고 할 수 있다. 재무적 성과로 잘 드러나지는 않지만, 해당 기업에게 특별한 가치를 제공해주는 사업과 해당 조직에 대해서도 그 정당한 평가가 내려질 수 있도록 하는 것이, 구조조정 과정에서 무엇보다도 중요한 이유가 바로 여기에 있다.

기업은 새로운 가치 창출을 위해 사업영역을 넓히고 경영자원을 동원하며, 성장을 거듭한다. 사업 다각화를 통해 기업이 새로운 가치를 찾을 수 없을 때, 기업은 해당 사업을 정리하고 새로운 사업에 역량을 집중해야 할 필요성을 느끼게 된다. 이러한 과정을 '사업 다각화에 관한 구조조정'이라고 한다.

사업구조와 관련하여, 지배구조(governance structure)는 기업을 조직하고 운영하는 기본 메커니즘을 의미한다. 기업의 조직 및 운영 메커니즘이란, 경영활동을 수행하는 데 있어서 기본적인 운영과 자원조달을 시장(markets)에서 구할 것인가, 아니면 조직 내 위계구조(hierarchies)에서 찾을 것인가 하는 문제해결구조를 의미한다. 이는 Williamson이 거래비용경제학을 통해 밝힌 문제로서, 기업은 거래상 발생하는 비용을 최소화하기 위해 시장과 위계라는 양극단의 중간지점에서 조직과 운영메커니즘을 찾는다는 것이다.

그러므로 기업은 경영활동에 필요한 자원을 시장에서 자유로이 타인과의 계약(contracts)을 통해 얻을 수도 있고, 아니면 조직 내부로 끌어들여(internalization) 위계관계로써 얻을 수도 있다는 것이다. 이때 시장에서 계약을 통해 얻는 경우에는, 계약 상대방을 탐색(searching costs)하고 계약을 체결(contracting costs)하고 계약 준수 여부를 감시(monitoring costs)하는 등의 거래비용(transaction costs)이 발생하는 반면, 이를 내부화하여 조직의 위계구조에 의존하여 조달하는 경우에는, 관리를 위한 비용(management/bureaucratic costs)지출이 불가피하게 된다. 이러한 비용 때문에, 일부는 시장에서 구하고 일부는 기업 내부에서 구하는 것이 기업활동의 일반적 모습이라고 한다. 그러한 발생 비용을 최소화하는 지점에서 기업의 지배 구조는 결정되며, 이로써 기업 조직 및 사업의 규모와 경계가 결정지어지게 되는 것이다.

결국 기업의 조직 메커니즘 및 사업의 범위는 거래비용에 의해 결정되는 것이며, 거래비용을 최소화하는 방향으로 기업은 움직인다고 한다.

기업이 구조조정을 하는 데 있어서도 이와 같은 문제는 발생한다. 현재 기업이 보유하고 있는 사업 및 해당 조직이 과연 기업의 가치 창출에 도움이 되고 있는지, 아니면 분사를 통해 외부화(externalization)하거나 밖에서 필요한 경영 자원을 조달하는 것이 기업에게 더 유리한지를 고민하여야 한다. 이러한 고민의 결과가 곧 이 부문에 있어서의 구조조정이며, 이는 기업의 비전과 경영전략 방향을 고려하여 결정할 문제이며, 또한 거래비용 관점에서 판단해야 할 문제이다. 만일 기업 내 조직이나 사업부문이 설사 재무적으로 좋은 성과를 내고 있지 못하더라도, 기업 입장에서 시장메커니즘에 의존하여 조달·거래하는 것보다 그 비용을 줄여준다면, 이러한 조직과 사업부문은 기업이 계속 보유하고 지속시켜 나가는 것이 바람직하다.

이때 기업은 구조조정을 통해 기존의 경영자원을 재배치하는 과정에서 지배구조 및 운영메커니즘에 대한 고려를 반드시 해야 하며, 이를 통해 거래비용과 관리비용을 최적화할 수 있는 방안을 모색해야 한다.

선택과 집중이라는 명제에서 살펴보면, 기업의 사업다각화는 힘의 분산이며 역량 결집을 방해하는 장애 요소인 것이다. 또한, 다각화를 통해 형성한 내부시장과 내부자본시장은, 개별 기업의 안전망 역할을 하는 동시에 전체를 묶어버리는 족쇄가 되기도 한다. 그러나 다각화된 기업의 내부시장 일부에서 생긴 문제가 곧 전체 구성원에게 확산되기 쉬우며, 이러한 문제의 내부확산은 결국 외부시장에 위험 신호(signal)를 보내고, 외부시장은 이러한 위험 신호에 반응함으로써 내부시장의 붕괴를 더욱 가속화한다.

• 사례 •

웅진그룹의 다각화를 통한 시너지 창출

웅진그룹의 시작은 지난 1980년 3월 어린이용 교재를 만드는 헤임인터내셔널로 웅진씽크빅의 전신이다. 웅진씽크빅을 통해 교육 출판 사업의 성공으로 사업의 기반이 잡히자 윤석금 회장은 1986년 웅진식품을 필두로, 1998년 코리아나화장품, 1989년 웅진코웨이를 설립해 다각화 전략을 시작하였다.

웅진그룹은 윤석금 회장의 시장에 대한 남다른 안목, 연구개발에 대한 과감한 투자, 방문판매 사업으로 키운 영업역량을 성장의 발판으로 삼아 지속적으로 새로운 영역에 도전을 시작하면서 그룹의 면모를 갖추기 시작하였다.

하지만 웅진그룹도 1997년 경제위기 때문에 모든 기업이 어려운 가운데 매출이 급감하게 되면서 모든 사업부분에 어려움을 겪게 되면서 정수기를 판매하던 웅진코웨이는 큰 어려움을 맞게 된다.

그러나 윤석금 회장이 항상 생각해오던 '위기의 순간에는 늘 기회가 존재한다'는 역발상을 발휘하여 정수기를 저렴한 비용으로 빌려주는 렌탈 서비스 사업을 고안해 새로운 기회를 만들어 낸다. 또 코디(Coway Lady)라는 정수기 관리 전문가를 두어 정수기 회원제 서비스를 창출하는 등 빠른 대응으로 위기의 순간을 잘 극복하고 2000년 이후에는 매년 10%가 넘는 매출 성장세를 이어가고 있다. 이렇게 시작된 웅진코웨이 렌탈 서비스는 2008년까지, 400만 명에 이르고 있다.

또한 위기의 상황을 극복하기 위한 선택의 기로에서 과감하게 계열사 매출기준 2위였던 코리아나화

표 8-2 웅진그룹의 사업 다각화 과정

연도	내용
1980년	헤임인터내셔널(웅진 씽크빅 전신) 설립
1986년	웅진식품(식품업) 설립
1988년	코리아나화장품 설립
1989년	웅진코웨이 설립
1996년	한국출판유통(출판업) 설립
2000년	웅진해피올 설립
2003년	랙스필드 컨트리클럽 오픈, 웅진에스터 설립
2005년	웅진건설(건설업) 설립, 웅진쿠첸 출범
2006년	웅진캐피탈(금융업), 웅진에너지(태양광사업), 웅진패스원 설립
2007년	웅진홀딩스 설립(지주회사로 전환), 극동건설 인수
2008년	웅진케미칼 인수
2009년	웅진홀딩스 웅진 해피올 흡수합병

장품을 매각하여 기업구조조정을 원활하게 진행하였으며, 윤리적이고 투명한 재무구조를 바탕으로 새로운 사업에 지속적으로 투자하는 동시에 전사적인 혁신활동을 펼치며 경영의 효율화를 추구하였다.

웅진그룹의 이러한 다각화는 2005년 8월에는 웅진건설을 설립하였을 뿐 아니라 2006년에는 웅진캐피탈과 웅진에너지를 통해 금융업과 태양광 사업까지 사업 영역을 계속해서 확대하였다. 2007년에는 웅진홀딩스를 설립해 지주회사로 전환하였고 웅진홀딩스를 비롯한 11개 계열사를 통해서 다각화를 위한 사업 포트폴리오의 변화를 가져왔다.

웅진그룹이 지금까지 추구해왔던 다각화를 통한 가치경영을 토대로 새로운 가치의 실현으로 향후 대그룹으로 성장할 수 있을지 재계는 주목하고 있다.

그림 8-11 웅진그룹의 다각화를 위한 사업 포트폴리오의 변화

웅진그룹 발전과정-포트폴리오의 다변화

소비재 중심에서 산업재 중심으로의 Shift

1980~2007
- 도시출판
- 환경기전
- 생활가전
- 식품
- 유통
- 레저
- 서비스

2007~Present
- 에너지
- 건설
- 도서출판
- 환경가전
- 섬유/소재
- 금융
- 생활가전
- 식품
- 유통
- 레저
- 서비스

지주회사 전환에 따른 사업확장

2007년:
- 회사분할에 따른 지주회사 체제 구축
- 극동건설(주) 인수
- 웅진에너지(주) 공장 준공

2008년:
- (구)(주)새한 인수 → (주)웅진케미칼 사명 변경
- 사업 확장에 따른 웅진에너지(주)유상증자
- 웅진 컨소시엄(웅진코웨이(주), (주)웅진케미칼, 극동건설(주)의 수처리 사업 진출
- 웅진폴리실리콘(주) 설립에 따른 폴리실리콘 제조 및 판매사업 진출

토의과제

1. 웅진그룹의 다각화를 통한 시너지 효과를 평가하라.
2. 웅진그룹의 초기 핵심역량이었던 '방문 판매시스템'의 역량을 평가해보고 웅진의 새로운 핵심비즈니스인 '렌탈 서비스'와 비교하여 보시오
3. 향후 웅진그룹이 중진그룹에서 대그룹으로 도약하기 위해서 필요한 역량은 무엇인가?

Chapter 9

다각화된 기업의 관리

전략은 아군이 가장 유리할 때 적군을 전쟁터로 불러들이는 기술이다.

— William Seimoer

"5%는 불가능해도 30%는 가능하다."

— LG전자 DA(Digital Appliance) 사업본부의 혁신 모토

전략 Focus

다각화와 사업 포트폴리오 전략

규모 확대에 대한 맹목적 추종과 진입만 하면 망하지 않는다는 믿음을 바탕으로 과거 한국재벌들은 정확한 분석과 치밀한 전략적 고려 없이 문어발식 확장을 해온 것이 사실이다. 그러나 최근 기업에게 '도산의 자유(freedom of bankruptcy)'가 부여되어 잘못된 다각화로 인한 기회손실이 막대해짐에 따라 이제 기업들은 과거와는 다른 사업구조전략을 가져가야 한다.

기업은 초기에는 단일국가, 단일시장에서 단일사업을 수행하고, 다음으로 핵심사업의 경쟁적 지위를 강화하기 위하여 수직적 통합을 이루거나 해외로 사업 확장을 한다. 세 번째 단계는 새로운 가치를 창출하기 위하여 여유자원을 신규부문에 투자하는 다각화를 추진하게 된다. 다각화의 궁극적인 목적은 주주를 위한 가치 창출 극대화이다. 그러나 다각화에 의해 기업의 가치를 올리기보다 오히려 기업가치를 떨어드리는 경우가 많다.

다각화에는 직접 신제품 개발을 통해 신사업에 진출하는 경우와, 타 기업을 인수합병(M&A)하는 방법, 외국 진출 시 많이 활용하는 합작기업(Joint Venture) 형식이 있다. 다각화 기법은 각각 장단점을 가지고 있는 만큼 기업에서는 자사의 특성에 맞는 방법을 골라 사용하는 것이 바람직하다.

10% 주식으로 한국의 모든 상장기업을 살 수 있다는 세계최고 기업 GE는 신규 사업에 진출할 때 철저한 분석에 바탕을 둔 전략적 접근을 함은 물론, 기존사업 중 전 세계적으로 1~2등을 하지 못하는 사업부문을 과감하게 퇴출시킴으로써 기업가치를 극대화했다. 반면 초특급으로 성장한 시스코는 공격적 M&A를 통해 성장한 대표적인 기업이다.

다각화는 성공할 경우 기업의 가치를 크게 올릴 수 있지만 실패할 경우 오히려 자금고갈 및 구조조

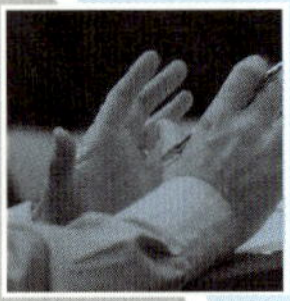

제 1 절

사업 포트폴리오의 의의

단일사업에 집중된 기업과 다각화된 기업에 있어서 가장 큰 차이는 사업관리의 복잡성에 있다. 즉, 단일사업에 집중화된 기업은 해당 사업분야의 환경과 기업능력에 대한 분석을 통해서 비교적 용이하게 전략을 수립하고 실행할 수 있다. 반면에 다각화된 기업에 있어서는 각 사업부간 직면하고 있는 환경이나 각 사업부의 성격이 서로 다르며 또한 각 사업부 간의 관계도 매우 복잡하게 얽혀 있는 경우가 많기 때문에 기업 전체적인 관점에서 자원을 효과적으로 배분하고 각 사업

정의 위기에 직면할 수도 있는 대단히 중요한 전략이다. 다각화를 위해서는 우선 기업 전체의 비전과 목표, 그리고 전략에 대한 개념을 명확히 정립해야 한다.

NEC는 컴퓨터와 커뮤니케이션(Computer & Communication)이라는 비전을 설정한 후 이를 바탕으로 컴퓨터와 통신부문을 합병하여 컴퓨터, 반도체, 전신, 가전제품 등의 사업을 통합해서 한 단계 도약을 이뤄냈다. 사업다각화는 냉정하고 정확한 분석과 전략적인 고려하에 추진되어야 한다.

마이클 포터 하버드대 교수는 다각화하고자 하는 산업이 구조적인 매력을 가지고 있거나 매력을 창출할 능력이 있는지, 신사업 진출 시 소요되는 비용이 기대수익보다 높은지, 그리고 다각화한 신규사업부가 기존기업과의 결합으로 상호간 경쟁우위를 확보하게 되는지를 분석하는 것이 필수적이라 밝히고 있다.

성공적 다각화를 위해서 제품과 시장, 그리고 무엇보다도 기업이 보유한 핵심역량과 관련이 있는 관련 다각화를 추진하는 것이 필요하다. 어린이 잡지를 만들던 계몽사가 사업과 전혀 관련 없는 골프장 사업에 뛰어들었다가 도산한 것은 반면교사라 할 수 있다. 또한 새롭게 진출한 사업부에 대해, 기존 사업부에서 가지고 있던 유사한 지식, 기술, 운영 노하우 등을 이전하고, 기존 사업과 새로운 사업 간에 자원을 공유함으로써 기업 다각화에 따른 시너지 효과를 극대화해야 하고, M&A 등 이질적인 조직의 통합이 필요한 경우 갈등을 최소화하고 공동의 문화를 공유할 수 있도록 많은 신경을 써야 한다.

마지막으로 다각화를 추진하기 전에 핵심사업을 정의하고 핵심사업을 우선적으로 강화해야 한다. 다각화 전략은 기업차원의 전략이다. 그러나 실질적인 부가가치는 각 SBU에서 노출된다. 따라서 기업전략을 추진할 때 기업전략과 사업구조가 각 사업부의 경쟁우위를 진정으로 진작시킬 수 있도록 해야 한다.

자료: 마이클 포터, 김경묵 외 옮김, 「경쟁론」, 세종연구원

부 간의 관계를 원활히 조정하는 것이 매우 중요하고도 어려운 과제가 된다.

다각화된 기업을 관리하는 전략적 분석의 수단으로서 실제 기업에서 많이 활용하는 분석기법은 포트폴리오 분석(portfolio analysis)이다. 이 방법은 기업수준의 입장에서 각 사업부군(business portfolio)의 위치를 파악하여 매력적이지 못한 사업들에서 철수하거나 매각을 하며 매력적인 산업으로 자원을 집중하는 노력을 하여 전체의 한정된 기업자원을 어떤 사업에 진입하고 퇴출할 것인가를 결정하는 데 목적이 있다.

사업 포트폴리오 분석을 통해 도출되는 내용은 다음과 같다.

▶ 자원의 효율적인 배분

사업 포트폴리오 분석은 대체로 각 사업의 경쟁우위의 원천이 되는 산업의 매력도와 해당 산업 내의 기업의 경쟁적 위상에 대한 분석을 통해 사업의 성공

여부에 대한 판단이 가능하며 이를 통해 기업 전체적인 입장에서 투자의 우선순위를 결정하게 된다.

▶ 각 사업부 전략의 도출

산업의 매력도와 경쟁적 위상을 통해 각 사업부의 상황을 평가함으로써 각 사업에 대한 전략적 대안인 지속적 투자, 아니면 해당 산업으로부터 철수 등 다양한 전략을 도출할 수 있다.

▶ 성과 목표의 설정

각 사업부에 대한 객관적인 평가를 바탕으로 각 사업부별로 실현가능한 성과목표를 설정할 수 있으며 이는 사업부 간의 성과에 대한 비교에도 시사점을 줄 수 있다.

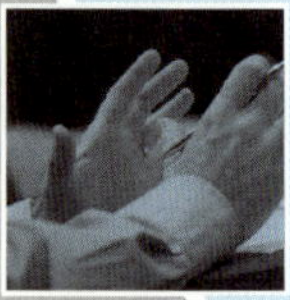

제 2 절 사업 포트폴리오 분석기법

BCG의 경험곡선과 PIMS 프로그램의 제언은 시장점유율이 제일이라는 것이다. 그러나 시장점유율을 확대한다는 것은 막대한 자금을 필요로 한다. 따라서 자금의 내부조달을 기본으로 하는 미국의 기업에서는 사업특성에 적합한 최적자원배분의 개발하는 것이 기업전략의 근본이 된 것이다. 특히 BCG의 경험곡선으로부터, 사업의 자금의 유입과 유출은 시장의 성장률과 시장점유율의 조합에 의해서 정해진다는 사고가 나타났는데, 이것이 오늘날 다각화된 기업의 중요한 전략계획 기법인 PPM(Product Portfolio Management)이다. 특히 여기에서 말하는 기업전략은 개개의 제품시장 수준의 사업전략과 구별되는 복수의 제품시장에 걸쳐있는 기업 전체의 전략을 말한다.

1. BCG 매트릭스

1.1 BCG 매트릭스의 개념

BCG 매트릭스는 미국의 경영컨설팅 전문기관인 Boston Consulting Group (BCG)에 의해 개발된 다각화된 사업부의 관리기법으로 '성장-점유율 매트릭스 (growth-share matrix)'라고도 불린다. 이 방법은 사업부의 포트폴리오 기법으로서 차후의 포트폴리오 분석의 선구자가 되었으며 적용의 간결성으로 인해 경영기법에 널리 활용되어 왔다.

BCG 매트릭스는 외부환경 요인인 산업의 매력도를 나타내는 시장성장률과 내부 환경요인인 산업의 경쟁적 위상을 나타내는 상대적 시장점유율에 의해 각 사업부를 평가하고 기업 전체의 자원배분 기준과 각 사업부의 전략 방향을 제시해준다. 따라서 BCG 매트릭스는 그림과 같이 세로축에는 시장성장률과 가로축에는 상대적 시장점유율이라는 두 축에 의해 결정된다.

세로축인 시장성장률은 각 사업부가 속한 시장의 성장률을 나타낸다. 여기서 시장성장률을 고·저로 나누는 것은 뚜렷한 기준이 없으며 경제성장률 등을 기준으로 분석자의 다소 자의적인 판단이 개입된다. 가로축을 구성하는 상대적

그림 9-1 BCG 매트릭스의 모델

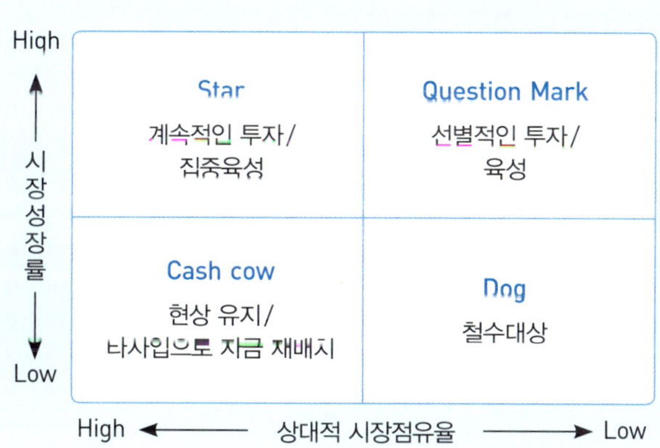

시장점유율(relative market share)은 해당 시장에서 경쟁자 가운데 가장 시장점유율이 높은 기업에 대한 자사의 시장점유율의 비율을 의미한다. 상대적 시장점유율은 1.0을 기준으로 결정되는데 예를 들어 A사업부가 시장 전체에서 차지하는 비중이 10%이고 그 시장에서 가장 큰 경쟁기업의 점유율이 30%인 경우 A의 상대적 시장점유율은 0.333이 된다.

시장성장률은 시장의 매력도로서 해당 사업 분야의 향후의 전망을 보여준다. 반면 상대적 시장점유율은 시장에서 해당 사업부의 경쟁적 지위를 나타내는 것이다. 여기서 시장성장률이 높은 사업의 경우 사업의 확장을 위해 자속적인 투자가 필요하기 때문에 자금소요가 많다. 반면, 시장성장률이 낮은 경우에는 사업의 확장은 바람직하지 않기 때문에 자금소요는 많지 않다. 한편 상대적 시장점유율은 자금의 창출과 관계가 있는데, 상대적 시장점유율이 높을수록 해당 사업으로부터 잉여자금이 창출될 가능성이 높아진다.

1) 각 사업부의 특징과 평가

BCG 매트릭스는 각각 상이한 사업특성을 가지는 네 개의 영역으로 구분된다.

① 물음표(question marks): 高성장률 低점유율

이는 시장성장률은 높으나 상대적 시장점유율이 낮은 사업으로서 문제아라고도 한다. 이 사업영역은 시장의 전망은 밝으나 상대적으로 취약한 시장지위 때문에 성공적으로 사업을 영위할 수 있을지가 의문시되는 사업이다.

시장에 처음 출시하는 사업부들이 출발하는 시점이 바로 물음표이며 신규로 시작하는 사업이기 때문에 기존의 선도 기업을 비롯한 경쟁기업에 대응하기 위하여 상당한 자금투입을 필요로 한다. 여기서 전략적 평가는 적극적인 추자와 확장전략을 통해 '별(star)형' 사업으로 만들든지 아니면 사업부에 자금을 지원하는 것보다 다른 유망사업에 투자하여 해당사업으로부터 철수하는 것이다.

② 별(star): 高성장률 高점유율

이는 시장성장률도 높으면서 시장에서 강력한 지위를 구축하고 있는 사업

분야다. 이 사업은 많은 수익이 발생하지만 높은 시장성장률의 이점을 충분히 활용하고 시장 지위를 유지하기 위해 많은 자금투자가 소요되기 때문에 현금흐름의 측면에서는 대체로 균형을 유지하거나 어떤 경우에는 추가적인 자금투입이 요구된다.

③ 자금젖소(cash cow): 低성장률 高점유율

이는 높은 상대적 시장점유율과 낮은 시장성장률을 가진 사업영역이며 시장 내에서 선도 기업으로서 많은 이익을 창출할 수 있는 반면 시장성장률이 낮기 때문에 투자의 필요성이 크지 않기 때문에 자금소요는 많지 않다. 자금젖소의 사업단위는 높은 시장점유율에 의해 많은 이윤을 창출함으로써 별이나 물음표 사업에 사업을 지원할 수 있는 중요한 자금원천이 된다.

④ 개(dogs): 低싱징률 低점유율

이는 낮은 시장점유율과 낮은 성장률로 인해 시장의 매력도와 경쟁적 지위가 모두 취약한 사업부에 해당된다. 따라서 여기에 해당되는 사업부는 향후에 시장성장률이 높아질 가능성이 크거나 상대적 시장점유율이 현저히 개선될 가능성이 있는 경우를 제외하고는 사업의 축소 내지는 시장에서의 완전한 철수가 필요하다.

2) BCG 매트릭스의 장점과 단점

BCG 매트릭스의 장점으로는 다음과 같은 것이 있다.

첫째 현금흐름의 관점에서 사업 단위들을 유형화하고 분석함으로써 균형잡힌 사업 포트폴리오를 구성할 수 있는 자금 사용방법을 제시해 준다. 둘째, 언제 새로운 사업에 투자하고 언제 기존 사업에서 손을 떼야 할지를 알 수 있게 해준다.

그러나 BCG 매트릭스의 단점 및 한계점으로는 다음과 같은 것이 있다.

첫째, 시장성장률과 상대적 시장점유율이라는 두 가지 요인에 의해 각 사업부를 평가하고 전략방향을 도출하는 것은 지나치게 단순화한 도식이다. 이에 따라 사업에 더 중요한 영향을 미치는 다른 요인들을 무시하게 됨으로써 각 사업부에 대한 포괄적이고 정확한 분석을 어렵게 한다. 둘째, BCG 매트릭스는 상대적 시장점유율이 높을수록 경험곡선 효과에 의해 원가우위가 창출됨으로써 높은 수익성을 가진다고 한다. 그러나 경험곡선 효과는 산업의 특성에 따라 달라지며 상대적 시장점유율이 낮은 경우에도 높은 수익성을 실현하는 기업은 얼마든지 있다. 이처럼 BCG 매트릭스는 많은 유용성에도 불구하고 적용에 많은 문제점이 있으며 이와 같은 문제를 해결해주는 기법이 바로 GE/Mckinsey 매트릭스이다.

2. GE/Mckinsey 매트릭스

2.1 GE/Mckinsey 매트릭스의 개념

BCG 매트릭스가 시장성장률과 상대적 시장점유율이라는 두 가지 요인에 의해 사업부를 평가함에 따라 그 단순성에 비판이 대두되었고 이를 보완하기 위한 방법으로서 GE/Mckinsey 매트릭스가 도입되었다. GE/Mckinsey 매트릭스는 미국의 가전회사인 GE가 다각화된 사업부를 효율적으로 관리하기 위해 컨설팅회사인 Mckinsey의 도움을 받아 개발하였기 때문에 GE/Mckinsey 매트릭스라고 불린다.

GE/Mckinsey 매트릭스는 산업의 매력도와 자사의 경쟁지위라는 두 가지 차원에 의거하여 9가지 상한으로 매트릭스를 나누고 이에 따라 각 사업부를 평가한다. GE/Mckinsey 매트릭스의 사업공간은 산업의 매력도와 사업의 경쟁적 지위의 두 차원으로 구성되지만 각각의 차원은 가중치가 다른 몇 개의 지표로 된 복합척도로 되어 있는 점이 특색이다.

산업의 매력도는 시장의 규모와 성장률, 기술적 특성, 경쟁강도, 진입 및 철수장벽, 경기변동, 자본소요, 현재 및 미래의 산업 수익성 등 다양한 요인들에 의해 평가된다. 한편 경쟁지위는 시장점유율, 원가경쟁력, 제품의 품질이나 서비스, 기술능력, 경영능력 등과 같은 다양한 요인들을 포괄적으로 반영한다는 데 주목해야 한다.

그림 9-2 GE/Mckinsey 매트릭스

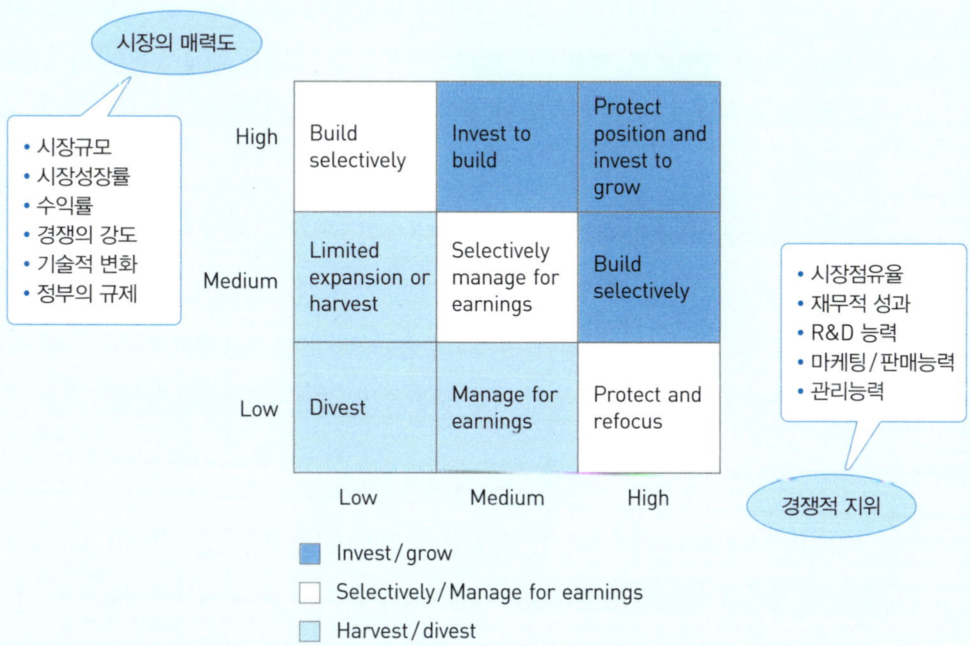

1) GE/Mckinsey 매트릭스의 평가절차

산업의 매력도와 자사의 경쟁지위를 평가하는 절차를 요약하면 다음과 같다.

① 산업 매력도 및 경쟁지위 구성요인의 도출

산업의 매력도와 자사의 경쟁지위의 구성요인은 해당 산업이 속한 사업영역에서 핵심성공요인에서 추출하여 구성한다

② 각 요인에 대한 가중치 부여(이때 가중치의 총합은 1.0 임)

도출된 산업 매력도 및 경쟁지위 구성요인에 대한 점수를 주관적으로 부여한다. 이때 각 점수는 산업분석이 객관적으로 잘 되었다는 가정하에서 주관적으로 측정한다. 그리하여 각 개별요인을 더한 점수는 산업의 매력도 요인의 총합은 1.0 그리고 경쟁지위의 총합은 1.0이 되어야 한다.

③ 각 사업부별로 도출된 구성요인에 대한 평가
(주관적으로 1에서 5 사이의 점수부여)

도출된 산업 매력도 및 경쟁지위 구성요인에 대한 점수를 바탕으로 사업부별로 해당 사업부가 얼마나 산업의 매력도와 경쟁지위에서 얼마나 강점이 있는지를 리커트의 5점 척도를 이용하여 강하면 5, 약하면 1로서 주관적으로 평가한다.

④ 각 요인별 가중치와 각 요인에 대한 평가점수를 곱하여 점수를 환산

마지막으로 해당 사업부의 산업매력도 및 경쟁지위를 평가하기 위해 각 요인별 가중치와 각 요인에 대한 평가점수를 곱하여 점수를 합산한다. 이렇게 계산된 가중점수가 해당 사업부의 산업매력도 및 경쟁지위에 해당된다.

2) GE/Mckinsey 매트릭스의 장점과 단점

GE/Mckinsey 매트릭스는 다양한 요인들에 의해 산업의 매력도와 경쟁지위를 평가하고 사업의 유형도 BCG 매트릭스에 비해 보다 세분화함으로써 각 사업부에 대한 정확한 평가가 가능하고 이에 따라 다양한 전략대안을 제시해 준다는 데 그 장점이 있다.

그러나 산업매력도와 그 경쟁지위를 평가함에 있어 평가자의 주관이 지나치게 개입될 소지가 있다. 그리하여 태동기에 있는 산업(emerging industry)의 경우에는 해당 산업의 특성을 제대로 이해하지 못하여 올바른 매트릭스의 작성이 힘들어질 경우도 있다.

3. 산업의 수명주기 매트릭스

산업의 수명주기 매트릭스는 컨설팅회사인 아더 디 리틀(Arther. D. Little)이 만든 것으로 이 매트릭스의 특징은 산업의 매력도를 시장이나 산업의 수명주기(life cycle)를 통해 측정한다는 데 있다. 따라서 수명주기 매트릭스는 산업의 진화차원인 산업의 성숙도와 경쟁지위의 차원으로 구분된다.

그림 9-3 수명주기 포트폴리오 매트릭스

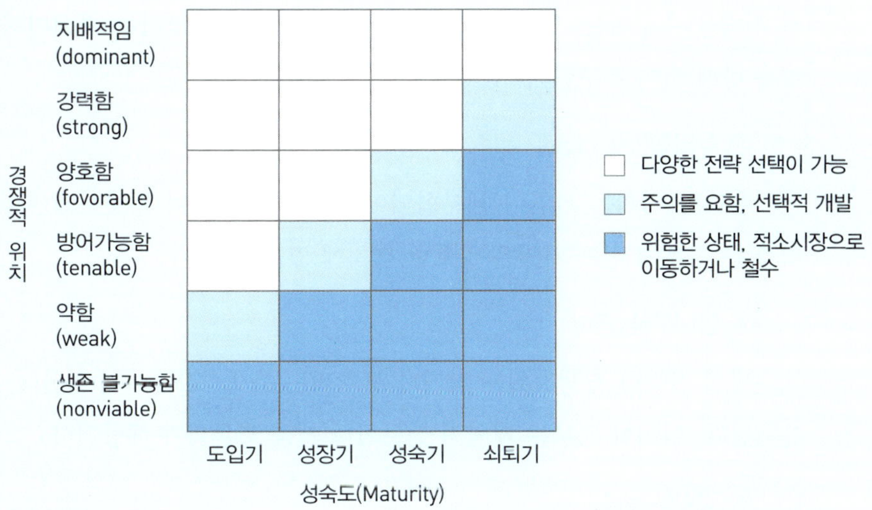

(1) 산업의 진화차원

수명주기 매트릭스는 산업의 진화과정을 네 단계의 수명주기, 즉 도입기, 성장기, 성숙시, 쇠퇴기의 4단계로 파악하고 있다. 여기서 특정산업이 수명주기상 어느 단계에 속하는가 하는 것은 다음의 8가지 변수들에 대한 평가를 통해 이루어진다. 8가지 변수는 시장의 성장률, 성장의 잠재력, 제품라인의 수, 경쟁기업의 수, 경쟁기업간 시장점유율의 분포, 고객 충성도, 진입장벽, 기술 등으로 분류된다.

(2) 경쟁지위 차원

기업의 경쟁지표를 나타내는 지표는 다음과 같은 6단계로 구분할 수 있다.

① 지배적임(dominant)

지배적인 지위를 누리는 경쟁자는 거의 없다. 왜냐하면 지배적인 지위는 대개 독점적인 지위를 확보하거나 강력하게 보호되는 기술적 우위를 보유하여야 가능하기 때문이다.

② 강력함(strong)

강력한 지위를 가진 기업은 경쟁기업의 행동에 상관하지 않고 자신의 독자적 전략을 추구하는 기업을 의미한다. 이런 강력한 경쟁자는 자신이 선택한 전략을 방해 없이 추구할 수 있다.

③ 유리함(favorable)

유리한 지위는 산업이 세분화되어 있어 경쟁기업이 뚜렷하게 나타나고 있지 않는 경우에 선도 기업은 양호한 위치에 있을 수 있다.

④ 방어 가능함(tenable)

방어 가능한 경쟁지위는 작거나 보호되는 틈새시장에서 수익을 올림으로써 유지된다. 이러한 경우는 지역적 전문화나 제품 전문화가 해당된다.

⑤ 약함(weak)

약한 경쟁자는 규모가 너무 작아 장기적으로는 생존할 수 없는 상태이다. 산업의 경쟁조건이 호전되어 대규모의 강력한 경쟁자가 될 수 있으나 결정적인 약점이나 과거 비용상의 실수로 인하여 고통을 받을 수 있다.

⑥ 생존 불가능함(nonviable)

여기에 속하는 기업은 현재와 미래에 있어서 어떠한 강점도 가지고 있지 않다. 특정산업들에서는 철수가 유일한 전략대안이다.

산업의 수명주기 매트릭스는 산업의 발전단계별로 각 사업부의 분포를 제시해 준다는 이점이 있다. 예를 들면, 도입기에 있는 사업부는 시장규모도 작고 성장률도 비교적 낮아서 GE/Mckinsey 매트릭스로 이를 평가하면 산업매력도가 낮은 산업으로 평가받을 수 있다. 왜냐하면 GE/Mckinsey 매트릭스에서는 산업의 수명주기를 고려하지 않고 매력도만으로 평가하기 때문이다. 그러나 산업의 수명주기 매트릭스는 시장이 도입기에 있으면 향후의 성장가능성에서 높은 유망한 사업으로 분류되어 적극적인 투자가 가능할 수도 있다.

산업의 수명주기 매트릭스는 기업의 현재의 사업 포트폴리오가 향후 산업의 발전단계에 따라 어떤 형태로 발전할 것인가를 예측할 수 있게 해 준다. 그리고 향후 사업 포트폴리오에 대한 예측을 바탕으로 각 사업부별로 바람직한 전략 방향을 도출할 수 있는 이점이 있다. 그러나 산업의 발전단계만으로 산업의 매력도를 종합적으로 파악하는 데는 한계가 있다.

이상과 같이 산업의 수명주기에 따라 6단계의 경쟁적 지위를 통하여 산업의 수명주기 매트릭스는 도출될 수 있는데 산업의 수명주기별 8가지 평가요소는 다음과 같은 특징을 가진다.

표 9-1 산업의 수명주기별 평가요소 특징

수명주기 / 평가요소	발전단계			
	도입기	성장기	성숙기	쇠퇴기
시장성장률	지속적으로 증가하나 기본성장률이 적으므로 의미 있는 성장률을 계산하지 못함	GNP보다 빠르나 증가속도는 일정하거나 감소함	GNP와 같거나 느린 속도	장기적으로 쇠퇴함
성장의 잠재력	결정하기 어려움	예기치 못한 개발로 산업전체규모를 넘어섬	잘 알려진 주요시장은 포화상태에 접근해감	포화기에 이름, 잠재시장의 개발여지가 없음
제품라인의 수	기본 제품라인	제품라인의 빠른 확대	제품라인의 폭은 변화 없음	제품라인이 감소
경쟁자의 수	급속히 증가	경쟁자의 수가 절정에 이름	안정적임	경쟁자의 수가 줄어듦
경쟁기업 간 시장 점유율의 안정성	자주 바뀜	소수 기업이 점유율을 가지나 순위의 변동은 가능	주요 점유를 가진 기업들이 시장을 주도	한계기업들이 철수함에 따라 시장 집중이 나타나거나 소수 기업들로 시장점유가 분산됨
고객 충성도	근소하거나 없음	약간 존재, 구매자는 공격적임	공급자들이 잘 알려져 있어 고객 충성도가 정착됨	대안의 수가 감소하므로 고객 충성도가 강함
신입장벽	진입장벽은 약하나 명백히 보이지는 않음	신입장벽은 약하고 경쟁자의 출현은 성장에 의해 영향을 받지 않음	진입장벽이 어렵다.	진입장벽이 어려움. 진입에 대한 인센티브가 없다
기술	제품 엔지니어링	제품라인의 정교화	성장을 위한 신제품라인의 개발	역할이 미비함

4. PIMS 분석

PIMS(Profit Impact of Marketing Strategy)는 같은 시장점유율과 시장성장률을 보이고 있음에도 불과하고 투자수익률의 차이가 나타나는 것에서 착안하여 기업의 어떠한 활동이 기업의 수익률에 영향을 미치는가에 대한 연구 결과로 나온 것이다.

PIMS 접근법은 1960s년대 미국의 GE가 여러 사업단위의 수익성에 관련된 요인들을 분석하는 과정에서 개발된 기법으로 미국과 서유럽 그리고 일본에 있는 60여 개 기업의 약 600여 개 제품 계열로부터 수익성에 관계가 있으리라고 생각되는 100여 개의 사업전략 변수를 수집하여 이 중에서 어떤 것이 수익성에 가장 큰 영향을 미치고 있는가를 중회귀분석을 통해 찾아내는 것이 이 프로젝트의 내용이며, 구체적으로는 다음의 두 질문에 대한 해답을 찾아내는 것이 목적이었다.

① 투자수익률(세금공제 전 순영업이익/평균투자: return on investment)에 영향을 미치는 변수는 어떤 것인가? 또 그 변수는 얼마나 큰 영향을 미치는가?

② 단기 및 장기 전략의 변화는 투자수익률에 어떠한 영향을 미치는가?

PIMS는 과거의 경험을 통계적으로 처리하여 다음과 같은 7개의 중요 변수를 도출하였다.

- 시장환경(예: 산업성장률, 구매자의 집중도)
- 경쟁도(예: 시장점유율, 제품의 품질)
- 자본 구성(예: 자본집약적 산업 또는 노동집약적 산업과 같은 투자밀도)
- 생산공정 구성(예: 수직적 결합의 정도, 부가가치의 매상액에 대한 비율)
- 예산 분배(예: 각 기능에 대한 예산 배분)
- 기업의 특성(예: 규모, 다각화 정도)
- 위에서 언급한 변수들에 대한 변화를 가져오는 요소

이처럼 기존의 제품 포트폴리오(PPM: Product Portfolio Management)가 사업 단위들의 시장전망과 경쟁적 위치를 중심으로 사업 단위들에 대한 전략적 자금 지원 결정에 적용되는 데 비해, PIMS는 수익성에 관련된 여러 요인들을 중심으로 사업단위에 대한 투자결정에 이용된다. 즉, PPM은 사업 단위 간의 자금흐름에 전략초점을 맞추고 있는 데 비해, PIMS는 사업단위와 기업체 전체의 수익성을 극대화시키는 데 전략의 초점을 두고 있다.

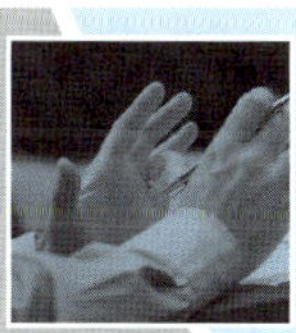

제 3 절 본사의 사업부 관리

기업전략은 어떤 사업 분야에 어떤 방법으로 진출 혹은 철수할 것인가 하는 사업영역의 결정과 그에 따른 자원배분의 문제, 그리고 모기업이나 본사(head-quarter)는 기업전략의 효과를 제고하기 위해 각 사업부에 어떤 영향을 미치고 이를 어떤 방법으로 통제할 것인가 하는 문제를 다루게 된다. 여기서 사업영영의 결정은 다각화의 문제이며, 구체적인 방법은 사업포트폴리오 분석을 통해서 살펴보았다. 따라서 여기서는 본사의 사업부의 통제방법에 대해 살펴보기로 한다.

1. 본사와 사업부의 통제를 통한 가치 창출

본사는 다각화된 기업에 있어서 특정 사업부에 소속되지 않고 전체 기업의 성과에 책임을 지고 있는 최고경영자와 이를 지원하는 보좌역(general staff)을 말한다. 특히, 한국기업의 경우에는 최고경영자와 이를 보좌하는 기획조정실, 비서실, 회장실, 기획실 등의 중앙 스태프들이 여기에 해당되며, 이들은 기업의 전체수준에서 전략적 의사결정을 하며, 기업의 전략수립과 밀접히 연결되어 있다. 이때 전략적 의사결정의 주요 과제는 사업영역의 결정, 사업부간 자원배분, 사업부 전략의 수립과 조정, 성과통제 등이 된다. 그리고 이러한 업무를 수행하는데 있어서 본사와 사업 단위 과업의 배분과 이에 따른 책임의 소재, 그리고 상호작용의 방법이나 특성 등에 대한 결정은 다각화된 기업의 관리에 따르는 복잡성을 증대시키며 이에 대한 해결은 본사의 역할에 따라 결정된다.

본사는 사업단위가 아니므로 전체 기업의 사업영역의 결정, 사업부간 자원배분, 각 사업부의 활동조정 및 성과통제 등을 통해서 기업의 성과 향상에 긍정적 기여를 할 수 있어야 비로소 존재의 의의를 찾을 수 있다. 다각화 기업의 본사조직은 사업부분에 대해 일반적으로 다음과 같은 4가지 역할을 통해 가치 창출을 할 수 있다.

- 각 사업 단위들의 경영성과를 개선하기 위한 각종 지원과 통제기능
- 사업단위 간 연계를 강화하고 전사적 시너지 창출을 도모하는 기능
- 각 사업 단위들이 공통적으로 활용할 수 있는 서비스를 제공하는 기능
- 개별 사업단위차원에서 수행할 수 없는 신규사업개발을 본사차원에서 추진하는 기능

본사가 가치를 창출하는 방법으로서는 [그림 9-4]와 같은 네 가지 유형이 있다.

1) 각 사업부에 대한 직접적 통제(stand-alone influence)

이는 본사가 각 사업부의 활동에 개별적으로 영향을 미침으로서 사업부의 성과를 향상시키는 것을 말한다. 권한 위양이나 분권화 계약 등을 통해 사업부에 최대한의 권한과 책임을 부여하는 기업에 있어서도 각 사업부의 성과기준 설정 및 관리, 대규모의 자본투자의 승인, 사업부 경영자의 임면 등 어떤 형태로든 관여하게 된다. 본사는 각 사업부에 대한 개별적인 영향력 행사를 통해 가치를 창출할 수도 있지만 오히려 원래의 의도와는 달리 사업부의 가치를 저하시킬 수도 있다. 즉, 잘못된 자원배분, 부적절한 성과기준의 설정, 부적절한 경영자의

그림 9-4 본사의 가치창출 유형

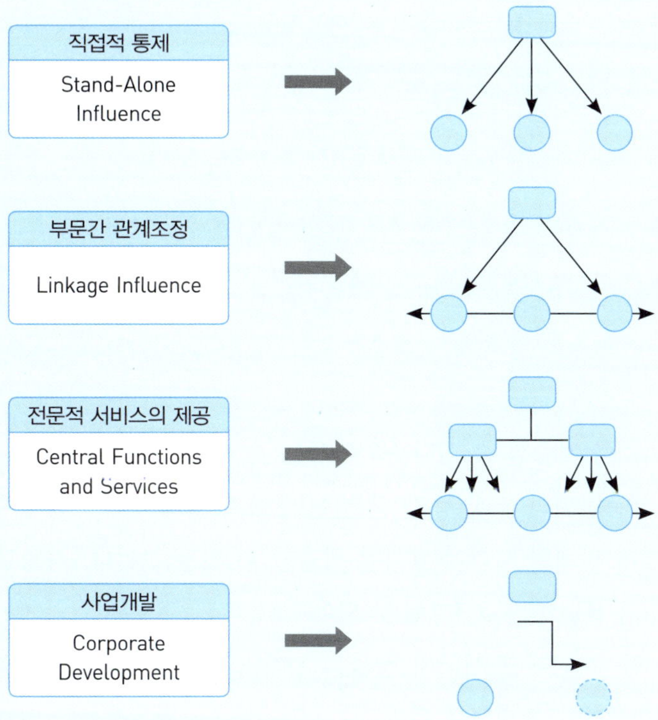

자료 : Michael Goold, Andrew Campbell, and Marcus Alexander, *Corporate-level Strategy: Creating Value in the Multi-business Company*(New York : Wiley, 1994), p.79.

임면 등은 본사가 사업부에 악영향을 미칠 수 있는 대표적인 예가 된다. 특히 본사의 각 사업부에 대한 관심이 분산됨으로써, 특정 사업부의 경영자가 해당 사업부에 대해 보다 정확히 파악하고 있다고 잘못 인식하는 데에 기인한다. 따라서 각 사업부에 대한 개별적인 영향력의 행사는 대체로 앞서 제시한 4가지 차원의 과업을 중심으로 이루어져야 하며, 본사는 해당 사업부의 능력이 미흡하거나 본사가 보다 전문성을 가지고 있는 경우에만 관여하는 것이 바람직하다.

2) 사업부간 관계 조정(linkage influence)

본사는 상이한 사업부 간에 존재하는 상호 관련성을 효과적으로 관리함으

그림 9-5 사업부간 관련성 제고를 통한 혜택

1. 내부거래의 증진: 내부거래를 통한 공동이익의 증대
2. 전략의 조정: 경쟁기업에 공동대응
3. 외부집단에 대한 공동의 영향력행사: 공급자, 고객, 주주, 정부 등
4. 유형자원의 효율적 활용과 개발: 공장, 유통망, 판매인력, 정보시스템
5. 무형자원의 효율적 활용과 개발: 내부역량, 지식, 아이디어, 노하우

로써 가치를 창출할 수 있다. 즉 본사는 각 사업부간 내부거래나 자원 및 능력의 공유, 제품범위의 조정 등과 같은 여러 가지 형태의 상호관계 형성을 장려함으로써 기업 전체의 시너지 효과를 창출할 수 있는 것이다. 사업부 간의 상호관련성 제고를 통한 혜택은 [그림 9-5]와 같다.

한편, 사업부간 시너지 창출은 생각처럼 그렇게 쉬운 일은 아니다 왜냐하면, 사업부간 관계제고를 위한 본사의 노력이 부적절하거나 비효과적일 수도 있으며, 경제적인 관점에서 비합리적인 결과를 초래할 수도 있다. 예컨대 유형 자원과 무형자원의 공동 활용을 위해 공동 판매망 구축, 정보시스템의 공동활용 등과 같은 조치도 각 사업부의 특성이 무시되어 전체적인 시너지를 창출하는 데 실패할 수도 있다.

3) 전문기능과 서비스의 제공(central functions and services)

상당수의 기업에 있어서 본사는 사업부의 효율적인 통제를 위하여 다양한 스태프진과 전문 서비스 기능을 보유하고 있다. 이러한 기능과 서비스는 각 사업부에 전문적인 기능과 효율적인 서비스를 제공함으로써 가치 창출에 기여할 수 있다. 특히 재무, 인사, 기획, 법무, 홍보 등과 같은 본사의 주요 기능들은 본사의 경영자들이 각 사업부에 영향력을 행사하고 관리하는 것을 지원할 뿐만 아니라 전문적인 기능을 대신 수행하고 각 사업부의 활동에 조언을 한다.

그러나 본사 스태프의 효과에 대해서는 종종 긍정적이지 못한 경우도 발생한다. 우리가 흔히 '본사의 전횡'이라고 부르는 경우이며 본사의 과다한 스태프의 보유가 가치를 창출하기보다는 간접비를 증대시키고 사업부의 자율성을 저해함으로써 기업의 관료화를 초래하는 경우이다.

4) 사업개발(corporate development)

본사는 새로운 사업을 인수하거나 기존 사업의 철수결정을 내림으로써 사업 포트폴리오의 구성을 결정하고 이를 통해 가치를 창출할 수 있다. 특히 사업의 구조조정이나 새로운 사업으로의 진출은 기업의 생존과 장기적인 존속을 위한 핵심적인 요소가 된다. 따라서 사업의 개발은 그 자체가 본사의 주요 역할이며 본사가 주도권을 가지고 전개해야 하는 업무이다. 그러나 본사의 잘못된 사업개발은 기업 전체의 입장에서 장기적인 성상을 위협하는 존재일 수도 있다.

● 사례 ●

아모레퍼시픽의 사업 포트폴리오 전략

"태평양화학에서 아모레 퍼시픽의 전문 화장품 회사로 발전"

아모레퍼시픽의 창업주의 모친이었던 윤독정 여사가 개성에서 동백기름을 재료로 크림을 만들어 팔던 가게인 '창성상점'이 주식회사 태평양의 시초다. 윤독정 여사와 아들 서성환 창업주가 함께 운영하던 창성상점은 해방 후 서울로 옮겨와 1945년 화장품을 제조해 판매하는 태평양 화학공업사로 출발하게 된다. 현대적인 화장품을 유통하며 시장에서 큰 성공을 거둔 태평양화학은 1961년 토종 브랜드인 '아모레'를 출시하기에 이른다. 이들은 1964년에는 우리나라에서도 유명한 일본의 화장품 제조사인 시세이도와의 기술 제휴를 통해 본격적으로 현대적 화장품 생산에 착수하게 된다.

태평양이 기존의 다른 회사와 가장 달랐던 점이며, 이들의 폭발적인 성장에 가장 크게 기여했던 것은 '방문판매 제도'였다. 1960년대 당시의 전통적인 유통 방식이었던 지정판매소를 통한 제품 유통에서 벗어나, 방문판매 대리점주를 모집해 직접 가정으로 방문해 화장품을 판매하도록 한 태평양의 방문판매 제도는 태평양을 국내 화장품 업계의 선두주자로 올려놓기에 충분할 정도로 파격적인 것이었다.

태평양이라는 그룹명이자 사명은 2002년까지 사용되었다. 우리가 아는 '아모레퍼시픽'이라는 이름이 태평양화학의 독립 브랜드인 '아모레', 그리고 태평양의 영어인 '퍼시픽'이 합쳐지면서 현재의 '아모레퍼시픽'이라는 사명이 2006년 6월 1일 태어나게 된다. 기존의 주력 사업인 화장품 사업과 식품, 생활용품 부문을 담당하는 자회사로 탄생한 아모레퍼시픽이 성장하면서, 지주회사로 남아있던 태평양도 현재는 '아모레퍼시픽그룹(아모레G)'으로 사명을 변경한 상태다.

"전문 화장품에서 비관련 다각화의 확장"

1970~1980년대 재계에선 사업 다각화가 유행처럼 퍼졌다. 아모레퍼시픽도 패션, 증권, 생명보험, 저축은행, 광고업, 건설, 스포츠 구단까지 다양한 산업에 진출했다. 지속적인 사업 확장을 통해 1990년대 초 아모레퍼시픽은 생활문화 소비재와 금융·서비스, 기술·산업 소재, 육영·문화 등 4개 사업군에 걸쳐 25개 계열사를 거느리는 대형 그룹으로 성장했다. 그러나 신사업에 대한 몰이해와 사업 간 시너지 부족으로 다각화는 금세 삐걱댔다. 본업인 화장품 사업을 제외한 다수의 사업에서 적자가 발생했고, 채무보증으로 모두가 재무적으로 연결돼 있어 본사에도 어려움이 전가됐다.

비관련 다각화의 후유증 속에서 주력인 화장품 사업마저 휘청거리기 시작했다. 1980년대와 1990년대에 방문판매보다 일반적인 시판시장이 급성장하고, 1986년에는 미국과 유럽 등 외국 화장품기업의 한국 진출이 자유화되면서 경쟁 판도가 바뀌었기 때문이다. 그 결과 1970년대에 70%를 웃돌았던 아모레퍼시픽의 시장점유율은 1991년에는 19%까지 떨어졌다. 이러한 위기 속에서 아모레퍼시픽은 10여 년에 걸친 사업 구조조정을 시작하게 된다.

선택과 집중으로 전문화한 아모레퍼시픽그룹

아모레퍼시픽은 사업 다각화의 실패를 인정하고 과감한 구조조정으로 '선택과 집중'을 시도했다. 1991년 금융 분야 사업 중 태평양증권, 태평양경제연구소, 태평양투자자문을 선경그룹(현 SK그룹)에 매각했다. 태평양증권은 모기업보다 규모도 크고 3년 이상 흑자를 내던 기업이었다. 그래도 '본업에 집중한다'는 기조 아래 과감히 정리했다. 전자 분야에선 태평양전자, 태평양물산, 태평양시스템을 통합했다. 태평양프랑세아(1994년), 한국써보, 태평양 돌핀스 야구단(이상 1995년), 태평양패션(1996년), 태평양 여자 농구단(1997년)도 팔아치웠다.

아모레퍼시픽의 사업 구조조정은 1997년 IMF 외환위기를 전후로 두 단계로 나뉜다. 첫째는 1991년부터 1997년까지 부실사업 정리 단계이고, 둘째는 1998년부터 2002년까지 핵심분야 집중 단계로 특징지어진다. 1997년 말 외환위기가 발생했지만 아모레퍼시픽은 1단계 구조조정으로 경영난을 극복하고 금융위기 당시 성장세를 유지했다. 이에 더해서 아모레퍼시픽은 1998년부터 핵심 사업분야로의 집중이라는 제2단계 구조조정에 돌입하게 된다. 아모레퍼시픽은 그룹 비전을 뷰티 앤 헬스(Beauty & Health)로 정하고 관련 사업분야에 집중하기로 선언한다. 신규 설립 및 분사 등 유기적 성장을 통해 화장품과 향수, 바디용품이라는 제품 라인업을 구축하고 본격적인 글로벌 경쟁의 초석을 다진 것이다. 강도 높은 구조조정과 핵심 사업으로의 집중은 큰 성과를 가져왔다. 당기순이익은 1996년 51억원에서 2000년에는 847억원으로 5년 만에 16배 이상 늘었고, 2005년에는 1,650억원으로 10년 만에 32배 이상 성장했다.

화장품의 본고장인 프랑스 진출!

아모레퍼시픽의 해외 진출은 1988년으로 거슬러 올라간다. 화장품의 본고장인 프랑스에서 국내 화장품으로 가능성을 타진하는 것이었다. 당시 아모레퍼시픽은 기초화장품과 국내에서 인기가 있던 미백 화장품을 만들어 프랑스로 수출하기 시작했다. 그렇지만 백인 소비자들에게 한국산 미백화장품은 통하지 않았다. 이에 아모레퍼시픽은 1995년에 현지법인 PLL(Pacific Lolita Lempicka)을 세워 화장품이 아닌 향수 사업을 시작하게 된다. 향수는 종류가 다양하고 원산지보다는 향의 독특함에 의해 선택되기 때문에 상대적으로 시장에 침투하기 쉬울 것이라고 판단했다. 과거 조직 운영상의 실패 경험을 반영해서 PLL 인력의 대부분을 프랑스 현지인으로 채용하고 경영상의 자율권을 최대한 보장했다. 뿐만 아니라 향 제조 및 용기 디자인까지 당시 선진기업에서 일하던 전문가들을 영입해 추진했을 만큼 향수의 현지화와 완성도에 만전을 기했다. 그 결과 경쟁이 매우 치열해 업계 1위 시장점유율이 4% 정도에 불과한 프랑스 향수 시장에서 2002년에는 시장점유율 2.6%를 돌파하면서 프랑스 향수 업계 4위로 올라섰다.

글로벌화의 촉진 중국시장 진출!!

한편 아모레퍼시픽이 중국에 처음 진출한 것은 1993년이었다. 동북 3성(하얼빈, 선양, 창춘)을 중심으로 현지 업체인 보암과 합작해 중국 사업을 시작했다. 하지만 단순히 한국과 비슷한 시장에 한국 제품을 그대로 판매하겠다는 전략은 현지에서 통하지 않았다. 이에 아모레퍼시픽은 2000년부터 3년간에 걸쳐 대규모 현지 소비자 조사를 실시해 젊고 밝은 이미지의 라네즈 브랜드가 중국 시장에 적합하다는 결과를 얻었다. 그리고 당시 유행을 선도하는 홍콩에서 브랜드 명성을 얻을 경우, 중국 본토 진출의 성공 확률을 높일 수 있다는 점도 학습하게 된다. 아모레퍼시픽은 먼저 2002년 홍콩의 1급 백화점 가운데 하나인 소고(SOGO) 백화점에 1호점을 입점시켰다. 신중한 분석에 따른 결과로 6개월 만에 판매량은 급상승하기 시작했다. 홍콩에서의 성공을 기반으로 아모레퍼시픽은 다른 브랜드의 중국 진출보다는 라네즈의 본토 진출에만 집중했다. 2002년 9월 상하이에 진출해 성공을 시키고, 2003년에는 베이징에 차례

대로 진출하면서 라네즈 중국 진출의 성공 방정식을 얻게 된 것이다. 라네즈가 3년에 걸쳐 중국에서 완전히 정착하고 난 뒤, 2005년에는 마몽드 브랜드를 동일한 성공 방정식에 따라 중국 진출을 시도해 2년 만에 시장 정착을 이뤄낸다. 한류 열풍을 기반으로 2007년에는 설화수 브랜드 역시 동일한 방식을 적용해서 2011년까지 브랜드들을 순차적으로 중국시장에 진출시켜 왔다.

특히 2010년대 들어 중국 사업이 성장하며 폭발적으로 성장한 아모레퍼시픽은 현재 성장 정체기에 있는 것으로 보인다. 특히 중국인 관광객 유입 감소가 내수에 큰 영향을 주고 있는 것으로 분석되고 있는데, 작년 국내 사업은 국내 면세 채널 및 주요 관광 상권 내의 영업 부진으로 매출이 역신장한 것으로 나타나고 있다. 아모레퍼시픽그룹은 2018년 실적 개선을 위해 해외시장 진출 확장으로 지속적으로 확장을 모색하고 있다.

하지만, 아모레퍼시픽은 큰 변화가 없는 사업 모델 또한 절실한 개선이 요구되고 있는 시점이다. 스마트폰의 보급으로 이용자들의 온라인 쇼핑 행태가 바뀌었으며, 유통채널이 날이 갈수록 다양해지고 있는 지금의 시장에 아모레퍼시픽이 제대로 대응하지 못하고 있다는 지적이 날이 갈수록 거세지고 있기 때문이다. 시장 초창기부터 국내 화장품 사업을 이끌어 왔으며, 지난 10년 동안은 다른 어떤 기업보다 크게 성장한 아모레퍼시픽이 앞으로의 10년을 또 어떻게 대비해 나갈 것인지 시장의 관심이 집중되고 있는 시점이다.

토의과제

1. 사업 포트폴리오 혁신을 통한 다각화가 왜 중요한지 설명해보자.
2. 아모레퍼시픽이 프랑스 시장진출과 중국시장 지리적 다각화 동기는 무엇인가?
3. 아모레퍼시픽이 사업 포트폴리오를 다각화하기 위해 '건강기능 식품'에 주력하는 이유는 무엇인가?
4. 아모레퍼시픽이 온라인 쇼핑형태의 변화로 인해 정체된 상태에서 유통채널의 변화에 적응하기 위해 준비해야 할 전략은 무엇인가?

Chapter 10

경영혁신

전쟁은 전쟁을 통해서만 종식될 수 있다. 총을 제거하기 위해서는 총을 드는 수밖에 없다.

– 모택동

남들이 뭔가 찾아서 헤매는 동안 난 발견하기에도 바쁘기 그지없었다.

– Picaso

• 전략 Focus •

다각화와 사업 포트폴리오 전략

1800년대 말….
지금의 MIT공대의 전신학교를 다니던 가난한 고학생이 있었다.
그는 지방유지의 딸과 사랑에 빠졌는데~
여자 집안에선 그 둘을 갈라놓기 위해 여잘 먼 친척집에 보내버렸다
남잔 그녀를 찾기 위해 몇 날 며칠을 헤매 다녔고….
그러다가 비가 추적추적 내리는 어느 날 그녀 집 앞에서 반가운 해후를 했다

"나 내일 결혼해…."
"내가 담배 한 대 피우는 동안만 내 곁에 있어 줄래??"
여자는 고개만 끄덕였고….
남자는 잎담배를 꺼내 불을 붙였다….
종이에 말아 피는 잎담배는 몇 모금 빨면 금새 다 타들어갔다….
짧은 시간이 흐르고 여자는 집으로 들어갔군…. 그게 끝이었다.

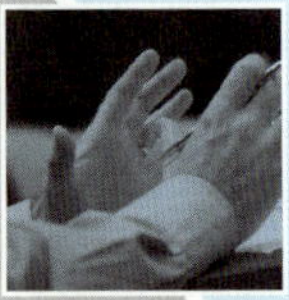

제 1 절

경영혁신의 의의

인류는 그동안 기술혁신을 통해서 기계, 자동차, 항공기, 전자·통신, 컴퓨터, 인공위성 등 온갖 하드웨어를 발명하였으며, 철강, 금속, 화학제품 등의 새로운 소재를 창출하였다. 인류는 이 같은 기술혁신뿐만 아니라 사업혁신도 이룩하였는데, 보험, 백화점, 편의점 등을 창안하였고 신용카드를 통해 상거래의 혁신을 이루어 내었으며, 맥도날드 햄버거와 같이 프랜차이즈 사업 시스템의 개발과 같은 사업 서비스 혁신도 만들어냈다. 아울러 조직운영의 면에서도 분권적 관리조직의 사업부제 또는 동태적인 팀제의 개발과 같이 조직혁신을 통해 개발되었다. 이처럼 기술혁신, 사업혁신이나 조직혁신 등의 모든 것들은 기업의 경영혁신활동을 통해 창출된 것이며 인류사회의 근대화와 사회생활은 기업의 혁신활동을 통해 달성된 것이다.

최근에는 산업 내에서 선두를 달리든 일류기업들이 경쟁력의 상실로 인해

그리고 몇 년 후 남자는 세계최초로 필터가 있는 담배를 만들기 시작했고 순식간에 백만장자가 됐다….
세월이 흐르고….
남자는 그 여자가 혼자 병든 몸으로 빈민가에서 외로이 살고 있다는 소식을 들었다.
하얀 눈이 펑펑 내리는 어느 겨울날….
하얀 벤츠를 타고 그녀를 찾아갔다….
그리고 말했다
"나는 아직도 널 사랑해…. 나와 결혼해 주겠어??"
여자는 망설이다 생각할 시간이 필요하다고 했고….
남자는 다음날 다시 오겠다며 발길을 돌렸다….

다음 날 남자가 그녀를 찾아갔을 때 발견한 건 목매단 채 죽어 있는 그녀의 싸늘한 시신이었다….
그 다음부터 남자는 자기가 만드는 담배에 marlboro라는 이름을 붙이기 시작했다….

man always remember love because of romance over

"남자는 흘러간 로맨스 때문에 항상 사랑을 기억한다."

부도가 나는 경우를 종종 찾아볼 수 있다. 이는 기업들이 지속적인 경영혁신이나 생산성 향상 노력을 게을리하였기 때문이다. 혁신의 의지가 없거나 혁신하는 방법을 모르는 기업, 혁신의 노력을 게을리하는 기업들은 쇠망의 길을 걸을 수밖에 없다. 업종이 무엇이든, 또 규모가 크든 작든 모든 기업은 혁신하지 않으면 살아남을 수 없게 되었으며, 그 이유는 오늘날 모든 기업이 상상을 초월하는 엄청난 환경 변화와 무한경쟁의 환경에 영향을 받기 때문이다. 이러한 격변의 시대, 대경쟁(mega-competition)의 시대에 살아남기 위해서는 환경변화에 대응하여 끊임없이 혁신해야 한다. 기업경영의 핵심과제는 혁신에 있으며, 혁신이야말로 기업의 경영전략을 위한 최선의 대안일 수 있다.

많은 기업들이 성공과 쇠망의 부침현상이 기듭되고 있음에도 GE와 같은 소위 초우량기업(excellent company)은 꾸준히 성장하여 초일류를 실현하고 있다. 이러한 성공의 원동력은 항상 현실안주를 경계하면서 지속적인 혁신노력을 기울이고 있기 때문이다. 이러한 점에서 기업혁신의 주체인 경영전략의 차원에서 혁신에 대한 체계적인 접근을 시도하는 것은 바람직하다.

1. 경영혁신의 개념

슘페터의 '경제발전이론'에 따른 혁신의 정의는 "생산요소의 신결합을 도모하는 것으로 이용 가능한 여러 가지 사물이나 힘의 결합방식을 변경하여 새로운 상품의 발명, 새로운 생산방법의 도입, 시장개척, 새로운 자원 개발 및 조직 개혁 등을 가져오게 하는 것"이다. 이는 과거의 정태적 균형을 창조적으로 파괴하여 동태적 균형을 이룩하게 함으로써 결과적으로 생산성을 높여주거나 코스트를 줄이거나 또는 수익을 증대시켜 주는 모든 아이디어나 방법의 도입을 의미한다.

혁신의 개념은 연구자의 관심분야와 연구의 초점에 따라 제각기 다르게 정의되고 있으나 그 대표적인 것으로서 다음과 같은 것을 들 수 있다.

첫째, 혁신이란 기업이 보유 내지 축적하고 있는 자원이나 경영관리 능력을 새로이 결합함으로써 종래와는 다른 새로운 것을 창출하는 일이다.

둘째, 조직이 새로운 아이디어를 창출하고 그것을 개발하여 제품이나 서비스로 활용함으로써 사회나 시장의 욕구를 충족시키는 데까지 이르는 전 과정이다.

셋째, 새로운 지식을 창조 공유 내지 활용함으로써 새로운 제품이나 서비스 또는 업무시스템 등 종래와는 다른 새로운 것을 창출하거나 부가가치를 높이는 활동이다.

원래 경영혁신이라는 용어는 경영과 혁신이라는 두 단어의 합성어이며, 이를 한마디로 정의하기 어렵다. 시기에 따라 기업의 속성에 따라 달라질 수 있기 때문이다. 그럼에도 불구하고 현실적인 시작에서 경영혁신을 정의하면, 경영혁신이란 "기업이 경영활동을 통해서 새로운 지식을 창조 내지 활용함으로써 스스로의 존속과 발전을 위해 근본적인 변화를 추구하는 것"이라고 볼 수 있다. 그리하여 혁신을 추구하는 기업들은 환경이 창출하는 기회와 위협을 적절히 활용함으로써 지속적인 고도성장을 하는 초일류기업이 되기 위해 요구되는 새로운 발상, 방법 및 시스템을 채택하여 전사적 차원에서 변화를 추구한다. 따라서 경영혁신이란 새로운 제품이나 서비스, 새로운 공정기술, 새로운 조직구조나 관리시스템, 조직구성원을 변화시키는 새로운 계획이나 프로그램을 의도적으로 실행함으로써 기업의 중요한 부분을 본질적으로 변화시키는 것을 의미한다.

그림 10-1 경영혁신의 대상과 접근방법

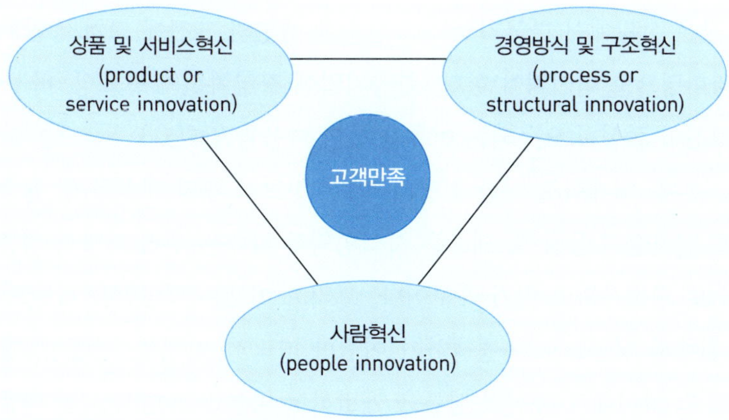

경영혁신은 전사적 차원의 변화를 의미한다. 여기서 전사적이란, 단지 특정부서의 상대적 개념이 아니라, 기업경영의 3대 요소라 할 수 있는 상품 혹은 서비스(product or service), 경영방식과 구조(process or structure)는 물론 사람(people)까지도 변해야 한다는 것을 의미한다.

이 세 가지 측면 중 어느 한 가지라도 취약하면 기업의 경쟁력은 향상될 수 없다. 이 세 가지가 모두가 바람직한 방향으로 바뀔 때 비로소 기업이 바뀌고 경쟁력이 강화되는 것이다.

2. 경영혁신의 필요성

기업을 둘러싼 경영환경은 끊임없이 변화하고 있다. 산업 및 시장의 변화, 새로운 지식의 등장 등 과학적·기술적 지식의 변화, 법제도적·정치적 변화 등의 외부환경의 변화는 물론 경영다각화, 흡수 및 합병, 조직구조 및 사업구조 개편과 같은 조직내부의 변화도 끊임없이 일어나고 있다. 그리고 기업은 이러한 변화에 적응해야 한다.

오늘날 일류기업들은 급변하는 경영환경에 유연하게 적응하면서 자기 기업 특유의 국제경쟁력을 강화하기 위해 끊임없는 변화와 혁신을 추구하고 있다. 이와 같은 상황에서 한국기업들도 단순한 경영의 개선에 그치지 않고 경영혁신과 경영혁명으로 이어져야 한다. 한국기업에 경영혁신의 필요성, 바꾸어 말해서 경영혁신이 절실히 요구되는 이유를 들면 다음과 같다.

첫째, 세계화로 인한 경쟁의 심화, 정보화 내지 지식화 및 급속한 기술혁신으로 신기술의 등장 및 새로운 사업영역의 확대는 우리 기업의 생존조건을 근본적으로 변화시키고 있기 때문이다. 그리고 이제는 저임금을 바탕으로 한 단순기술 위주의 상품으로는 경쟁하기 어렵다 따라서 효율성, 신속성, 창의성을 바탕으로 한 하이테크 중심의 상품을 개발하고 아울러 유연생산 및 다품종 소량생산 체제의 도입으로 가격 경쟁력 및 비가격 경쟁력을 확보하여야 한다.

둘째, 우리 기업의 경제규모가 확대됨에 따라 이제는 현금흐름의 안정성을 확보하고 재무구조를 건전화시켜 기업의 체질을 강화하는 일이 시급한 과제가 되고 있기 때문이다. 그러나 한국기업들의 재무구조는 아직도 투명하지 못하고 수익률도 취약한 편이다. 따라서 재무혁신을 통해 현금흐름과 수익성을 중시하는 경영으로 패러다임을 전환할 필요가 있다.

셋째, 한국의 대기업들은 경제성장과정에서 무리한 사업다각화로 인해 규모만 비대하고 되었고 국내기업 간의 과당경쟁은 경쟁력우위를 상실하게 되었다. 그리고 이와 같은 사업전개는 전문분야에 특화한 세계적인 일류기업에 비해 경쟁우위가 없다. 그러므로 향후의 한국기업들은 혁심역량에 기반을 두고 관련분야에 사업의 중점을 이동시키는 '선택과 집중'으로 세계수준의 경쟁력을 확보하는 일이 시급한 과제이다.

한편 전략경영에서 전략의 수립 및 실천의 연결 관계에서 경영혁신의 역할은 다음과 같다.

경영혁신은 의도된 전략과 실현된 전략과의 차이를 최소화시키는 역할을 수행한다. 즉, 당초 수행한 전략적 의도를 실현시키기 위해서는 경영혁신이 뒷받침되어야 하는데, 이는 전략을 의도된 대로 실행하기 위해 조직의 체질을 바꿀 필요가 있을 때 혁신이 필요하다.

또한 기업이 원하는 전략적 목적을 달성하고 있지 못한 경우에도 경영혁신은 필요하다. 예를 들어, 세계시장에서 No. 1을 목표로 하는 회사가 계속해서 3~4위권에 머문다면, 지금까지 사용해오던 경영방식을 버리고 혁신적인 방식을 도입할 필요가 있다. 그 밖에 기업은 기존의 경영철학을 버리고 새로운 경영철학을 도입하는 경우에도 혁신은 필요하다. 예를 들어 삼성그룹의 경우 1993년의 "신 경영"의 선포는 "마누라와 자식 빼곤 모두 바꾸어라"라는 삼성의 혁신에 대한 의지를 엿볼 수 있다.

경영혁신을 위한 바람직한 혁신프로세스는 ① 장기 전략의 수립, ② 체질혁신을 위한 대상의 명확화, 그리고 ③ 체질 혁신의 순서로 진행되어야 한다.

장기 전략의 수립이란 미래시장분석, 자사의 장기비전 설정, 장기대응전략의 마련으로 구성된다. 대상의 명확화는 자사의 비전과 현상의 차이를 발견하고 혁신의 방향성을 도출하는 것이며, 체질혁신이란 분야별 단기성과 개선 프로그램 적용, 단계별 혁신 추진으로 구성된다. 그리고 이러한 혁신목표에 맞는 적절한 혁신기법을 선택하여 단계적으로 추진해 나가면 된다.

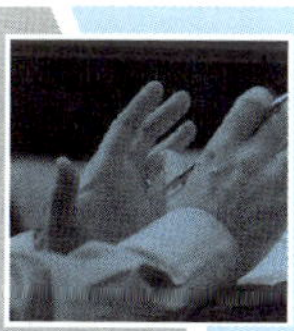

제 2 절

경영혁신의 기법

1. 경영혁신기법의 특성

전략의 실천수단으로서 기업이 선택할 수 있는 혁신기법에는 품질관리, 전략사업단위, 경험곡선 등 경영전략의 도입과 함께 내려오는 기법들도 있고 최근의 경영환경에 따라 새롭게 도입되는 혁신기법들도 존재한다.

과거나 지금이나 혁신의 기법들은 추구하는 목적이나 효과에 따라 적용하는 방법은 상이하지만, 공통적으로 적용할 수 있는 경영혁신기법의 특징은 다음과 같다.

첫째, 시대에 따라 유행하는 경영혁신기법은 달라진다.
둘째, 경영혁신기법은 그 당시의 경영환경을 반영한다.
셋째, 만병통치약과 같은 경영혁신기법은 없다.

따라서 한 기업에서 성공한 혁신기법들이 다른 기업에도 그대로 적용하여 성공하리란 보장이 없으므로, 혁신의 필요성에 당면한 경영자들은 어떤 기법을 선택하여야 할 것인가를 신중하게 판단하여야 할 것이다.

2. 경영혁신기법의 분류와 통합모델

경영혁신기법은 실제 경영활동, 즉 프로세스를 변화시키는 기법과 경영활동이 일어나는 장을 변화시키는 기법으로 나눌 수 있다.

첫째, 경영활동의 장을 변화시키는 경영혁신기법은 비전 만들기, 리스트럭처링, 학습조직, 기업 아이덴티티, 벤치마킹이 있다.

둘째, 경영프로세스 자체를 변화시키는 경영혁신기법에는 장기전략 계획, 경쟁전략, 영점기준 예산, 신인사제도, 리엔지니어링, 다운사이징, 시간기존 경쟁, 전사적 품질관리, 전략평가시스템이 있다.

3. 경영의 장을 변화시키는 혁신기법

3.1 비전 만들기

비전이란 조직의 바람직한 미래상을 표현한 것으로서 미래에 어떠한 기업이 되고 싶은가를 표현한 조직 구성원의 소망이다. 즉, '우리는 어디로 가야 하는가'를 확실히 정하는 것이 비전 및 미래목표를 설정하는 일이다. 오늘날 비전

그림 10-2 경영혁신기법의 통합모델

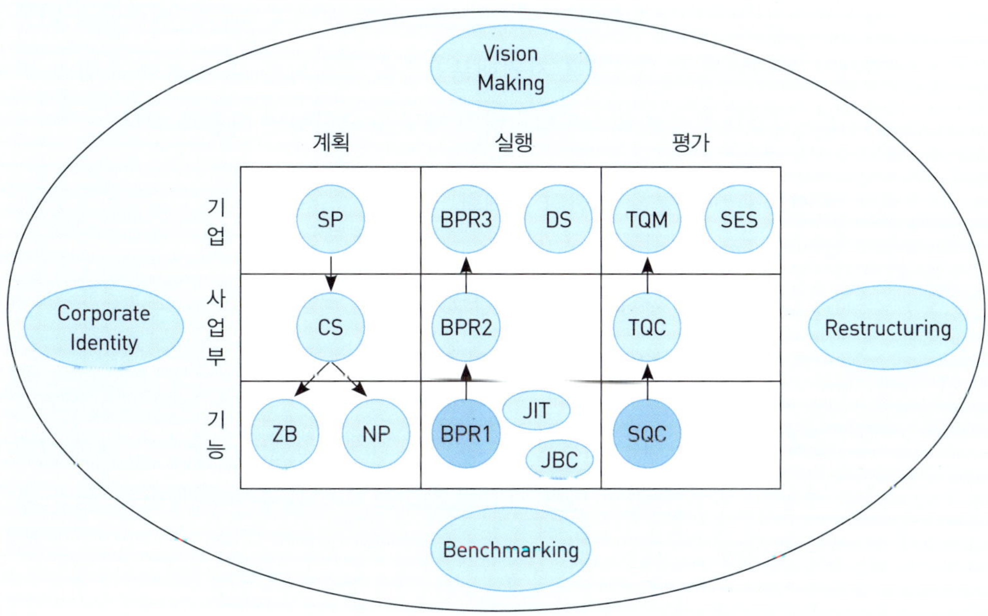

만들기가 더욱 각광을 받는 이유는 환경의 불확실성이 증가하면서 분석 일변도적인 태도로부터 직관이 중시되고 패러다임의 전환이 필요하기 때문이다. 원대한 비전을 가진 경영자에 의해 위기를 모면하고 커다란 성공을 거둘 수 있다.

3.2 리스트럭처링

비전을 사업구조 차원에서 구체화시키는 경영혁신기법으로서, 사업다각화나 재무 리스트럭처링과는 구별되는 개념이다. 리스트럭처링은 기업의 경쟁력 강화와 비전 달성을 목적으로 사업기반을 근본적으로 재편하는 혁신노력을 의미한다. 즉 기업의 지속적 성장을 위하여 어떠한 사업을 주력 사업으로 선정하고 신규 진출하며 기존의 어떠한 사업을 축소, 철수, 통폐합할 것인가, 그리고 주력사업과 지원 사업을 어떻게 연계시켜 통합하며 또 조직 구조 등은 어떻게 변형시켜 효율성과 효과성을 최대화할 것인가를 결정하는 것이라 할 수 있다.

경영혁신을 지향하는 리스트럭처링은 기업비전을 구체화하기 위한 계획되고, 의도되어진, 과감하고, 급진적 성격의 사업구조조정 전략으로서 제시된 비전을 사업구조차원에서 구체화하고 비전달성을 위한 수단적 지침을 제공함과 더불어 전사적 차원에서 미래지향적 자원배분기준을 제공하는 데 전략적 초점이 맞추어진다. 경영혁신지향 리스트럭처링의 개념을 요약하면 다음과 같다.

- 사업구조를 통한 비전의 구체화
- 기업 내부 자원배분의 기준 제공
- 계획적 · 의도적인 사업구조 재구축
- 과감하고 혁신적인 사업구조의 개혁

기업은 이러한 리스트럭처링을 통해서 미래지향적이고 경쟁력 있는 사업구조를 가질 수 있을 뿐만 아니라 기업의 제한된 자원을 올바르게 배분, 활용할 수가 있는 것이다.

3.3 벤치마킹

벤치마킹이란 '어느 특정분야에서 우수한 상대를 찾아 성과 차이를 확인하고, 이를 극복하기 위해 그들의 뛰어난 운영 프로세스를 배우면서 부단히 자기혁신을 추구하는 기법'이다. 즉 '뛰어난 상대에게 배울 것은 배우자'는 것이다. 따라서 벤치마킹은 기업의 내부 활동 및 기능, 혹은 관리능력을 외부적인 시각을 통해 평가하고 판단하는 기법이다. 기업내부 프로세스에 경쟁 개념을 도입하여 경쟁 기업 프로세스와 비교하여 지속적으로 자사의 프로세스를 개선하려는 노력을 수행한다.

벤치마킹의 도입배경은 다음과 같다.

기업 간의 경쟁이 심화될수록 기업활동의 모든 분야에서 효율성과 효과성이라는 경영의 기본원칙에 충실한 기업경영이 절실하게 요구된다. 이를 위해서는 궁극적인 고객만족을 목표로 품질을 관리하고, 프로세스를 중심으로 개선가능성을 모색하는 한편, 불필요한 활동을 제거함으로써 지속적인 원가절감을 꾀할 필요가 있다. 이러한 목적에 부합하는 활동이 바로 벤치마킹이다.

또한 대다수의 우량기업들이 고객만족의 실천수단으로 TQM(전사적 품질경영)을 강조하기 시작한 현실을 반영하여 전미 품질관리대상(MBQA) 선정기준에서 TQM의 실천수단인 벤치마킹의 비중이 높아졌기 때문이다. 여기에다가 오늘날의 기업경영환경이 어려워졌기 때문이다. 이제 기업은 전 세계적으로 격심한 경쟁에서 살아남을 수 있는 경쟁력을 갖추어야 하는데, 이를 위해서는 최선의 실무를 파악하는 벤치마킹이 절대적으로 필요하다.

벤치마킹은 보다 효과적으로 그리고 능률적으로 업무 수행을 하는 다른 조직의 행위를 자기 조직에 맞게 창조적으로 모방하는(Creative Copy) 노력이다. 벤치마킹의 뜻을 좀 더 빨리 이해하기 위해서 이 정의를 구성하는 주요 단어들을 살펴보면,

첫째, 지속적인 과정이다.
둘째, 체계적 과정이다.
셋째, 업무프로세스를 포함한다.

따라서 벤치마킹은 업계 상위에 있는 기업의 우수성을 기준으로 하여 자사의 목표를 달성하고자 하는 것으로 다른 기업의 매출액, 코스트 등을 분석하고 배워, 기업 활동 수행 과정을 개선시키고 기업 경쟁력을 높이고자 하는 경영전략이다.

3.4 학습조직(Learning Organization)

학습조직이란 스스로 배우는 기업을 말하는 것이다. 소수의 엘리트의 지도하에 구성원들이 단순, 반복 작업만을 하는 데서 탈피하여 모든 구성원들이 스스로 자유롭게 생각하고 배울 수 있는 학습능력을 갖추어야 한다.

피터 센거는 학습조직이란 '조직구성원들이 진실로 원하는 성과를 달성하도록 지속적으로 역량을 확대시키고, 새롭고 포용력 있는 사고능력을 함양하며, 집중된 열의가 자유롭게 설정되고 학습방법을 서로 공유하면서 지속적으로 배우는 조직'이라고 정의하였다. 벡은 '지속적으로 조직이 그 자신을 변형시키면서, 조직 내의 모든 근로자들의 학습과 개인적 발전을 촉진시키는 조직'으로 학

습조직을 정의하였고, 슈완트는 '조직이 정보를 가치 있는 지식으로 변환시키고, 변환된 지식을 장기적인 적응능력의 증대로 지속시키는 행동시스템과 행동 담당자, 상징 프로세스'를 학습조직으로 보았다.

이와 같은 학습조직에는 다음과 같은 특성들이 나타나고 있다.

첫째, 개인의 학습과 발전은 명확하고 구조적인 방식하에서 조직의 학습과 발전으로 연결된다.

둘째, 창조성과 적응성에 초점을 두고 있다.

셋째, 모든 형태의 팀은 학습과 작업 프로세스의 일부분이다.

넷째, 네트워킹(개인적이고 기술에 의해 지원되는)은 학습하고 일을 성취하는 데 중요하다.

다섯째, 시스템적 사고는 기본적인 것이다.

여섯째, 학습조직은 현재의 위치와 미래의 방향에 대한 명확한 비전을 제시한다.

일곱째, 학습조직은 계속해서 자신을 변환시키면서 성장한다.

한편, 학습조직의 도입배경은 다음과 같다.

1) 지식의 시대 도래

이쿠지로 노나카는 지식의 창조와 보급이 앞으로 생존 가능한 기업과, 경쟁에서 도태될 기업을 구별 짓는 판단기준이 될 것이라고 분명히 예측하였다. 지식은 질, 속도, 혁신과 가격에서 경쟁의 우위를 유지하는 데 아주 중요한 요인이 되고 있다. 토머스 스튜어트는 '지금까지는 두뇌력이 업무에서 그렇게 중요시된 적이 없었다. 그러나 모든 기업은 점점 더 지식(특허, 공정, 경영기술, 기술, 고객과 공급업체에 관한 정보, 옛 경험)에 의존하게 되고, 조직 내에 축적된 조직은 비교우위를 확보하는 데 이용될 것이다. 즉 세계시장에서의 비교우위는 이제 지식이 자기 기업에 비교우위를 준다는 사실을 알고 있는 기업의 모든 사람과 모든 지식의 총합에 의해서 좌우된다고 주장하였다.

2) 새로운 작업 기술과 근로자의 기대

사회가 산업시대에서 지식시대로 이동함으로써 직업기술에도 변화가 요구되고 있다. 현재 우리는 제조의 시대에서 정신제조의 시대로 이동하고 있는데 이것은 생산이 손으로보다는 좀 더 정신적인 면에서 이루어지는 시대를 의미한다.

기업들이 학습조직을 통해 얻을 수 있는 혁신의 효과는 다음과 같다.

1. 자아완성: 원하는 결과를 창출할 수 있는 개인적 역량을 확장하는 방법을 학습하고, 조직원들이 선택한 목표나 목적을 향해 각자 자신을 개발할 수 있는 조직의 여건을 조성하는 수단
2. 사고모형: 세계에 관한 우리의 생각과 관점들을 끊임없이 성찰하고, 객관화하고, 다듬으면서 그것들이 자신의 행동과 선택에 어떤 영향을 미치는지를 깨닫는 수련
3. 공유비전: 우리가 창조하고자 하는 미래의 이미지를 창조하고, 거기에 도달하기 위한 원칙과 관행들에 대한 공감확대를 통하여 조직 내에 공생의식을 구축하는 수련
4. 팀 학습: 조직 구성원들이 개개인의 능력의 단순 합을 뛰어넘는 지혜와 능력을 구축할 수 있도록 대화와 집단적인 사고방법을 전환하는 수련
5. 시스템사고: 시스템의 동태를 결정짓는 요인들과 그들 간의 관계를 기술하고 이해할 수 있는 언어 또는 그에 대한 사고방법을 체득하는 수련, 이를 통해 시스템을 더 효과적으로 만들 뿐 아니라, 자연과 문명이 공존할 수 있는 행동을 이끌어 내게 된다.

여기에서 기업들이 학습조직을 성공적으로 구축하기 위해 필요한 조직 내의 과제는 다음과 같다.

첫째, 전 구성원들이 공유하는 비전이 구축되어야 한다.

둘째, 조직 내에 새로운 가치체계를 구축하여야 한다.

셋째, 체계적인 문제해결 과정이 조직 내에 체화되어야 한다.

넷째, 조직 내에 활발한 의사소통이 이루어져야 한다.

다섯째, 리더의 역할에 있어 근본적인 변화가 필요하다.

3.5 기업 아이덴티티(Corporate Identities)

CI란 용어는 기업이미지(Corporate Image)의 약자로 코퍼레이트 아이덴티티(Corporate Identity)로 부르기 시작한 것은 뉴욕의 CI 전문회사 L&M(리빙코트 앤드 머큘리즈)의 월터 머큘리즈로부터 출발하였다. CI란 '법인 조직', '단체의', '단체집약적'이라는 의미를 가지고 있는 코퍼레이트와 철학에서는 주체성, 심리학에서는 동일성, 사회학에서는 존재 증명의 뜻을 갖고 있는 아이덴티티의 합성어이다.

CI는 기업 정체성을 확보하자는 것으로 끊임없이 변화하는 외부환경 속에서 기업의 존재 기반을 구축하기 위하여 기업의 개성을 찾아 나름대로의 존재 이유를 설정해야 한다. 기업의 사회적 역할, 기업과 종업원 간의 공통목표, 기업 비전의 인식이 필요하다.

오늘날 CI의 필요성은 기업활동의 다각화(단일 업종에서 다업종으로 전개, 국제시장 진출에 의한 다국적기업의 등장)로 기업 규모가 확대되면서 기업의 관점에서 기업 전체를 통제하는 전략적 계획으로 기업이미지 확립의 필요성이 대두된다.

또한 제품의 라이프사이클이 짧아지면서 단일 품목에 따른 브랜드 아이덴티티 차원을 넘어 기업 차원에서 전 제품을 경영관리해야 할 필요성이 대두되면서 CI가 필요하게 되며 경쟁력의 심화로 상품을 구입할 때 배후에 존재하는 기업이미지가 구매에 영향을 미치기 때문에 기업이미지를 부각시키기 위한 CI가 필요하다. 그리고 기업 구성원의 의식구조의 변화에 따른 근무환경의 개선 및 경영 방법의 혁신이 필요하면서 계획과 조직의 활성화를 위한 방안으로 CI가 필요하게 된 것이다.

그러므로 기업의 미래에 대한 준비로 혁신기법인 CI를 적극 도입해야 한다.

4. 경영의 프로세스를 변화시키는 혁신기법

4.1 장기전략 계획(Long-term strategy planning)

계획은 그 질적인 내용에 따라 전략적 계획(strategic planning)과 전술적 계획(tactical planning)으로 나누어 볼 수 있다.

전략적 계획

사업구조나 제품구조와 같은 경영구조 자체의 변혁을 의도하는 계획이며, 전술적 계획은 업무실행이나 개별 행동 등 경영의 과정을 바꾸려는 계획이다. 따라서 전략적 계획은 장기에 걸친 전사적·종합적 포괄적 성격을 지니게 되며, 외부환경에서 얻을 수 있는 최대한의 정보에 의하여 불확실성의 정도가 높은 비계량적, 질적 판단을 요구하는 거시적인 계획이다.

전술적 계획

단기에 사용되는 부문 및 개별 계획으로 주로 일상 업무 등의 내부 환경 정보에 의하여 단순한 계량적 판단만을 요구하는 미시적 계획이다.

이와 같은 특성을 고려할 때 장기전략 계획은 전략적 계획안이 되어야 하겠지만 세부적인 운영 계획이나 예산 계획 혹은 개별 프로젝트 등은 전술적 계획을 사용하여야 한다. 다만 전략적 계획은 계획 기간을 고정시키지 않고 언제 돌발할지 모르는 기업의 외부환경 변화에 신축적으로 적응하는 연동 계획과 비견될 수 있으며, 전술적 계획은 거의 확실한 정보를 기반으로 하여 작성되기 때문에 확정 계획과 관계가 깊다고 할 수 있다.

여기서 장기전략 계획은 기업목표를 설정하고 전략 수행에 필요한 자원을 배분하는 전략적 판단을 포함하여 사업구조나 제품구조와 경영구조 자체의 변혁을 의도하는 전사적, 종합적, 포괄적 성격의 거시적 계획으로 불확실성의 정도가 높은 비계량적, 질적 계획이며 상황변화에 따라 변화하는 연동 계획을 말한다.

장기전략 계획 수립을 통해 기업은 사후 치료가 아니라 사전 예방을 통한 사전적 미래 지향적 경영을 수행할 수 있다. 장기전략 계획의 효과는 다음과 같다.

첫째, 장기전략 계획을 수립하는 과정을 통해 최고경영자, 중역실, 기획 실무팀 등 전 참여자가 전략적 사고능력을 갖게 된다.

둘째, 모든 계획 수립자들이 거시적인 안목으로 기업을 둘러싸고 있는 환경과 기업의 내부 상황을 파악할 수 있게 된다.

셋째, 전 참여자들은 상호 캔미팅이나 그 밖의 작업을 통해 자신과 다른 경영자간의 견해차를 발견할 수 있게 되는데, 이는 상호 이해를 위한 첫걸음이 될 수 있다.

넷째, 경영자들이 기업의 미래에 관련된 자신의 견해를 피력하고, 그것이 장기전략 계획에 수렴될 때, 경영자들은 보다 적극적인 경영의지를 지니게 된다.

그러나 장기전략 계획은 그 취지가 바람직함에도 불구하고 실제 경영에서는 잘 적용되지 못하는 경우가 많다. 이러한 원인으로는 다음과 같다.

첫째, 현업 부서들의 기획실에 대한 불신으로 인해 의사소통이 제대로 이루어지지 못하고 있다.

둘째, 결과는 투입에 어느 정도 비례하게 되는데 현업 부서의 바쁜 일과로 인해 계획에 투입되는 노력이 미흡한 경우가 많다.

셋째, 발생할 수 있는 기업의 외부 여건이 급속한 변화를 보이고 있는 데 반해서 변화에 대한 적응력이 결여된 전략 계획안을 작성하여 쓸모없이 되는 경우가 많기 때문이다.

장기전략 계획을 작성하는 데 있어서 가장 중요한 것은 최고경영자의 전폭적이고 지속적인 관심이다. 최고경영자는 장기전략 계획 수립의 한 단계, 한 단계마다 관심을 가지고 주도적으로 참여할 때 장기전략 계획이 정착될 수 있으며 1, 2년 안에 성과가 나지 않는다고 조바심을 내지 말고 꾸준히 추진할 수 있어야 한다.

이 밖에도 장기전략 계획을 수립하는 데 있어서 유의해야 할 점은 다음과 같은 것들이 있다.

첫째, 기업의 최적전략은 기업 내의 모든 활동들이 상호작용을 통해 이루어질 때 가능해지기 때문에 기업 내의 특정 부분만의 장기전략 계획이 되어서는 안 된다.

둘째, 기업 내의 모든 사람들이 그것을 지침으로 삼을 수 있게 하기 위해서 장기전략 계획은 기업 내의 모든 사람들이 이해할 수 있도록 그 개념과 체계가 단순해야 한다.

셋째, 엄밀하고 철저한 계산을 지양해야 한다.

넷째, 예상되는 미래를 제시하는 것이 아니라 기업의 경영자가 의도하는 의지가 내재된 미래상이 제시되어야 한다.

다섯째, 기업 내 각 기능의 계획을 취합한 수준의 계획이 되어서는 안 된다. 이를 위해서는 최고경영자의 주도 아래 장기전략 계획 수립이 필요하다.

4.2 경쟁전략(Competitive Strategy)

경쟁전략이란 1980년대 초 마이클 포터를 중심으로 이루어진 산업구조분석과 본원적 경쟁전략에서 출발한 혁신기법이다. 경쟁전략이란 일반적으로 경쟁이 일어나는 기본영역인 산업 내에서 유리한 경쟁적 지위를 확보하기 위해 기업이 추구하는 전략이다. 그리하여 기업들의 장기적 수익성을 결정하는 공급사, 구매자, 대체품, 잠재적 진출기업 및 기존기업 등 5개 경쟁요인을 분석하여 산업 내에서 상대적으로 유리한 경쟁지위를 확보하고자 하는 것이다.

경쟁전략은 그림과 같이 저가격 전략과 차별화 전략과 같은 경쟁의 원천을 통해 경쟁우위를 확보하는 데 초점이 있다.

그림 10-3 혁신기법으로서의 경쟁전략

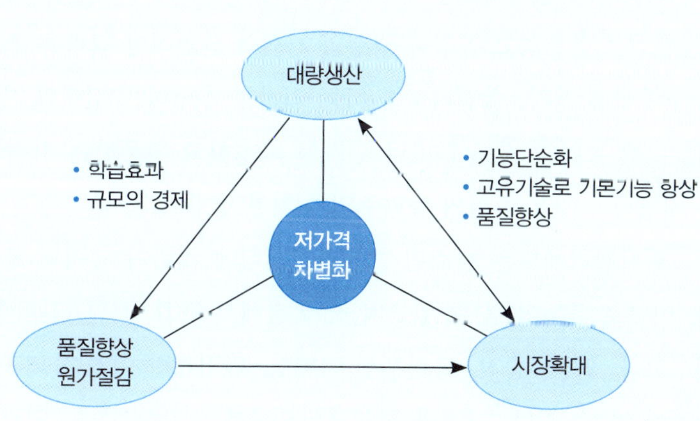

4.3 영점기준 예산(Zero-Based Budgeting)

제로베이스 예산기획이란 1961년 케네디 정부의 맥나마라 국방장관이 미국의 연방정부 국방성에 도입한 PPBS제도에서 출발하였다. PPBS란 전통적 예산기법이 전년도 예산을 기준으로 물가변동률을 조정해서 예산을 산정하던 방법에서 벗어나 예산의 기준을 제로베이스에서 출발하여 활동 중심으로 예산을 편성하는 것을 의미한다.

조직이 추구하고자 하는 목표를 세우고(planning), 목표를 달성하기 위하여 프로젝트를 추진하며, 이를 위해 예산을 편성하는 제도이다. 이것은 경영 프로세스 중 예산이라는 기능차원을 중심으로 하여 기획과정을 바꾸는 것이다.

4.4 신인사제도(New Personal Planning)

오늘날 대규모의 구조적 혁신과 더불어 수평적 조직, 팀조직, 프로세스 혁신, 네트워크 조직, 학습조직으로 신축성 있는 기업조직으로 변환이 급격히 이루어지고 있다. 환경의 불확실성과 무한경쟁, 고객만족의 경영, 정보화의 경향은 스피드 경영, 학습조직, 지식경영과 같은 경영혁신전략을 필요로 하고 있다. 이와 동시에 인적자원 분야에서도 제도와 기법들의 과감한 혁신을 담고 있는 신인사제도가 등장하게 되었다. 즉, 기업환경이 급변함에 따라 새로운 조직혁신의 설계와 동시에 이에 알맞은 새로운 신인사제도의 적용이 요구되고 있다.

따라서 신인사제도는 인사제도의 계획부문에서 혁신을 지향하는 기법으로서, 인격을 존중하고 공정한 경쟁의 기회와 산업적인 협력을 조성하면서 개인과 기업이 함께 성장, 발전하도록 하는 인사를 추구하는 것이다. 능력이나 숙련 등 직무수행 능력의 정도에 따라 인재를 육성하고 활용하는 자격주의와 능력개발을 지향하는 처우 중심의 능력주의가 기본 방향이다.

인사관리제도는 시스템적인 사고방식에 의하여 인력의 조직에의 투입, 변환, 이탈로 나누어 볼 수 있으며 각 과정에서 모집, 선발, 인력계획, 배치, 교육, 인사고과, 임금, 승진, 복리후생 리더십, 인력개발 이직 등의 여러 기능으로 정리하여 볼 수 있다. 그러나 경영혁신으로서 신인사제도는 이러한 여러 기능 중에서 특히 인사고과, 임금, 승진의 보상 및 통제의 부분과 관련된다고 할 것이다. 그리하여 평가 및 보상의 체제에 의하여 조직구성원들을 움직이는 능력이 발생한다고 볼 수 있다. 따라서 신인사제도는 조직을 관리하는 핵심적인 혁신기법으로 볼 수 있다.

4.5 리엔지니어링(Reengineering)

리엔지니어링 이란 '비용, 품질, 서비스, 속도와 같은 핵심적 성과에서 극적인 향상을 이루기 위해 기업 업무 프로세스를 기본적으로 다시 생각하고 근본적으로 재설계하는 것'으로 정의할 수 있다. 따라서 기존 기업의 경영활동을 무시하고 기업의 부가가치를 산출하는 활동을 완전히 백지 상태에서 새롭게 구성하는 것으로서, 기능중심의 수직적 사고에서 고객에게 신속히 반응하는 프로세스 중심의 수평적 사고로 전환하는 기법이다.

기업의 규모가 커지고 경영이 복잡해짐에 따라 '분업의 원리'에 의해 기능별로 분화되어 수행되는 업무들의 통합이 매끄럽게 이루어지지 못하기 때문에 발생하는 경우, 전통적으로 기업은 인력, 자본, 재료라는 3대 자원을 이용하여 외부의 환경의 변화에 적응하면서 기업의 목표를 달성하여 왔다. 그러나 최근 정보라는 새로운 변수가 등장하여 기업의 외부환경과 내부 조직에 많은 영향을 미치게 되었다. 외부적으로는 컴퓨터와 통신의 발달로 세계의 여러 나라의 문화와 유행을 소비자가 빨리 접하므로 소비자의 기호가 급속히 바뀌고, 세계의 정치, 경제, 기술 변화의 신속한 전달은 기업이 이에 대처하기 위한 전략과 상품을 계속적으로 개발하도록 요구하고 있다. 또한 내부적으로는 아담 스미스, 페이욜, 테일러, 웨버 등의 이론에 의하여 정립된 조직체계는 정보라는 요소를 고려하지 않고 구축되었기 때문에 정보로 인하여 일어나는 변화에 신속히 대처할 수 없게 되었다. 오늘날 많은 기업의 실정은 시장 요구에 신속히 대응하지도 못하고 고객보다는 내부관리에 치중하고 부서 간의 높은 장벽, 그리고 간접 인원과 간접 경비가 과대한 조직으로 되어 버렸다. 리엔지니어링은 이러한 조직체계에서 발생하는 구조적 문제점을 줄임으로써 외부적으로 경쟁력을 강화하자는 것이다.

지금까지 대부분의 기업조직은 각 부서별로 예산, 계획, 통제 체제를 갖추고 제품의 생산과 배달까지의 각 부서별 단위로 '분권화'되어 왔다. 그러나 이러한 조직으로는 환경의 변화와 고객의 다양한 요구에 신속하게 대응할 수 없다. 시장상황에 신속하게 대응할 수 있도록 전체적인 시스템을 갖추지 않으면, 즉 시장상황을 보고하고 그 결재를 받는데 수십 개의 도장을 찍어야 하는 폐단을 시정하지 않는 한 그 조직은 도태할 수밖에 없다. 이에 따라 조직의 변화를 위하여 기업들이 가장 관심을 표명하고 있는 것은 변화하는 환경에 어떻게 적응하여 목표하는 바를 이루어내고 경쟁에서 살아남을까 하는 것이다. 이러한 관심을 입증이라도 하듯 일단 조직을 원점으로부터 재설계하는 리엔지니어링이 등장하게 되었다.

가히 '기업 재창조'라고도 할 수 있는 리엔지니어링은 종래의 인원삭감이나 부서 또는 부문 폐쇄 등에 의존해 온 '리스트럭처링'과는 달리 無의 개념에서 출발하여 기업 전략에 맞추어 사업의 모든 업무과정을 프로세스를 중심으로 재설계하는 것을 주안점으로 하고 있다. 따라서 리엔지니어링은 기존의 기업 가치관은 물론, 모든 경영원칙을 타파하고 업무 흐름의 혁신적 재구성을 통해 보다 적은 인원과 보다 적은 노력, 보다 적은 투자로 생산성과 품질, 서비스와 속도에 혁신을 가져오는 기업의 재창조를 위한 혁명이라고 할 수 있다. 리엔지니어링의 목적은 불필요한 정보와 비효과적인 업무과정을 제거하여 업무의 흐름을 단순화함으로써 기업의 장기적인 성장을 도모하는 데 있다. 따라서 부서별로 혁신을 꾀하지 않고 기업목표와 관련된 전체 프로세스를 대상으로 혁신을 꾀한다는 특징을 가진다.

리엔지니어링의 특징을 정리하면 다음과 같다.

첫째, 현재 상태, 기존의 경영원칙을 철저히 무시하고, 바람직한 상태가 무엇인지에 초점을 둔 새롭고 자연스러운 경영원칙을 창조한다.

둘째, 부문별 혁신이 아닌, 특정 목표와 관련된 일련의 업무흐름 전체를 대상으로 혁신한다.

셋째, 몇십 % 정도의 향상을 넘어서서 몇 배의 경영성과 혁신을 추구한다.

넷째, 현대 사회의 총아, 정보기술을 철저히 기초부터 응용한다.

다섯째, 업무 프로세스는 단순하지만, 관련된 구성원들은 총체적 문제해결 능력을 배양, 스스로 대응한다.

리엔지니어링은 다음 세 가지 유형으로 나누어진다.

- 기능부문에 적용되는 비용절감형
- 경쟁기업과 특정 프로세스에서 동등수준을 유지하는 형
- 기업 전체의 프로세스를 새롭게 구성하는 환경창조형

리엔지니어링의 목적은 이러한 조직체계에서 발생하는 구조적 문제점을 줄임으로써 외부적으로 경쟁력을 강화하자는 것이다. 리엔지니어링의 성과는 Mutual Benefits 회사가 보험증권 발급 시간을 현격히 줄이고, IBM 크레디트 회사가 일인당 대출 업무 처리 건수를 일인당 100배 이상의 효과를 보았다는 등의 많은 사례가 있으며, 조사에 의하면 리엔지니어링의 효과로는 시간단축(45%), 원가절감(21%), 서비스증대(16%), 품질향상, 수익증대(10%) 등이 있는 것으로 나타났다.

4.6 다운사이징(Downsizing)

80년대 후반 들어 세계적으로 확산되고 있는 다운사이징은 정보기술의 발달과 글로벌 경쟁의 심화로 많은 기업이 변화하는 기업 내·외부의 환경에 대응하기 위해 시도한 일종의 긴급처방이었다. 2차 대전 이후로 미국을 비롯한 서구 열강은 지속적인 경제성장을 구가하여 왔으나, 두 차례의 석유파동과 1980년 초반의 스태그플레이션을 겪으면서 조직의 거대화 추세는 제동이 걸리게 되었다. 설상가상으로 일본을 비롯한 가격경쟁력을 갖춘 후발 개도국들이 미국시장을 잠식함에 따라서 미국기업들의 경쟁력은 급속도로 약화되었다. 이러한 위협에 직면한 미국기업들은 세계적인 경쟁환경의 변화 속에서 생존하기 위해서 비대한 관리층과 비효율적인 조직을 바꿔야만 했다. 이에 따라 분권화, 슬림화, 프로세스의 통합화를 표방하는 다운사이징이 등장했다.

일반적으로 다운사이징이라면 정보시스템 구축차원에서의 다운사이징을 지칭하나 광의의 다운사이징 개념은 조직규모 및 조직구성원에 대한 조직 다운사이징도 포함한다. 즉 다운사이징은 효율적인 네트워크 운영을 위한 정보주권의 분권화인 정보시스템 다운사이징과, 리스트럭처링의 일부분으로 조직의 슬림화, 재정비차원에서 조직 다운사이징으로 나눌 수 있다. 따라서 여기에서 사용하는 다운사이징은 정보시스템 다운사이징을 의미하여 조직 슬림화를 추구하는 조직 다운사이징은 리엔지니어링에 포함하기로 한다. 정보시스템 다운사이징은 기존의 중앙에서 모든 통제권을 갖는 메인프레임을 대체하여 비용절감, 신뢰성, 경쟁력 향상차원에서 최종사용자 편의를 중심으로 개인용 컴퓨터를 이용한 분산화된 시스템을 말한다. 즉 정보시스템 다운사이징은 경영의 내용 중 집행부문에 관련되는 정보흐름을 기업 전체 차원에서 분산시키는 기법이다. 또한 다운사이징은 네트워크와 밀접하게 관련된 개념으로서 PC가 메인프레임을 대체하여 새로운 자료처리 플랫폼으로 역할을 하게 된다.

다운사이징은 정보기술의 발달로 사무직종의 업무가 효율화되었고, 중간계층 인력을 줄임으로써 계층구조를 단순화하고, 이를 통하여 상하간의 의사소통을 원활하게 함으로써 결재과정의 축소 및 신속한 의사결정을 할 수 있다는 장점이 있다.

다운사이징을 위한 과제는 세심한 준비와 빠른 실행이 필요하다. 살아남은 종업원에 대해서는 대량 해고로 인한 변화를 충분히 이해시키고, 그들이 기대를 갖고 일할 수 있도록 분위기를 조성해야 한다. 또한 정보의 공유를 통해 어쩔 수 없는 결정이었음을 전달하여 종업원들이 적극적으로 새로운 작업환경을 만들 수 있도록 해야 하며, 많은 대화를 나눔으로써 상호 신뢰를 회복하고 손상된 감정들을 어루만져 사기를 북돋우어야 한다. 한편, 정보시스템 다운사이징을 실현시키기 위해서는 PC의 성능향상 등 하드웨어 발달, 분산처리 기술, 접속기법, 네트워크 기술의 발달 등 성숙된 정보통신기술이 선행되어야 하는데 이러한 기술적 장애요소는 이제 대부분 제거되어 다운사이징을 실천하는 데 충분한 조건을 마련해주고 있다.

4.7 시간기준 경쟁(Time-based Competition)

과거 수요가 공급을 초과하여 경쟁이 덜 치열했던 시대에는 값싸게 만드는 것이 차별화의 요소였으며, 원가우위에 있는 기업은 시장을 확대해 갈 수 있었다. 그러나 점차 값싸게 만드는 기술이 보편화 되어가고 경쟁사의 수도 늘어남에 따라 차별화의 요소도 변하여 갔다. 이때는 값싸게 만드는 것보다 디자인이나 기능면에서 경쟁사와 차별되게 만드는 것이 경쟁우위의 요소가 되었다. 그러나 소득과 문화수준이 높아짐에 따라 소비자들은 기능이나 디자인의 다양성에만 만족하지 않게 되었다. 소비자들은 그 위에 품질과 성능의 고급화를 요구하기 시작하였고 이에 따라 고성능, 고품질의 제품을 생산해 낼 수 있는 기술을 보유한 기업이 경쟁우위를 확보할 수 있게 되었다. 하지만 이러한 차별화 요인도 90년대에 들어서면서부터는 점차 그 효력을 상실해 가는 경향을 보이고 있다. 값싸게 만드는 능력이나 기능, 디자인 또는 품질에서 차별화된 제품을 만드는 기술이 지속적인 경쟁우위를 가져다 주기에는 경쟁사의 모방속도가 너무 빨라졌기 때문이다. 이제는 성능이나 기능, 디자인이 유사한 제품이라 하더라도 누가 남보다 신속하게 개발하고 남보다 먼저 생산하여 소비자에게 빨리 전달할 수 있느냐 하는 신속성이 차별화의 요소로 부각되고 있다. 이러한 시대의 흐름을 파악하여 최근에는 '시간단축'에서 차별화의 요소를 발견하고 이를 효율적으로 창출할 수 있는 능력을 구비함으로써 시장에서 선도적 지위를 향유하는 기업이 눈에 띄게 늘어나고 있는 실정이다.

시간기준 경쟁이란 의사결정이 신속성, 제품개발 및 서비스 시간의 단축 등 신속성을 바탕으로 경쟁우위를 확보하는 경영혁신 개념이다. 이는 중간관리자에게 권한을 이양함으로써 고객 불편 해소를 위해 반응 시간을 줄이는 것으로서, 고객의 욕구에 발맞추기 위하여 제품이나 프로세스를 혁신하며, 기업의 기능 자원을 대상으로 제품을 만드는 실행부문에서 변화를 일으키는 기법이다.

기업에서 '시간기준 경쟁'을 통해 경쟁우위를 확보할 수 있는 영역은 크게 세 부문으로 나눌 수 있다.

첫째, 생산부문에서의 시간단축으로 경쟁우위를 확보하는 것이다. 시간 단축형 생산시스템에서는 가능한 한 생산라인을 짧게 하고 레이아웃도 제품 중심으로 설계하며, 공정계획을 현장에서 직접 수립하게 함으로써 생산 시간을 단축한다.

둘째, 영업이나 유통 부문에서의 시간단축이다. 전에는 고객의 주문을 일괄 취합하여 보내던 것을 영업 사원과 공장의 공정 관리 부문을 직접 연결시키는 컴퓨터 시스템을 구축함으로써 수시로 정보가 오고 갈 수 있게 하였다. 이렇게 함으로써 고객이 자동차를 주문한 시점부터 배달되는 시간까지를 획기적으로 단축할 수 있게 되었다.

셋째, R&D 부문에서 신제품 개발 사이클을 단축함으로써 경쟁우위를 확보하는 것이다. 예를 들어 신제품을 출시하기 위해서는 여러 관련 부서의 협조와 상부층의 결재를 받아야 하는데 이때 소요되는 시간이 길수록 타이밍을 놓치게 된다. 따라서 관련 부서들이 한꺼번에 모여 의사결정을 할 경우 그만큼 출시기간이 짧아질 수 있다.

시간 단축형 조직의 특징을 보면 조직계층이 적어서 의사결정에 걸리는 시간이 짧다. 또한 제품이나 시장을 중심으로 조직이 나뉘어져 있기 때문에 고객과 밀착할 수 있다. 이와 같은 조직에서 특히 시간 단축을 가져오게 하는 핵심은 정보시스템의 구축이다. 본사와 부품 공급업자, 유통업자, 본사내 부문 간 정보의 신속한 공유는 시간단축을 위해서 필수적이기 때문이다. 마지막으로 조직의 성과를 평가하는 기준도 '시간단축'의 철학과 일관성이 있어야 한다. 단순히 매출액이나 시장점유율로서만 평가하는 것이 아니라, 신제품 개발기간, 의사결정시간, 배달소요 시간 등에 대한 평가도 함께 이루어져야 하는 것이다. 이상과 같이 '시간기준 경영'이 이루어지기 위해서는 고객을 위한 시간 단축 및 욕구의 파악이 가능하도록 내부 역량을 갖추는 것, 그리고 이를 지원하는 정보 및 평가 시스템 등을 구축하는 것 등이 필수적이라 할 수 있다.

4.8 전사적 품질경영(Total Quality Management)

TQM은 최근 알려진 품질경영 기법으로 지금까지 사용해 왔던 흔한 경영스타일을 대체하는 '제4세대 경영스타일'로 부상하고 있다. 1960년대 일본에서 시작하여 1970년대에 와서 미국 자동차산업의 신 경영기법으로 도입된 이후 그 적용범위를 확장해 나간 TQM은 '고객의 기대를 충족시킬 뿐만 아니라 나아가 그들을 감동시키기 위한 기업의 경영활동을 구축하는 것'이 그 안에 배어 있는 기본 철학이다.

Gunther와 Hawkins(1996)에 의하면 TQM은 "지속적인 품질향상을 강조하는 일련의 과정으로 소비자 중심, 사실에 근거한 의사결정, 팀워크를 통한 효과적인 서비스를 위한 주춧돌이다"라고 정의된다. Sashkin과 Kiser(1993)는 TQM이란 도구, 개념, 훈련이 통합적인 체계를 이루어서 계속적으로 소비자가 만족할 수 있도록 하는 조직 문화를 뜻하며, 고품질의 상품과 서비스를 위하여 조직이 끊임없이 향상되어야 한다고 보았다. 여기에는 '제품·서비스의 질, 업무과정의 질, 종사원의 질, 자원의 질은 물론이고 비용, 납기 등 모든 경영목표를 포함하는 총체적인 기업의 질'을 높여서 그야말로 총체적인 관리를 해야 한다는 의미가 담겨 있다.

따라서 경영혁신기법으로서 TQM은 통계적 품질관리, 전사적 품질관리, 전사적 품질경영에서 발전된 개념이다. 통계적 품질관리(SQC)는 생산부서를, 전사적 품질관리(TQC)는 사업부 단위를, 전사적 품질경영(TQM)은 전략적인 관점에서 회사 전체를 대상으로 한다.

4.9 전략평가시스템(SES: Strategic Management System)

전략평가시스템은 실행 결과치뿐만 아니라 활동 과정까지를 평가 대상에 포함하며, 단순한 재무적인 평가보다는 기업의 장기적인 경쟁력 확보에 중점을 둔다. 또한 사업부의 부분 최적화보다 기업 전체의 전체 최적화를 추구하며, 산출에 대한 평가를 넘어서 투입 요소까지 평가의 대상으로 한다.

평가시스템이 원활히 적용되는 여건을 고려하여, 적용대상을 기업 전체, 사업단위, 기능수준으로 나누어서 장기성과를 중심으로 평가해야 한다.

결국 혁신기법의 성공 여부는 혁신기법의 구체적 방법론보다는 각 혁신기법의 본질을 파악하여 주어진 내·외부 여건에 적합하도록 창조적으로 조합, 적용하는 이른바 '독창적인 경영혁신기법의 조합(firm-specific combination of innovation techniques)'을 구성하고 실행에 옮기는 능력에 달려 있다고 할 수 있을 것이다.

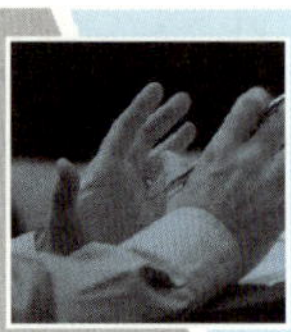

제 3 절

한국기업의 경영혁신과 성과

1. 한국기업의 경영혁신

미국기업의 경영혁신운동의 특징으로는 1990년대 초반에 유행하던 경영혁신기법 중 대부분이 1990년대 중반을 넘어서면서 점차 사라지고, 1990년대 중반 이후 나타난 새로운 경영혁신기법이 급속도로 이를 대체하고 있다는 점이다. 리스트럭처링이나 리엔지니어링, TQM, 활동기준원가회계, 비전경영 등은 1990년대 중반 이후 활용도가 떨어지고 있는 것으로 나타났는데, 특히 1990년대 초반 크게 유행했던 리스트럭처링, 리엔지니어링, TQM 등은 1990년대 중반 이후 급속하게 그 유용성을 상실한 것으로 분석되었다.

그리고 경우에 따라서는 기존의 경영혁신기법보다 우월한 경영혁신기법이 그 자리를 대체하며 더욱 발전하기도 하였다. 1980년대 품질경영의 대명사이던 전사적 품질관리(TQM)는 1990년대 중반 이후 퇴조하고 뒤를 이어 6시그마가 활발하게 도입된 것이 대표적인 예이다. 현재는 1990년대 후반 들어 등장한 경영혁신기법인 6시그마, 지식경영, 공급사슬관리(SCM)가 미국기업의 관심을 가장 많이 모으고 있는 것으로 나타났다.

1990년대부터 본격화된 한국기업의 경영혁신운동은 미국기업의 경영혁신운동과 구별되는 몇 가지 특징을 보이고 있다.

첫째, 한국기업의 경영혁신운동은 WTO 체제 출범과 OECD 가입, 외환위기와 IMF 체제와 같이 한국기업이 당면한 시대적 변화에 많은 영향을 받으면서 변화, 발전해왔다.

둘째, 1980년대까지 일본의 경영혁신기법 위주로 도입되었다면, 1990년대 들어서는 미국의 경영혁신기법 위주로 급속히 대체되었다.

셋째, 외국의 경영혁신기법들이 1970년대에는 성장성, 1980년대에는 수익성, 1990년대에는 장기적 경쟁력 확보를 목표로 도입되었다면, 우리나라의 경우에는 1990년대 중반까지는 성장성, 1990년대 후반에는 수익성과 장기적 경쟁력 확보를 목표로 뒤늦게 도입되었다.

대체적으로 한국기업은 외국기업에 비해 다양한 경영혁신기법을 단시간 내에 한꺼번에 도입하게 되었다. 한국기업이 도입한 경영혁신기법을 개별기법을 중심으로 1990년대 초반기와 후반기로 나누어서 각 기간의 특징을 구체적으로 살펴보자.

1.1 1990년대 초반~중반: 성장지향의 경영혁신

1990년대 초반 한국기업을 휩쓴 기업경영의 화두는 국제화·세계화·개방화였다. 우루과이라운드 협상 타결과 WTO 체제 출범을 전후한 시기에 세계 경제는 새로운 무역질서 아래 국경이 무너지고 모든 나라가 세계시장을 무대로 경쟁하는 무한경쟁시대를 맞이하게 되었다. 이렇게 급변하는 국내외 경영환경 변화 속에서 한국기업들은 세계적인 기업들과의 경쟁 속에 살아남아야 한다는 위기의식에 직면하게 되었다. 이에 대한 대응전략으로서 우리 기업들은 위기를 제2 도약의 기회로 만든다는 목표아래 공격경영, 초우량경영, 세계경영을 표방하게 되었다. 구체적인 경영목표로 신규 사업으로의 영역확장, 해외시장 등 미개척 시장으로의 진출, 매출의 획기적 증가 등과 같은 매출극대화·성장 위주 전략을 추진하였다. 따라서 이 시기에 대표적으로 유행하던 경영혁신기법은 고객만족경영(고객세분화, 고객만족측정, 고객관계경영 포함), 리엔지니어링, 벤치마킹, 성장전략 등이있다.

고객만족경영은 1990년대 전체적으로 국내에서 가장 유행했던 경영혁신기법인 것으로 나타났다. 미국에서는 90년대 내내 크게 주목받지 못했던 고객만족경영기법이 한국에서는 90년대 중반에 들어서 크게 인기를 얻기 시작하여 이후 꾸준히 활용되고 있다.

미국에서는 혁신운동의 상위 랭킹에도 들지 못했던 성장전략이 우리나라에서는 1990년대 초반부터 꾸준히 인기가 있었으나, 리엔지니어링은 미국의 경우와 마찬가지로 1990년대 초반에 뜨거운 관심 속에 도입되었다가 1995년을 전후로 미국보다 먼저 급속하게 퇴조한 것으로 나타났다. 한편, 리스트럭처링은 미국에서는 1990년대 내내 가장 활용도가 높았던 경영혁신기법인 데 반해 우리나라에서는 90년대 내내 그다지 활용도가 높지 않았던 것으로 분석되었다. 이는 한국기업들이 아직까지 양적 성장에 치중한 기업경영목표를 추구하고 있었음을 시사해 주고 있다.

1.2 1990년대 후반: 구조조정과 디지털 경영

1990년대 후반은 한국기업에게 있어 시련의 시기인 동시에 구조적 전환의 시기였다. 1990년대 중반까지 성장전략을 위주로 경영혁신운동을 추구하던 한국기업들은 1997년 외환위기와 이로 인한 IMF 체제를 맞이하면서 예기치 못한 구조조정의 압력에 직면하게 되었다. IMF 사태는 국내기업에게 사업구조조정, 경쟁력 강화, 투명경영, 국제 표준의 도입 등 근본적인 경영 패러다임의 변화를 요구하였다. 또한 1990년대 후반 들어 세계경제는 급속히 발전한 IT 기술을 발판으로 인터넷과 e-비즈니스로 대표되는 디지털 경영시대로 전환되기 시작하였다.

내부적으로는 체질개선의 과제에, 외부적으로는 기업개혁 압력에 직면한 한국기업들은 자율적·타율적 요구에 의해 다양한 경영혁신기법을 도입하게 되었다. 시대적 상황과 맞물려 성장전략은 점점 퇴조하고 구조조정 노력의 일환으로 아웃소싱이나 전략적 제휴와 같은 혁신기법이 유행하였고, 세계적인 신경제의 조류 속에 전사적 자원관리(ERP), 지식경영 등과 같은 경영혁신기법이 폭발적인 각광을 받기 시작하였다.

이 시기의 경영혁신운동의 특징 중 하나는 기업 외부의 요구에 비해 기업 내부적 노력이 이에 미치지 못했다는 점이다. 예를 들어 우리 기업들은 미국식 리스트럭처링을 통한 대대적인 사업구조조정보다는 아웃소싱과 전략적 제휴 등을 통한 소극적인 구조조정방법을 선호하는 것으로 나타났다. 또한 시나리오 경영기법의 활용도가 가장 낮은 것으로 조사된 것을 보면, 한국기업들이 위기관리 능력에 부족했음을 느끼던 시기였음에도 불구하고 실제 위기상황 대응과 관련된 경영혁신기법인 시나리오 경영의 도입은 극히 저조했던 것으로 분석된다.

국제표준의 영향으로 경제적 부가가치(EVA), 주주가치 분석(SVA) 등으로 대표되는 주주 중심의 경영혁신기법이 강조되고 스톡옵션이나 성과급의 도입이 활발했던 것도 이 시기의 특징 중의 하나이다. 아울러 21세기를 대비하기 위한 새로운 경영혁신기법의 도입이 급격하게 증가했다. 지식경영(Knowledge Management)은 디지털 경영시대의 대표적인 경영혁신기법으로 자리매김하게 되었다. 지식경영은 미국에서보다 우리나라에서 1990년대 후반 들어 활용도가 가장 급격하게 증가하고 있는 경영혁신기법으로 조사되었다.

또한 리엔지니어링 기법이 퇴조한 반면, 정보기술의 발달에 힘입어 전사적 자원관리(ERP)나 공급사슬관리(SCM)와 같이 혁신의 대상과 내용이 훨씬 명확해진 경영혁신기법들의 활용도가 높아졌다. 미국의 경우 SCM의 활용도가 ERP의 활용도에 비해 훨씬 높게 나타난 데 비해, 우리나라의 경우에는 ERP의 활용도가 SCM의 활용도에 비해 훨씬 높게 나타난 점도 특기할 만하다. 아직도 우리 기업들은 내·외부 가치사슬 전반에 걸친 혁신보다는 업무개선과 같은 기업 내부의 프로세스 혁신에 더 많은 노력을 기울이고 있는 것으로 해석할 수 있다.

1.3 1990년대 경영혁신운동의 특징

지금까지 1990년대 한국기업의 경영혁신운동현황에 대해서 살펴보았다. 미국기업과 구별되는 한국기업의 경영혁신운동의 특징에서 다음과 같은 시사점을 찾을 수 있다.

첫째, 미국기업의 경우 경영혁신기법들의 활용도가 전반적으로 고르게 나타난 반면에, 한국기업의 경영혁신운동은 고객만족이나 지식경영, ERP 등과 같이 시대조류에 민감한 소수기법에 편중되어 있었다는 점이다. 앞에서 살펴보았던 미국과 한국에서 활용도가 높았던 상위기법들의 도입현황을 비교해 보면 이 같은 특징이 잘 나타나 있다

이는 우리 기업들이 다양한 경영혁신기법을 도입하는 데 있어 자사의 역량과 필요에 맞게 취사, 선택할 수 있는 기본적인 전략이 부재했던 것을 보여준다. 즉, 자사의 실적, 위상, 역량 등에 대한 정확한 이해나 경영혁신기법의 도입필

요성 여부보다는, "남이 하면 나도 한다"는 추종전략(me-too strategy)에 따라, 차별화된 경영혁신기법의 도입이 이루어지지 못한 결과로 판단된다. 특히 끊임없이 경쟁우위와 핵심역량 강화를 외쳐왔음에도 불구하고 그 근본인 신기술 확보, 인적자원 육성, 사업영역의 명확화를 수반하는 구조조정 등에 대한 혁신은 제대로 이루어지지 않고 일부공정개선과 같은 편협한 영역에 과다한 시간과 자원을 투입하고 있었음을 알 수 있다.

둘째, 미국기업은 많은 경영혁신기법 중에서 구체적인 목표 설정이나 성과측정과 달성이 가능한 기법을 집중적으로 활용하다가 용도폐기한 반면, 한국기업이 선호했던 경영혁신기법들은 성과측정이 모호하거나 장기적으로 성과가 발생하는 기법들이었기 때문에 혁신운동의 지속성이나 성과달성 여부에 대한 평가가 불가능하였던 것으로 보인다. 예를 들어 미국기업이 선호하는 경영혁신기법들이 리스트럭처링이나 TQM/6시그마, 리엔지니어링, 아웃소싱 등이었던 데 반해, 한국기업이 선호하는 경영혁신기법들은 고객만족경영, 지식경영, 성장전략 등 혁신의 최종목표가 애매한 것들이 주류를 이루었다.

셋째, 경영혁신운동을 성공적으로 추진하기 위해서는 추진하는 과정에서 실행력을 유지하는 것이 중요하다. 실행력은 결국 의도한 성과가 나타나고 있거나 나타날 것이라는 확신을 가질 수 있어야 유지된다. 이를 위해서는 명확하고 구체적인 목표설정뿐만 아니라 중간점검을 위한 성과측정지표의 사전합의가 필요하다. 따라서 의욕에 앞서 체계적인 준비 없이 시작된 대다수의 경영혁신운동들이 추진 중에 방향성과 실행력을 잃어버리게 되고 혁신운동에 투입된 시간, 자금 등 자원의 효율성에 대한 냉정한 평가가 없이 끝나버린 경우가 많았던 것이다.

마지막으로 경영혁신운동의 사후 관리가 중요하다. 사전에 목표로 하는 경영성과가 불분명한 경우도 있지만, 그렇지 않은 경우에도 사후적으로 목표 대비 성과달성 정도와 혁신의 성공 및 실패요인에 대한 분석과 사내공유가 이루어지지 않았다. 이를 달리 생각하면 경영혁신운동을 지속적인 혁신의 연속선상에서 보기보다는 일과성 행위로 생각하는 경향이 강했다는 것을 보여준다. 이 같은 현상은 경영혁신의 도입과 추진에만 치중하고 전문가를 양성하고, 습득한 노하우를 지속적으로 사내에 축적하기 위한 노력이 부족했던 것에서도 나타난다. 따라서 지나간 경영혁신기법에 대한 사내 전문가를 찾아보기가 어렵고, 축적된 지식도 구체화하기 어렵다. 이런 상황은 새로운 경영혁신기법을 도입할 때 기존 기법과의 시너지 효과를 기대하기도 어렵게 만든다.

1.4 향후 경영혁신운동의 전개방향

향후의 성공적인 경영혁신운동을 위한 전개방향을 정리하면 다음과 같다.

첫째, 경영혁신의 계획단계에서는 자사의 역량과 시장에서의 위치, 경쟁자와의 관계 등에 대한 정확한 이해를 바탕으로 다양한 경영혁신기법들을 자사의 역량과 필요에 맞게 취사선택할 수 있는 전사차원의 차별적 혁신전략을 수립하고 경영혁신운동을 전개해야 한다. 전사차원의 전략수립은 경영혁신기법의 도입목적과 우선순위, 자원배분에 대한 명확한 초점을 제공하기 때문에 매우 중요하다.

둘째, 실행단계에서는 사전에 경영혁신기법 도입을 통해 거두고자 하는 구체적인 목표와 성과측정방법을 확정하고, 추진 중에는 적당한 점검시기(milestone)를 정해놓고 목표로 하는 성과가 나타나고 있는지를 점검하여야 한다.

셋째, 사후관리단계에서는 목표한 경영성과를 거두었는지에 대한 철저한 사후검증과 실패 및 성공요인에 대한 확인 작업이 요구된다. 또한 경영혁신운동 추진 시에 습득한 노하우가 추진한 부서나 담당자에게만 남아 있지 않고 지속적으로 사내에 축적되고 전파될 수 있도록 사내전문가를 양성하고, 축적된 혁신기법의 지속성 유지에 힘써야 한다.

• 사례 •

도자기 업체 광주요의 '맛있는 변신'

아름다운 도자기 그릇과 그 안에 담긴 맛있는 음식, 그리고 이에 걸맞은 술, 이 세 가지가 어우러져 완성된 한국의 전통 식(食)문화를 선보이는 한국의 기업이 있다.

㈜ 광주요는 1963년 조선 왕실에 도자기를 진상하던 광주관요의 전통을 이어받아 경기도 이천에 설립된 도자기 브랜드이다. 조선 초기 경기도 광주군에 설치됐던 광주관요에서는 고려청자와 청화백자가 주로 생산됐다. 19세기말 서양에서 대량생산된 청화백자가 들어오면서 광주관요는 쇠퇴기로 들어섰다. 그리고 광주관요는 1884년 문을 닫았다. 79년이란 세월이 흐른 뒤에 광주요의 초대 창립자인 조소수 선생이 관요의 꺼진 불을 다시 밝혔고 그렇게 시작한 '광주요'는 가마의 불이 꺼지지 않고 있다. 조태권 회장은 고(故) 조소수 선생이 세상을 떠난 지난 1988년 광주요를 이어 받았다.

광주요는 한국도자기, 행남자기와 더불어 우리나라 3대 도자기업체 중 하나다. 도자기 회사에서 술을 만들다니! 이 또한 맹랑한 일이다. 우리 주류업계엔 이런 이력을 지닌 곳이 아직 없다. 아마 도자기를 만들다가 그 안에 내용물을 채우고 싶었던 것일 게다. 그래야 앞뒤가 맞는 일 아닌가.

하지만, 광주요의 조태권 회장의 전통에 대한 철학은 확고하다. "전통을 존중하지 않으면 아무것도 창조하지 못해요. 우리 선조들이 수천 년간 축적해 온 전통이 변화해 지금의 전통이 있는 것입니다. 그 안에 들어있는 정신을 이해하지 못하고 뽑아내지 못하면 절대 창조하지 못해요. 전통이 변하면서 창조가 이루어져요. 우리 것을 존중하고 그 전통을 품은 것을 만들어야 세계인들에게 알릴 수 있어요. 우리 스스로가 전통을 존중하고 그 속에서 가치를 만들어야 하는 거죠".

처음에는 도자기회사인 광주요가 난데없이 전통 민화 벽지를 만든다고 했을 때 사람들은 고개를 갸우뚱했다. 하지만 그가 한정식 전문점, 우리 술을 만들고 나서야 사람들은 고개를 끄덕였다. 그릇, 음식, 술에 담긴 우리 전통문화에 대한 그의 남다른 열정을 뒤늦게 알았기 때문이다. 광주요의 사업변신은 2000년대 들어 사업을 다각화하는 작업에도 나섰다. 2003년과 2005년에 각각 가온과 화요를 설립한 것이다. 조태권 광주요 회장은 "결국 자기는 음식을 담아서 먹을 때 쓰는 것"이라며 "단순히 자기만 팔면 의미가 없고, 음식과 자기에 곁들일 수 있는 술이 필요하다는 판단에 화요를 만들게 됐다"고 말했다.

그의 사업에 대한 철학은 확고하다. "화려한 궁중문화가 대중화되지 못한 게 문제입니다. 일제시대와 보릿고개를 넘으면서 비벼먹고, 섞어먹고, 탕류 위주로 식사를 하다보니 그릇이 필요없고 격식과 예의도 잃어버린 거죠. 한식문화의 '깊이'를 전할 수 있어야 진정한 세계화입니다." 그래서인지 그의 손길이 닿은 그릇, 술, 벽지, 음식은 모두 고급스럽다.

1988년 (주)대우에서 무역 일을 하다 선친의 가업을 이어받은 그는 도자기 회사인 광주요를 차렸다. 경기 이천 공방에 불과하던 광주요를 단숨에 업계 3위 기업으로 키운 것은 "세계 최고가 아니면 누구도 제패할 수 없다"는 그의 지론 때문이었다. 그는 '도자기는 예술품'이라는 고정관념을 깼고 수작업을 통한 고가전략으로 성공을 거뒀다. 도자기를 만들다보니 한국 음식문화를 세계에 자랑할 수 있는 공간이 필요했다는 그는 2003년 한정식 전문점 '가온'을 차렸다. 인테리어도 중요하다고 믿은 그는 사라져가는 전통 민화를 재해석해 최고급 벽지 '자비화'도 함께 선보였다. 한국을 대표할 최고급 요리로 삼계탕에 전복과 홍삼을 넣은 '홍계탕'을 개발, 유명인들의 입맛을 사로잡았다.

토의과제

1. 광주요가 도자기 브랜드 '광주요'에서 식당, 주류 사업으로 다각화한 이유는 무엇인가?
2. 광주요의 '한식 프랜차이즈 사업'을 통한 '한식문화기업'의 전략은?
3. 광주요의 '전통의 세계화'를 위한 전략은 무엇인가?
4. '문화는 국력이다'라는 관점에서 광주요의 세계적인 문화기업으로 성장하기 위해 필요한 역량은 무엇인가?

04

크고 작은 계획은 전략의 수립이 중요하다 즉 무엇을 할 것인가를 미리 결정해 놓고 그 계획에 따라 자원과 에너지를 집중하면 그 효과를 극대화할 수 있다. 그러나 그 계획을 행동에 옮기는 것 역시 중요하다.

그러면 과연 전략을 제대로 실행하기 위해서는 어떻게 하여야 할까? 먼저 전략이 제대로 실행되지 않는 것은 전략 수립 과정에서 있다고 할 수 있다. 한 가지 예를 들면, 우리 기업들이 신사업 전략을 수립할 때에 관심을 갖는 이슈는 크게 두 가지로 나뉜다. 첫째가 어떤 사업을 해야 하는가? 둘째가 어떤 사업을 할 수 있는가?가 그것이다.

어떤 사업을 해야 하는가는 경영 환경의 변화가 우리에게 어떤 기회와 위협을 주는지를 파악함으로써 바람직한 사업 영역을 도출하는 것이다. 어떤 사업을 할 수 있는가는 자사의 사업 역량을 분석하고 이것이 해당 사업과 어느 정도 관련이 있으며 경쟁사에 비해 어느 정도 강약점을 갖고 있는가를 파악함으로써 도출된다. 시장이 성장기에 속해 있을 때에는 첫 번째 이슈가 주 관심사가 될 수 있다. 어느 정도 시장 성장이 뒷받침되기 때문에 투자 회수에도 그렇게 어려움이 없을 수 있으며 누가 먼저 시장을 선점하느냐가 주요한 승인이 될 수 있기 때문이다.

그러나 시장이 성숙기에 접어들고 경쟁이 치열해짐에 따라 두 번째 이슈에 더 중점을 두어야 한다는 주장이다. 사업이 매력적이냐보다는 우리가 할 수 있느냐가 치열한 경쟁 상황에서의 성공의 열쇠가 되기 때문에 자사의 역량 중심으로 전략의 효과적인 실천을 전개해야 한다는 것이다.

따라서 제4부에서는 전략의 실천과제로서 조직구조, 조직문화, 전략적 리더십 이론을 중심으로 살펴본다.

PART 4

전략의 실천

Chapter 11

조직구조와 경영전략

결단을 내리면 즉시 실천하라. 김은 새어나가기 마련이다.

– 손자병법

남을 따르는 법을 알지 못하는 사람은 좋은 지도자가 될 수 없다.

– 아리스토텔레스

● 전략 Focus ●

Transforming the Organization

기업환경이 급변할수록 기업들의 혁신활동도 가속되고 있다. 교통·통신의 발달은 심리적 거리감을 줄여 범세계적 경쟁을 촉발하고 있고 기업들의 생존을 위한 경쟁은 24시간 내내 진행되고 있다. 오늘의 승자가 내일에는 패배자로 전락되는 상황에서 이제 모든 기업들에게 던져진 공통된 화두는 영생불변하면서 끊임없이 번영할 수 있는 방안이 무엇인가 하는 것이다.

기업변신의 추구는 기업들에게 영원히 풀리지 않는 이러한 화두에 대한 혜안을 제시해 준다. 기업들이 시장에서 영원한 승자가 되려면 조직이나 사업구조 개편뿐만 아니라 기업의 정신적 측면에 대한 재무장, 그리고 구성원들에 대한 개혁운동에 이르기까지 광범위한 혁신이 동시에 추구, 달성되어야 함을 강조한다. 즉, 기업변신(Corporate Transformation)의 추구만이 기업의 지속적인 성장에 대한 해답이다.

오늘날 기업들의 경쟁이 가열될수록 기업경영의 혁신을 촉구하는 경영운동 역시 범람하고 있다. 그러나 이와 같은 리엔지니어링, 벤치마킹, TQM 등 일련의 경영혁신운동들은 기업들에게 단기적인 경영성과를 가져다 줄 뿐 지속적인 성공을 보장해 주지 못한다. 그렇다면 지속적인 성장을 위해 어디서부터 출발할 것이며, 무엇을 해야 하는가? 이에 대해 기업변신의 4가지 요소, '4R'을 제시하고 있다.

1. 사업자세의 정립(Reframing)

경영혁신이 성공하려면 좋은 프로그램이 필요하다. 또한 실행주체인 인적자원의 능력, 탁월한 리더십, 그리고 충분한 물적자원의 제공이 전제되어야

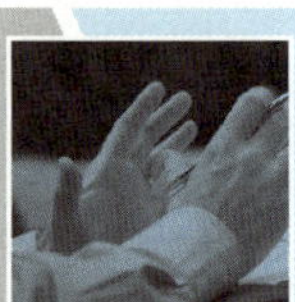

제 1 절

조직구조의 형태

1. 조직구조의 의의

우리 사회는 많은 조직으로 구성되어 있고 모든 조직은 인간으로 구성되어 있다. 조직은 목적을 추구하는 사회적 단위로서 개별 구성원은 조직의 목표에 기여하도록 조직화된 개인적 과업을 수행하는 사람들로 구성된다.

이처럼 조직이란 공통의 목적이나 목표를 달성하기 위해 사람들이 모인 집

한다. 그러나 이러한 제반 요소들을 모두 갖추기 이전에 조직을 일정 방향으로 움직이도록 하는 동인(動因)이 무엇보다도 중요하다. 기업이 미래에 가고자 하는 방향성이 뚜렷해야 하며 이를 향해 나아갈 수 있도록 기업 내부의 정신적 에너지가 집결될 필요가 있다. 즉, 사업을 하려는 자세가 먼저 정립되어야 한다는 것이다.

2. 경쟁무기의 완성(Restructuring)

사업자세의 정립을 통해 기업이 정신무장을 한 상태라면 강한 육체를 만들어 나가는 것이다. 시장이라는 무대에서 경쟁에 필요한 기본체력을 연마하는 과정을 리스트럭처링으로 표현하고 있다. 전략 지향적인 사업전략의 구축으로 기업보유 경영자원과 기업역량에 대한 객관적인 평가가 가능케 되고 이를 통해 미래 경쟁상황에 대비한 핵심역량을 발굴해야 한다는 것이다.

3. 고객 / 시장과의 만남(Revitalization)

사업자세가 정립되고 기업체질이 강화되면 활동무대인 시장에서 고객을 만나야 한다. 기업이 창출한 가치는 결국 고객들에 의해 평가받기 때문이다. 따라서 지속적으로 고객에게 보다 높은 부가가치를 제공하지 못하는 기업은 도태되고 만다.

4. 구성원과 조직개발(Renewal)

기업변신 프로세스가 장기적인 성공을 보장받으려면 조직구성원들의 변화 없이는 불가능하다는 점이다. 조직구성원들을 장기적인 기업변신 활동에 참여케 하여 구성원 개개인이 변신활동의 주체가 되어야 한다는 것이다. 조직목표와 개연성이 높도록 보상시스템을 재설계하고 교육, 훈련시스템을 재정비함으로써 학습조직으로의 이행을 촉진하는 것을 그 대안으로 제시하고 있다.

합체로서 주어진 위계구조 속에서 구성원은 상호작용을 하게 된다. 그리고 대다수의 사람이 서로 다른 조직의 구성원으로서 다양한 역할을 수행하며 사회생활을 하고 있다.

조직구조를 이해하기 위해서는 우선 구조(structure)에 대해 이해할 필요가 있다. 조직구조는 매우 간단한 관계에서 업무가 다양해짐에 따라 매우 복잡한 것으로 발전되기도 한다. 특히 기업조직의 경우, 초기에는 몇 명의 종업원만으로 이루어진 간단한 조직구조에서 그들의 과업 및 권한관계는 상당히 단순해진다. 그러다가 업무의 내용이 복잡해지고 종업원 수가 증가하게 되면 경영자는 혼자서 종업원을 지휘할 수 없게 되고, 기업 내의 필요한 경영계층을 늘리게 되며 그것을 관리하는 중간 책임자를 두게 된다. 이때부터 기업은 점차 복잡한 조직구조가 형성된다.

2. 기업조직의 유형

만일 기업의 성장이 계속 확대되면 조직구조는 분업의 필요성을 느끼게 되고 수평적 혹은 수직적으로 확대할 준비를 하게 된다. 그렇게 되면 조직구조는 보다 복잡해지고 부문 간 계층 간의 협조 역시 곤란하게 된다. 이때 조직은 그 구조를 변화시켜야 할 당위성을 지각하게 된다.

기업의 규모가 커지면 한 사람이 사업을 추진해 나가는 것은 불가능해진다. 따라서 한 사람의 힘으로 이룰 수 없는 사업을 효과적으로 수행하기 위한 조직이 필요하게 된다. 조직구조란 기업이 성장하게 됨에 따라 필수적으로 당면하게 되는 기업 내부의 차원이다. 따라서 기업성장에 조직구조의 형태가 어떻게 변천하여 오늘날까지 발전하여 왔는지를 살펴보기로 한다.

2.1 기능식 조직구조

조직구조라고 하면 흔히 부, 과 혹은 계와 같은 위계질서를 생각하기 쉬우며 우리주변에서도 영업부, 판매과, 경리계라는 용어를 자주 접하게 된다. 기능식 조직구조(functional structure)는 위와 같은 형태의 모형에서 출발한 것으로 업무의 내용이 유사하고 관련성이 있는 것들을 분류 결합시키는 조직설계의 방법이다. 따라서 기능식 조직구조에서는 인사, 재무, 마케팅, 생산 등의 활동을 기능별로 조직하고 기능관리자는 업무할동에 대한 제반사항을 최고경영층에 보고하도록 설계되어 있다. [그림 11-1]은 기능식 조직구조를 도식화하고 있다.

그림 11-1 기능식 조직구조

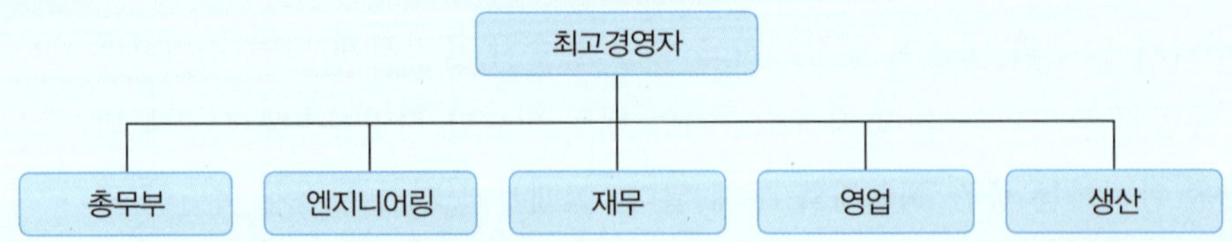

[그림 11-1]에서 보는 것처럼 기능식 조직구조는 환경이 안정적이거나 일상적인 기술, 조직의 내부 효율성을 중요시하며 기업의 규모가 작을 때에는 횡적 조정 메커니즘이 필요치 않기 때문에 종적 관리 메커니즘의 효율성을 고려한 기능식 조직이 적합할 수 있다.

기능식 조직구조의 장점은 유사한 업무를 결합시킴으로써 생기는 전문화의 이점을 살릴 수 있으며 이러한 전문화된 개인을 서로 연결하고 조정(coordination)하는 관리기능이 있기 때문에 구조의 효율성을 발휘할 수 있다.

기능식 조직구조의 단점은 환경이 급변하거나 기술이 비일상적이고 상호의존성이 증가되면 이로 인해 의사결정의 상황이 많아지고 종적 관리 메커니즘의 관리만으로는 조직관리가 어렵게 되어 적응력이 떨어질 가능성이 높아진다는 것이다.

2.2 사업부제 조직구조

일반적으로 기능별 조직구조는 기업이 생산하는 제품의 종류가 많지 않은 단일사업(single-business)에서 효과적인 조직구조라고 볼 수 있다. 그러나 1930년대 이후 미국과 유럽의 기업이 제품별 다각화나 지역별 다각화를 수행함에 따라서 대기업이 사용하는 조직형태는 기능식 구조에서 사업부제 조직구조(divisional structure)로 변화하게 되었다. 사업부제 조직은 전통적인 기능식 구조와는 달리 단위적 분화의 원리에 따라 사업부 단위를 편성하고 각 단위에 대하여 독자적인 생산·마케팅·재무·인사 등의 독자적인 관리권한을 부여함으로써 제품별·시장별·지역별로 이익중심점을 설정하여 독립채산제를 실시할 수 있는 분권적 조직의 원리를 도입하였다.

챈들러(A.Chandler)에 따르면 사업부제의 출발은 1920년대 듀퐁사(Du Pont)와 GM(General Motors)과 같은 미국 대기업이 사업 및 지역 다각화를 추진함에 따라 야기되는 기능별 조직구조의 문제점을 해결하기 위하여 다사업부제 조직구조(multi-divisional structure)를 채택하기 시작했다. 이후 사업부제 조직구조는 대기업 사이에 급속히 확산되었으며 현재는 거의 모든 대기업이 사업부제 조직구조를 채택하고 있는 실정이다.

그림 11-2 사업부제 조직구조

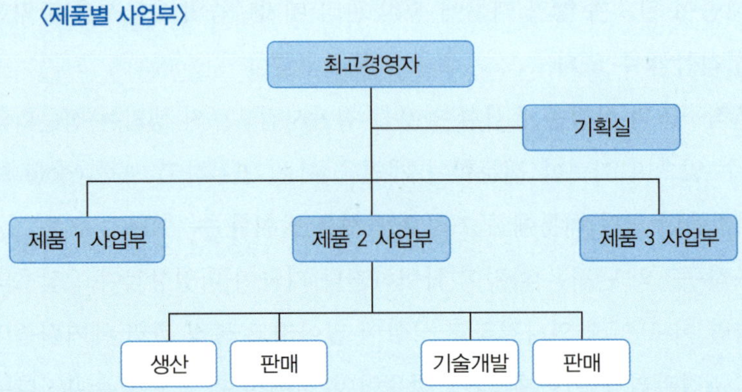

이후 윌리엄슨(Williamson)은 다각화된 대기업을 관리함에 있어서 사업부제 조직이 가지는 이점을 거래비용경제학(transaction cost economics)의 관점에서 설명하였다. 즉, 다각화된 기업의 경우, 사업부별 또는 지역별로 사업부를 구성함으로써 사업별 또는 지역별 업무성과의 파악이 쉽고 각 사업부에 사업부전략(business strategy)의 권한을 위임함으로써 최고경영층은 기업전략에 치중할 수 있게 된다는 것이다. 특히 그는 이러한 논의를 바탕으로 다각화된 기업의 경우 기능별 조직구조보다는 사업부제 조직구조를 가질 때 보다 높은 성과를 보일 것이라는 M형 가설(multi-divisional form hypothesis)을 제시하였다.[1)]

[그림 11-2]는 사업부제의 형태 가운데 제품별 사업부제를 도식화하고 있다.

[그림 11-2]에서 보듯이 사업부제는 하나의 제품계열을 담당하는 부서 내에 생산, 판매, 기술개발, 관리 등을 포함시켜 최고경영층의 의사결정권한을 단위부서장에게 대폭 위양하는 동시에 각 부서가 마치 하나의 독립회사처럼 자주적이고 독립채산제적인 경영을 하는 시스템이다. 사업부제 조직구조는 제품이

---

1) O. E. Williamson, *Markets and Hierarchies: Analysis and Antitrust Implication*(N.Y.: Free Press), 1975.

나 서비스에 대한 모든 책임이 사업본부장에게 부과됨으로써 기능식 구조의 중요한 단점인 수단으로서의 역할에서 최종적인 목표를 달성하게 하는 형태로 변화하게 된다. 또한 여러 기능부서가 한 부서 내에 속해 있기 때문에 기능 간의 조정이 매우 용이하며 불확실한 환경변화에 효과적이며 능동적으로 대처할 수 있는 구조의 형태이다. 사업부제 조직의 단점은 모든 사업부마다 필요한 기능을 갖추어야 하므로 자원 활용 측면에서 비경제적이며 사업부 단위 간의 조정의 어려움이 있다.

이처럼 사업부제 조직은 급속하게 변하는 환경에서 각 사업부는 그들이 생산하는 제품에 고객과의 접촉이 용이하며, 고객의 욕구를 쉽게 파악할 수 있어 조직이 효과적으로 대처할 수 있는 조직구조이지만 안정적인 환경에서는 기능이 여러 사업부로 분산되어 있기 때문에 기술의 전문화 및 표준화가 곤란하여 대외경쟁력이 약화될 가능성도 있다.

2.3 매트릭스 조직

제2차 세계대전 이후 기업조직은 이전의 제품중심의 사업부 조직에서 제품관리 담당자가 판매를 책임졌던 데 비해서, 전후의 조직은 소비자층을 중심으로 구성되고 기업의 활동도 제품을 판매하기 위한 것이 아니라 소비자 욕구를 충족시키기 위한 것이기에 소비자가 원하는 제품을 개발하여야 한다는 고객지향주의의 개념하에서 형성되었다. 더욱이 1960년대 이후 기업을 둘러싼 환경의 변화가 심화되자 기존의 기능별 조직, 제품별 사업부 조직은 신속한 상황의 변화에 대처할 수 있는 유연성을 갖고 있지 못하다는 단점을 드러내었다.

이와 같은 상황의 변화는 소비자 중심의 시장상황과 급변하는 환경에 적응하기 위해서는 과거의 조직과 근본적으로 다른 조직의 설계가 필요하게 되었다. 그 결과 제품별 조직과 기능별 조직을 결합하여 이중의 명령체계와 책임, 평가 및 보상체계를 갖춘 매트릭스 조직(matrix organization)이 등장하게 되었다.

매트릭스 조직은 기능중심의 조직라인과 프로젝트 중심의 라인이 서로 겹쳐서 매트릭스를 형성하기 때문에 기능을 책임지는 경영자와 프로젝트를 책임지는 경영자는 조직에 소속한 개인 또는 소수 그룹에 대한 명령 및 통제권한을

그림 11-3 매트릭스 조직구조

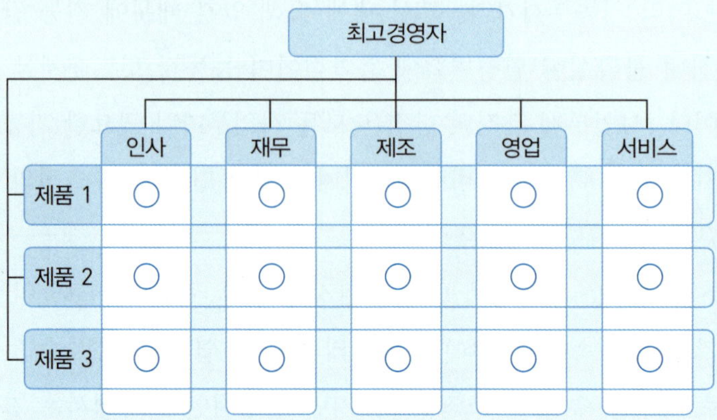

공유하게 된다는 점이 두드러진 특징이다.

[그림 11-3]은 매트릭스 조직을 도식화한 것이다.

매트릭스 조직을 채택한 조직은 다음과 같은 장점이 있다.

첫째, 외부환경의 변화에 융통성을 가지게 되어 제품이나 시장의 변화에 대한 다양한 요구에 부응할 수 있게 된다.

둘째, 경영활동이 팀을 통해 이루어지게 되며 구성원 간의 협동심이 증가된다.

셋째, 개인에게 창의성 및 능력을 발휘할 기회가 주어지고 전략적인 문제에 대한 시야를 확대할 수 있게 되어 경영자가 전략적 사고를 갖출 수 있게 된다.

그러나 매트릭스 조직의 단점도 발견된다.

첫째, 조직에서 이중의 명령구조로 인해 기능부분과 프로젝트 부문 간에 충돌과 갈등의 소지가 높다. 예를 들어 기능부문의 경영자가 일반적으로 기존질서 속에 개발되어진 제품을 판매하기 위한 전략에 최선을 다하는 반면 프로젝트 경영자는 시장 환경을 염두에 두고 신제품을 개발하기 위한 전략을 구성하므로 양자 간에 갈등의 소지가 있다.

둘째, 명령일원화의 원칙이라는 전통적인 관리원칙을 벗어나 두 명의 상사를 갖는 직위에서는 좌절과 역할갈등이 생기게 된다.

매트릭스 조직이 이와 같은 문제를 지니고 있기 때문에 적절한 기능을 발휘하기 위해서는 다음과 같은 조건들이 충족되어야 한다.

우선, 매트릭스 조직을 능숙하게 운영할 경영자를 선발하여야 하며, 역할의 이중성에 따른 역할 모호성을 감소시킬 대책을 준비해야 하며, 개방적이고 협동적인 조직분위기가 전개되어야 한다.

2.4 전략적 사업단위

경제여건의 변화와 지속적인 확대에 따라 1970년대 이후 사업부조직을 중심으로 경영다각화와 함께 대형화를 이루게 되었다. 그 결과 조직의 복잡화와 권한의 지나친 분산에 따라 경영의 통제가 어려워지고, 이러한 문제점을 해결하기 위하여 전략적 사업단위(strategic business unit: SBU)라는 새로운 기업조직이 설계되기 시작하였다.

전략적 사업단위란 서로 다른 경쟁전략을 수행할 필요성이 있는 사업부를 설계하는데, 원활한 조정과 통제, 업무의 효율성을 위해 각 사업단위마다 독자적인 전략을 수행할 수 있도록 제한적으로 자율성을 부여하는 조직형태이다.

[그림 11-4]는 SBU단위의 구조를 도식화한 것이다.

그림 11-4 전략적 사업단위의 구조

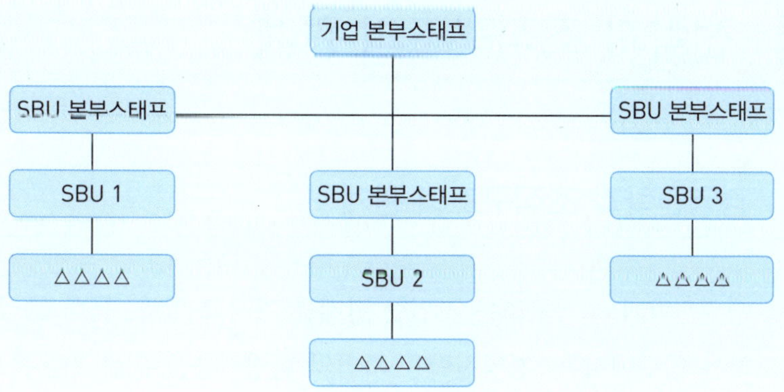

미국의 GE는 맥킨지 컨설팅의 도움을 얻어 전략계획을 위한 사업부제 조직을 설계하게 되었다. 원래 GE는 1968년에 5개의 사장단과 10개의 그룹, 50개의 회사, 그리고 170개의 사업부에 달하는 조직을 형성하게 되었는데 이 같은 170개에 달하는 각 사업부에 대한 본사의 통제는 불가능하게 되었고 각 사업부의 활동을 기업의 장기 전략계획에 연결시키는 노력도 불가능한 지경에 이르게 되었다.

이러한 문제점을 극복하기 위하여 GE의 존스(Reginald H. Jones) 회장은 기업조직을 43개의 SBU로 나누고 각 SBU로 하여금 시장, 제품, 서비스, 설비 및 조직에 대한 책임과 권한을 가지고 다른 SBU와 상관없이 GE 전체의 목표와 전략의 범위 내에서 독자적인 전략계획을 수립하도록 하였다. 이와 같이 GE는 전략적 사업단위 조직을 채택한 후 지지부진했던 경영풍토를 쇄신하고 성장성이 유망한 SBU에는 집중적으로 지원하였으며 성장성이 감퇴한 SBU에 대해서는 과감한 정리와 철수를 하는 등 43개의 SBU에 대해서 효과적인 자원을 배분함으로써 1970년대 이후 20년이 지난 오늘날까지 미국에서 초우량기업으로 평가받고 있다.

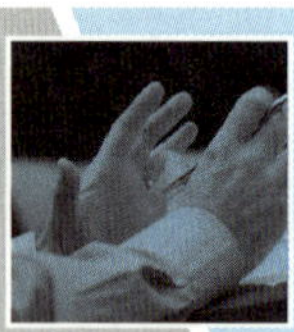

제 2 절 전략과 조직구조의 관계

1. 경영전략과 조직구조의 관계

경영전략과 조직구조는 긴밀한 관계를 가지고 있다. 특히 분석적인 접근을 시도하는 연구에서는, 경영전략은 기업의 환경적응을 위한 기본구도이며, 기업의 기본목적과 기업이 전개해야 할 방향과 자원전개의 패턴을 정해 놓은 것이다. 그리고 조직은 구성원들의 집합체로서 전략의 건축과 기업의 목적을 달성하기 위한 핵심능력의 원천이며, 조직구조는 선택된 전략의 실행을 위한 기구로서 조직의 목적을 달성하기 위한 시스템이다. 따라서 전략의 구도가 아무리 뛰어나더라도 그것을 실행시키는 자원의 조직화가 잘 이루어지지 않는다면, 전략은 단순히 전략 자체만으로 남고 말 것이다. 반대로 전략수립의 구도를 가지고 있지 못한 기업들은 그 자원이 고안한 대로 적합성을 얻을 수 없고 환경적응에 장기적으로 성공하기는 어렵다.

전략과 구조의 상호관계는 1950년대 이후 기업이 대형화·복잡화되고 경영전략이 주요해짐에 따라 많은 연구의 초점이 되어 왔다. 특히 챈들러(A. Chandler, 1962)는 미국의 대기업을 대상으로 한 연구를 통해 조직구조를 결정하는 요인이 전략임을 밝혀내고 "구조는 전략을 뒤따른다(structure follows strategy)"라는 명제를 도출하였다. 구조가 전략을 뒤따른다는 명세의 논리는 기업 활동을 원활하게 수행하기 위해서는 목적인 '전략'을 위해서 목적달성을 위한 수단으로서 조직구조를 효과적으로 선택하여야 한다는 것이다.

챈들러의 명제처럼 기업이 성장과 존속을 위해서는 전략과 조직은 적절한 상호보강관계를 가지지 않으면 안 된다. 이 관계를 그림으로 표현하면 [그림 11-5]와 같다.

이 그림은 경영조직의 유효성을 경영전략과의 관계에서 상대적으로 포착하려고 한 것이다. 이 틀을 기초로 경영전략의 유효성을 설명하려고 하는 이론

그림 11-5 경영전략과 조직구조의 관계

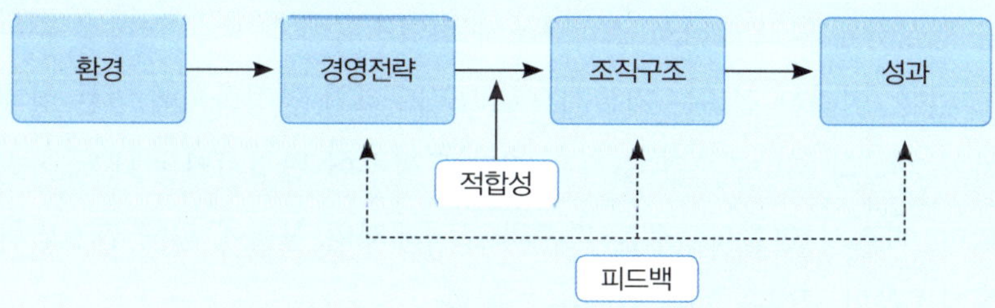

을 전략적 상황이론(strategic contingency theory)이라 한다. 이러한 관점에서 보면, 근본적으로 조직이란 시장을 최대한으로 공략하기 위해 채택되는 전략을 효과적으로 수행하기 위한 도구인 것이다. 시간이 지나면서 시장의 구조와 상황이 변함에 따라 기업은 성장을 추구하게 되고, 이에 따라 기업의 전략은 수정되어야 하며, 조직 역시 수정된 전략에 맞춰져야 하는 것이다. 이렇게 보면, 가장 훌륭한 조직구조는 기업의 전략에 의해 결정되어져서 전략의 수행을 위한 전반적인 골격을 제공해주는 특성을 지녀야 한다. 그리고 이러한 논의의 결과의 중심은 조직구조란 전략의 변화에 수동적으로 따라가는 것이며 전략의 주도하에 구조가 결정되어야 한다는 주장이다. 이것이 바로 '전략결정론'(strategy imperative)의 관점이다.

전략경영의 관점에서는 전략은 조직구조에 영향을 주는 원인변인으로서 작용하며, 조직은 전략적 의사결정과정에서 구조와 문화, 리더십 등의 내부과정을 통하여 전략형성과 전략수행에 많은 영향을 주는 것이 사실이다. 따라서 전략결정론의 관점에서는 경영조직에 관한 연구는 전략과 조직 간의 상호 영향관계에서 잔략적 목적을 효과적으로 달성하고 전략경영을 효과적으로 진행시킬 수 있는 경영조직설계에 그 초점이 맞추어지고 있다.

한편, 전략과 조직의 적합성 관계는 상호간의 인과관계에 있어서 경영전략이 경영조직의 형성요인으로만 인식되고 있지는 않다. 한번 형성되어진 조직구조를 새롭게 혁신한다는 것 역시 쉽지 않은 일이며, 기존의 조직구조가 어떠한 것이냐에 따라 채택될 전략의 한계가 규정된다는 견해도 만만치 않다. 이러한 관점을 우리는 '구조적 관성'(structural inertia)라고 한다. 특히 그라이너(L. Greiner)는 기업은 조직구조체계와 조직문제의 성격에 따라서 이에 적절한 전략을 형성하게 되고 따라서 조직구조가 경영전략에 더 많은 영향을 준다고 주장하고 있다. 이러한 견해는 기본적으로 조직구조가 안정화되어 있는 상태에서 경영자가 자신의 재량권으로 조직을 전략에 맞추어 변경시키는 데는 어려움이 수반되며, 따라서 현실적으로는 기존의 조직체제의 성격에 의해 환경변화에 적합한 최적전략의 선택을 하게 된다는 것이다.

그림 11-6 구조적 관성

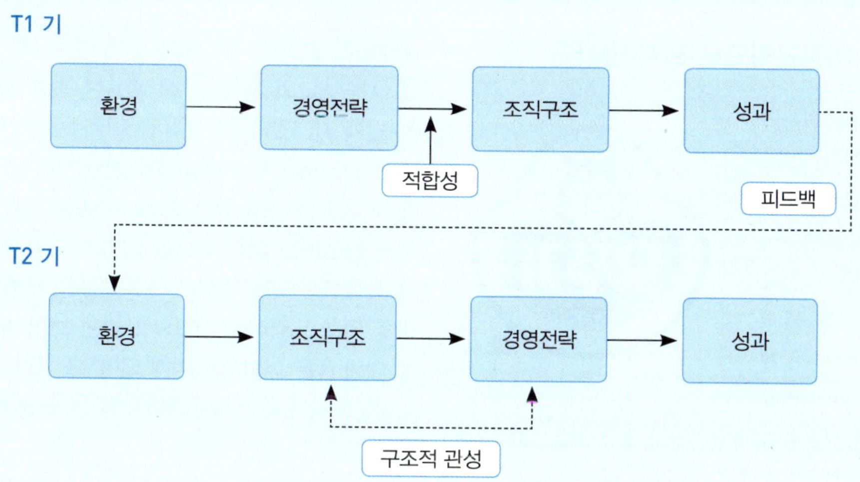

이상을 종합해보면, 전략이 조직에 영향을 미치는가, 아니면 조직이 전략에 영향을 미치는가? 하는 질문은 명확히 결론짓기 어려우나, 초기(T1기)에는 전략이라는 독립변수에 의해 구조가 영향을 받으나 기업이 안정화 단계(T2기)에 이르면, 조직구조의 관성과 고착화에 의해 전략의 선택에 제한을 받는다고 할 수 있다. 그리하여 조직과 전략이 서로 연속적으로 상호작용하면서 성과에 영향을 미치고 있으며 그들 간의 관계가 일관성 내지는 적합관계를 이루어야 기업이 지속적인 성장을 이룰 수 있다.

● 사례 ●

오뚜기의 윤리경영: 갓뚜기로 우뚝서다

"사람을 비정규직으로 쓰지 말라"

故 함태호 회장의 경영철학이다. 2016년 오뚜기의 사업보고서에 따르면, 비정규직 비중이 전체 인력의 1%에 불과하다. 오뚜기 관계자는 이 1%의 비정규직도 시간제 주부 사원이라고 설명했다. 경력단절 여성을 파트타임 형태로 채용해, 원하는 시간 동안 근무하도록 조치한 것이다. 오뚜기의 채용정책은 명확하다. '직원들의 고용 안정성을 보장한다' 그리고 '중요하지 않은 직책은 없다'는 것이다.

오뚜기의 50년 식품업계의 착한기업

오뚜기는 1969년 서울 영등포 문래동 4가에서 풍림상사라는 이름으로 카레 배전기 1대를 지니고 시작된 오뚜기는 50년이 지난 지금, 우리나라를 대표하는 종합식품기업 중 하나로 자리 잡았다. 1969년 5월 5일 즉석 분말카레 제품을 국내에 선보이며 첫 발을 뗀 풍국상사는 1971년 6월 풍림식품공업으로 법인 전환한 뒤 몇 차례 상호 변경을 거쳐 지금의 오뚜기가 됐다. 오뚜기의 초창기 행보는 늘 새로움으로 가득 찼다. 창립과 함께 내세운 제품인 카레에 이어 스프, 케첩, 마요네즈 제품 등을 국내 최초로 출시했다. 당시에는 낯설었던 외국 식품들을 국내에 소개해 이를 대중화시키는 역할에 충실했다.

다양한 '최초'의 기록도 이어졌다. 영업사원이 거래처를 직접 방문해 진열을 돕고 소비자와 대면하는 루트세일(Route Sale)을 국내 처음으로 실시했다. 우리나라 최초의 시식판매 및 판매여사원 제도 도입, 차량광고와 제품박스를 활용한 광고 시행 등도 첫 번째 사례였다. 최근들어, 오뚜기는 꾸준한 코즈 마케팅(Cause Marketing)을 선보이며 소비자들에게 큰 사랑을 받고 있다. 코즈 마케팅은 기업이 사회에서 발생하는 여러 이슈를 기업의 이익 추구를 위해 활용하는 것을 말한다. 소비자들은 사회 문제 해결을 위해 노력하는 기업의 모습을 보며 해당 기업에 대해 좋은 이미지를 얻게 되며, 그 기업의 제품을 소비함으로써 자연스레 기부도 할 수 있게 한다.

오뚜기의 경쟁력은 어디에서 나오는가?

오뚜기는 가격경쟁력과 다각화된 제품화를 통해 시장점유율과 수익성이 안정적으로 상승하고 있다.

라면시장이 출범한 1969년부터 2015년까지 농심, 삼양, 오뚜기의 시장점유율을 그래프로 그려보면 [그림 11-7]과 같다. 삼양라면의 드라마틱한 몰락의 역사가 그대로 드러나고 그 반대로 농심의 역전과 군림의 역사가 그대로 드러나고 있다.

특히 1987년 시장에 진입한 오뚜기가 최근 빠르게 시장점유율을 확대해가고 있음을 알 수 있으며, 압도적 1위인 농심이 점차 시장점유율이 하락하고 있고 반면 오랜 바닥을 다지고 치고 올라가는 오뚜기가 약진해지는 순간이다.

오뚜기가 이렇게 상승세를 타게 된 경쟁력의 원천은 무엇일까?

첫째는 일관성 있는 브랜드력의 강화
둘째는 소비자가 좋아하는 차별화된 맛의 추구
셋째는 공격적인 마케팅 투자

이처럼 3가지로 요약된다.

그림 11-7 농심, 삼양, 오뚜기의 시장점유율(1969~2015년)

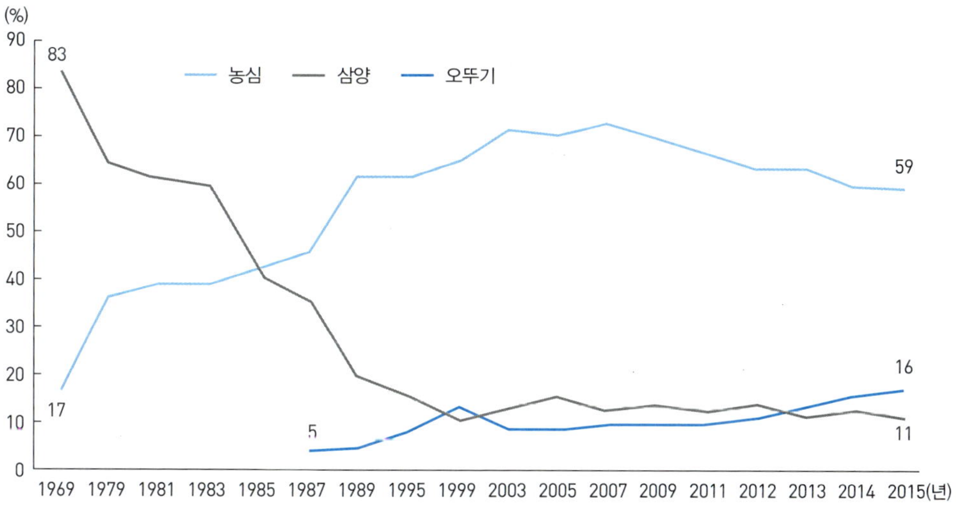

첫째, 오뚜기의 성공 요인이 무엇인지를 설명하는 여러 가지가 있지만 여기에서는 무엇보다도 일관성 있게 대표 브랜드를 키우려고 했던 브랜드 강화가 성공적이었다. 과거 '청보'를 인수한 오뚜기는 패키지 디자인등 제품 전체에 오뚜기의 정체성을 입혀 1988년 3월에 오뚜기 진라면을 출시하였다. 오뚜기 진라면은 출시 이래 커다란 변동 없이 30년 가까이 그 원형을 유지하고 있다. 그러면서도 대신 끊임없이 시대에 맞추어, 소비자의 변화에 맞추어 맛과 디자인을 리뉴얼해오고 있다.

오뚜기 매출 Mix

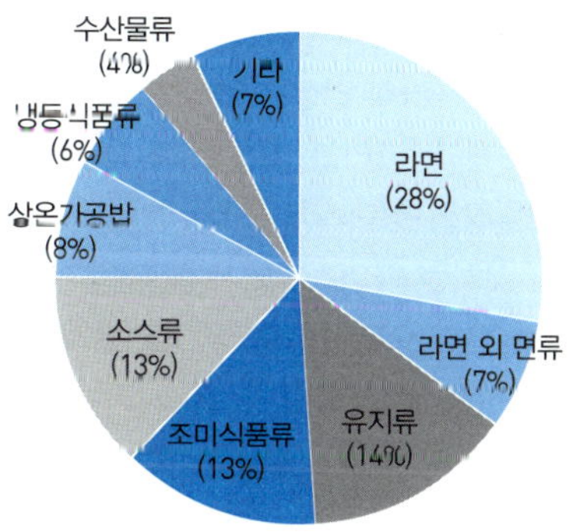

라면 MS 추이

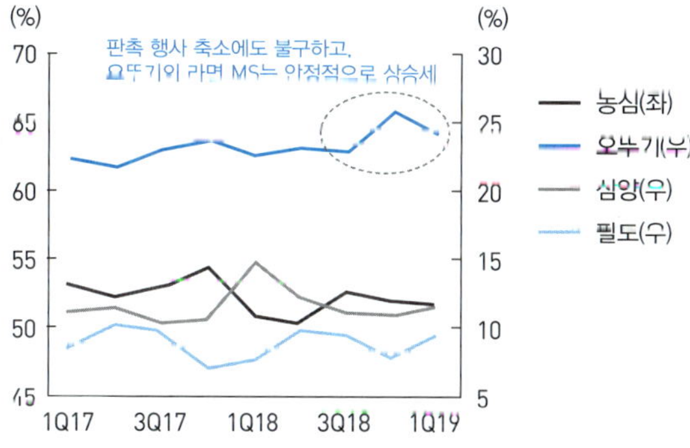

출처: 키움증권 리서치(2019)

둘째, 제품에서 가장 중요한것을 제품력이라는 것은 누구도 부인하지 못하며 라면에서 제일 중요한 것은 맛이다. 사실, '진라면' 초기에 신라면, 안성탕면 등에 비해 상대적으로 평범한 맛으로 평가받아 주목받지 못했다. 일부 소비자들 사이에서 맛이 맹맹하다는 야박한 평가를 받기도 했다. 한마디로 가격도 싸고 맛도 없는 라면으로 인식됐다. 경영진들을 모아놓고 시식을 한 뒤 맛을 개선하라는 지시를 내렸다. 이런 과정을 통해 진라면은 지난 3년 동안 세 차례나 맛을 리뉴얼을 했다. 부족한 매운맛을 강화하기 위해 '하늘초 고추'를 사용하고, 스프에 쇠고기 플레이크, 당근, 버섯, 청경채, 대파 등을 첨가해 맛을 보강했다. 매주 경영진을 모아놓고 시식을 하는 등 맛으로 승부를 보자는 오뚜기의 전략은 성과를 내기 시작했다. 소비자들 사이에서 좋은 반응이 나왔다. 지난해 초 세 번째 리뉴얼을 한 뒤 신라면보다 맛이 좋다는 평가를 받아낸 사실은 유명한 일화다.

셋째, 적극적인 마케팅 투자로 오뚜기라면 인지도 높이기 시작했다. 유명한 스타들을 광고모델(예: 류현진, 추성훈, 백종원)로 발탁하여 소비자들도 오뚜기에 대해서 긍정적으로 인식하게 되었으며, 확 개선된 이미지는 그 때까지 품질개선을 계속해 온 맛있는 오뚜기 라면과 만나 소비자만족도를 높이고 지속된 재구매로 이어지는 선순환이 이루어지게 되었다.

갓뚜기가 보여준 윤리경영의 경쟁력

갓뚜기는 신이라는 의미의 '갓(God)'과 오뚜기의 합성어. 새 정부 출범을 전후로 재벌 개혁, 기업의 사회적 책임에 대한 관심이 높아진 가운데 '파도 파도 미담만 나온다'는 오뚜기에 대한 찬사다.

'착한 기업'은 눈앞의 이익 창출보다는 공익을 위한 사업을 꾸준히 벌여 장기적으로 기업 이미지 개선을 추구하는 기업을 뜻한다. 소비자에게 직접 물건을 판매하는 대표적인 B2C 산업인 식품업의 경우 기업 이미지가 매출로 직결된다는 특성이 있어 긍정적 이미지 형성이 특히 중요하다고 평가된다.

예산으로만 따지면 국내 굴지의 대기업들이 오뚜기보다 훨씬 더 막대한 자금을 쏟아부었을 것이다. 그럼에도 불구하고 오뚜기가 갓뚜기로 불릴 수 있었던 이유는, 할 수 있는 범위 내에서 성실하게 실천해 온 윤리경영 때문이다.

오뚜기 홍보실장에게. "실장님 뭐 또 선행한 거 없어요?" 물어보았다.
답은 간단했다. "뭐 별거 없어요. 있으면 알려 드릴게요."

전화를 끊고 뭔가 이상했다. 이건 뭐지라는 의문이 들었다. 일반적으로 기자들이 홍보실장에게 묻는 것은 사업계획, 오너의 움직임, 기업의 잘못에 대한 추궁 등이다.

그러나 오뚜기는 아니었다. 그게 갓뚜기의 위력이었다.

정말, 갓뚜기 신드롬이라고 할 만하다. 오뚜기가 하는 일은 모두 미담으로 바뀐다. 소비자들이 자발적으로 그렇게 만들어 버린다. 창업자의 선행, 비정규직 정규직 전환, 가격 인상은 없다는 방침 등에 소비자들은 환호한다. 그리고 퍼 나른다. 심지어 오뚜기가 10년 전 잠깐 했던 일도 다시 찾아내 지금 일어나는 일인 것처럼 페이스북에서 얘기한다. 신제품은 칭찬 일색이다. 오뚜기를 갓뚜기로 올려놓은 것은 소비자다.

기업윤리는 때로 현실과 괴리된 것처럼 보인다. 그러나 소비자들은 노력하는 기업들을 그냥 지나치지 않았다. 오뚜기의 미담을 정리한 글을 여러 커뮤니티로 퍼 날랐고, SNS를 중심으로 전개된 구매운동의 성과는 2017년 라면시장 점유율 5% 상승을 일으켰다. '착한 기업'에 힘을 실어주겠다는 소비자의 실력행사가 현실에서 빛을 본 것이다. 뉴 노멀 시대의 소비자들은 적은 수입과 불안한 고용 기조에 갈수록 까다로워지고 있다. 윤리경영이야말로 뉴 노멀 시대를 꿰뚫는 경쟁력인 것이다.

토의과제

1. '오뚜기가 갓뚜기로 불리게 된 이유는 무엇인가?
2. '사람을 비정규직으로 쓰지 말라'는 오뚜기의 인사철학의 배경은 무엇인가?
3. 오뚜기의 경쟁력의 원천 3가지를 설명하여 보자.
4. 윤리경영이 왜 뉴 노멀 시대를 꿰뚫는 경쟁력이 될 수 있는지 설명해보자.

Chapter 12

조직문화와 경영전략

"기업체의 구성원들은 일반적으로 좋은 일자리뿐만 아니라 창의력을 발휘할 수 있는 기회를 원하고 있습니다. 그래서 우리들이 구성원들에게 그러한 직무조건과 환경을 만들어 주면 그들은 정말로 창의력을 발휘한다고 믿습니다."

– HP Way의 창시자 Hewlett & Packard

"자식과 마누라만 빼고 다 바꿔라."

– 삼성 이건희 회장

● 전략 Focus ●

코카콜라의 'Classic Coke와 New Coke'

코카콜라는 미국이 낳은 세계적인 기업이며, 자본주의의 대명사라 지칭될 정도로 코카콜라가 주는 상품으로서의 위력 또한 대단하다. 1995년 평양축전에 코카콜라가 등장했을 때 세계 언론은 북한에도 자본주의가 유입되고 있다고 보도하기까지 했으니 코카콜라라는 상품성과 자본주의의 상징을 여실히 보여주는 한 예라고 할 수 있다.

사실 코카콜라를 마시지 않는 국가는 세계에서 북한밖에 없다고 할 정도로 널리 보급된 상품이지만 소비자 문화를 잘못 이해한 결과 회사의 운명을 걸 정도의 위기에 봉착한 적이 있었다.

1985년에 코카콜라는 청량음료업계의 시장석권을 위해 새로운 코카콜라의 맛을 소비자에게 선보이겠다면서 연구한 결과 코카콜라가 가지고 있는 톡 쏘는 맛이 소비자들에게 부담이 된다는 결론을 내리고 이 탓이 약간 덜한 상품을 내놓았다.

그런데 이변이 일어났다. 전국의 코카콜라 애호가들이 거센 저항을 하고 나섰다. 그들의 주장은 클래식 코카콜라(Classic Coke)를 마실 수 있는 권리를 달라는 것이었다. 그 권리를 돌려주지 않을 경우 대대적인 불매운동도 불사하겠다고 으름장을 놓기도 했다. 설득하거나 방관하면 코카콜라 판매량에 엄청난 차질이 발생할 가능성도 있었고, 회사의 운명을 달리할 수 있을 정도로 심각한 사태에 이를 수도 있었다.

코카콜라에서는 사태수습의 대안으로 두 종류의

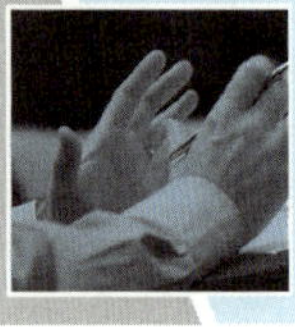

제 1 절

조직문화의 개념

1. 조직문화의 의의

아무리 훌륭한 전략에 입각하여 조직의 변화를 시도한다 할지라도 그것이 목표한 대로 성과와 연결되는 것은 아니다. 왜냐하면 조직이란 인간이 모여 만들어진 것이므로 조직을 변환시킴에 있어 구성원 하나하나의 특성과 의사를 고려해야 하며, 구성원 공통의 가치체계 및 행동양식인 기업문화를 새로운 조직에 맞도록 변화시킬 때, 전략이 지향하는 목표를 달성할 수 있는 것이다. 따라서 최근에 대기업을 중심으로 기업들은 조직문화에 관심을 가지고 있으며 사내에 기코카콜라를 만들겠다는 발표를 했다. 이전부터 마시던 코카콜라에는 Classic Coke라는 표시를 하고 새로이 선보인 코카콜라는 New Coke라는 표시를 하여 소비자의 요구사항을 들어주기로 했다. 그때 두 종류의 맛을 비교한 결과 Classic Coke는 톡 쏘는 특이한 맛이 있어 약간 연한 맛을 주는 New Coke와는 상당한 차이가 있음을 알 수 있었다.

코카콜라는 그러한 사태수습의 결과 위기를 모면할 수 있었다. 그러나 이 사건이 주는 교훈적인 의미는 크다. 코카콜라가 New Coke를 내놓게 된 이유는 간단했다.

신세대는 코카콜라의 톡 쏘는 맛을 좋아하지 않는다는 계산 아래 신세대를 겨냥한 상품개발전략이었다. 많은 예산을 쏟아 부어 새로운 상품을 내놓았지만 결과는 소비자의 저항이었다. 상품개발의 실패라는 결과만 남겨놓았다. 실패 이유는 간단한 데에서 찾을 수 있다. 이미 과거의 코카콜라의 맛에 길들여진, 즉 과거 코카콜라의 맛의 문화에 정착된 소비자 문화를 제대로 파악하지 못했다는 것이었다.

역설적인 얘기지만 코카콜라의 실패는 소비자 문화를 잘못 이해했다는 점이었지만 실패라는 사태 수습의 묘책은 소비자 문화의 수용에서 찾았다는 점이다. 사실 소비자 저항에 부딪혔을 때 경영진 일부는 신세대를 겨냥하여 New Coke 시대를 밀고 나가자는 쪽도 있었다. 성공할 수도 있었을 것이고 실패할 수도 있었을 것이다. 만약 New Coke 시대라는 새로운 문화를 창조할 수 있다면 성공이 가능했겠지만 새 문화창조에 실패했다면 실패하고 말았을 것이고 자본주의 대명사라는 의미가 희석되었을지도 모른다.

업문화 팀을 만들어 운영하면서 기업전략과의 연계를 고려하고 있다. 이처럼 기업 내의 구성원들에게 공유되고 있는 사물에 대한 관점이나 사물에 대한 사고 등 조직에 있어서 눈에 보이지 않는 측면도 경영전략의 수립과 실천에 영향을 미친다.

1.1 조직문화의 생성배경

무엇보다 조직문화를 이해하기 위해서는 그 생성배경을 살펴볼 필요가 있다.

첫째, 조직문화란 오랜 세월에 걸쳐 형성된 기업 특유의 성격을 의미한다. 문화란 구성원의 행동에 영향을 미치며 구성원 각자의 행동형성에 중요한 요인으로 작용함으로써 상호 밀접한 관계를 갖고 있다. 기업들의 이와 같은 독특한 성격은 오랜 세월과 기간에 걸쳐 형성되어 온 것으로 일단 형성된 기업의 문화나 가치관은 쉽게 변하지 않고 계속 유지되어 나가는 것이다.

둘째, 조직문화란 생산성 향상을 위한 전개방안의 하나이다.

원래 기업의 문화에 대한 연구는 미국기업들의 생산성 부진의 이유를 찾다가 그 원인이 일본기업의 독특한 경영방식에서 해답을 구하며 이에 대한 연구에 박차를 가하게 되면서 생겨났다. 미국은 1970년대 이후 점차 대외적인 경쟁력이 상실하자 이에 대한 해결방안으로 경영이론적인 관점에서 조직문화를 연구하게 되었다. 미국식 경영에 충실한 미국의 기업들에 비해 독특한 경영방식을 가진 일본의 기업들이 보다 우월한 성과를 보이자 일본기업을 연구하고 일본기업의 장점을 연구했다. 오우치(William Ouchi)의 Z이론(Theory Z)이나 파스칼과 에이토스(Pascale & Athos)의 일본식 경영기법(The Art of Japanese Management) 등은 일본기업들의 강점이 구성원들의 일체감, 협동심에 기인한다는 주장과 함께 미국의 기업들도 이러한 일본식 경영의 강점을 활용하여야 한다는 비교 문화적 접근방식에 따라 조직문화의 개념을 제시했다. 일본의 독특한 문화적 특성에 기인한 일본식 경영방식을 도입하는 데에는 미국기업에 있어서 문제가 있었으며, 이에 의해서 미국 기업경영자들 사이에는 새로운 대안이 모색되었다. 이는 스스로의 강점을 부각시키는 것으로서, 이러한 연구결과의 하나로 피터스와 워터만(Peters & Waterman)은 〈초우량기업의 조건(*In Search of Excellence*)〉이라는 저서를 통해 미국 내 우량기업들의 강점을 7가지 정도로 요약, 제시하면서 조직문화의 중요성이 부각되었다.

셋째, 조직문화란 사람의 중요성을 깨달은 결과이다.

최근에는 대기업뿐만 아니라 중소기업에서도 조직문화에 대한 관심을 보이고 있으며 조직문화에 관련된 교육, 훈련 프로그램도 증가하고 있다. 이 같은 기업의 관심은 기업을 움직이는 것이 자금, 생산이나 판매보다도 그 조직 내에 있는 사람의 관리가 더욱 중요하게 되었다는 점을 깨닫게 되었다. 물적자원인 자금, 시설과는 달리 인적자원인 인간은 감정을 지닌 존재이기 때문에 기업의 분위기나 역사와 전통 등 문화적 요인에 민감한 반응을 보이기 때문에 아무리 성실하고 책임감 있는 구성원도 무사 안일한 기업풍토와 분위기에서는 오래 버티지 못하고 조직에 동화되어 버린다. 따라서 구성원과 조직의 조화를 위해서는 구성원의 가치관과 성격 그리고 행동패턴이나 사고방식을 조직의 철학과 분위기와 일치되도록 하는 추가적인 노력이 필요하다.

넷째, 조직문화란 전략적인 조직개발 프로그램이다.

기업의 문화는 전략경영의 차원에서 실천되어야 한다. 즉, 단순한 기업의 메세나 차원이 아닌 각 기업이 상대적인 경쟁적 우위를 확보하여, 장기적인 목표를 달성하기 위한 기업의 모든 역량을 집중시키는 노력이 필요하다. 그러기 위해서는 전략-문화의 적합이 우선되어야 한다.

1.2 조직문화의 정의

개인의 능력과 가능성을 판단하는 데 있어 개인이 가지고 있는 성격이나 특성이 중요하듯이 기업의 능력과 가능성을 판단하는 데 있어 조직문화가 중요한 요소이며 이의 효과적인 활용이 기업의 경영활동에도 중요한 요소가 된다. 이렇듯, 조직문화란 기업에게 주어진 외부환경 속에서 오랜 시간의 경험을 통해 형성된 기업의 각자의 고유한 특성을 말하며 이러한 기업의 나름대로의 특성을 조직문화란 형태로 표현되고 있다.

문화라는 단어는 이제 기업에까지 침투되어 활발하게 사용되고 있다. 1980년에 이르러 시사 주간지인 *Business Week*지에서 "cooperate culture"라고 하는 단어를 처음 사용하기 시작하였으며 경영자의 새로운 전략 추진에 있어서 기업 내에 존재하는 문화의 적합 정도가 중요하며 전략과 문화가 맞지 않으면 실패한다는 사실을 사례를 통해 증명하였다.

그리고 현대경영학의 주요 흐름도 know-how에 초점을 둔 기업관리의 시대에서 know-why에 초점을 둔 경영전략의 시대로 그리고 다시 know-what에 초점을 둔 조직문화의 시대로 관심의 초점이 전환되고 있다.

오늘날 기업들은 그 조직문화를 공유하고 전승시키기 위한 다양한 수단을 의식적으로 혹은 무의식적으로 만들어 내고 있다. 성문화되고 경영자에 의해서 반복적으로 설명되는 경영이념, 경영신조, 행동규범 등은 조직문화를 공유·전승시키기 위한 수단이다.

이처럼 조직문화에 대한 관심이 증가함에도 아직까지 통일된 개념은 정립되지 못하고 있는데, 이는 조직이라는 현상을 쉽게 파악하기 힘든데다가 문화라는 정성적 척도가 합해짐으로써 성격파악을 더욱 힘들게 만들었기 때문이다. 지금까지 학자들의 정의를 중심으로 조직문화에 대한 정의를 요약하면 크게 두 가지 분류로 구분할 수 있다. 하나는 문화를 공유된 가치 · 신념으로서 이해하는 것이고 다른 하나는 문화를 이야기 · 언어 · 의식 · 예식으로서 이해하는 것이다.

우선, 문화를 구성원들이 공유하고 있는 가치 · 신념 · 이상의 총체적 개념으로 이해하고 있는 학자들의 정의는 다음과 같이 요약된다.

Deal & Kennedy(1982)는 강한 조직문화란 "사람들이 항상 어떻게 행동해야 할지에 대해 알려주는 규칙의 체계"라고 정의하였다. 이는 조직문화를 통해 그들이 기대하는 바가 무엇인지 정확하게 파악해서 주어진 상황에서 어떻게 행동해야 하는지를 알려준다.

Schwarz & Davis(1981)는 조직문화란 "조직구성원들이 공유하고 있는 신념과 기대의 패턴"이라고 정의하였다. 이러한 기대와 신념은 조직 내에서 개인과 집단의 행동을 강력하게 알려주는 규범을 만들어준다.

Wallach(1983)는 조직문화를 "특정상황에서 어떻게 행동해야 할지에 조직구성원들의 공통된 이해로 정의하고 이러한 신념 · 가치 · 규범 · 철학이 개인의 행동을 결정해 준다고 했다.

이상의 정의를 요약하면, 조직문화란 조직의 구성원들이 모두 공유하고 있는 가치관과 신념, 이념과 학습, 규범과 전통, 그리고 지식과 기술 등을 포함하는 종합적인 개념으로서 이해할 수 있다.

문화에 대한 또 하나의 접근방법은 조직문화의 표현에서 나타나는 언어 · 일화 · 의식 · 행사 · 영웅 등을 조직문화로 이해하려는 입장이다.

Pettigrew(1979)는 조직문화를 상징 · 언어 · 이념 · 신념 · 의식 · 전통 등 그 조직에 있어서의 여러 개념들의 총체적 원천으로 설명하고 있으며 Ouchi(1981)는 조직문화를 조직의 기본가치와 신념을 구성원들에게 전달하는 상징 · 의식 · 신화의 체계로 정의하고 있다.

또한 Schein(1992)은 조직문화를 조직체 또는 집단이 내외환경과의 적응 및 통합과정에 적용되는 기본전제로서 조직구성원의 가치관과 사고방식 및 행동을 지배하는 근본요소라고 말하고 있다.

2. 조직문화의 기능

2.1 조직문화의 중요성

기업이 경영혁신을 수행하는 데 조직문화의 역할이라는 것은 대단히 중요하다. 왜냐하면 경영전략을 수행함에 있어 기업의 내부적인 효율성은 대단히 중요하며 특히, 구성원들의 신념·가치관·규범·관행 등이 기업의 나아갈 방향과 일치해야만 하기 때문이다. 예컨대 공격적 경영을 지향하는 기업은 혁신적 문화가 뒷받침되어야 성공적인 기업의 성과를 이룰 수 있기 때문이다. 따라서 조직문화란 전략적 기업경영의 구체적인 실천방안이 될 수 있다.

그러나 오랜 시간에 걸쳐 형성된 조직문화를 기업의 전략수행을 원활히 할 수 있도록 변화시키기란 쉽지 않다. 따라서 기업 전체적인 입상에서 기업전략을 수립하여야 하며 이때 조직문화를 고려하지 않고 경영층의 입장에서 무리하게 경영혁신만을 앞세우다 보면 구성원들의 비협조 내지는 갈등으로 중도에서 실패하는 기업을 찾아볼 수 있다.

기업이 추구하고 있는 경영전략이 성공적이려면 기업의 외부환경과 기업 내부의 경영자원과 조직구조, 그리고 기업만이 갖고 있는 특유의 조직문화가 서로 일치하지 않으면 안 된다. 그중에서도 조직문화와 기업전략이 일치할수록 그 기업의 종업원들이 전략수행을 보다 효율적으로 할 수 있다고 주장하고 있다. 이와 같은 관계에서 살펴볼 때, 최고경영자의 가장 중요한 임무 중의 하나는 조직문화의 중요성을 인식하여 경영전략을 그 기업만의 독특한 조직문화에 맞추어 추진하는 것이 바람직하다

2.2 조직문화의 기능

조직문화를 공유된 핵심적인 가치관과 신념이라고 정의하고 이의 역할을 하나의 조직을 결속시켜 주는 사회적 규범적 접착제로서의 기능을 발휘한다고 가정하면 다음과 같은 몇 가지의 역할을 찾아볼 수 있다.

우선, 기업의 문화는 기업 내의 구성원들에게 일체감과 정체성(sense of

identity)을 부여한다. 이와 같은 일체감과 정체성은 외부상황이 급변할 때 조직 구성원들의 결속력을 강화시켜 주고 한 덩어리로 뭉치게 하는 힘이 된다.

둘째, 기업의 문화는 구성원들이 개인보다는 조직 전체의 전념도(commitment)를 높이게 한다. 조직의 전념도란 "조직구성원들이 조직에 대해 갖게 되는 충성심과 조직의 목표를 달성하기 위해 자신의 모든 노력과 능력을 기꺼이 바치고자 하는 마음자세"를 의미하는데, 일단 조직에 소속하게 되면 시간이 지남에 따라 동질감을 느끼게 되고 공유의식과 문화의 수용은 집단의 번영 내지는 영속적 활동을 위해 전념하도록 만들어 준다.

셋째, 기업의 문화는 기업 전체의 안정성을 높여준다. 강한 조직문화를 보유한 기업은 조직의 전념도가 향상되며 따라서 결근율과 이직률이 줄어들며 구성원의 사기는 증대된다. 이와 같은 조직의 안정적인 상태는 구성원들의 단결심과 일체감을 높여준다.

넷째, 조직문화는 구성원들에게 상징적인 의미를 부여하여 행동의 지침을 제공한다. 일반적으로 특별한 문제가 없는 경우 평소 해왔던 방식으로 일을 처리하며, 또한 위기상황에 닥쳤을 때에는 공유된 문화가 해야 할 것과 하지 말아야 할 것에 대해 해답을 제공해 준다.

3. 조직문화와 전략의 실행

상당한 역사를 가진 모든 기업은 각기 독특한 조직문화를 가지고 있다. 조직문화는 기업의 역사적 발전과정에서 외부환경에 대한 적응과 내부통합의 문제를 해결하는 과정에서 형성되어 구성원들의 사고와 행동에 영향을 미친다.

전략의 효과적 실행을 위해서는 전략에 적합한 가치관, 사고방식, 행동방식 등이 뒷받침되어야 하는데 이들 요소에 조직문화는 큰 영향을 미치게 되므로 전략에 적합한 조직문화는 전략의 실행을 촉진시키는 역할을 한다.

3.1 조직문화의 구성요소

1) 샤인의 모형

Schein(1992)은 조직문화에 대한 구성원의 일반적인 인식수준을 중심으로 [그림 12-1]과 같은 문화의 구성요소를 열거하였다.

그림 12-1 조직문화의 구성요소

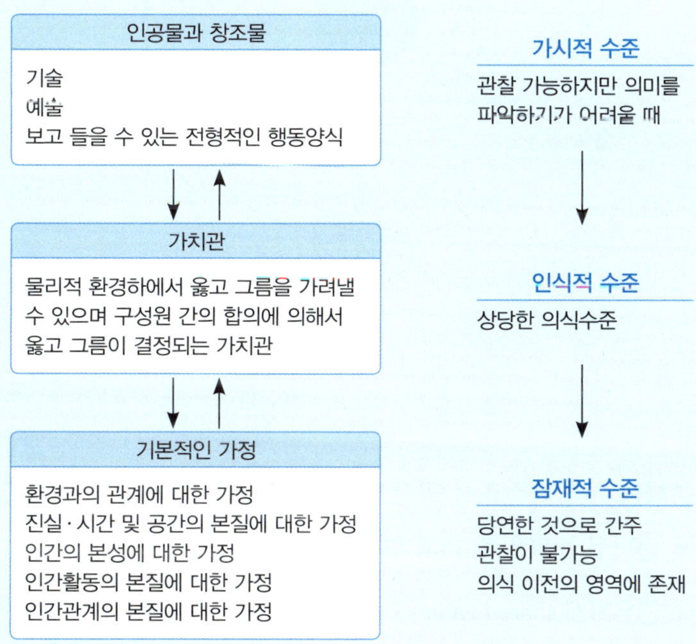

자료: E. H. Schein, *Organizational Culture and Leadership*(San Francisco, Cal.: Jossey-Bass Publishers, 1992), p.14.

2) 파스칼과 에토스의 모형

샤인은 가치와 기본가정을 강조하고 있는 반면 Pascale & Athos의 7-S모형을 제시하여 조직문화의 구성요소와 이들 간의 상호관계를 개념화하여 문화연구에 많은 도움을 주고 있다. 이 모형은 조직문화를 구성하고 있는 일곱 가지의 요소들이 모두 S자로 시작하기 때문에 조직문화의 7-S모형으로 불린다. 이들은

그림 12-2 7-S의 조직문화 유형

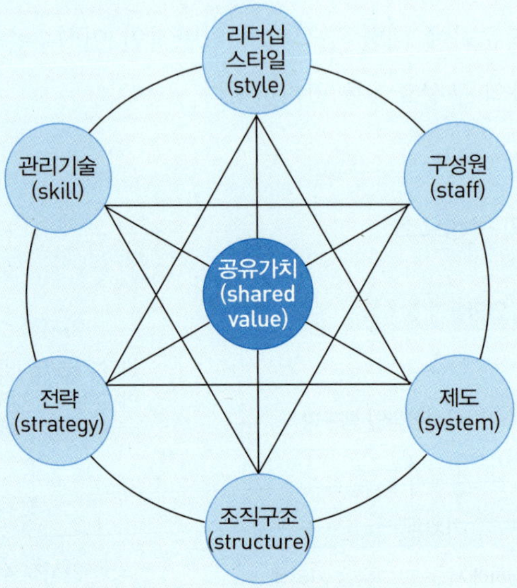

자료: Pascale and Athos, p.203.

조직문화의 구성요소로서 공유가치, 전략, 조직구조, 제도, 구성원, 관리기술 그리고 리더십 스타일을 들고 있다.

① 공유가치(shared value)

기업구성원들이 함께하는 가치관으로서 다른 조직문화의 구성요소에 영향을 주는 핵심요소이다. 따라서 조직문화형성에 가장 중요한 영향을 미치는 요소이다.

② 전략(strategy)

기업의 장기적인 계획과 이를 달성하기 위한 자원배분과정을 포함하며 기업의 장기적인 방향과 기본성격을 결정하고 다른 조직문화형성에 영향을 미친다.

③ 조직구조(structure)

기업체의 전략수행에 필요한 틀로서 조직구조와 직무설계 그리고 권한관계와 방침 등 구성원들의 역할과 그들 간의 상호관계를 지배하는 공식요소들을 포함한다.

④ 제도(system)

기업경영의 의사결정과 일상운영의 틀이 되는 보상제도와 인센티브, 경영정보와 의사결정시스템, 경영계획과 목표설정 시스템, 결과측정과 조정·통제 등 경영 각 분야의 관리제도와 절차를 포함한다.

⑤ 구성원(staff)

기업체의 인력구성과 구성원들의 능력, 전문성, 신념, 욕구와 동기, 지각과 태도, 그리고 행동패턴 등을 포함한다.

⑥ 관리기술(skill)

기업체의 각종 물리적 하드웨어기술과 이를 작동시키는 소프트웨어기술 그리고 이외에 기업경영에 활용되는 경영기술과 기법 등을 포함한다.

⑦ 리더십 스타일(style)

구성원들을 이끌어 나가는 경영 관리자들의 관리스타일로서 이는 구성원들의 동기부여와 상호작용 그리고 조직분위기와 나아가서 조직문화에 직접적인 영향을 준다.

이처럼 기업 경영자들은 자신이 속한 기업에서 7S의 특성과 변화가능성을 파악하여 각 요소를 좀 더 나은 방향으로 발전시키며, 각 요소 간에 균형적인 발전과 상호 관련성을 이끌어내야 한다. 그리고 현대사회의 기업 내부와 외부 환경의 변화는 기업의 구성 요소에도 변화를 가져오게 한다.

- 공유가치 : 기업의 이기적이고 배타적인 목적 추구를 억제하도록 하고 사회적 책임을 요구
- 전략 : 외형제일주의의 지양
- 조직 : 전문경영자의 대두, 능력 위주의 인사제도
- 스타일 : 권위주의 지양, 조화와 협의의 추구

경영자는 이러한 기업환경의 변화와 그로 인한 기업문화의 변화를 정확하게 인식하여야 하며, 새로운 가치체계와 행동 양식에 입각한 새로운 경영 전략과 스타일을 개발하여 자신의 경영 스타일을 새로운 기업문화에 맞추어 조정해 감으로써 훌륭한 조직성과를 기대할 수 있을 것이다.

3.2 전략실행에 있어 조직문화의 중요성

전략에서 요구되는 신념이나 목표, 업무관행이 기업의 문화와 부합될 수도 있고 그렇지 않을 수도 있다. 만약 전략의 조건과 조직문화가 양립하지 않을 경우 전략의 효과적 실행은 어려워진다. 한편, 전략에 적합한 조직문화는 기업전반을 통해 구성원들이 전략에서 요구되는 대로 직무를 수행하도록 활력을 불어넣음으로써 전략실행의 효과를 제고하는 데 크게 기여하게 된다. 따라서 기업의 문화적 특징이 전략에서 요구되는 요인들과 상치된다면 조직문화는 가능한 빨리 바꾸어야 한다.

그러나 조직문화는 기업의 역사적 발전과정을 통해 형성되어 온 기본전제이므로 그 변화는 상당히 어려운 과업이다. 따라서 전략에 적합하도록 조직문화를 바꾸기가 어려운 경우에는 전략을 다시 수립할 필요가 있다.

전략과 조직문화의 긴밀한 연계는 구성원들로 하여금 전략에 적합한 방식으로 행동하고 직무를 수행하도록 하는데 이는 두 가지 측면에서 파악될 수 있다.

첫째, 전략실행의 요건에 조직문화가 잘 부합되면 내부적으로 사업을 수행하는 방법 및 개인이 직무를 수행하는 방법에 대하여 일종의 비공식적인 규칙과 동료들의 압력이 작용한다. 따라서 문화적으로 용인되는 행동은 촉진되는 반면 문화적으로 용인되지 않는 행동은 억제된다.

둘째, 전략 지원적인 문화는 구성원들이 최선을 다하도록 독려하고 동기를 부여하는 역할을 한다. 즉 문화는 이러한 행동이 촉진될 수 있도록 구조와 표준 및 가치체계를 제공하는 한편, 구성원들과 기업의 일체감을 촉진시킨다. 이 모든 것은 구성원들이 자신의 직무와 작업환경을 매우 의미 있게 느끼도록 해주며 그들의 능력을 최대한 발휘하도록 고양하는 역할을 한다.

3.3 전략과 조직문화의 관계

전략과 문화의 관계는 어떠해야 하는가? 즉, 새로운 전략의 실행을 위해서는 전략의 요구에 부응하도록 새로운 목표나 정책을 개발하고 조직구조를 재설계해야 한다.

마찬가지로 전략과 문화의 관계를 적절히 관리하기 위해서는 전략실행을 위해 요구되는 변화와 조직문화가 상호조화를 이루고 있는가를 검토해야 한다.

[그림 12-3]은 전략과 문화의 관계를 관리하는 데 있어서 기업이 당면할 수 있는 네 가지의 기본적 전략방향을 나타낸 것이다.

그림 12-3 전략-문화 관계의 관리

전략실행을 위해 조직요인에서 필요한 변화의 정도 \ 요구되는 변화와 조직문화의 일치	높음	낮음
많음	① 변화와 문화의 연계	④ 새로운 전략의 수립
적음	② 기존 문화의 강화	③ 문화의 관리

자료: John A. Pearce II & Richard B. Robinson, Jr., *Formulation, Implementation, and Control of Competitive Strategy*, 5th ed.(Irwin, 1994), p.361.

1) 변화와 문화의 연계

제1상한의 기업은 새로운 전략을 실행하기 위해서는 조직구조, 시스템, 운영절차 등 여러 가지 측면에서의 변화가 필요한 상황에 있다. 그러나 이러한 변화의 대부분은 기존 조직문화와 대체로 일치하기 때문에 전략이 요구하는 주요 변화를 추구함으로써 기존 조직문화가 이를 효과적으로 지원하는 역할을 한다.

2) 기존 문화의 강화

제2상한의 기업은 전략실행을 위해서 많은 변화가 요구되지 않으면서도 그러한 변화도 기존 조직문화와 잘 부합되는 상황에 있다. 이는 가장 바람직한 상황으로서 기업은 이러한 여건을 기존 조직문화를 더욱 강화하고 바람직한 조직문화에 걸림돌이 되는 조직요인들을 제거하는 데 활용해야 한다.

3) 문화의 관리

제3상한의 기업은 전략의 실행을 위해 요구되는 주요 조직요인의 변화는 적지만 이러한 변화가 조직문화와 일치되지 않는 경우이다. 그러므로 이 상황에 있는 기업의 핵심과제는 어떻게 하면 성공적으로 변화를 실행할 수 있는가 하는 것이다. 즉 전략에서 요구되는 변화를 실행하기 위해서는 우선적으로 이러한 변화에 장애가 되는 조직문화적 요소에 대한 변화가 수반되어야 하는 것이다.

조직문화는 기업의 발전과정 속에서 구성원들에게 체화된 것이기 때문에 그 변화를 위해서는 오랜 시간과 체계적이고 일관된 노력이 요구된다. 다만 이 경우에는 특정 측면에서의 변화만이 요구되므로 상대적으로 변화가 용이하다 하겠다. 중요한 것은 요구되는 변화를 수행하면서 이러한 변화가 조직문화와 일치되도록 하는 것이다.

4) 새로운 전략의 수립

제4상한의 기업은 전략-문화 관계를 관리하는 데 있어서 가장 어려운 도전에 직면한 경우에 해당된다. 새로운 전략을 수립하기 위해서는 많은 조직적 요인에 있어서의 변화가 수반되어야 한다. 또한 변화가 기존의 조직문화와는 상당히 상치되는 속성을 가지기 때문이다.

이 상황에서는 기업이 문화를 바꾸기 위해 매우 복잡하고도 많은 노력을 해야 하며 또 장기간이 소요되는 도전에 직면하게 된다. 이 경우 조직문화의 변화에는 무엇보다도 장기간이 소요되므로 수립된 전략은 문화의 장벽으로 인해 그 의도대로 수립되기 어렵다.

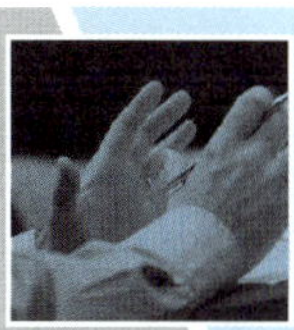

제 2 절

조직문화와 기업성과

1. 기업의 경쟁우위와 조직문화

기업성과는 근본적으로 구성원들의 행동에 의하여 결정되는데, 이때 구성원들의 많은 영향으로 작용하는 것이 바로 기업의 문화이다. 따라서 기업이 공유가치로 가지고 있는 조직문화는 기업성과에 영향을 미친다. 실제 기업성과라는 종속변수는 많은 독립변수들인 전략수립요소와 전략실천요소들에 의해 인과관계를 맺고 있다. 따라서 조직문화가 성과에 얼마나 많은 영향을 주고 있는지를 정확하게 파악하는 것은 힘들다.

그러나 조직문화는 기업성과에 밀접한 관계를 맺고 있다는 것은 주지의 사실이다. 따라서 조직문화와 성과의 관계를 규정하는 데 있어 경쟁우위로서의 조직문화에 대한 언급이 필요하다.

기업환경의 변화에 따라 새로운 전략을 수립하고 시행한다고 하더라도 새로운 전략이 기업문화와의 연결성이 떨어진다면 새로운 전략으로 인한 기업의 성과는 기대하기가 힘들다. 기업이 자신의 환경에 대한 적응의 방법으로 경영전략을 수립하게 되나, 이것이 그 기업이 가지고 있는 조직문화와 성과의 일체성을 갖지 않는 경우 전략수행의 성공 확률이 낮기 때문이다. 그리하여 구성원들로 하여금 자기 자신과 자기 집단 그리고 전체 기업체와의 관계를 더욱 잘 이해하도록 하여 그들이 소속감을 강화하고 나아가서는 기업체에 대한 그들 자신의 커미트먼트(commitment)가 이루어지도록 구성원들과 기업체 간의 조화관계를 조성해 준다.

한편 조직문화가 지속적 경쟁우위의 원천으로 역할을 수행하기 위해서는 다음과 같은 3가지 조건을 충족시켜야 한다.

첫째, 가치가 있어야(valuable) 한다.

기업이 보유하고 있는 조직문화가 경영활동을 수행하는데 경제적 가치를 창출하는 데 기여할 수 있어야 한다. 이 조건은 차별적 경쟁우위의 창출뿐만 아니라 통상의 경제적 이익을 추구하기 위해서 반드시 필요한 조건이다. 예를 들어 HP가 추구하는 'HP Way'가 실제 기업의 성과와 직접적인 연결고리가 약하다면 아마 오늘날 그 이름은 우리의 기억 속에 사라졌을 것이다. 그러나 실제 HP Way는 오늘날 HP의 경쟁력의 중요한 원천으로 작용하고 있기 때문에 문화가 중요한 경쟁우위의 역할을 수행한다.

둘째, 희소성(rare)이 있어야 한다.

다른 대부분의 기업이 가지고 있는 문화와는 구별되는 차별적 속성을 가지고 있어야 한다. 만약 경쟁기업이 유사한 기업문화를 보유하고 있어 동일한 방식으로 행동하고 경쟁한다면, 어느 기업도 조직문화로부터 얻을 수 있는 이익은 없다. 예를 들어 노키아의 경우, 다른 기업과 같은 유연한 조직문화를 가지고 있지만 경쟁기업과는 차별적 특성인 '커넥팅 피플(connecting people)'이라는 독특한 프로그램으로 경쟁기업과 구별될 수 있다.

셋째, 모방이 어려워(inimitable)야 한다.

타 기업이 쉽게 모방할 수 없어야 한다. 현재 특정기업이 가치 있는 문화를 보유하고 있다 하더라도 경쟁기업이 언제든지 모방이 가능하다면 지속적 경쟁우위를 유지할 수 없을 것이다. 예를 들어 HP의 경우 '배회관리(MBWA)'라는 현장중심의 문화프로그램은 경쟁사가 모방할 수 없는 독특한 그들만의 문화관리 기법이다.

2. 초일류기업의 문화적 특성

조직문화와 성과의 관계를 역행적으로 추론하기 위해서는 실제 성과를 많이 내고 있는 초일류기업들의 문화적 특성을 도출하는 것도 좋은 방안이 될 수 있다. 특히 성과를 많이 내고 있는 초우량기업들은 업종과 규모와 무관하게 구성원들의 공유가치와 조직구조, 그리고 구성원 행동에 있어서 공통된 특징을 나타내고 있다.

1) 핵심경영이념

핵심이념은 조직의 기본가치와 사명으로 구성되며 기업행동의 가이드라인의 역할을 한다. 초일류기업들은 각자의 핵심경영이념을 명백히 정립하여 일관성 있게 추진하여 오고 있다. 예를 들어, Wal-Mart의 '고객의 가치창조', Nordstrom의 '고객 최우선 서비스', 3M의 '창의성' 등이 여기에 해당한다.

이들은 환경변화에 따라 기업의 전략과 경영방침은 변하여도 핵심 경영이념은 변하지 않고 오랫동안 변하지 않고 기업의 기본철학으로 지속되어 나간다.

2) 독특한 공유가치

초우량기업들의 공유가치는 구성원들의 사고방식과 행동은 물론 각각의 기업전략과 구조에 반영되어 기업체 고유의 독특한 핵심능력과 경쟁우위의 요소로 작용한다. HP의 '배회관리', GE의 '통합된 다양성과 경계 없는 개방성' 등은 그들만의 독특한 공유가치이다.

3) 유연한 조직구조

초우량기업들은 모두가 규모는 대기업이지만 소규모 기업체와 같이 기동력을 발휘하는 조직구조를 가지고 있다. 그리하여 규모의 대형화에서 발생하는 관료제의 병폐도 없으며 기업환경에 신속하게 적응하고 있다. 특히 조직구조를 간소화, 수평화하여 권한위양과 자율경영을 통해 대폭 강화하는 조직운영을 하고 있다. 예를 들어 ABB의 매트릭스 조직은 대규모 조직을 하나의 임시적 조직으로 활동하게 하는 조직문화의 환경을 만들어 나갔다.

4) 개방적 경영행동

구성원들 간의 개방적 상호작용과 기업의 기본가치를 실제로 추구하는 가치중심적 경영행동도 초일류기업의 공통된 특징이다. 이는 점점 자동화, 기계화되어 가는 조직환경 속에서 초일류기업들은 구성원들의 인간적 가치를 중요시하고 작업환경을 인간화하여 구성원들의 개방적 상호작용을 통하여 그들의 경영에 대한 참여도와 몰입도를 최대화하려는 노력이다.

5) BHAG의 추구

초일류기업들은 '크고 어렵고 대담한 목표(Big Hairy Audacious Goal: BHAG)'를 설정하고 이를 추구하며 나아가서는 이를 달성하는 것이다. 이는 콜린스(Collins, 1994)가 〈*Built to Last*〉라는 책을 통해 초일류기업들의 공통적 특징은 BHAG를 추구하며 이들은 기업의 발전을 자극하고 이를 달성함으로써 기업의 성장을 가속화시키면서 핵심이념과 조직문화를 더욱 강화시켜 나간다.

6) 지속적인 경영혁신

초일류기업들은 그들의 우수한 성과에도 불구하고 더욱더 높은 성과달성을 위하여 경영혁신을 추구해 나간다. 즉, 초일류기업의 구성원들은 현재의 성과에 만족하지 않고 더욱더 높은 목표를 추구하도록 여러 가지 혁신기법을 사용한다. 예를 들어, 모토로라의 '6시그마', 제록스의 '품질경영' 등은 끊임없는 경영혁신을 추구하려는 초일류기업의 의지의 표현이다.

● 사례 ●

구글의 수평적 기업문화

1. 구글의 시작은 미천했다

1998년 9월 Larry Page와 Sergey Brin에 의해 설립된 구글은 인터넷에서 정보를 쉽고 빠르게 검색할 수 있도록 고안된 수상 경력이 있는 우수한 '구글 검색 엔진'을 개발한 곳이다. 총직원이 3명이 되자 세르게이 브린의 기숙사 방에서 일을 할 수는 없었기 때문에 세르게이 브린의 여자친구인 수잔 보이치키로부터 빈 방 하나를 세를 내고 빌려 쓰게 됐다.

이처럼 여자 친구의 창고를 빌려 창업하여 전 세계 인터넷 검색 시장을 점령한 기업이 있다. 인터넷 사업의 기준을 포털 개념에서 다시 검색으로 바꾸어 버린 세계에서 가장 인지도가 높은 검색 브랜드, Google이 바로 그 기업이다. Google은 여러 가지 성공 요인 중 Google의 독특한 기업의 문화를 통해 인재를 모으고, 그들의 창의력을 통해 지속 가능한 성장의 원동력을 만들어가고 있다.

원래 구글(Googol)의 의미는 1에 0을 100개 붙인 수학적 용어다. 이 용어는 미국의 수학자인 Edward Kasner의 조카인 Milton Sirotta가 새로 만든 것으로, Kasner와 James Newman이 쓴 '수학과 상상력(Mathematics and Imagination)'이라는 책을 통해 널리 알려지게 되었다. 이 용어에는 인터넷에 있는 광대한 정보를 모두 담겠다는 구글의 의지가 담겨 있다.

'Fun', 'Creative', 놀이터 같은 근무환경, '이렇게 일해서 성과를 낼 수 있을까'라는 생각이 드는 자유로운 분위기 등이 구글의 대표적인 이미지이다. 이러한 이미지로 인해 구글이 작은 인터넷 벤처기업이 아닐까 생각하는 사람들이 많지만 구글은 미국 인터넷 검색시장의 60% 이상을 차지하고 있는 세계 최대의 인터넷 검색 기업으로 시가 총액이 200조원에 육박하는 기업이다.

2. 구글의 기업가치와 문화

구글의 강점으로 기업가치와 문화를 꼽았다. 구글의 십계명을 보면 "악한 일을 하지 않고도 돈을 벌 수 있다"라는 문구가 있다. 이익을 창출하는 것이 구글의 중요 목표이긴 하지만 최고의 목표는 아니라는 것이다. 이러한 기업가치 실현을 위해 수익창출이 가능함에도 불구하고 광고 게재를 엄격히 규정하고 검색 순위를 조작하지 않는 등 정책에 있어서도 기업가치를 일관성 있게 실천하는 모습은 사용자들에게 신뢰를 주고 있다.

"직원들이 가장 소중하다. 우리는 회사와 세상을 더욱 좋게 만드는 일에 기여하고 있는 우리의 재능 있고 열심히 일하는 직원들에게 좋은 환경을 조성해 주고자 노력하고 있다" Google 창업자인 래리 페이지가 한 말이다. 이 말에서 알 수 있듯이 Google은 일과 놀이를 함께할 수 있고 즐거움 속에서 혁신적인 아이디어가 나온다는 독특한 경영철학을 가지고 있다. 그리고 이러한 경영철학은 Google의 기업 문화로서 독특한 인사제도와 복지제도를 통해 잘 드러나고 있다.

Google에 처음 방문한 방문자들은 각 직원들의 자리에 있는 다양한 게임기, 미니 농구대, 로봇 등이 놓여 있는 모습에 깜짝 놀라고 만다. 게다가 전동안마 의자와 마사지 프로그램까지 기본적으로 제공되고 있으며, 이 모든 장난스러워 보이는 것들이 회사가 보조금까지 지급해 가며 장려하고 있는 프로그램이라는 것을 알면 한 번 더 놀라고 말 것이다. Google은 이뿐만 아니라 출산한 임직원이 식사하기 불편할 것을 염려하여 50만원까지 식사배달을 할 수 있는 혜택을, 남편들에게는 2주의 유급 휴가를 제공하고, 매일 점심 식사는 사무실 한가운데 위치한 뷔페식당에서 훌륭한 요리사들이 만든 음식을 직원들에게 무료로 제공하고 있다. 뿐만 아니라 여러 스낵룸이 구비되어 있어 음료수, 신선한 과일, 땅콩 등의 다양한 간식이 무료로 제공되고, 경력 개발을 위한 학비 지원과 프로그램 역시 개인이 원한다면 언제든지 지원 받을 수 있도록 시스템이 구축되어 있다.

이러한 Google의 기업 문화는 우리가 일반적인 기준으로 생각하기에는 너무나 파격적이며, 때로는 이러한 직원들에 대한 과감한 투자가 과연 어떤 효과가 있을까 궁금증을 자아내게 만든다.

구글 코리아의 경우에도 자유롭고 수평적인 기업문화 역시 큰 매력 포인트다. 구글 코리아의 모든 직원들은 직위 대신 '~님'이라는 호칭으로 불린다. 또한 직급에 상관없이 모든 직원이 동일하게 상위 직급 수준의 보상과 복리후생 혜택을 누릴 수 있다. 근무 시간의 20%를 자신이 하고 싶은 일을 할 수 있도록 하는 '20% 타임제'는 직원들이 다른 사람들의 간섭이나 눈치를 받지 않고 자유롭게 자신의 원하는 일을 함으로써 창의적인 아이디어를 얻는 데 도움을 주고 있다. 그러나 이처럼 창의력과 수평적 커뮤니케이션을 강조하는 Google의 기업문화는 그 기업에 속해 있는 핵심인재들의 기본적인 가치관으로 잘 공유되어 있으며, 바로 이러한 기업문화를 바탕으로 혁신적 아이디어를 통한 성장을 지속적으로 이루어 내고 있다. 그렇다면, 기업이 가치를 대변하는 기업문화의 구축이 기업의 직접적인 성장과 밀접한 관계를 가지는 이유는 무엇인가?

토의과제

1. 구글의 성공요인은 무엇인가?
2. 구글의 수평적 문화의 특징을 설명하시오.
3. 구글이 기업이 가치를 대변하는 기업문화의 구축이 기업의 직접적인 성장과 밀접한 관계를 만들어 보자.
4. 향후 구글이 인터넷 산업에서 최후 승자가 되기 위해서 필요한 기업문화의 방향은 무엇인가?

Chapter 13

최고경영자의 리더십과 경영전략

"승자가 되기 위해서는 무엇을 해야 이길 수 있을지를 정확히 아는 것뿐만 아니라 실제로 그것을 행동에 옮길 수 있어야 한다. 승자와 패자를 구분 짓는 것은 바로 실행 능력이다. 내 생각에는 주변의 많은 회사들이 실행에 옮기는 경우는 별로 없는 것 같다."

– Broad head, FPL CEO

"전임 CEO의 업적은 존경하지만 결코 참고하지 않겠다."

– Sony 이데아 회장

• 전략 Focus •

Levi Strauss의 신사복 시장진출의 실패

세계에서 가장 큰 의류 회사인 Levi Strauss사는 그동안 청바지를 주로 생산하였으나 청바지 시장이 포화 상태가 되고, Calvin Klein, Guess, Gap 등과 같은 디자이너 진(designer jeans) 회사들로부터의 경쟁이 심화됨에 따라 새로운 판로를 개척해야 할 시기에 이르렀었다. 이 회사는 남성용 기성복 시장에 진입하기로 결정했다. 그러나 청바지와 같은 이름으로 이 시장에 뛰어들었을 때 큰 실패를 맛보아야 했다. 그 이유는 물론 소비자들이 Levi Strauss 회사에 대해 가지고 있는 고정관념이 신제품 항목, 즉 기성복의 이미지와 잘 조화가 되지 않았기 때문이다. 도대체 소비자들의 고정관념에는 어떠한 요소가 있기에 어떤 제품은 성공으로 이끌고 또 어떤 제품은 실패하게 만드는가? 소비자들의 고정관념은 제품에 대한 평가, 즉 호의적이라든지 비호의적이라든지 하는 정적인 요소(情; affect)뿐만 아니라, 이 제품의 특성이 어떠하다든지, 혹은 어떠해야 한다든지 등의 지적인 요소(知; cognition)도 갖추고 있다. 따라서 기존의 브랜드명을 신제품에 그대로 이용했을 때 기존 이름이 가지고 있는 좋은 이미지뿐만 아니라 소비자들이 그 제품에 대해 가지고 있었던 여러 가지 지식과 생각도 함께 신제품에 전이된다. 마케팅 매니저는 호의적인 이미지 전이(affect transfer)만을 원하지만 실은 이 두 가지가 함께 전이되는데 문제가 있다. 또한 기존 제품의 성격과 신제품의 특성이 잘 조화되지 않을 경우 호의적인 이미지의 전이조차도 아예 이루어지지 않는다.

그러면, Levi Strauss가 왜 신사복 시장에서 실패했는가를 생각해 보면 이 이치는 자명해진다. 소비자들은 이 회사가 청바지 회사라는 생각을 너무나 강하게 가지고 있었기 때문에 청바지의 이미지가 정장 신사복의 이미지와 잘 맞아떨어지지 않았고, 따라서 호의적 평가의 전이는 이루어지지 않았기 때문이다.

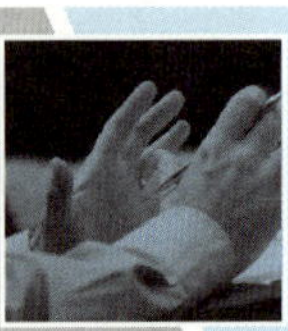

제 1 절

리더십과 전략의 실행

1. 전략실행과 리더십

불확실성이 높고 경쟁이 치열한 글로벌 환경하에서 기업의 흥망에 가장 중요한 역할을 하는 사람이 바로 기업을 이끌어가는 리더이다. 기업 경영의 글로벌화가 심화되어 감에 따라 기업도 장래에 대비한 새로운 인재 발굴 및 육성을 통해 글로벌 스탠다드에 부합하는 기업 리더를 만들어 가는 노력이 절실하다.

전략이 효과적으로 실행되기 위해서는 조직구조나 시스템, 기업문화 등에 있어서 새로운 변화가 필요하며 이러한 변화를 주도할 수 있는 것이 바로 경영자의 리더십이다. 이러한 점에서 전략의 실행에 있어서 리더십의 중요성이 있는 것이다. 급변하는 경영 환경 속에서 경영자가 갖추어야 할 최고의 덕목은 바로 리더십이다. 하지만 리더십은 카리스마와는 다르다. 카리스마가 타고난 성품이라면, 리더십은 오히려 후천적인 성품에 가깝다. 그러면서도 리더십은 외부 요인에 의해서 발원되는 것이 아니라, 내부에서 생성되는 특성을 지니고 있다.

리더십은 단순히 복잡성에 대처하기 위한 수단으로서 질서와 일관성을 유지하기 위한 관리(management)와는 구분된다. 리더십은 변화에의 대처라는 점에서 그 본질이 있다. 근래에 들어 리더십의 중요성이 더욱 부각되고 있는 것은 기업환경이 보다 경쟁적이며 동태적으로 변화하고 있기 때문이다. 예전의 관행을 그대로 답습하는 것이나 혹은 좀 더 효율적으로 하는 것만으로는 불충분하다. 새로운 환경에 보다 효과적으로 적응하고 생존하기 위해서는 근본적인 변화가 요구된다. 이처럼 더 많은 변화가 필요하기 때문에 리더십의 중요성이 더 절실히 인식되고 있는 것이다.

전략실행에 있어 경영자의 역할은 촉매에 비유될 수 있으며 실질적인 역할뿐만 아니라 상징적인 역할도 중요한 의미를 가진다. GE의 잭 웰치 회장은 오늘날 슈퍼 리더십의 대표적인 인물로서 GE의 조직 구성원들에게 21세기의 비전과 도전을 감화시키는 경영전도사의 역할을 하고 있다.

2. 전략실행에 있어 경영자의 주요 역할

경영자는 전략실행에 있어 전략적 리더(strategic leader)로서 다음과 같은 역할을 수행하고 있다. 첫째, 비전과 전략에 의해 기업의 방향을 설정하여야 하며, 둘째, 이러한 비전을 달성하고 전략을 성공적으로 실행하기 위해서는 필요한 경우 조직의 구조나 시스템, 업무 프로세스 등을 바꾸는 작업, 즉 조직의 설계에 관여해야 한다. 마지막으로 전략적 리더는 전략실행에 요구되는 새로운 문화를 창출하고 이를 강화하는 데 많은 관심을 가져야 한다.

2.1 기업의 방향 설정

리더십의 핵심은 기업의 방향을 설정하는 것이다. 따라서 리더의 방향설정은 계획으로 나타나는 것이 아니라 비전과 전략에 담겨지는 것이다. GE의 잭 웰치 회장은 전략적 비전을 통해 쇠퇴하던 GE를 세계 초일류 기업으로 도약시키는 데 성공하였다. 그는 GE의 모든 사업이 해당 산업에서 세계 제1~2의 경쟁지위를 확보해야 한다는 비전하에서 이를 달성할 수 없는 사업 분야를 매각하거나 해당 업종으로부터 철수하였다.

이러한 최고경영자의 명확한 전략적 방침이 조직 전체의 활력을 가져오고 구성원들을 전략적 목표에 몰입하게 만든 것이다.

2.2 조직의 설계

유능한 리더라 할지라도 종종 자신의 비전과 전략을 성공적으로 실천하는 데 있어서 여러 가지 어려움에 당면하게 된다. 그중에서도 기업활동의 조정이나 통합수단의 부재, 부문 간 이기주의, 관료적 계층구조의 등장과 같이 조직구조에 의해 초래되는 문제가 상당한 비중을 차지한다.

잭 웰치 회장이 "벽 없는 조직(boardless organization)"을 주창하고 워크아웃(work-out) 미팅 등을 통해 적극적으로 노력한 것은 바로 자신의 비전과 전략의 실천이 조직의 재구축 없이는 효과적으로 이루어질 수 없다는 인식에 근거한 것이다.

2.3 바람직한 기업문화의 창출

조직문화의 형성에 가장 큰 영향을 미치는 요인이 최고경영자의 특성이라고 할 수 있다. 경영자가 어떤 점에 주목하고 어떤 사항을 주로 이야기하며 무엇을 통제하고 어떤 행위에 보상을 하는가 하는 경영자의 관심사, 중요한 사건이나 위기에 대한 경영자의 대응방식 및 실천행동은 조직문화의 형성에 근본적인 영향을 미친다.

따라서 리더는 알게 모르게 과거로부터 물려받은 기업문화를 더욱 강화하거나 혹은 새로운 문화를 창출하는 데 중요한 영향을 미치게 된다.

3. 실행 중심의 전략과 경영자의 역할

대부분의 기획부서나 전략수립 컨설팅 회사들의 전략 형성은 계획-실행-평가의 3단계를 거치는 것으로 알려져 있다. 계획단계에서는 전략적인 대안을 탐색하고 각 대안간 평가를 통해 최적의 대안을 도출해내며, 실행단계에서는 조직 개편과 같은 세부 실행 계획을 세우고 책임과 권한을 명확히 하는 동시에 자원배분의 절차를 수립한다. 마지막 평가단계에서는 모니터링 시스템, 성과평가를 통한 피드백과 조정의 활동을 하게 된다.

이와 같은 전략 형성과정의 특징은 어떤 목표를 세우면 그것의 달성을 위해 정해진 경로를 통해 일직선으로 나아갈 수 있다는 인간의 합리적인 행동을 가정하고 있다는 점이다. 계획을 세우기만 하면 조직의 실행은 자연스럽게 따라가야 하는 것으로 보는 것이다. 그러나 기업을 좀 더 자세히 들여다보면 외부에서 제시된 전략의 형성을 그대로 따라갈 수 있는 조직은 거의 없다는 것을 알게 된다. 인간의 기회주의적인 행동과 권력(power), 정치(politics), 문화 등과 같이 가시적으로 파악할 수 없는 많은 장애물이 등장하기 때문이다.

더 나아가 오늘날과 같이 빠르게 변하는 경영환경에서는 기획부서, 혹은 Top의 의지와 같이 조직 상부의 몇몇 사람들에 의해 이루어져 아래로 내려오는 듯하다. 전략 수립은 그 적시성과 효과성 면에서 현장에서의 빌 빠른 대응을 따라가지 못하는 것도 사실이다.

이와 같은 한계를 극복하고 전략에서 실행의 의미를 강조하기 위해서는 마인드 자체를 철저히 실행 중심으로 바꿀 필요가 있다. 계획-실행-평가로 이루어진 기존의 계획 중심 프로세스에서 탈피, 실행 중심의 전략이 형성되도록 노력해야 한다.

이를 위해서는 현장에서 이루어지는 실행과정에서 전략의 대안이 탐색되기 시작하고 이것이 전략으로 인정되어 평가가 이루어지는 프로세스의 도입이 필요하다. 실행-계획-평가의 순서로 이루어진 전략 형성의 프로세스가 바로 그것이다.

3.1 실행(Do)

기업의 일상적인 경영 현장에서 이루어지는 모든 활동을 말한다. 전략의 형성은 이처럼 조직의 가장 하부에서 시작되는 것이다. 많은 사람들이 잘못 생각하고 있는 것은 전략은 위에서 수립되고 밑에서 실행한다고 믿는 것이다.

실제로 우리 주위에서는 거창한 전략을 수립하면 이에 걸맞은 대대적인 조직 개편이 뒤따르는 모습을 자주 볼 수 있다. 전략에 따라 CEO 직속으로 새로운 조직기구가 만들어지기도 하고 새롭게 Matrix 조직이 운영되기도 한다. 지금까지도 1960년대 미국의 학자였던 Chandler가 주장한 '조직은 전략을 따른다'라는 원칙이 그대로 지켜지고 있는 셈이다.

그러나 실행 중심의 전략에서는 조직이 항상 전략의 뒤만 따르는 것은 아니다. 오히려 실행 중심의 전략에서는 조직 내 경영 일선에서의 활동들이 전략 수립의 가장 첫번째 단계에 위치한다. 기업의 일상적인 생활 속에서 자연스럽게 전략이 도출되기도 하며, 때로는 전략의 변화 없이 경영의 현장에서 발 빠른 대응만으로 문제를 해결한다.

실행을 전략 형성 프로세스의 처음으로 돌려놓음으로써 얻을 수 있는 이점은 다음과 같다.

첫째, 환경 변화에 대한 최적대응을 제공해 준다. 시장이나 기술의 변화와 같은 환경변화를 가장 잘 알 수 있는 것은 바로 그 접점에서 일하고 있는 현장의 사람들이다.

둘째, 조직과 전략 간의 정합성을(Alignment) 제고해 준다. 외부의 벤치마킹에 의한 전략수립과 달리 조직 내부에서 형성되기 시작하는 전략적 의도(Intent)는 조직과 전략의 정합성을 높여주는 역할을 한다.

셋째, 전략의 수립 이후 발생할 수 있는 갈등의 소지를 미연에 제거할 수 있다. 전략의 수립과정 전에 많은 실수와 현장에서의 경험이 반복되어, 상당부문의 조직 갈등이 이미 해소된 결과다.

3.2 계획(Plan)

전략적 의사결정이나, 경영전략의 수립과 같이 경영의 현장에서 형성된 전략적 의도가 기업전략으로 인정되는 과정을 말한다. 실행 중심의 전략을 수립하기 위해서는 그 개념 자체가 기존의 Planning과 다르다는 점을 명확히 이해할 필요가 있다. Planning이란 간단히 말해 예산의 배분을 위한 예측활동을 말한다. 전략을 수립한다는 것을 다음 해에 예산을 어떻게 배분하는지를 결정하는 것과 동일하게 인식하는 것이다.

따라서 실제 전략이 돌아가는 조직의 상황과 역량이 무시된다. 단지 Stretch Goal을 통한 목표수립이 강조될 뿐이다. 피터 드러커 교수는 계획(Planning)만으로 도출된 전략이 실제 경영의 현장에서도 훌륭히 성공한 예를 찾아주면 $100의 상금을 주겠다는 제안을 했다. 불행인지 다행인지 그는 아직 한푼의 돈도 쓰지 않고 있다고 한다.

실행 중심의 전략을 위해서는 서로간의 상호작용을 통한 하의상달(Bottom-up)의 형식으로 전략이 수립되어야 한다. 이 과정에서 전략의 수립은 기획부서나 CEO만의 역할이 아니다. 오히려 Top의 역할은 밑에서 올라오는 전략의 흐름을 모니터링하고 권한을 부여하며 최종적으로 승인해주는 소극적인 역할에 지나지 않는다.

Cisco Systems사의 회장인 John Chambers의 말은 이와 같은 경영자의 역할을 잘 설명해 준다. "오늘날의 경제 변화 속도에 뒤처지지 않기 위해 내가 하는 일은 기업 전체의 관점에서 내리는 전략적 의사결정과 수천 명의 조직원들에게 관련정보를 전파하는 역할만을 수행한다. 그러면 적어도 시장의 기회를 놓치는 일은 없을 것이다."

3.3 통제(See)

앞의 두 단계에 의해 진행된 전략형성의 프로세스에 의하면 기업의 하부에 많은 권한이 이양된 것을 살펴볼 수가 있다. 이와 같은 프로세스에서는 환경의 대응력을 높이고 스피드를 높일 수 있다는 장점이 있지만 반대로 의사결정자에게는 통제 불가능한 상태가 될 수 있는 잠재적 위험 또한 존재한다.

평가와 통제는 이러한 단점을 보완하기 위한 단계다. 평가와 통제에 있어서의 핵심은 조직의 유연성은 잃지 않으면서도 전체적인 큰 틀은 유지할 수 있어야 한다는 점이다.

이를 위해서는 현장에서 제안되고 중간관리자를 거쳐서 Top에 의해 인정된 전략을 조직 전체가 공유하는 노력이 선행되어야 된다. 아무리 Bottom-up으로 만들어진 전략이라고 해도 모든 사람이 명확하게 이해할 수 없는 전략이라면 무용지물과도 같은 것이기 때문이다.

실제로 상당수의 기업에서 라인 현장의 관리자들이 기업의 전략을 제대로 이해하지 못하는 경우를 자주 보게 된다. 이 경우, 앞서 설명한 대로 전략 수립 전에 실행의 프로세스를 구축하게 되면 오히려 혼란과 무분별한 제안의 남발이 일어날 우려가 있다.

이와 같은 부작용을 막기 위해 필요한 것이 구성원 전체가 공유할 수 있는 전략적 원리의 존재이다. 이를 통해 구성원들은 순간순간의 의사결정을 위한 행동의 기준을 제공받을 수 있기 때문이다.

이때, 유의할 점은 최고경영자는 전략이라는 무형의 개념을 구성원들이 인식할 수 있는 유형의 것으로 만들어주는 노력을 기울여야 한다. 따라서 측정할 수 있어야 개선이 가능하므로 전략의 개념을 측정가능한 지표로 유형화해 나가는 작업이 필요하다.

기업의 성과 측정 역시 재무적인 수치에만 머무르지 말고 이와 같은 전략적 원리가 반영되어야 한다. 그런 점에서 최근에 전략평가도구로 활용하는 균형성과 지표(Balanced Scorecard)는 무형화된 전략을 유형화해서 성과로 연결시키는 유용한 도구이다. 이를 통해 경영 일선까지 전략이 충분히 공유되어 기업 전체의 전략적인 초점을 유지하면서도 전략의 실행력 유지를 위한 현장의 유연성을 지켜나갈 수가 있는 것이다.

실행력이 강한 전략을 만들기 위한 새로운 전략 형성의 프로세스는 전략이 세워지면 조직이 뒤따라가는 Plan-Do-See와 같은 기존의 프로세스를 벗어나 Do-Plan-See로의 변화를 통해 실행력이 강한 전략을 창출되어야 한다.

특히 이와 같은 과정에서 최고경영자의 리더로서의 역할은 중요한 의미를 지닌다. 조직 하부에서 아무리 좋은 의견이 올라와도 이를 용인해주고, 전략으로 인정하는 것은 결국에는 리더의 몫이기 때문이다. 조직원들이 수동적인 하인에서 벗어나 스스로 문제를 파악하고 개선의 의지를 표출하는 적극적인 실행자가 되는 것은 리더의 노력에 크게 좌우되기 마련이다. 그러나 이와 같은 실행 중심의 전략이 성공하기 위해 다른 무엇보다 중요한 것은 바로 사람이다. 경영의 귀재라는 칭송을 받는 GE의 잭 웰치 회장의 표현을 빌리자면 조직은 결국 인간의 문제이며, 강한 실행력이란 근본적으로 사람이 움직여 주어야 하기 때문이다.

실행력이 강한 전략을 만들기는 분명 어려운 일이다. 그러나 달성이 힘들다고 해서 노력 자체를 포기해서는 안 된다. 현장의 목소리를 듣고 이를 인정해주는 리더의 노력이 조금씩 쌓여 하나의 기업문화로 정착될 때 비로소 실행 중심의 전략이 만들어질 수 있기 때문이다. 그래야만 전략의 실행력 강화를 통한 진정한 성과의 개선도 기대할 수 있다.

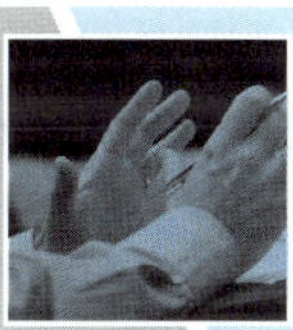

제 2 절

전략가로서의 CEO

1. 전술적인 CEO, 전략적인 CEO

21세기의 급변하는 경영환경 하에서 글로벌 기업의 CEO(Chief Executive Officer)들은 수많은 도전에 직면하고 있다. 인터넷과 관련 기술의 발전, 산업구조와 금융환경의 변화, 정치적, 사회적 이슈의 폭주. 이처럼 시시각각으로 변화하는 경영환경 속에서 그들은 기업의 성장성과 수익성을 확보하고 다른 한편으로는 세계경제의 발전에 이바지하도록 요구받고 있다. 특히, 인터넷과 세계화(Globalization)의 물결은 현대의 경영환경을 새롭게 만들어 가고 있으며 우리가 기업을 평가하던 전통적인 기준마저 바꾸어 놓았다. 즉, 더 이상 매출이나 순이익만으로 기업을 평가하지는 않으며, 인터넷과 비즈니스 파트너십의 전략적 활용, 다원화된 인재와 조직의 운영, 세계발전을 위한 노력 등이 기업을 평가하는 새로운 기준으로 등장하고 있다. 이처럼 환경의 변화는 기업의 변화를, 그리고 리더십의 변화를 요구하고 있다. 그러므로 CEO들은 변화하는 환경에서 기업의 경쟁력 및 수익성을 제고해야 할 뿐만 아니라, 전 세계의 경제와 사회 발전을 위한 새로운 사명감을 가져야 할 것이다.

2,200년 전 카르타고의 명장 한니발은 눈 덮인 알프스를 넘어 이탈리아 반도의 각지에서 로마군을 물리치며 커다란 승리를 달성하였다. 그러나 전투 패배의 충격으로 로마가 붕괴될 것으로 예상한 한니발은 칸나이전투 승리 후 로마로 진군하는 것을 주저하였다. 부지휘관 마하발은 해가 지기 전에 로마로 진격할 것을 설득하다 실패하자 '신은 모든 능력을 한 사람에게 선물하지 않는구나. 전투의 승리를 수여하는 대신, 전쟁에서의 승리를 거두어 가버리는구나'며 한탄의 눈물을 지었다고 한다. 결국 10년간에 걸친 전투의 승리에도 불구하고 카르타고는 로마의 반격으로 인해 대패, 3차 포에니 전쟁을 끝으로 로마의 속주로 편입되고 말았다. 칸나이전투의 용병술은 걸프전에서 응용될 정도로 전쟁사에 기록된 뛰어난 전술이었다. 그러나 카르타고인들의 원하는 것은 전투에서의 승리가 아닌 로마의 속박에서 벗어나는 것, 이것이 진정한 전략의 목표였다. 결국 한니발은 전략가로서는 실패한, 성공한 전술가일 뿐이었다.

오늘날 경영환경에서도 이와 비슷한 전쟁들이 벌어지고 있다. 전쟁에서 기업들은 전투에서 승리하는 전술가가 아닌, 전쟁의 승리라는 궁극적 목적을 달성할 수 있는 전략가 CEO를 필요로 하고 있다. 훌륭한 전술의 단기성과에 도취되어 장기 전략을 제대로 구사하지 못하는 전술가 CEO는 기업과 함께 시장에서 사라지는 운명에 처하게 될 뿐이다.

예를 들어, 월마트의 샘 월튼은 1945년 벤 프랭클린이라는 잡화점 체인을 운영하는 지역소매상과 계약을 맺고 아칸소주의 싸구려 상품을 파는 잡화상을 인수하면서 월마트의 미래를 시작하였다. 1972년 월마트가 창고를 짓기 위해 주식을 공개했을 당시만 해도 월마트는 시골지역에 30개의 할인점을 가지고 있을 뿐이었다. K마트가 월마트의 존재를 알아차렸을 때에도 경영진들은 월마트와 경쟁하기 위해 시골에 자사의 할인점을 연다는 것에 회의적이었다. 그들은 인구 5만 이상의 도심에만 집중하였으며, 광고를 통한 홍보와 상품개발이라는 전술에 치우치고 있었다. 이는 브랜드 이미지 개선이라는 일시적인 성과를 거뒀으나 물류시스템의 자동화에 대한 선견지명과 관련 사업인 할인점, 도매업으로 다각화를 해 나갔던 월마트의 전략에 효과적으로 대응하지 못하고 1990년부터 뒷덜미를 잡히고 말았다. 샘 월튼은 강력한 경쟁자인 시어즈 몰락의 이유를 "월마트나 K마트를 진정한 경쟁자로 받아들이지 않았기 때문이다. 정상을 넘보는 도전자는 항상 존재한다. 경쟁의 선두에 서기 위해서는 계속 변화하고 계획을 실행해야 한다"며 이런 긴장감이 바로 월마트의 성공 비결이다고 했다.

전술의 큰 특징은 경쟁자에 의해 모방이 쉽다는 것이다. 1957년 TWA가 최초로 항공기에서 커피를 제공하자 경쟁자들도 동일한 서비스를 제공하기 시작했다. 4년 후 다시 기내 영화 서비스를 최초로 제공하자 이도 쉽게 경쟁자들에 의해 모방되었다. 결국 확실한 차별화 달성에는 실패하고 원가 향상만 초래하는 결과를 낳았다. 물론 고객들은 서비스 향상을 맛보았지만, 모두들 새로운 아이디어를 내고 열심히 일을 하여 수익을 증대하고자 노력하나 수익은 언제나 그 자리이거나 혹은 악화되는 악순환만 지속되는 것이다. 2000년 4월 Wall Street는 닷컴(dot.com) 기업들의 인터넷을 통한 직접 매출이 '전략이 아닌 전술'이다고 선언하였다. 이러한 전술은 전통 기업들에 의해 쉽게 모방될 것이며 결국 전술적 환경에서 나타나는 치열한 가격전쟁으로 수익성 악화를 초래하여 닷컴 붕괴로 이어질 것이라고 경고했다. 이는 결국 현실로 나타났다.

전술은 전략을 달성하기 위한 하위 수단들이다. 이는 서로 상호 연관성을 가지고 있다는 의미다. 그런데도 불구하고 전술이 달성되었는데 전략이 달성되지 않았다는 것은 뭔가 앞뒤가 맞지 않는 이야기처럼 들릴지도 모른다. 결국 전술이 커다란 미래의 그림인 전략을 달성하기 위한 수단으로 정확히 적용되었는가의 문제일 수도 있으며, 또한 전략이 정확한 목표를 제시하지 못함으로써 전술이 이를 제대로 이해하지 못한 결과일 수도 있다.

전술이 잘못 적용되었다면 즉시 새로운 전술을 구사하면 된다. 문제는 전략이 무엇인지 애매모호한 경우이다. 어떠한 목표를 향해서 나아가야 하는지가 불명확한 경우 전술들은 각각의 목표를 향해서 우왕좌왕할 것이다. 이때 필요한 것이 정확한 리더의 전략적 사고와 방향 제시이다. CEO의 잘못된 의사결정 하나로 수십 년에 걸쳐 영화를 누리던 기업도 단숨에 도산될 수 있는 불확실한 경영환경에서 가장 요구되는 CEO는 단순한 관리형이 아닌, 미래를 내다볼 줄 아는 전략가형 CEO인 것이다.

2. 전략적인 CEO의 유형

알렉산더나 징기스칸, 나폴레옹과 어깨를 견줄 현세의 영웅, 성공한 전략가 CEO는 어떤 사람들일까? 물론 나름대로의 독특한 개성들이 존재하지만 몇 가지 일반적인 특징을 보인다. 이들의 CEO 유형을 통해 전략가의 성공요인을 도출하여 보자.

전략가 CEO들의 개인적 성향의 특징을 통해 구분해보면 제갈공명형, 골목대장형, 유비형, 보이스카웃형, 탤런트형으로 나누어 볼 수 있다.

2.1 정확한 직관과 판단: 제갈공명형

비즈니스 환경에 대한 정확한 직관과 판단을 가지고 있는 리더형이다. 이들의 가장 큰 특징은 산업의 미래에 대한 신념과 놀라운 통찰력을 발휘하는 능력을 지닌다는 것이다.

GE의 잭 웰치는 1987년 토머스 에디슨이 창립한 신성불가침 성역인 소형 가전사업을 톰슨사의 의료기기 사업과 맞바꿀 당시에 '미국의 유산을 팔아넘기는 매국행위'라는 비판을 받으면서도 과감하게 처리하였다. 그에게 있어 확고한 신념은 오로지 수익성과 업계에서 1,2등을 할 수 있는가 하는 것이었다. 소프트뱅크의 손정의 사장은 정보화 사회의 발전단계를 4단계로 나누고 마지막 단계인 '정보서비스 시대'에 초점을 맞추었다. 이는 마이크로소프트의 빌 게이츠가 3단계에 머무르고 있다는 점에서 보면 비전의 발상이 보다 큰 것임을 보여주고 있다. 경제·공학 석사, 정치학 박사학위를 지니고 있으며, 3개 국어에 능통한 노키아의 '요르마 올릴라'는 취임 즉시 환경의 변화를 정확히 예측하여 기존 모태인 펄프, 고무사업을 완전히 정리하고 미래의 수익성 사업으로 보이는 통신업체로의 변신을 적극 추진하였다. FedEx를 설립함으로써 항공 운송서비스를 완전히 변화시킨 프레더릭 스미스의 고급항공 우편서비스 사업의 아이디어는 1965년 예일 대학시절 기말논문으로 제출된 것이다. 그러나 그의 교수 평가는 'C'학점을 주었다고 한다.

이처럼 전략적 CEO들은 시장에서의 경영환경에 대해 나름대로의 신념과 직관을 가지고 있었다. 그러나 이러한 직관들은 물론 그들의 천재성에 기인한 면도 있으나, 미디어의 황제 루퍼트 머독의 충동적 직관이 매주 재무보고 시스템을 통해 새로운 정보를 정확하게 입수하여 비즈니스 환경을 사려 깊게 분석한 결과인 것처럼, 자신들의 지속적인 계발과 치밀한 분석에 근거하고 있다.

또한 이러한 직관을 통해 기업의 비전을 명확하게 제시함으로써 그들이 미래에 어떠한 그림을 그려야 하며, 그릴 것인가를 조직원들에게 정확하게 제시하는 능력을 가졌다.

2.2 '나를 따르라': 골목대장형

정확한 비선을 제시하였으면, 이를 지속적으로 전파하고 '나를 따르라'며 적극적인 행동으로 앞장서는 리더의 유형이다. 이는 '무조건 나를 따르라'와 전혀 다른 개념이다. 성공한 CEO들은 기업의 비전을 조직원들에게 전파하는 일을 게을리 하지 않으며, 이를 재빠른 행동으로 보여주고 있다.

루퍼트 머독은 자신의 비전을 전달하기 위해 밤낮을 불문하고 전화기를 이용하여 직원들과 진화하여, 자신이 경영자로서 보는 문제를 파악하고 있다는 것과 그들이 지금 무엇을 하고 있는지 지켜보고 있다는 것을 늘 상기시킨다. 토요타의 오쿠다 히로시는 사장 취임 즉시 중국 텐진과 미국동부에 엔진 공장을 건설하는 결정을 내렸다. 이는 전임 다쓰로 사장이 몇 년 동안 결론을 내리지 못하고 끌어오던 과제였다. 소프트뱅크의 손정의는 디지털 환경에서 90%의 승산이 있을 때 행동으로 옮기면 이미 늦은 것이며, 70%의 승산이 있다고 생각하면 바로 행동으로 옮겨야 한다는 신념을 가지고 있다. 빌 게이츠도 설익은 제품 출시의 무책임에 대한 비판에도 불구하고, 기술 완성도보다는 스피드가 생존경쟁에서 승리하기 위한 필요악이라는 생각으로 초기 시장의 형성시점에 재빠르게 대응하고 있다. 잭 웰치는 강력한 구조조정을 통해 조직의 관료주의적 의사결정 구조를 효율적으로 작동될 수 있도록 함으로써, 9~11단계의 의사결정과정을 4~6단계로 줄여 신속한 조직구조로 변모시켰다. 버진 그룹의 브랜슨은 직원 모두가 퍼스트네임으로 부르는 것이 어려워질 정도가 되면 바로 기업을 분할할 시기로 판단함으로써 신속한 대응을 위해 조직의 간결화가 얼마나 중요한가를 보여주었다.

이처럼 신속한 행동이 가능하기 위해서는 빠르게 생각하고, 결정하며, 행동으로 나타나야 한다. 그리고 무엇보다 빠른 속도를 지속적으로 유지함으로써 시장에서의 선점자 위치를 선도자의 위치로 변환시켜야 하는 것이다. 물론 기술의 급변이 시장 선점효과를 단축하고 있기 때문에 재빠르게 진입하여 선점효과를 최단기간에 확보하는 것도 중요하나, 이를 지속적인 시장 선도자로 연결하기 위해서는 빠른 속도를 계속 유지해나가는 것이 더욱 중요하다.

과거의 경험으로 볼 때, 64%의 시장 개척자들이 사실상 실패를 하였으며, 살아남은 개척자들 중 불과 9%만이 평균 시장점유율 6%만을 달성하였다는 분석 결과도 있음을 주의할 필요가 있다. 빌 게이츠는 '시장에서 자사 제품이 2~3년 내에 구식제품이 될 것이며, 이는 자신들에 의해서 혹은 다른 기업 누군가에 의해서 그렇게 될 것인가의 문제일 뿐'이라고 강조했다.

2.3 인적 네트워크의 효율적 운영: 유비형

책략가도 아니며 그렇다고 싸움을 잘한 장수도 아닌 유비가 삼국을 통일한 기반에는 인적 네트워크를 효율적으로 관리하여 인재들을 전술에 효과적으로 활용한 결과이다. 현재의 전략가 CEO들도 그들의 전략을 효과적으로 수행할 장수를 양성하는 것이, 기막힌 전략의 구상보다 우선되어야 함을 잘 간파하고 있다. 이를 위해 조직원들의 능력을 개발하고 발전시켜 조직의 지적 능력을 극대화할 수 있도록 적극 지원한다.

닛산자동차의 경영 정상화를 위해 르노에서 옮겨온 카를로스 곤의 인재 선발은 지극히 실천적인 방법이었다. 수백 명을 리스트 업하고 그들의 의견을 들으며 서류심사나 타인의 추천이 아닌, 자신의 눈과 귀를 통해 회사를 이끌 중심 인물을 선정하였다. 그에게 있어 기존의 연공서열은 의미가 없었다. 그는 이들 모두에게 자신들의 회사가 지금 무엇을 하고 있으며, 그의 생각이 무엇인지를 실시간으로 전달함으로써 경영자와 전 사원이 한마음이 될 수 있도록 하였다. 잭 웰치의 '워크아웃'이나 필립스 얀티머의 '타운미팅' 등은 조직원들의 새로운 아이디어를 전술로 이행하기 위한 효과적인 의식변화 전략이었다. HP의 류 플랫은 집무실의 출입문과 칸막이를 없애고, 직원들과 함께 직원식당에서 먹고 얘기하며 그들의 생각을 받아들였다. 또한 각자의 근무시간대를 정해 직장과 가정에서의 건강한 생활을 위한 지원도 적극적이었다. 크라이슬러의 로버트 이튼은 아이아코카와 마찰을 겪은 2인자 로버트 루츠와 가장 효율적인 협력관계를 유지함으로써 1997년 세계 최고의 중역으로 선출되었다. 또한 내막을 정확히 아는 사람들은 오늘날 마이크로소프트의 승리에는 2인자 스티브 발머의 협력자 정신을 빼놓을 수 없다는 것을 강조한다. 유비와 제갈공명의 효과적인 상하관계의 유지처럼 서로의 자부심과 업적을 인정해 주는 탁월한 능력을 보여주고 있다.

조직원들을 어떻게 효율적으로 선발, 관리할 것인가에 대한 이슈는 어떤 CEO에게 있어서나 매우 중요하고 관심 있는 주제이다. 조직원들로부터 새로운 아이디어에 대한 열정을 때와 장소를 가리지 않고 넘쳐 나게 하기 위해서는 자유로운 복장과 격식 없는 호칭이 문제가 아니라, 모두가 그들 능력에 대해 인정을 받고 일정 권한을 부여받음으로써 책임을 지고 최선을 다하겠다는 분위기를 만드는 것이다

머독은 항상 현장에서 일어나는 일에 대해 알고 있음을 직원들에세 상기시킴으로써 공포의 존재로 군림하였으나, 그의 방식에 항의하여 일을 그만둔 사람이 거의 없게 만드는 인재를 다루는 능력을 갖추었다. 전략가들은 권한을 위임하면서 권위까지 완전히 위임하지 않는 치밀함도 가지고 있있다.

2.4 인내와 성실: 보이스카웃형

반짝이는 천재적인 아이디어를 지닌 경영자가 있는 반면, 실패를 두려워하

지 않고 끈기로 성공을 달성하며, 지속적으로 자신을 계발하는 성실성도 겸비하고 있는 리더형이다.

킹 질레트는 일회용 면도기의 최초 개발에 4년을 소요했으며, 제조공정을 개발하는데 또다시 6년을 소요하였다. 그는 훗날 '자신이 금속에 대해 무지하였으며 면도날 개발이 성공하기까지 자신이 극복해야 하는 시련이 무엇인지를 몰랐기 때문에 무지개 저편의 황금이야기를 믿는 몽상가의 길을 가게 되었다'고 회상하였다. 그것이 바로 오늘날의 질레트가 있게 한 유일한 이유였다. 일회용 기저귀가 첫 선을 보인 것은 1930년대 중반이었다. P&G는 1956년에 시장에 뛰어들기로 결정했으며, 기획과 연구조사에 10년을 투자하였다. 일회용 기저귀 팸퍼스가 탄생하기까지 포드의 첫 번째 자동차 개발이나 에디슨의 백열등 발명 때보다 더 긴 시간이 걸린 것이다.

시장에서 어떠한 경쟁자와 맞설 것인가에 대해서도 손정의는 이길 수 있는 상대와만 싸운다는 손자병법의 신봉자인 반면, 브랜슨처럼 시장에서 지배적 위치의 기업과 경쟁을 함으로써 손해를 볼 수도 있으나 반면에 이익을 볼 기회가 많다고 생각, 실패를 성공으로 가기 위한 하나의 과정으로 생각하는 용감성을 보여주고 있다.

그러나 어떠한 형태이건 그들에겐 자신을 지속적으로 계발하고 발전시켜 나가는 성실함과, 실패를 통해 새로운 것을 발견하고 이를 성공으로 이끌어내는 자신감이 항상 넘치고 있다.

2.5 일과 휴식의 균형을 창조: 탤런트형

일과 휴식의 경계를 없애고 항상 즐거운 분위기의 직장을 만들기 위한 기업문화를 창조하는 리더들, 이들은 조직원들과 훌륭한 의사소통 능력 또한 보여준다.

브랜슨은 형식 파괴적인, 히피형 자본가로 불리는 경영 스타일을 보여 준다. 직원을 대가족의 일원으로 곧잘 비유하고 자신도 퍼스트네임으로 불리며 일년에 몇 번씩 자택에서 파티를 열어 그룹의 직원을 모두 초대한다. 버진항공 취항식에 옛날 조종사의 갈색 가죽 헬멧을 쓰고 나타났으며, 미국의 버진콜라 출시 기념식에서는 쌓아올린 콜라에 돌진함으로써 자신을 통한 상품의 광고효과를 극대화하기도 했다.

사우스웨스트 항공의 허브 켈러허는 엘비스 프레슬리 스타일의 청바지를 입고 공항에 나타나 승객들에게 농담을 건네고, 직원들과 갑자기 사냥을 떠나 밤새워 그들과 이야기를 나눈다. 또한 직원을 선발할 때 유머감각이 있는 응시자에게 후한 점수를 준다. '업무에 필요한 지식이나 기술은 교육을 통해 익힐 수 있으나 몸에 배인 태도는 쉽게 형성되는 것이 아니다'라는 신념이다. 그 이면에는 신바람 나는 기업문화의 중요성이 실려 있다. 4월 만우절에 직원들이 부사장실을 뜯어내 근처 양어장 물위로 옮겨놓거나, 회장 사무실에 홀 세 개짜리 미니 골프장을 만들어 놓을 수 있는 기업, 선마이크로 시스템즈와 같은 회사가 선도기업이 될 수 있었던 것은 당연한 일일지도 모른다.

한여름에 '크리스마스 파티'를 열든, 한겨울에 '알로하 데이'를 개최하든 어떤 방식으로 회사를 즐거움이 가득찬 곳으로 만들 것인지는 전술적 문제일 뿐이다. 핵심은 회사는 즐거움을 줄 수 있는 곳, 기업문화에 여가문화를 첨가해야 한다는 것을 정확하게 파악하고 있는 CEO의 전략적 사고이다.

전략적 CEO들은 다양한 형태의 특성을 보이고 있다. 언급된 특성만이 성공한 CEO들의 전략적 사고를 모두 대변하는 것은 아니나, 기본적으로 이러한 특성들은 성공한 전략가 CEO 모두에게 나타나는 필수적 요소들임은 확실하다. 정확한 비전을 제시하고, 이를 조직원들에게 전파·설득하고, 조직원의 능력을 증대시키며, 자신의 능력 또한 지속적으로 계발하는 성실성, 기업문화를 창의적으로 가꾸는 능력들을 소유한 CEO는 전략가 CEO로서의 기본적 자질을 갖춘 것이다. 이를 바탕으로 어떠한 전술을 구사할 것인가는 기업이 훌륭한 전술가 장수들에게 권한을 넘겨주어도 될 것이다. 단지 원하는 방향으로 잘 나아가고 있는지를 주시하면 충분하다.

CEO 개인의 뛰어난 역량만이 오늘날 성공비결의 전부는 아닐 것이다. 전략을 성공적으로 이끈 많은 전술가들의 공헌도 있었음은 물론이다. 그러나 확실한 것은 CEO는 전술가가 아닌 전략적 사고를 가지기 위해 노력해야 하며, 이러한 전략적 의사결정이 기업 운명에 치명적인 영향을 미칠 수 있는 경영환경으로 변하고 있다.

● 사례 ●

호식이두마리치킨의 오너리스크

1999년 1월 대구에서 한 마리 가격에 두 마리를 판매하는 아이템으로 첫 사업을 시작한 '호식이두마리치킨'은 서울 강남구 학동로 337에 본사를 포함 대구·부산·제주·전남·경기남부·충남·충북·강원·광주·전북 총 11개의 지역본부를 가진 치킨 프랜차이즈 대표 브랜드로 성장했다. 특히 2012년 600호점 달성 후 1년 만에 700호점 달성에 성공한 '호식이두마리치킨'은 2016년 8월 남산 서울타워에 1000호점을 오픈하면서 가파른 성장세를 겪었다.

'맛도 두 배, 양도 두 배, 기쁨도 두 배'를 슬로건으로 내세운 '호식이두마리치킨'은 한 마리 가격에 두 마리를 판매하는 저렴한 가격에도 불구하고 최고의 품질로 소비자에게 보답한다는 사명감으로 소비자의 믿음에 대한 약속을 생명처럼 여기며 정직한 기업, 앞서가는 기업으로 고객과 체인점주가 함께하는 프랜차이즈로 지속적인 발전을 이루었다.

주요 치킨업체 개설비용 대비 매출 (단위: 천원)

구분	비용	평균매출	매출/비용
호식이두마리치킨	17,600	328,465	1,866%
교촌치킨-B형	70,545	419,460	595%
BBQ-Express형	219,060	355,000	534%
굽네치킨	46,780	235,323	503%
멕시카나	30,796	153,743	499%
네네치킨	50,727	251,452	496%
처갓집 양념통닭	26,850	132,192	492%
페리카나	30,000	114,492	382%
또래오래	32,350	122,403	378%

자료: 한국공정거래조정원 프렌차이즈 비교정보 〈치킨업종〉
* 비용은 가맹금, 교육비, 보증금, 개점행사비, 인테리어, 기타설비 등으로 구성

오너리스크: 갑작스런 경영위기!

오너리스크(Owner Risk)란, 소유주를 뜻하는 오너와 위험을 뜻하는 리스크의 합성어인데, 오너들의 잘못된 행동으로 인해 기업이 피해를 입는 것을 말한다.

2017년 6월 '호식이두마리치킨' 창업자인 최호식 회장은 여직원 성추행 사건에 연루됐다. 이 사건으로 프랜차이즈 호식이두마리치킨의 가맹점 매출이 최대 40% 급감했던 것으로 나타났다. 오너리스크로 인해 그동안 '상생경영', '의리경영' 슬로건을 내걸고 가맹점 동반성장, 소외된 이웃과의 나눔 활동으로 구축했던 '착한 기업' 이미지에 씻을 수 없는 치명타가 되었다. 치킨은 언제든 먹을 수 있는 음식이지만, 언제든 갈아탈 수 있는 메뉴이기도 하다. 즐겨 먹던 프랜차이즈의 대표가 도의에 어긋난 행동을 했을 때, 소비자는 그 제품을 선택하지 않음으로 도리를 다한다.

'호식이두마리치킨'의 회생전략!

호식이두마리치킨은 지난 2017년 6월 발생한 오너리스크를 극복하지 못한 채 끝없이 추락했다.

호식이두마리치킨 공식 사과문 및 상생혁신 실천 방안

호식이두마리치킨을 사랑해 주신 고객님, 그리고 가맹본부와 함께 불철주야 노력해 주신 가맹점주님. 최근 불미스러운 사건으로 큰 심려를 끼쳐드린 것에 대하여 이유 여하를 막론하고 사과의 말씀 드립니다.

호식이두마리치킨은 지금까지 치킨업계를 대표하는 성공신화를 만들어 왔습니다. 이는 가맹점주님들의 노고와 헌신으로 이룩한 성과이며, 호식이두마리치킨을 사랑해 주신 고객님들의 신뢰가 있었기 때문에 가능한 일이었습니다.

하지만 최근의 일로 많은 분들이 실망하였습니다. 당사는 이 번 일을 전화위복으로 삼아 떨어진 신뢰를 회복하고 다시 사랑받는 호식이두마리치킨이 될 수 있도록 각고의 노력을 다하고자 합니다. 이를 위해 다음과 같은 혁신 방안을 수립하고 실천하여 가맹점주님과 함께하는 기업, 고객님을 위한 브랜드로 거듭날 것을 다짐합니다.

첫째, 이번 사건과 관련해 호식이두마리치킨을 사랑해주신 고객님과 가맹점주님들께 죄송스런 마음과 회사를 위한 도의적 책임을 지기위해 최호식 대표는 금일부로 호식이두마리치킨 경영일선에서 물러나도록 하겠습니다. 이후 본사는 전문경영진을 꾸려 경영 공백이 없도록 운영해 나가겠습니다.

둘째, 상생협력위원회 구성 및 경영 참여
상생협력위원회를 구성하여 투명한 경영과 가맹점의 의견을 적극 반영하는 상생 경영을 실천하겠습니다.
상생협력위원회는 가맹점 대표와 본부 대표 및 공익을 대표하는 외부 전문가로 구성할 것이며 위원장은 외부 전문가인 제3자로 하여 운영의 독립성을 보장할 것입니다. 위원회가 가맹본부와 가맹점의 상생과 동반성장을 위한 다양한 논의를 하고 협의한 결과를 본사 정책에 적극 반영토록 노력하겠습니다.

셋째, 상생협약을 통한 동반성장 기틀 마련
호식이두마리치킨은 가맹점의 성장에 기반 합니다. 가맹점이 있어야 가맹본부 또한 존재합니다.
이를 위해 가맹점과 상생협약을 체결하여 동반성장의 토대를 마련하겠습니다.

넷째, 사회공헌 활동 강화
호식이두마리치킨은 지금까지 밥퍼 나눔 활동 등 다양한 사회공헌 활동을 하여 왔습니다. 향후 이를 더욱 강화하여 사회적 약자와 저소득층을 위한 지원을 확대하고자 합니다. 이를 위해 사회공헌 활동을 위한 예산을 매년 배정해 취약계층의 어린이 등에 대한 치킨 무상 지원 봉사활동을 늘리고, 그 외에도 직간접적으로 할 수 있는 다양한 기부활동을 전개하겠습니다.

다섯째, 고객 불만 제로 경영
호식이두마리치킨의 상품 문제, 서비스 문제로 실망한 고객의 문제를 해결해 드리는 고객불만제로 제도를 시행하겠습니다.
고객불만제로 센터 운영을 통해 고객님들의 의견을 적극 청취하고 실천함으로써 고객이 믿고 찾는 브랜드가 될 수 있도록 최선을 다하겠습니다.

여섯째, 윤리경영 실천과 직원 복지
윤리경영문을 채택하여 윤리경영을 실천하고, 직원 복지제도를 강화해 직원을 배려하는 기업이 되어 즐거운 조직문화, 진정 다니고 싶은 회사가 될 수 있도록 하겠습니다.

지금까지 호식이두마리치킨을 아껴주셨던 고객님 그리고 가맹점주님들께 앞으로 호식이두마리치킨은 신뢰 받는 브랜드, 상생하는 기업이 될 수 있도록 뼈를 깎는 노력을 다할 것을 다시 한 번 약속드립니다. 감사합니다.

2017년 6월 9일
호식이두마리치킨 임직원 일동

토의과제

1. '호식이두마리치킨'의 초기의 성공요인은 무엇인가?
2. '호식이두마리치킨'의 오너리스크가 가져온 결과는 무엇인가?
3. 오너리스크가 오너 프리미엄(owner premium)전략보다 기업에 미치는 파급효과가 큰 이유는 무엇인가?
4. 오너리스크를 방지하기 위한 기업들의 예방전략은 무엇인가?

05

우리는 제4부에서 전략실천의 과제로서 조직구조, 조직문화, 리더십의 문제 등 경영전략의 실행과정에서 발생하는 문제들을 살펴보았다.

이제 제5부의 전략의 평가(strategy evaluation)에서는 경영전략의 마지막 단계로서 전략실행의 결과가 애초에 계획했던 것에 얼마나 근접하게 달성하였는지를 결정하는 것이며, 전략의 통제를 통하여 조직이 성취하고자 의도한 바를 달성하도록 유도한다.

효과적인 통제는 전략적 목표와 단기목표 등의 진행을 결정하고 성과를 평가하는 데 유용하게 쓰일 수 있는 정보를 제공하는 것이라고 볼 수 있다. 통제는 성과가 기대에 못 미칠 때는 그 문제의 근원을 찾아내어 경영상의 부정적인 효과를 제거한다. 한편 성과가 기대 이상으로 나올 경우에는 성공한 이유를 찾아 조직이 새로운 것을 배우는 학습에 긍정적인 영향을 미친다고 할 수 있다.

따라서 제5부에서는 전략의 평가와 관련된 것으로서 전략을 수립, 실행한 후, 그 결과를 피드백하는 과정과 균형 잡힌 성과기록표(BSC), 전략평가시스템의 메커니즘을 이해하는 데 그 목적이 있다.

PART 5

전략평가

Chapter 14

전략평가

"전략 실행이 제대로 이루어지지 않는 가장 중요한 원인으로 아직도 많은 기업에서 행동보다 말을 중요시하고 있기 때문이다."

– Pfefer & Sutton

"항공기 내의 객실에서 개발할 수 있는 서비스는 한계가 있다. 따라서 우리는 땅 위에서 부가서비스를 제공해야 한다."

– Karl John, SAS CEO

● 전략 Focus ●

KPI(Key Performance Indicator)

KPI란 핵심성과지표를 의미하는 것으로서, 최근 KPI를 새롭게 정립하기 위해 일부 기업들이 활발한 노력을 전개하고 있다.

ABB의 전 회장인 퍼시 바네빅은 '측정하지 않으면, 행해지지 않고 고쳐지지도 않는다'고 말한 적이 있다. 이는 기업, 부서, 개인의 성과 개선을 위해 활동 결과를 측정하는 것이 얼마나 중요한가를 강조한 말이다. 측정하지 않고서는 최종성과가 어떤 수준인지, 성과에 문제가 있다면 무엇 때문인지, 그리고 이를 어떻게 개선할 것인지를 파악하는 것이 근본적으로 불가능하다. 그러나 여기에 많은 관리자들의 고민이 있다. 즉, 무엇을 측정할 것인가(What to manage)의 문제 때문이다.

많은 기업에서 이제까지의 주된 성과지표는 매출, 비용 등 명확한 재무성과 위주였다. 이는 물론 측정 가능성을 고려한 결과이며, 또한 재무성과의 측정은 향후에도 필요하다. 하지만 정량적으로 측정할 수 있는 것이 재무적 성과만은 아니다. 특히 재무성과 위주로 측정하는 것은 몇 가지 문제를 가지고 있다. 첫째, 재무적 성과는 과거 활동의 성과이다. 측정의 목적은 과거를 평가하는 것뿐만 아니라 미래성과를 예측하는 것도 있다. 따라서 미래성과를 예측/반영하지 못하는 재무적 지표는 바람직한 측정에 한계가 있다. 둘째, 재무성과지표는 최종활동의 결과만을 보여 줄 뿐, 어떠한 활동/과정을 통해 성과를 달성할 것인지에 대한 정보를 전혀 주지 못한다.

재무성과지표 위주의 측정에 문제가 있음을 인식한 일부 기업의 경우, 재무적 지표 외에 가능한 한 많은 지표를 활용하여 측정하기도 한다. 그러나 이

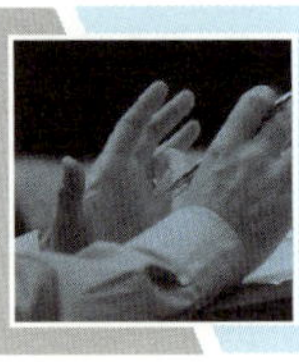

제 1 절

전략평가의 의의

1. 전략평가의 중요성

기업의 경영요소를 크게 3가지로 구분하면 경영목표, 사업영역, 경영자원으로 나눌 수 있다.

첫째, 경영목표는 기업가치의 극대화를 의미한다.

둘째, 사업영역은 경영목표를 달성하기 위하여 환경변화에 대응하여 사업

러한 측정 방식 역시 문제를 가지고 있다. 즉, 측정은 회사가 원하는 방향으로 구성원들의 사고/행동을 유도하는 데에도 목적이 있다. 따라서 많은 지표를 활용한다는 것은 구성원들의 사고/행동의 초점을 불명확하게 하고, 궁극적으로 구성원들의 의욕 저하를 초래할 수도 있다. 이러한 현상이 발생하는 것은 무엇을 측정할 것인지에 대해 확신이 없기 때문이나, 그 실질적인 원인은 성과 지표에 반영되어야 할 사업 성공 요인에 대한 공유된 인식 부족, 그리고 사업 성공 요인과 성과지표 간의 인과 관계에 대한 이해가 부족하기 때문이다.

기존 성과지표의 문제를 해결하고자, 많은 기업들이 새로운 방식으로 KPI를 정립하고 있다. 예를 들어 심각한 경영 위기를 겪은 시어즈의 경우, '종업원-고객-이익'의 인과 관계를 바탕으로 TPI(Total Performance Indicator)라고 부르는 KPI를 구축, 운영하고 있다. 이를 통해 소매점으로서의 전략적 포지셔닝을 명확히 하고, 재기에 성공한 것으로 알려지고 있다. 또 다른 사례는 유럽에 기반을 둔 금융 회사인 '스칸디아'이다. 동사의 경우, 지적 자본을 측정할 수 있는 성과지표의 개발에 초점을 두고, 재무/고객/프로세스/개발/인적 측면에서 지적자본지표를 구체화한 'Skandia Navigator'를 개발, 운영하고 있다. 이는 현재 연말 회계보고서와 함께 공시되고 있으며, 미국 SEC (Security Exchange Committee)도 이를 공식적인 공시지표로 채택하려는 검토를 하고 있다.

이처럼 KPI를 새롭게 정립하려는 기업들은 하나의 공통점을 가지고 있다. 그것은 BSC(Balanced Scorecard) 관점에서 KPI를 재구축한다는 것이다. 즉, 회사 비전이나 전략 방향을 반영한 KPI를 정립하되 각 KPI 간의 인과 관계를 중요하게 고려하며, 또한 재무적 성과뿐만 아니라 고객/프로세스/학습 역량 등 균형 잡힌 관점에서 KPI를 정립하고 있다.

영역(business domain)을 새롭게 구축하는 것이다.

셋째, 경영자원은 사업영역에 자원을 효율적으로 재분배하는 것을 의미한다.

이와 같이 기업의 경영활동은 이러한 기업의 경영목표, 사업영역, 경영자원을 연결시키는 일련의 계획-실행-평가(plan-do-see)의 활동이다. 이러한 세 가지 활동(activity)이 조화롭고 유기적으로 작용하여 맞물려 돌아갈 때 기업의 경영성과를 기대할 수 있는 것이다.

1970년대 말과 80년대 초의 오일쇼크 등 외부환경이 급변함에 따라 기업들은 자체적으로 외부환경에 적극적으로 대처할 방인을 모색하였다. 즉, 이전에는 정부에서 계획(plan) 기능을 대신해 주어서 기업에서는 실행(do) 기능만 하면 되었으나 70년대 말 이후 한국기업은 계획 기능을 내부화하게 되었다. 즉, 기업

그림 14-1 경영활동의 계획-실행-평가의 프로세스

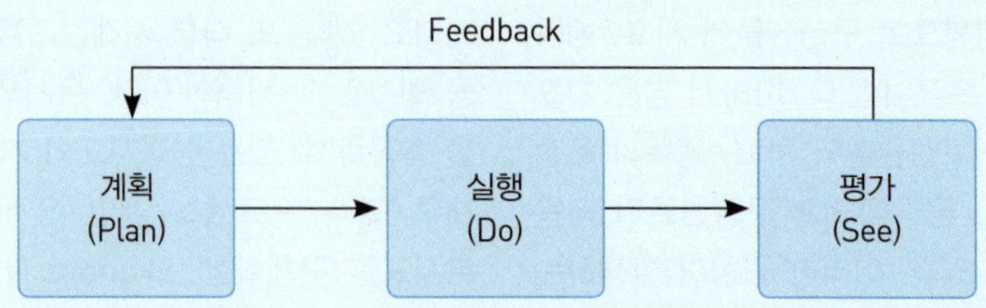

에서의 기획실 혹은 기획조정실의 설치가 대표적인 예이며, 여기에서 계획 기능을 주로 담당하였다. 이렇게 하여 한국기업은 자체적으로 계획과 실행이라는 경영활동(plan-do)을 수행하게 되었고, 이와 같은 활동에 따른 평가(see)도 부분적으로 수행하기 시작하였다. 이렇게 하여 일련의 경영활동, 즉 계획-실행-평가라는 활동이 이루어지게 되었다.

이를 도식화하면 [그림 14-1]과 같다.

한국기업의 경우 계획 → 실행 → 평가의 경영활동이 논리적 순서대로 기업에서 나타나는 것이 아니라, 한국기업의 경영환경 특성상 실행 → 계획 → 평가의 순서로 그 중요성이 부각되었다. 그리고 기존의 경영활동의 특징은 전략의 중요성이 점증함에도 불구하고 실제적인 전략에 대한 실행 및 평가가 이루어지지 않았다는 것이다. 다시 말하면, 기본적인 경영활동의 프로세서의 주요 대상은 전략이 아니라 관리(management)였다는 것이다. 이는 관리에 대한 계획, 관리에 대한 실행, 관리에 대한 평가가 이루어졌다는 것을 의미한다. 그런데, 기업이 경쟁력을 확보하고 장기적인 관점에서 사업을 수행하기 위해서는 기본적인 경영활동의 대상이 '전략(strategy)'이 되어야 한다. 즉, 정태적인 의미의 관리에 대한 경영활동에 아니라 동태적인 의미의 전략에 대한 경영활동 중심이 되어야 한다는 것이다. 이를 그림으로 비교하면 [그림 14-2]와 같다.

그림에서 알 수 있듯이 기존의 경영활동의 중심은 관리였으며 관리계획 → 관리실행 → 관리평가가 주된 경영활동 프로세스를 형성하고 있었다. 이는 관리자로서의 역할이 중심이 된 경영활동이라고 할 수 있다. 그러나 전략에 대한 중

그림 14-2 관리 프로세스와 전략 프로세스의 비교

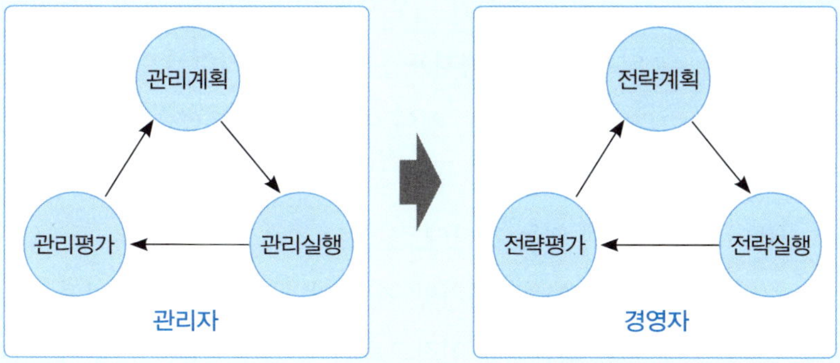

요성이 점증함에 따라 새로운 경영활동의 프로세스는 전략계획 → 전략실행 → 전략평가로 전환되어야 할 필요가 있다. 즉, 기존의 관리자로서의 역할이 아니라 경영자로서의 역할에 있어서 전략이 고려가 되어야 한다는 것이다.

성공적 전략실행을 위해서는 명확한 전략 방향을 정립하고, 이를 중심으로 목표 수립, 점검, 피드백 등의 활동이 체계적으로 이루어지는 관리 시스템 구축이 필수적이다. 그런데 이러한 관리 시스템이 효율적으로 운영되기 위해서는 전략과 측정지표가 체계적으로 연계되어야 한다.

명확한 지표가 제시되면 기업 내의 구성원들은 자신들이 해야 할 일을 구체적으로 인식하고 이의 달성을 위해 보다 바람직한 의사결정을 내릴 수 있다. 그리고 일반적으로 성과지표의 결과는 보상과 연계되기 때문에 구성원들이 주인의식과 목표 달성에 대한 동기를 보다 강하게 갖게 된다. 따라서 기업의 전략 방향과 연계된 지표를 설정하게 되면 기업의 목표 달성이 보다 용이해진다. 반면 지표가 잘못 선정된 경우에는 기업활동에 오히려 악영향을 미칠 수 있다. 예를 들어, 신제품 개발을 통한 제품 리더십 전략을 중시하는 기업에서 운영 효율성 및 통제 관련 지표만을 주로 활용한다면, 구성원들의 창의성 발휘가 어려워지고 획기적인 신제품 개발이 어려워질 수 있다.

또한 전략과 지표를 연계하는 경우 지표 점검을 통해 과연 기업이 추구하는 전략이 제대로 실행되는지를 쉽게 확인할 수 있으며, 동시에 그러한 현상이 발생하는 근본 원인을 분석하는 것이 가능하게 된다. 물론 이러한 원인을 분석하기 위해서는 기존 관리의 중점인 재무지표 이외에 그러한 결과를 발생시키는 원인을 파악할 수 있게 하는 선행지표를 동시에 관리하는 것이 필수적이다. 이를 통해 단순히 결과만을 점검하는 것이 아니라 원인분석을 통해 현재의 문제점을 인식하고, 이를 해결할 수 있는 방안 모색이 가능하게 됨으로써 보다 향상된 전략 실행이 이루어지게 되는 것이다.

기업경영에 있어서 성과평가란 어떤 의미를 지니는가? 어떤 이들은 성과평가란 신의 영역이며, 불완전한 인간으로서 다른 인간을 평가한다는 것은 불가능하다는 표현으로 '성과평가 무용론'을 제기한다. 이들의 주장에 의하면 성과평가란 단지 복권 추첨과 같은 것으로 인간이 통제할 수 없는 것들을 무작위로 뽑아내는 것에 불과하며, 이를 개발하기 위해서는 비용이 소요되고 경영상의 부담이 가중될 뿐 아니라, 조직 구성원의 행위를 왜곡시킬 가능성이 있으므로 결국 불필요하다는 것이다.

그러나 현실을 살펴보면 효과적인 성과평가 시스템의 구축을 통해 위기에 빠진 기업을 살려 내고, 경영 성과를 획기적으로 증대시키는 사례들을 많이 살펴볼 수 있다. Wal-mart에 이어 미국 내 2위의 소매업체인 Sears는 TPI(Total Performance Indicator)라 불리는 성과평가 시스템을 통해 종업원-고객-이익 간의 인과 관계를 분석하고, 소매점으로서의 전략적 포지셔닝을 명확히 함으로써 심각한 경영위기로부터 탈출하여 재기에 성공하였다.

또한 석유 산업의 서비스 분야에 속하는 여러 회사들이 공동 출자하여 설립한 합작 회사인 Oiltech는 기업활동의 다양한 관점에서 균형 잡힌 성과평가 시스템을 구축하고, 이를 통해 합작 회사의 참여 실체로 하여금 어떻게 하면 운영 차원에서 상호 협력할 수 있는지, 그리고 협력 관계를 유지하기 위해서는 어떤 전략적 이니셔티브 프로그램이 필요한가? 등을 보여주고 있다.

이처럼 성과평가는 그 자체만을 놓고 볼 때 불완전한 요소를 많이 가지고 있다는 비판을 받기도 하지만, 이를 통해 기업은 문제를 스스로 진단하고 개선하려는 노력을 경주할 수 있으므로 기업경영의 목적을 달성하기 위해 반드시 필요한 수단이라 할 수 있다. 측정할 수 없는 것은 관리할 수 없고 개선할 수도 없다는 사실을 넘어, 조직은 곧 측정 그 자체라는 지적은 평가의 중요성을 실감하게 만드는 문구이다. 이러한 관점에서 볼 때 성과평가는 양날을 가진 필요악이라 할 수 있으며, 기업의 입장에서는 전사 차원에서의 부작용을 최소화시키면서도 이를 통해 조직의 구성원들을 동기 부여함으로써 기업의 전략 방향에 부합하는 행동을 이끌어낼 수 있는 성과평가 시스템의 설계가 필요하다.

2. 전략평가의 개념

전략의 평가 및 통제(evaluation & control)는 기업활동과 성과 결과를 모니터링하여 예상하였던 성과 대비 실제적인 성과를 비교하는 것이다. 모든 관리 수준에서 관리자는 옳은 활동 및 문제를 해결하기 위하여 결과의 정보를 활용하여야만 한다. 비록 평가 및 통제가 마지막 주요 전략 경영관리의 요소일지라도 이는 실행된 전략 계획의 약점을 지적할 수 있으며, 반복 과정 시 새로운 자극이 될 수 있다.

광범위한 결과에 대하여 평가하기 위하여 대규모의 최고경영층은 전형적으로 투자회수율, 순이익, 점유율, 증가분 매출액 등의 핵심 지표를 지닌 정기 보고서를 활용한다. 이러한 결과를 가지고 최고경영층은 인센티브 시스템이라든가 개선사항이라든가 미래의 활동을 취하게 된다. 활동(activities) 자체를 모니터하고 평가하는 것은 성과(performance)를 평가하는 것보다 더욱 어려움이 있다. 왜냐하면 어떤 활동을 모니터링할 것인가를 결정하는 어려움과 평가하는 기준, 시각차이 때문이다. 몇몇 회사는 목표에 의한 관리(MBO)를 한다. 그러나 바람직한 결과를 이끌어 낼 수 있는 많은 중간적인 활동을 간과하기 때문에 목표에 의한 관리는 비평을 받아왔다.

전략평가영역에서 조직 또는 기업의 성과평가 및 통제시스템과 관련한 많은 논의가 있어 왔다. 그러나 이러한 연구의 대부분은 특정의 변수가 성과평가 및 통제시스템에 미치는 영향을 평가하거나 행위변수와 성과변수 간의 상호반응

효과, 보상제도가 성과에 미치는 영향 등에 초점이 맞추어져 있다. 예를 들자면,

1) 예산시스템이 성과에 미치는 영향에 관한 연구
2) 리더십 및 개인적 특성이 성과에 미치는 영향에 관한 연구
3) 성과평가와 관련된 상황 이론적 관점에서의 연구
4) 피드백 정보와 성과의 연관성에 관한 연구
5) 동기부여 측면과 관련한 대리인 이론관점에서의 연구 등이 있다.

이와 같은 논의를 위해 평가에 대한 개념을 정의할 필요가 있다. 평가에 대한 개념은 학자들에 따라 다소간 차이가 있다. 왜냐하면 평가의 개념이 광범위하게 사용될 뿐만 아니라, 각각의 적용영역에 따라 개념의 차이가 있을 수 있기 때문이다. 기존의 평가에 대한 개념을 정리하면 다음과 같다.

평가(evaluation)란 경영실적을 체계적으로 측정하고 이를 과거의 실적과 비교함으로써, 경영실적의 정도 질 혹은 가치를 판단하는 과정이라는 것이다. 여기에서의 평가는 어떤 활동이 이루어진 후에 그것의 가치를 측정하는 사후 활동이며, 이러한 의미에서 평가는 활동이 이루어지기 전에 그것의 가치를 사전에 예측해 보는 분석과 구분된다고 주장한다.

또한, 평가를 좁은 의미로 파악할 때 그것은 사업 혹은 전략이 야기한 효과, 특히 효과성의 측정을 일컫는다고 한다. 그러나 이와 같이 사업평가를 좁게 이해하는 경우에 따라서는 평가를 사업 혹은 전략의 효과성과 능률성을 측정하는 것으로 이해하는 것도 있다고 하였다. 한편, 평가를 넓게 이해하는 사람들은 협의의 평가에서 다루어진 사업 혹은 전략의 효과와 능률성 이외에도 전략의 집행과정 및 전략의 구조(설계)와 같은 전략의 여러 측면에 관한 검토까지를 사업 혹은 전략평가의 개념에 포함시키고 있다고 하였다.

한편, 이타미에 의하면 조직의 유효성 증진과 인센티브 제공을 위한 관리과정은 크게 계획, 조직, 통제의 세 과정으로 구분되어 있다고 하며, 이러한 기본적인 과정은 그 스스로 독자적으로 존재하는 과정이라기보다는 상호 밀접한 관련성을 가지면서 전체로서 하나의 연결된 순환구조를 지니고 있다는 것이다(H. Itami, 1977). 이타미의 주장에서 조직은 경영활동 중에서 실행(do)과 동일한 개

념이며, 통제는 평가와 같은 의미인 것이다.

이러한 견해를 바탕으로 할 때 평가라는 것은 다음과 같은 조건적 특징을 지니고 있어야만 한다.

첫째, 평가는 경영의 기본 활동인 계획, 실행, 평가 및 피드백과 밀접한 관련을 가지고 있어야 한다.

둘째, 평가는 사후적으로 측정하는 것뿐만 아니라, 사전적 및 과정적인 부문도 반영해야 한다는 것이다.

셋째, 평가는 평가의 결과에 의한 반영, 즉 조직의 유효성 증진과 인센티브의 제공 등을 통해 경영성과에 영향을 미치는 것이어야 한다는 것이다.

넷째, 평가는 조직의 목표 또는 비전을 달성하기 위해 수립된 정책 혹은 전략의 내용을 포함하고 있어야 한다는 것이다.

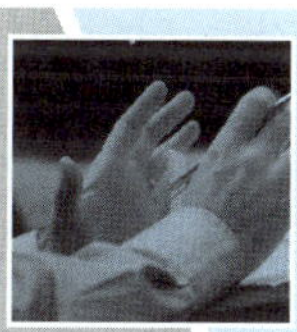

제 2 절

전략평가시스템

1. 전략평가시스템의 개념

평가에 대한 개념이 광범위하여 그 적용범위가 넓은 반면, 실제로 사용되는 분야에 있어서는 평가에 대한 개념의 적용범위가 매우 제한적이다. 즉, 특정 분야에 있어서 평가의 개념을 전체적으로 사용할 필요는 없으며, 일부의 개념을 부분적으로 원용하여 사용할 수 있다.

그리고 시스템에 대한 정의도 간과할 수는 없다. 왜냐하면, 평가의 대상인 조직 혹은 사업은 하나의 시스템을 형성하고 있을 뿐만 아니라, 평가시스템 역시 그 자체가 시스템적인 특징을 지니고 있어야 하기 때문이다. 따라서 조직의 유효성 측면에서의 시스템적 접근법에 있어서의 시스템이란 먼저 다음의 조건을 충족시켜야 한다.

첫째, 시스템의 목적이 뚜렷해야 한다.
둘째, 시스템에는 하부요소가 있어야 한다.
셋째, 요소들 간에 상호작용이 있어야 한다.

전략평가시스템에 있어서 이와 같은 시스템적 요소들을 고려하여 설계되어야 할 뿐만 아니라, 평가의 여건, 평가의 내용, 평가의 반영이라는 측면의 요소들도 고려하여야 한다. 예컨대, 전략의 수립과 실행, 조직의 목표 달성, 인센티브 제도의 유무, 프로세스의 개선 등이다.

그리고 평가시스템에서 고려해야 할 사항은 조직의 각 단계별로 계획, 실행, 평가의 요소가 달라야 한다는 것이다. 의사결정자인 최고경영자는 전략, 특히 장기 전략에 대한 계획과 실행, 그리고 평가를 책임져야 하고, 조직의 중간계층인 관리자는 관리에 대하여 계획, 실행, 평가를 담당해야 한다. 그리고 하위관리자 혹은 기능부서의 구성원들은 기능에 대한 계획, 실행, 평가를 담당해야 한다. 이를 그림으로 나타내면 [그림 14-3]과 같다.

한편, 조직의 유효성과 능률을 향상시키기 위해서 특정의 기준이나 판단체계에 의거하여 과업의 수행정도를 평가하는 것을 성과평가(performance evaluation)로 정의할 수 있다. 즉, 성과평가란 종업원 또는 부문(혹은 기능부서)이 맡은 바 일을 수행함으로써 조직의 유효성을 어느 정도 달성하였는가? 또는 조직의

그림 14-3 전략평가의 단계별 경영활동요소

경영자	전략계획	전략실행	전략평가
관리자	관리계획	관리실행	관리평가
실무자	기능계획	기능실행	기능평가

능률향상에 어느 정도 기여하였는가를 설정되어 있는 기준이나 특징이 시스템을 통해서 비교·분석해 나가는 관리통제시스템의 하나의 하위시스템이라고 할 수 있다.

이와 같은 성과평가는 단기적·국부적·미시적·단편적인 개념이 아니라 개인수준 또는 조직수준에서 전반적·전사적·총체적인 실실 산출(positive output)을 측정하는 과정으로 발달되어 왔다. 경영통제시스템의 요체는 능률, 생산성, 유효성의 모든 개념을 포괄하는 실질적인 성과평가(positive performance evaluation)에 초점을 맞추어야 한다.

따라서 기존의 평가시스템을 개선한 전략평가시스템(SES: Strategy Evaluation System)은 다음의 사항을 반영하는 것이어야 한다.

1) 실행결과치(Do-See)만이라기보다는 여기에다 활동과정까지 포함한다. (Plan-Do-See)
2) 재무적인 체크리스트(financial checklist)라기보다는 기업의 장기적 경쟁력을 확보할 수 있는 내용이 포함되어 있다.
3) 사업하부의 기능수준에서의 최적이라기보다는 전체적인 평가요소들이 균형을 이루고 있다.
4) 기존의 산출(output)요소 중심의 평가가 아니라, 투입(input)요소까지 반영되어 있다.
5) 그리고, 평가시스템이 원활하게 적용될 수 있는 여건까지도 고려한 시스템이 전략평가시스템(SES)이다
6) 적용대상은 기업 전체, 사업단위, 기능수준까지 전체를 연결시키는 평가시스템이다.
7) 평가기간도 장기성과를 고려한 평가시스템이어야 한다는 것이다.

이상과 같이 기존평가시스템과 전략평가시스템을 요약 비교하여 전략평가시스템(SES)을 정의하면, "경영환경(managerial environment)의 변화요인(changes)을 고려하여 수립된 전략의 실행 및 결과를 평가해 주고, 조직 전체적인 관점에서 장기적으로 기업의 경쟁력을 향상시킬 수 있도록 평가의 여건까지 고려된

그림 14-4 평가시스템의 기본 구성요소

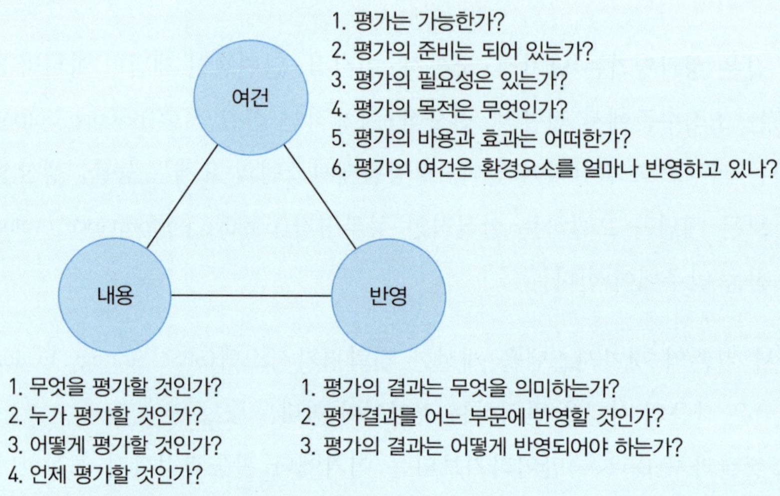

평가시스템(evaluation system)"이라고 할 수 있다.

이와 같은 전략평가시스템(SES)은 이미 언급한 바와 같이 평가에 대한 여건, 평가의 내용, 평가의 반영의 세 가지를 고려해야 한다. 이러한 세 가지의 요소를 평가의 기본 구성요소라고 했을 때 그림으로 나타내면 [그림 14-4]와 같다.

위의 그림은 다음 세 가지에 대하여 초점을 두고 있다.

첫째, 평가의 여건에 대한 것으로서 평가의 여건은 평가할 준비가 되어 있느냐 하는 것이다. 이는 기업에서 평가시스템 혹은 평가제도를 수정/도입함에 있어서 평가의 실행에 따른 조직의 특성 혹은 기업문화가 고려되어 있는가?라는 것이다. 예를 들면, 특정기업에서 전략수립의 특징, 권한위양의 정도, 평가제도 시행의 경험 등에 따라 평가시스템이 달라져야 한다는 것이다. 왜냐하면, 평가의 여건에 따라 평가의 내용과 평가의 결과에 따른 반영의 정도가 달라지기 때문이다.

둘째, 평가의 여건에 따른 평가의 내용이 파악되어야 할 것이다. 이는 무엇을 평가할 것인가에 관련된 것으로서 평가의 대상을 정하는 것이다. 평가의 대상은 경영활동에 따라 구분되어질 수 있으며, 반드시 모든 경영활동요소를 평가할 필요는 없다. 예컨대, 기업에서는 사업에 대한 평가만 수행하고 사람에 대한 평가는 수행하지 않을 수도 있다. 그리고 전략의 수립에 대하여는 평가하지 않고 전략의 실행 여부만 평가할 수도 있다.

셋째, 평가의 반영에 관한 것이다. 평가의 반영은 측정된 평가의 결과치가 어디에 어떻게 반영되었느냐 하는 것으로서, 산출(output)에 대비되는 투입(input)의 개념과도 유사하다. 평가의 반영은 조직구성원들로 하여금 직무에 대한 만족도를 높이고 동기부여를 고양시키기 위하여 반드시 필요하다. 즉, 평가의 결과가 인센티브, 승진, 승급에 반영된다든지 금기의 전략이 다음 기에 수정이 된다든지 하는 것이 바로 평가결과의 반영인 것이다.

이러한 논의를 바탕으로 하여 전략평가시스템의 체계를 그림으로 나타내면 [그림 14-5]와 같다.

그림은 전략평가시스템(SES)의 체계를 나타낸 것이다. 그림에서 알 수 있듯

그림 14-5 전략평가시스템의 체계(The SES Framework)

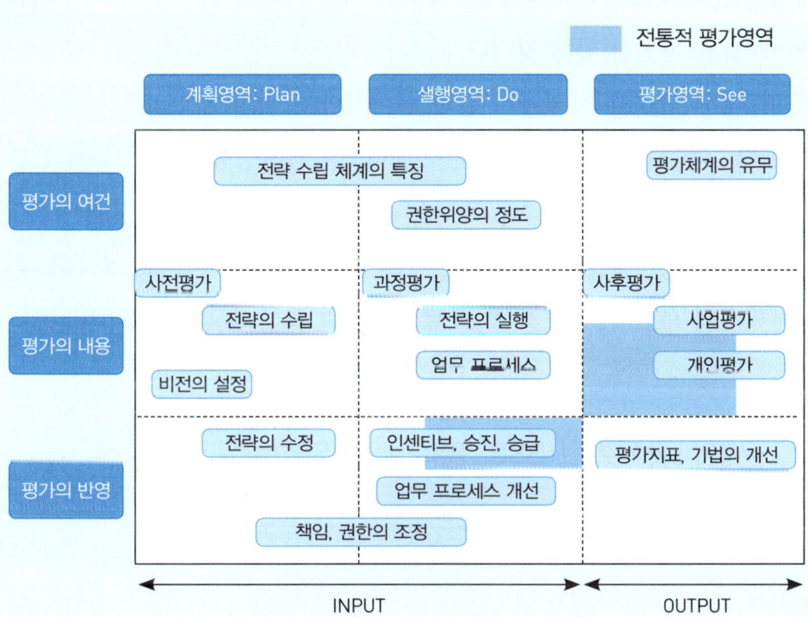

이 세로축은 평가의 여건, 평가의 내용, 평가의 반영을 나타내고 있으며, 가로축은 경영의 기본활동인 계획, 실행, 평가를 각 영역으로 구분하고 있다. 이를 세분하면 총 9개의 셀로 구분할 수 있는데, 각각의 셀에는 독자적인 내용이 포함될 수 있다.

평가여건의 실행영역에서 예를 들어보자. 권한위양의 정도에 따라 평가의 내용이 달라질 수 있는데, 이는 특정사업을 담당하고 있는 책임자에게 전략을 수립, 실행할 수 있는 권한이 주어지지 않았다고 하면 그 평가는 아무런 의미가 없을 뿐더러 그 책임자 또한 평가의 실행에 대하여 많은 불만을 가지게 된다. 따라서 전략평가시스템(SES)에는 평가시스템을 적용하기에 앞서서 평가의 여건까지 고려해 준다는 것에 의의가 있다. 따라서 평가의 여건에는 전략수립의 특성, 권한 위양의 정도, 평가제도의 유무 등이 포함될 수 있다.

평가의 내용에는 무엇을 평가할 것인가에 대한 것만 검증하면 된다. 즉, 여기에는 전략의 수립, 전략의 실행, 업무프로세스, 사업에 대한 평가, 개인에 대한 평가 등이 포함될 수 있다. 평가의 내용에서 간과해서는 안 될 것은 전략평가시스템(SES)의 가장 중요한 내용인 과정(process) 혹은 실행(Do)에 대한 평가대상이 반드시 포함되어져야 한다는 것이다. 이러한 점이 기존의 평가모형 혹은 평가모델과 차이가 있는 것이다.

평가의 반영에는 평가의 결과를 어디에 고려할 것인가를 나타내는 것이어야 한다. 즉, 기존의 사람에 대한 인센티브의 부여, 승진 승급 등과 관련된 것일 뿐만 아니라, 전략평가시스템(SES)의 과정 혹은 실행 평가의 내용이 반영되어야 한다는 것이다. 예컨대, 전략의 수정, 비전의 변경, 책임 및 권한의 조정, 업무프로세스의 개선, 평가지표 혹은 평가기법의 개선 및 변경 등이 대표적이다.

2. 균형성과기록표(BSC: Balanced ScoreCard)

Kaplan과 Norton 교수는 성과의 측정이 조직구성원과 경영자의 행위에 강력하게 영향을 미친다고 주장하면서, 기존의 전통적인 성과측정치(예컨대, 투자

수익률, 주당 순이익)는 오늘날과 같은 치열한 경쟁상황에서는 더 이상 지속적인 개선과 혁신을 달성할 수 없다고 하였다. 그들은 전체적인 재무적 성과측정치는 산업시대에나 적용되었지 현대에는 적절하지 않다고 지적하였다.

현대의 경영자들은 기존의 재무적 성과치뿐만 아니라 운영상의 측정치(예를 들면, 전략, 사이클 타임, 불량률 등)를 고려해야 하며, 이러한 측정치가 사업의 중요한 영역에서 결정적으로 작용해야 한다고 Kaplan과 Norton은 강조하였다. 또한, 이런 측정치는 상호 균형 잡히게(balanced) 설계되어야 한다고 주장하면서 균형된 성과기록표(Balanced Scorecard)를 고안하였다.

균형된 성과기록표에는 이미 수행되어진 특정의 행위에 의한 재무적 결과치뿐만 아니라, 다음의 새로운 세 가지 사항에 대한 운영상의 재무적 측정치도 포함되어 있다.

이 네 가지 사항에 관련된 요소는 ① 고객만족, ② 내부운영 프로세스, ③ 조직혁신과 학습인데, 이들은 모두 미래의 성과에 초점을 두고 있다. 즉, 기존

그림 14-6 균형성과기록표

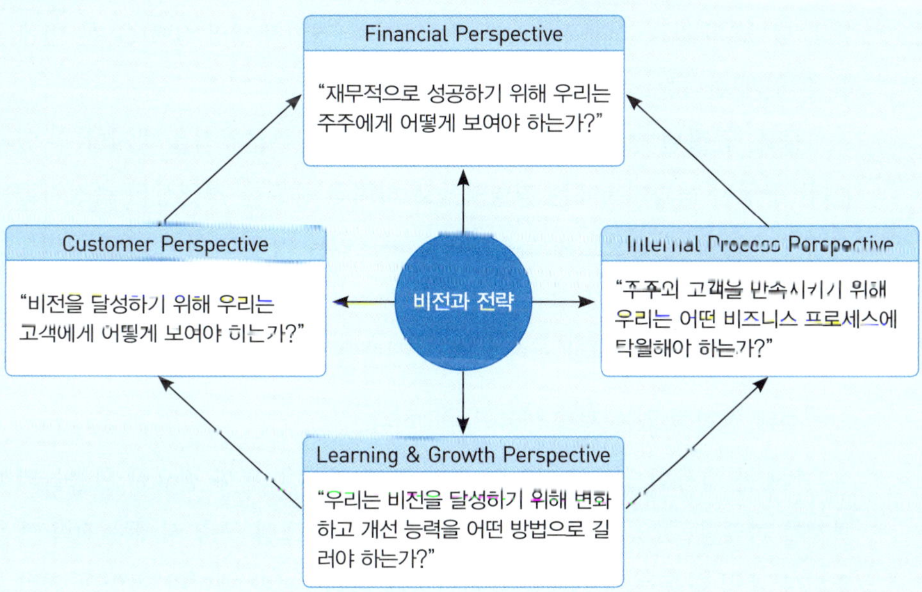

의 전통적 재무측정치와 세 가지의 미래성과 요소를 포함시켜 고안된 균형된 성과기록표는 [그림 14-6]과 같이 나타낼 수 있다.

위의 그림은 다음의 네 가지 질문에 대한 해답을 제시해 주고 있다.

첫째, 고객들은 우리를 어떻게 바라보고 있는가? (고객관점)
둘째, 우리는 무엇을 강력히 추진해야 하는가? (내부운영관점)
셋째, 우리는 지속적으로 개선할 수 있으며 새로운 가치를 창출할 수 있는가? (혁신과 학습조직관점)
넷째, 주주들을 어떻게 만족시킬 것인가? (재무적 관점)

이와 같이 경영자로 하여금 기업활동에 있어서 중요한 네 가지 부문에 집중하게 함으로써 업무부하(load)를 최소화할 수 있다는 것도 균형된 성과기록표의 이점이라고 주장하였다. 왜냐하면, 대부분의 기업에 있어서 경영자들은 과다한 업무와 복잡한 평가요소 때문에 시달리기 때문이다. 균형된 성과기록표는 다음의 두 가지 측면에서 경영층의 요구에 부합하고 있다.

첫째, 균형된 성과기록표는 경영자로 하여금 경영보고서에서 상호 분리된 것처럼 보이는 다양한 경쟁적 과업들(예컨대, 고객지향, 반응시간의 축소, 품질의 향상, 팀워크의 강조, 신제품 출시 사이클의 단축, 장기적 경영 실행)을 한 번에 파악할 수 있게 한다는 것이다.

둘째, 균형된 성과기록표는 경영자로 하여금 부분최적을 방지할 수 있게 해준다. 균형된 성과기록표는 경영자들로 하여금 중요한 경영상의 측정치들을 동시에 고려하게 해 줌으로써 특정영역을 빠트리는 경우가 없이 다른 영역도 파악할 수 있게 해 준다는 것이다.

그러면 BSC가 어떠한 점에서 전략 실행을 용이하게 해 주는 것일까?

첫째, 정합성 있는 지표 선정이 용이하다.

BSC를 활용함으로써 기업은 전략 목표 달성을 위해 필요한 활동들의 인과관계를 파악할 수 있게 된다. 일반적으로 BSC 시스템 구축 시에는 전략 맵을 구축하여 개별 활동들의 연계성을 파악하게 된다. 전략 맵이란 기업의 전략 목표

달성을 위해 중점적으로 추진해야 하는 핵심 과제와 이의 달성 정도를 측정할 수 있는 지표를 재무, 고객, 내부 프로세스, 학습 및 성장의 관점에서 설정하고 이의 상호 연관 관계를 나타낸 지도이다. 기업은 전략 맵 작성을 통해 명확한 전략 방향을 설정하고 이러한 전략 목표 달성을 위해 관리해야 할 핵심 성공 요인과 이의 달성 정도를 파악할 수 있는 지표를 확인할 수 있다. 또한 구성원들도 전략 목표와 자신들의 활동이 어떻게 연계되어 있는지를 인식하고 이의 달성을 위해 자발적으로 노력하는 마인드 형성이 가능하게 된다. 뿐만 아니라 관련 데이터의 축적과 분석을 통해 기존 전략 가설의 옳고 그름도 판단할 수 있게 된다.

전략 맵 작성의 또 하나 이점은 전사 목표부터 개인 단위의 목표까지 체계적으로 연계하여 지표를 관리하기 때문에 기업 전체 활동의 정합성이 높아질 수 있다는 것이다. 따라서 최고경영층이 지향하는 바를 현장에서 일관성 있게 추구할 수 있게 되고 또한 실행 여부를 지표를 통해 파악하는 것이 가능하게 된다.

둘째, 도전적 목표 설정이 용이하다.

전략 실행에 있어 가장 중요한 요소 중의 하나는 조직 및 구성원들이 최대한의 잠재적 역량을 발휘할 수 있는 도전적이면서도 달성 가능한 목표를 제시하는 것이다. BSC는 단순히 개인적 관점에서 목표를 설정하는 것이 아니라 기업이 미래에도 지속적인 성장을 위해서 재무적인 측면과 고객 측면에서 어떤 성과를 달성해야 하는가를 고민하여 목표를 설정하게 된다. Best Practice가 되기 위해 추구해야 하는 상위 목표를 바탕으로 조직과 개인 단위까지 목표가 부여되기 때문에 보다 명확하고 도전적인 목표 제시가 가능하게 되는 것이다.

셋째, 새로운 프로세스의 인식이 용이하다.

BSC의 활용은 경쟁력 확보에 필요한 새로운 프로세스를 인식할 수 있도록 해준다. 예를 들어 성공적인 영업활동이 이루어지기 위해서는 목표하는 고객이 누구이고, 이러한 고객을 내상으로 한 기업의 Coverage와 이에 대한 성과 등을 확인할 수 있는 지표가 관리되어야 한다. 그런데 이러한 지표가 관리되지 않는 경우에는 기업의 기존 영업활동을 다시 한 번 점검해 보는 계기가 될 수 있다. 이를 바탕으로 기존 전략의 미진한 부분을 인식하고 이러한 전략적 목표 달성을 위해 수행해야 할 프로세스나 활동들이 무엇인가를 체계적으로 분석할 수 있다. 또한 프로세스의 성공적 실행에 필요한 역량도 파악이 가능하게 된다.

넷째, 실행의 우선순위 설정이 용이하다.

BSC는 개별 프로세스 간의 실행 우선순위를 판단하는 기준을 제공한다. 전략의 성공적 실행을 위해서는 타 프로세스보다 실행이나 자원 투입의 우선순위를 갖는 프로세스가 존재하기 마련이다. 따라서 자원이 제한된 경우에는 개별 프로세스들의 우선순위를 평가해야 할 필요성이 있다. BSC는 전략 방향에 따라 보다 중점을 두어야 하는 프로세스를 인과관계에 따라 파악한다. 이를 통해 기업들이 전략 실행을 위해 가장 중요한 프로세스에 보다 많은 인적자원 및 예산을 투입할 수 있도록 하는 가이드라인을 제공한다.

다섯째, 관리 프로세스와의 통합이 용이하다.

BSC의 창시자인 Kaplan과 Norton은 전략을 성공적으로 실행하는 기업들, 즉, 전략 중심의 조직(strategy-focused organization)은 BSC를 중심으로 다섯 가지 원칙에 따라 기업의 전략을 적절하게 관리하고 있는 특징이 있다고 말하고 있다. 이러한 원칙을 살펴보면,

- 원칙 1은 구성원들이 기업전략을 쉽게 이해할 수 있도록 전략을 운영상의 용어로 구체적으로 전환해야 한다는 것이다.
- 원칙 2는 조직의 성과를 통합 관리하여 전사 관점에서 시너지를 창출하기 위해 조직과 전략의 정합성을 확보하고 있다는 것이고,
- 원칙 3은 기업전략과 구성원들이 수행하는 일상 업무의 연계를 통해 전략을 전 구성원들의 일상 업무로 만들고 있다는 것이다.
- 원칙 4는 전략과 예산의 연계, 전략에 대한 정기적인 점검, 학습 및 적절한 대응을 통해 전략을 지속적인 프로세스로 만들고 있다는 것,
- 원칙 5는 경영자의 리더십을 변화의 핵심 축으로 활용하고 있다는 것이다.

이와 같은 다섯 가지 원칙은 전략 형성, 의사소통, 프로세스 실행을 포함하는 광범위한 성과관리시스템을 구성하고 있다. 결국 BSC를 통해 기업은 비전

달성 및 전략 실행 점검을 위해 필요한 관리 지표의 도출, 전체 최적화 관점에서의 지표 관리, 결과 분석을 통한 학습 및 보상 등의 활동을 체계적으로 수행함으로써 성공적인 전략 실행이 이루어지도록 할 수 있는 것이다.

3. 전략측정지표와 진단측정지표

경영자는 진정한 기업 성과 개선을 위해서 전략 목표 수행에 대한 측정지표와 일상 업무 수행에 대한 측정지표를 혼동하지 말고 통합적 시각으로 관리할 필요가 있다.

기업의 성과 개선을 위해서 평가 및 성과관리시스템의 구축이 중요하다는 것은 주지의 사실이다. 이를 가장 잘 나타내는 말이 바로 "평가할 수 있다면 개선할 수 있다"는 비즈니스 세계에서의 격언이다. 기업의 경영자/관리자라면 누구나 평가시스템을 구축하고 성과지표의 측정 및 관리를 통해 성과 극대화를 추구하려 한다. 그러나 또한 대부분의 경영자/관리자는 평가시스템상의 성과지표를 잘못 선정하여 사용하고 있기도 하다. 이는 바로 전략측정지표의 부재 또는 진단측정지표의 과다한 사용 등에서 비롯된다.

3.1 전략측정지표

전략측정지표는 간단히 말하면 단어 뜻 그대로 전략을 측정하고 관리하는 지표라는 것이다. 기업의 전략은 대체로 장기적으로 기업이 나가야 할 방향인 비전으로부터 도출되고 전략 방향이 구체적/단기적/전술적인 사업 목표로 수립/수행되게 된다.

단기적인 수행 과정에서 기업은 전략 방향이 제대로 수행되고 있는지, 혹시 잘못된 방향으로 나가고 있는 것은 아닌지 과정을 점검해 나갈 필요가 있다. 그러나 단기적 사업 목표에 지나치게 치중하다 보면, 해당 기업의 전략적 방향에 대한 점검이 무시되는 경우가 발생한다. 바로 여기에서 전략측정지표 부재 현상이 나타난다.

전략측정지표의 대표적인 예가 바로 BSC(Balanced Scorecard)이다. BSC는 기업의 전략 방향에 근거한 재무적/고객/내부 비즈니스 프로세스/학습 및 성장 관점의 성과지표 및 활동 계획을 수립할 수 있는 유용한 경영관리 도구이다.

3.2 진단측정지표

전략측정지표를 마련하여 성과를 관리하기만 하면 자동적으로 성과 개선이 가능할 것인가? 비록 BSC를 통해 전략측정지표 시스템을 구축함으로써 기업의 비전/전략 방향/활동 계획 등이 정렬되었다 할지라도 이것만으로 기업의 성과를 개선할 수는 없다. 진단측정지표를 통한 구체적/단기적/전술적 목표 달성 정도에 대한 관리가 필요하다.

진단측정지표란 사업활동이 경영자가 통제 가능한 범위에서 제대로 수행되고 있는지를 모니터하고, 비일상적 사건의 발생으로 인해 즉각적인 조치가 필요한지 경고 신호 역할을 할 수 있는 측정지표를 말한다. 경영자 및 관리자는 진단측정지표의 관리를 통해 사업 목표가 제대로 달성되고 있는지, 언제 필요한 개선 활동을 수행해야 하는지 등을 검토하고, 기대치에서 벗어날 경우 신속한 조치를 취할 수 있어야 한다.

3.3 통합적 관점의 성과지표관리

결국 전략측정지표와 진단측정지표는 서로 보완적인 활동을 통해 진정한 기업의 성과 개선을 달성할 수 있다.

예를 들어, 혁신적 제품 개발자로서의 기업전략 방향을 달성하기 위해 신제품의 출시 기간이라는 전략측정지표를 개발한 기업이 있다고 하자. 신제품 출시 기간에 지나치게 치중한 나머지 성과 지표를 좋게 평가받기 위해 단기간 동안 개발하여 기존 제품과 별 다를 바 없는 것을 신제품이라고 출시하는 경우에는 혁신적 제품 개발자라는 이 기업의 비전은 절대로 달성될 수 없을 것이다. 이러한 바람직하지 못한 과정을 제거하기 위해서는 "기존 제품과의 혁신적 차이"를 개발 기간 중간에 측정할 수 있는 진단측정지표를 개발함으로써 이 기업은 진정한 성과 개선을 달성할 수 있을 것이다.

경영자/관리자라면 성과관리시스템상의 성과지표가 전술한 바와 같이 통합적 관점에서 구축되어 있는지를 살펴보는 것이 매우 중요하다.

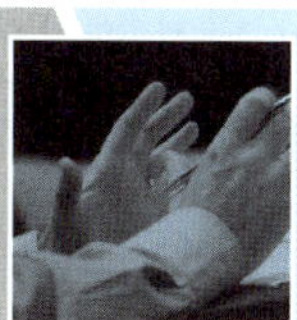

제 3 절

전략평가시스템의 모델링

1. 과정평가의 중요성

새로운 평가시스템은 지나친 결과 중심의 평가가 아닌 과정 중심의 평가로 전환될 수 있는 계기를 반영하는 평가시스템이어야 할 것이다. 평가에 있어서 평가의 기준이 결과에 의해서 이루어져야 할 것인가, 아니면 의사결정에 이르는 중간과정의 성실성과 합리성 여하에 의해서 이루어질 것인가가 문제된다. 평가가 결과중시로 흐르느냐, 과정중시로 흐르느냐 하는 것은 관념적인 문제가 아니라 현실적인 문제이다. 왜냐하면, 평가의 기준과 그 제도 여하에 따라서 그 조직 구성원의 행위기준과 가치관, 드디어는 그 조직의 문화가 크게 영향을 받기 때문이다. 어느 기업의 평가가 결과 중심적이면 그 구성원은 중간과정을 경시하고 결과를 중시하는 행위패턴을 낳게 될 것이나 만약 평가제도가 결과보다는 과정의 합리성과 성실성으로 옮겨진다면 그 조직의 문화는 그 방향으로 형성되어 갈 것이다. 그리하여 조직을 이끌어 가는 데 있어서 이 평가의 문제는 가장 중요한 가치관의 문제일 수밖에 없다.

기업의 경영자는 경영활동을 수행하면서 수많은 의사결정을 내려야 하고, 기업은 무한히 계속되는 수명을 전제(going concern)로 해야 하기 때문에 장구하게 흐르는 시간 속에서 계속 의사결정을 내려야 된다. 이러한 장기 존속의 전제 속에서는 대수의 법칙을 의식할 때 결과론적 평가보다는 합리적 과정에 가치를 부여하는 과정중시의 평가가 차라리 존중받아야 할 것 같다.

이와 같이 과정 중심의 평가뿐만 아니라, 기존의 전통적인 평가에 대한 고정관념에서 벗어나 새로운 환경의 요구에 부합해야 하는 평가시스템이 절실하다.

또한, 평가시스템이 전략평가시스템으로 되기 위해서는 전략에 대한 반영이 필요하다. 전략은 기업의 비전을 실행해 주는 구체적인 수단이 되기 때문이다. 전략을 반영한다는 것은 곧 환경의 변화를 분석하고 여기에 대응한다는 의미와 동일하다. 전략은 기업의 비전을 구체화시키는 하나의 수단이다. 그리고 전략은 기업경영활동에 있어서 계획단계에서 수립되지만, 보다 더 중요한 것은 전략의 실행에 있다. 이러한 실행을 과정으로 평가해 주어야 하며, 이러한 과정상의 평가는 경영자원의 투입물(input)로 보아야 할 것이다.

그러므로 지금까지의 평가시스템 모델을 분석한 결과에 따른 문제점과 한계를 보완하여 새로운 패러다임으로 접근한 평가시스템이 필요하다. 이러한 평가시스템은 경영활동의 기본인 계획, 실행, 평가를 반영할 뿐만 아니라, 평가가 수행되어져야 하는 평가의 여건, 평가의 내용, 평가의 반영 측면도 고려되어져야 할 것이다.

2. 전략평가시스템(SES)에 대한 모델링

지금까지 전략평가시스템에 포함되어야 할 요소들과 평가의 여건, 내용, 반영에 대하여 논의하였다. 이와 같은 전략평가시스템(SES)의 체계(framework)를 바탕으로 전략평가시스템(SES)에 대하여 모델을 수립하면 [그림 14-7]과 같이 나타낼 수 있다.

그림에서 볼 수 있듯이 전략평가시스템(SES)은 기존의 전통적 평가가 포함되어 있다. 즉 전략평가시스템(SES)은 전통적 평가시스템을 보완하여 개선되었다는 것이지 새로운 개념으로 기존의 평가시스템과 완전히 다르다는 것을 의미하지는 않는다. 전통적 평가시스템이라는 것은 전략평가시스템(SES)에 대하여

그림 14-7 전략평가시스템(SES) 모델

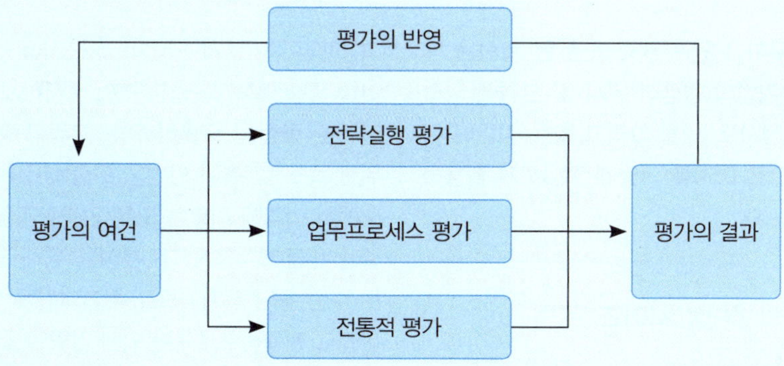

반대되는 개념은 아니나. 이는 전략평가시스템(SES) 이전의 다양한 평가시스템에 있어서 그 한계를 지니고 있던 평가시스템이라고 이해하면 된다.

전략평가시스템(SES) 모델에 의하면 전략평가시스템(SES)을 수립하기 위해서는 우선적으로 평가의 여건을 고려하여 전략의 실행 및 프로세스를 평가한다는 것이다. 평가의 여건에 대한 고려가 수행되면 전통적 평가를 포함하여 전략실행의 평가, 업무프로세스 등 평가의 내용에 대하여 평가가 이루어진다. 이러한 내용들을 바탕으로 평가의 결과를 다시 평가의 여건에 반영하는 것이 전략평가시스템(SES)의 기본 모델인 것이다.

● 사례 ●

BSC의 활용: Sears, Mobil NAM&R, Store 24, Skandia

기업들이 추구하고 있는 BSC의 실행 과정은 매우 유사하지만, 기업의 경쟁적 위치 및 환경에 따라 BSC의 구체 측정지표, 역할 그리고 활용 방안이 상이하다. 전략적으로 BSC를 어떻게 적절하게 활용하고 있는지 살펴보자.

1. 조직 학습의 원천: 시어즈 로벅

시어즈(Sears, Roebuck and Company)는 오랫동안 미국 소매업계를 주름잡아 왔던 회사이다. 그런데 1992년은 시어즈의 역사상 가장 최악의 시기였다. 월마트 등 타 경쟁업체에 의해 시장점유율이 계속적으로 잠식당했고 순손실이 39억 달러에 이르렀다.

이러한 위기를 타개하기 위해 시어즈는 종합적인 변신 계획을 수립하였다. 구매 의사결정권을 가진 주부를 끌어들일 수 있도록 매장을 개편하였다. 그리고 113개의 점포를 폐쇄하였고 기존 점포는 5년간 40억 달러를 들여 구조를 재단장하기로 결정하였다. 또한 구성원 훈련, 비영업 업무의 제거, 인센티브 제도의 도입을 통해 매장 운영의 효율성을 높였다. 이러한 노력의 결과 1993년도에는 7억 5천만 달러의 이익을 발생시킬 수 있었다. 그러나 이러한 변화는 표면적인 것에 불과하였다. 모든 혁신활동의 요점이 무엇인가를 진정으로 이해하거나 그 활동에서 자신들의 고유 역할이 무엇인지를 파악하는 구성원들은 거의 없었다. 예를 들어 구성원들에게 '무엇을 위해 시어즈에서 일하고 있는가?'라는 질문을 하면, 대부분의 구성원들은 회사의 자산을 지키기 위해 일한다고 대답하였고 고객 만족을 위해 일한다고 응답한 구성원은 소수에 불과하였다.

시어즈는 태스크포스팀을 구성하여 향후 시어즈의 모습이 어떻게 되어야 하는지를 구상하였으며, 이를 통해 '일하고, 쇼핑하고, 투자하기에 적합한 곳'이라는 비전을 도출하였다. 그리고 이를 달성하기 위한 목표 및 측정 방법을 도출하기 위해 구성원 태도에서 이익에 이르는 모든 인과관계를 보여주는 모델을 만들기 시작했다. 분석을 위해 활용된 데이터는 수년 동안 정기적으로 수집되어 왔으나 과거에는 한번도 전략적으로 사용되지 않았던 것들이었다.

이러한 노력을 통해 시어즈는 직원의 태도가 고객서비스, 직원 이직률, 고객/친구/가족들에게 시어즈를 쇼핑 장소로 추천하는 것 등에 영향을 미치고 있다는 사실을 발견하였다. 그리고 구성원 교육 및 구성원의 사업 이해도가 수익에 미치는 영향력을 파악할 수 있었다. 즉, 구성원의 태도가 5점 개선되면, 이는 고객 만족도 1.3점 개선에 영향을 미치고, 궁극적으로 매출이 0.5% 정도 증가된다는 것이다.

또한 심층분석을 통해 매장 내의 개별 사업 라인에 있어 핵심 동인이 차이가 난다는 사실도 인식할 수 있게 되었다. 취급 제품과 매장 위치에 따라 고객만족도 및 로열티에 영향을 미치는 구성원 관련 측정지표의 상대적 중요도가 달라진다는 것이다. 이러한 결과를 활용하여 시어즈는 의류 매장에서의 매출 생산성을 향상시킬 수 있는 통찰력을 확보하여, 취급 상품 및 매장 형태에 따라 차별적인 실행 계획 및 투자 계획 수립이 가능해졌다. 시어즈는 BSC를 활용한 지 1년 만에 구성원 만족도를 4%, 고객 만족도를 4% 증가시켰으며 이는 거의 2억 5천만 달러의 매출 증가를 가져온 주요 요인이 되었다. 현재 시어즈는 분기별로 데이터를 지속적으로 수집하고, 경제 및 인구통계학적 요인의 변화, 경쟁 환경의 변화 속에서도 지속적인 성장을 추구하기 위해 1년에 한번씩 모델을 재평가하고 있다.

1) 구성원과의 의사소통: Mobil NAM&R

Mobil(Mobil North America Marketing & Refining)은 BSC에 근거하여 광범위하고 지속적인 의사소통 프로세스를 시도하고 있다. Mobil의 경영자들은 매년 영업장을 방문하여 구성원들과 미팅을 가진다. 미팅시 구성원들은 회사가 추구하고 있는 전략에 기반하여 네 가지 관점에서 측정지표를 정리한 브로슈어를 받게 된다. 이 브로슈어는 Mobil이 자사의 전략 실행시 무엇을 중점으로 측정할 것인지를 구성원들이 이해할 수 있도록 해준다. 예를 들어 과거의 경우 트럭 운전사들은 자신들이 회사의 전략 실행에 어떠한 영향을 미치는지 이해를 하지 못했다. 그들은 단지 그들의 직무가 제품을 고객들에게 전달하는 것이라고 인식할 뿐이었다.

그러나 이제 경영자들은 브로슈어를 활용하여 트럭 운전사들에게 안전 운행과 사고 방지가 비용 절감, 신뢰도, 정시 배송률, 고객에 대한 친밀도 증대라는 측정지표를 어떻게 향상시킬 수 있으며, 적절한 등급의 가솔린을 정시에 배송하는 것이 고객들의 구매 경험 만족도 향상에 어떻게 영향을 미치는지를 쉽게 이해시킬 수 있게 되었다. 한편 트럭 운전사들은 이를 통해 자신들의 역할이 기업에 어떠한 영향을 주고 있는가를 인식함으로써 업무 수행에 자부심을 갖게 되었고, 이에 덧붙여 제품 배달 후 그 주유소의 고객 서비스 및 청결 상태에 문제가 있다고 생각되는 경우에는 바로 회사로 연락을 취해 이를 시정할 수 있도록 하는 모니터링 역할도 자발적으로 수행하게 되었다.

사실 어떠한 경영자도 트럭 운전사들이 개별 주유소의 환경 등의 문제점을 지적해 주는 역할을 수행하리라고는 생각하지 않았다. 그러나 BSC를 활용하여 기업전략 방향이 의미하는 바를 완벽하게 일선 구성원들에게 인식시킴으로써, 고객들에게 가장 밀접하게 위치한 구성원들이 스스로 혁신을 위해 노력하는 기대 이상의 효과를 가져올 수 있었던 것이다.

2) 전략 실행 방향의 점검: Store 24

Store 24는 미국 뉴잉글랜드를 중심으로 100여 개의 편의점을 운영하는 회사이다. 일반적으로 편의점은 친절한 서비스, 깨끗한 환경, 좋은 품질 및 고객이 원하는 적절한 제품의 선정 등의 운영 우수성(Operational Excellence)을 통해 경쟁을 시도한다. 그런데 Store 24는 자사의 핵심전략을 운영 우수성에서 고객 친밀성(Customer Intimacy)으로 변경하기로 결정하였다. 즉, Store 24는 '흥미와 예기치 않은 즐거움'을 제공함으로써 자사를 차별화하고자 한 것이다.

이를 위해 Store 24는 'Store 24는 무료함을 배척한다'라는 모토를 상점 곳곳에 붙였으며, 이러한 전략이 고객관리 프로세스상에서 실행되도록 직원 훈련 프로그램에 상당한 투자를 하였다. 또한 새로운 상품 판매 정책과 지루함을 제거할 수 있는 레이아웃을 하기 위한 내부 혁신 프로그램을 실시하였다. 그러나 약 2년간 시행된 고객 친밀성 전략은 결국 성공을 거두지 못하였다. 전반적인 사업 성과는 문제가 없었으나 성장률이 타 경쟁업체와 비슷하였다. 또한 고객 친밀성 전략의 성공 여부를 판단하기 위해 고안된 '흥미 있는 경험'이라는 지표에 대한 측정 결과, 고객들이 경쟁사들과 차별성을 거의 느끼지 못할 정도로 전략 실행의 인지도가 매우 낮았다. 오히려 고객들은 신속한 서비스와 적절한 상품의 선택을 보다 중시한다는 사실이 조사 결과 나타났다.

BSC의 관리를 통해 Store 24는 운영 우수성에서 고객 친밀성으로의 전략 변환이 성공적이지 않다는 사실을 인식하였다. 편의점과 같이 구성원의 이동이 많은 업종에서 구성원 스킬 향상을 통해 고객에게 즐거움을 준다는 것이 쉽지 않았던 것이었다. 결론적으로 Store 24는 신속성/효율성, 고객이 원하는 제품의 제공, 품질 등에 보다 주력하는 전략으로 변경하였으며 '흥미 있는 경험'이라는 지표 대신 '경쟁력 비교'라는 새로운 지표를 고안하였다. Store 24

는 새로운 혁신적인 전략을 도입하였고 그러한 전략을 BSC를 통해 점검, 어떠한 이유에서 기존 전략이 제대로 실행되고 있지 않는가를 확인하고 이에 기초하여 새로운 전략을 수립할 수 있었던 것이었다.

3) 외부 이해 관계자들과의 대화: Skandia

Skandia는 스웨덴에 기반을 둔 글로벌 금융보험 회사이다. Skandia는 1994년 연차 보고서에 BSC적 관점의 핵심성과지표에 대한 측정 결과 및 부가 정보를 20여 페이지에 걸쳐 부록으로 게시하여 전 세계적인 관심을 모았다. 이후 이러한 정보를 지속적으로 외부 이해 관계자들에게 보고하고 있다.

이것은 당시 Skandia에서 추진한 지적 자본에 대한 평가 및 전략 프로젝트의 결과였다. 즉, 대차대조표에 나타나는 자산 외의 무형의 지적 자산/자본을 평가 결과치로서 살펴보고자 한 것이다. 그리하여 탄생한 것이 'Skandia 비즈니스 네비게이터(Skandia Business Navigator)'라는 지적 자본 평가 모델이다. 이 네비게이터에는 과거를 나타내는 재무, 현재를 나타내는 고객, 인적, 프로세스, 그리고 미래를 나타내는 혁신 및 개발 분야로 구성되어 있다.

Skandia가 이러한 정보를 외부에 제공하는 목적은 장기적 관점에서 기업의 가치가 유지되고 있다는 것을 알려주려고 하는 것이다. 자사의 전략적 의도가 노출되는 위험보다는 미래이익 획득 역량과 관련된 정보를 제공함으로써 주주가치 및 기업가치를 극대화하는 것이 보다 중요하다고 판단했기 때문이다. Skandia는 BSC를 활용하여 기업가치 극대화를 달성한 최초의 기업으로 여겨지고 있다.

토의과제

1. BSC가 무엇이며 왜 중요한지 살펴보자.
2. BSC와 경영전략의 평가의 관련성을 찾아보자.
3. Sears, Mobil NAM&R의 BSC의 원천은 무엇인가?
4. Store 24, Skandia의 BSC의 원천은 무엇인가?

참고문헌

Andrews, K.R. (1971) *The Concept of Corporate Strategy*. Homewood, IL: Dow Jones-Irwin.

Aldrich, Howard (1979) *Organizations and Enviornments*. Englewood Cliffs, NJ: Prentice Hall.

Ansoff, H.I. (1988) *Corporate Strategy*. New York: McGraw-Hill.

Argyris, C. & Schon, D.A. (1978) *Organizational Learning*. Reading, MA: Addison-Wesley.

Barnard, C.I. (1938) *The Functions of the Executive*. Cambridge, MA: Harvard University.

Bain, J.S. (1956) *Barriers to New Competition*. Cambridge, MA: Harvard University Press.

Berle, A.A. & Means, G.C. (1933) *The Modern Corporation and Private Property*. New York: Macmillan.

Burns, T. & Stalker, E. (1961) *The Management of Innovation*. London: Tavistock.

Buzzell, R.D. & Gale, B.T. (1987) *The PIMS Principles*. New York: The Free Press.

Caves, R. (1977) *American industry: Structure, Conduct, Performance*. Englewood Cliffs, NJ: Prentice Hall.

Chandler, A.D. (1962) *Strategy and Structure*. Cambridge, MA: MIT Press.

Cyert, R.R. and March, J.G. (1963) *A Behavioral Theory of the Firm*. Englewood Cliffs, N.J.: Pentice Hall.

Fayol, Henri (1930) *General and Industrial Management*. Geneva: International Management Istittute.

Fredrickson, James W. (1990) *Perspectives on Strategic Management*. New York: Harper Business.

Hamel, G. & Prahalad, C.K. (1994) *Competing for the Future*. Boston: Harvard University Press.

Hannan, J.T. & Freeman, J. (1989) *Organizational Ecology* Cambridge MA: Harvard University Press.

Kaufman, Herbert (1960) *The Forest Ranger: A Study in Administrative Behavior*. Baltimore: Johns Hopkins Press.

Knight, F. (1921) *Risk, Uncertainty, and Profit*. New York: Houghton Miffflin.

Lawrence, P.R. & Lorsch, J.W. (1969) *Organization and Environment*. Homewood, IL: Irwin.

March, J.G. & Simon, H.A. (1958) *Organizations*. New York: John Wiley.

McGregor, Douglas (1960) *The Human Side of Enterprise*. New York: McGraw Hill.

Miles, R.E. & Snow, J.G. (1978) *Organization Strategy*, Structure, and Process. New York: McGraw-Hill.

Mintzberg, H. (1973) *The Nature of Managerial Work*. New York : Harper & Row.

Mintzberg, H. (1979) *The Structuring of Organizations*. Englewood Cliffs, NJ : Prentice Hall.

Mintzberg, H. (1994) *The Rise and Fall of Strategic Planning*. New York : The Free Press.

Nelson, R.P. & Winter, S.G. (1982) *An Evolutiuonary Theory of Economic Change*. Cambridge, MA : Harvard University Press.

Penrose, E.T. (1959) *The Growth of the Firm*. New York : Wiley and Sons.

Pettigrew, Andrew (1973) *The Politics of Organizational Decision Making*. London : Tavistock.

Pfeffer J. & Salancik, G.R. (1978) *The External Control of Organizations: A Resource Dependence Perspective*. New York : Harper & Row.

Porter, M.E. (1980) *Competitive Strategy*. New York : The Free Press.

Porter, M.E. (1985) *Competitive Advantage*. New York : The Free Press.

Quinn, James B. (1980) *Strategies for Change - Logical Incrementalism*. Homewood, IL : Irwin.

Rumelt, R.P. (1974) *Strategy, Structure and Economic performance*. Cambridge, MA : Harvard University Press.

Rumelt, R.P., Schendel, D.E. & Teece, D.J. (1994) *Fundamental Issues in Strategy*. Boston : Harvard Business School Press.

Schumpeter, J.A. (1934) *The Theory of Economic Development*. Cambridge, MA : Harvard Press.

Selznick, P. (1959) *Leadership in Administration: A Sociological Perspective*. New York : Harper & Row.

Simon, H.A. (1945) *Administrative Behavior*. New York : The Free Press.

Steiner, G.A. (1979) *Strategic Planning: What Every Manager Must Know*. New York : The Free Press.

Stopford, J. & Wells, L.T. (1972) *Managing the Multi-National Enterprise*. New York : Basic Books.

Taylor, F.W. (1947) *Scientific Management*. New York : Harper.

Thompson, J.D. (1967) *Organizations in Action*. New York : McGraw Hill.

Woodward, J. (1965) *Industrial Organization: Theory and Practice*. New York : Oxford University Press.

Weber, M. (1964) *The Theory of Social and Economic Organizations*. New York : The Free Press.

Weick, K. (1969) *The Social Psychology of Organizations*. Reading, MA : Addison- Wesley.

Williamson, O. (1975) *Markets and Hierarchies*. New York : The Free Press.

찾아보기

ㄱ

ㄴ

ㄷ

ㄹ

ㅁ

ㅂ

ㅅ

ㅊ

ㅋ

ㅌ

ㅍ

ㅎ

기타

【저자소개】

정동섭

부산대학교 졸업
부산대학교 대학원 경영학과 졸업
(경영학 석사 및 박사)

삼성그룹 근무
벤처기업 테크맥 전략기획이사
부산인재개발원 연구위원
부산정보산업진흥원 전문위원
경성대학교 산학협력단장
(현) 경성대학교 경영학과 교수

송경수

동의대학교 경영학과 졸업
부산대학교 대학원(경영학 석사)
계명대학교 대학원(경영학 박사)

부산지방노동위원회 조정위원
한국산업인력공단 HRD 진단위원
대한경영정보학회장
(사)한국인적자원관리학회 차기회장
부산가톨릭대학교 학생처장, 사회과학대학장
(현) 부산가톨릭대학교 유통경영학과 교수

이희옥

경성대학교 졸업
경성대학교 대학원(경영학 석사 및 박사)

신세계백화점 교육전문위원
부산시설공단 자문위원
(현) 경성대학교 경영학과 강의전담교수

전외술

경희대학교 졸업
경희대학교 대학원(석사 및 박사)

일본 가나자와국립대학 연구원
경희대학교 경제통상학부 교수
한국창업학회장 경남지방노동위원회 공익위원
행안부 공무원시험 출제 및 선정위원
부산진해경제구역청 인사위원 및 투자유치위원
국립창원대학교 종합인력개발원 원장
(현) 국립창원대학교 글로벌비즈니스학부 교수

제5판
경영전략

초 판 발행 2010년 3월 5일
개정판 발행 2010년 8월 30일
제3판 발행 2013년 2월 20일
제4판 발행 2016년 3월 10일
제5판 인쇄 2021년 2월 23일
제5판 발행 2021년 2월 28일

지은이 정동섭 · 송경수 · 이희옥 · 전외술
펴낸이 박노일

총괄기획 심중용
편 집 심경보

펴낸곳 피앤씨미디어
경기도 고양시 일산동구 강송로 153 310-1501
등록 제396-2012-000203호
전 화 070)7550-3758 팩 스 02)718-8554
홈페이지 www.pncmedia.co.kr 이메일 pnc@pncmedia.co.kr
ISBN 979-11-5730-761-6 93320

정 가 27,000원